U0937748

中国社会科学院创新工程学术出版资助项目

中国城市营销发展报告（2016）：国家战略视野下的城市营销

China City Marketing Development Report

（2016）：

City Marketing in the Context of National Strategy

主　编｜刘彦平

副主编｜许峰　［瑞典］艾玛　赵峥　何春晖

中国社会科学出版社

图书在版编目(CIP)数据

中国城市营销发展报告．2016：国家战略视野下的城市营销／刘彦平主编．
—北京：中国社会科学出版社，2017.6
(中国城市营销丛书)
ISBN 978－7－5203－0936－3

Ⅰ.①中…　Ⅱ.①刘…　Ⅲ.①城市市场—市场营销学—研究报告—中国－2016　Ⅳ.①F723.81

中国版本图书馆CIP数据核字(2017)第221609号

出 版 人　赵剑英
责任编辑　郭　鹏
责任校对　张艳萍
责任印制　李寡寡

出　　版　中国社会科学出版社
社　　址　北京鼓楼西大街甲158号
邮　　编　100720
网　　址　http://www.csspw.cn
发 行 部　010－84083685
门 市 部　010－84029450
经　　销　新华书店及其他书店

印　　刷　北京明恒达印务有限公司
装　　订　廊坊市广阳区广增装订厂
版　　次　2017年6月第1版
印　　次　2017年6月第1次印刷

开　　本　710×1000　1/16
印　　张　29
字　　数　480千字
定　　价　118.00元

凡购买中国社会科学出版社图书，如有质量问题请与本社营销中心联系调换
电话：010－84083683
版权所有　侵权必究

中国城市营销发展报告（2016）课题组

顾　　问　高培勇　郭国庆　倪鹏飞　丁俊杰　皮奥夫·伯格
泽波·瑞尼斯特　刘志明　金元浦　范　红　李峥嵘

研究合作　中国社会科学院城市与竞争力研究中心
中青旅联科（北京）公关顾问公司
中国市场营销研究中心（MRCC）

数据支持　中国社会科学院城市与竞争力研究中心数据库
中青华云大数据平台
中国社会科学院舆情调查实验室
今日头条

主　　编　刘彦平

副 主 编　许峰　［瑞典］艾玛　赵峥　何春晖

核心成员　许峰（山东大学管理学院副教授）
艾玛·比约娜（Emma Björner，瑞典 STOPP 研究员，斯德哥尔摩大学商学院博士生）
赵　峥（北京师范大学经济与资源管理研究院副教授）
何春晖（浙江大学传媒与国际文化学院副教授）
张巍巍（中国社会科学院社会发展研究院博士后）
钱明辉（中国人民大学信息资源管理学院副教授）
周　凯（南京大学新闻传播学院教授，南京大学创意产业研究中心主任）
庄德林（合肥工业大学经济学院副教授）
马聪玲（中国社会科学院财经战略研究院副研究员）
徐振强（中国城市科学研究会数字城市工程研究中心副主任）
黄江松（首都社会经济发展研究所副所长、研究员）

刘新鑫（中国传媒大学亚洲传媒研究中心副教授）
王京红（中央美术学院博士，留法色彩学者，国家一级注册建筑师）
王　恒（北京联合大学旅游学院副教授）
王　睿（北京市旅游发展委员会城市形象与市场推介处工作人员）
塞西莉亚·帕斯奎内利（Cecilia Pasquinelli，意大利格兰萨索科学研究院副研究员）
萨拉·勃朗斯特姆（Sara Brorström，哥德堡研究所，哥德堡大学商业、经济和法律学院副教授）
诺韦尔托·穆尼斯·马丁内斯（Norberto Muñiz Martínez，西班牙莱昂大学副教授）
郝胜宇（大连海事大学交通运输管理学院副教授）
易　炜（三峡大学经济与管理学院副教授）
谭昆智（中山大学传播与设计学院副教授）
朱　伟（北京联合大学旅游学院讲师）
王明康（中国社会科学院研究生院2016级博士生）
李泽锋（宁波城市职业技术学院/宁波大学职教学院专任教师）
石　俊（中国人民大学创意产业技术研究院助理研究员）
程　泓（中山大学管理学院2016级博士生）
胡　纯（北京石景山区税务局公务员）
程二苹（杭州城市品牌促进会副秘书长）
赵沁憬（浙江大学传媒与国际文化学院2015级硕士研究生）
章淑蓉（大连理工大学管理与经济学部硕士研究生）。
陈卫微（南京大学新闻传播学院2015级硕士研究生）
刘彦平（中国社会科学院财经战略研究院副研究员）

中文摘要

本书是课题组第三部城市营销专题研究报告。本报告对2015年以来中国城市营销的发展进行了回顾和展望，并在本课题城市营销发展指数（city marketing index，CMI）的基础上，提出中国城市品牌发展指数（CBDI）概念及指数模型，对中国200个地级以上城市的品牌发展进行了评估与测量。在此基础上，形成2015年度中国城市品牌指数总报告及中国城市文化品牌发展指数报告、中国城市旅游品牌发展指数报告、中国城市投资品牌发展指数报告、中国城市宜居品牌发展指数报告以及中国城市品牌传播发展指数报告。

本书以“一带一路”的倡议、京津冀协同发展及长江经济带等国家战略为背景，对五大发展理念、国家战略节点城市的营销突围、智慧城市建设进展及其城市营销应用展望、京津冀区域品牌协同培育与整合营销、冬奥会语境下北京世界城市品牌的重构与再造、重塑旅游目的地思维与城市旅游营销创新、城市色彩与中国城市品牌塑造、文化创意产业与城市文化品牌的活化与推广等热点理论进行了聚焦研究。同时结合中国城市营销与城市品牌化发展的实际需要，选取了瑞典哥德堡、意大利托斯卡纳、哥伦比亚麦德林以及中国的杭州、北京进行了城市营销案例研究。

基于发展考察、数据分析、理论聚焦及案例研究，本课题从多个角度对中国城市营销与城市品牌化发展提出对策建议。作为集体努力的成果，本书致力于推进中国城市营销与品牌化研究，并为城市营销实践提供有价值的理论指导与经验借鉴。

Abstract

China City Marketing Development Report is committed to promote research and practice of strategic city marketing development in China.

This is the third city marketing research report in China. Trends and prospects of China city marketing development in recent years have been reviewed in the report. Based on the City Marketing Index (CMI) used in our project in 2009 and 2015, this study has formulated a new model, called the Chinese City Brand Development Index (CBDI). CBDI is a quantitative analysis tool including five sub-indicators, namely city cultural brand, city tourism brand, city investment brand, city livable brand, and city marketing communications. The sub-indicators are supported by 68 third class indicators. Based on the CBDI model, we tested and ranked 200 cities in mainland China, and created the annual CBDI report as well as five subject reports, including the City cultural brand development report, the City tourism brand development report, the City investment brand development report, the City livable brand development report, and the City brand communication report.

City marketing in the context of national strategy has been discussed as the theme of the China City Marketing Development Report. We focus on several hot topics related to China's city marketing, such as city marketing in node cities in the Yangtze river economic belt and in the "One Road, One Belt" strategy; smart-and digital city marketing; regional collaboration and marketing of JingJin-Ji (Beijing, Tianjin and Hebei); and the rebranding of Beijing as a Winter Olympics city. The focus is also on the shift from tourism-and destination marketing to city branding; urban color and city branding; cultural and creative industries in city brand activation; etcetera. According to the needs of Chinese city marketing development, we have selected a number of cities and case studies with relevant and interesting experiences in terms of city marketing, such as Toscana (Italy), Gothenburg (Sweden), Medellin (Colombia) and Hangzhou (China), Beijing (China).

序　言

城市营销作为市场营销理论体系的分支学科，在公共政策与公共治理中发挥着越来越重要的作用，在城市建设与区域发展等领域日益体现出重大的科学价值和实践意义，堪称现代管理学科交叉的成功典范。肇始于2009年的《中国城市营销发展报告》（以下简称《城市营销报告》），由中国著名城市营销专家、中国社会科学院财经战略研究院副研究员刘彦平博士及其课题组团队首创。其中，2009—2010年度的《城市营销报告》聚焦于系统性理念引进，2014—2015年度的《城市营销报告》侧重于新型城镇化。摆在读者面前的这一崭新成果，则以中国城市品牌发展为着力点，以国家战略对城市营销的影响为着眼点，展示出该课题组不断自我质疑、努力创新、以求突破的进取精神。

城市营销与品牌化研究，对于推进城市治理体系和治理能力现代化有着先行和示范的作用，意义重大。中国现代城市发展经历了从“城市行政、城市管理再到城市治理”的三阶段演进，而在全球经济一体化条件下，要素趋同、市场共享，能否经营好一座城市已经成为极富挑战性的任务。

从市场营销学的角度来看，城市治理至少有三个层面与市场营销息息相关——即从城市形象树立、城市营销推广再到品牌塑造的城市治理路径。客观地说，中国城市营销治理的水平在近几年得到了大幅提升，不管是北京成为全球首个获冬夏两季奥运会举办权城市，还是成都大熊猫“入侵”伦敦，以及杭州举办G20峰会，都揭示出城市品牌已经成为当前中国城市发展的关键词。该课题组精准地把握这一端倪，在城市营销发展指数（CMI）的基础上，几经打磨，提出中国城市品牌发展指数（CB-DI），并进行了艰苦的数据挖掘和分析，体现出应有的学术敏锐与学者责任担当。我相信，该课题组的中国城市品牌发展指数报告，将成为中国城市治理水平和治理绩效的一项重要测度，对提升城市治理品质将发挥重要的参考和借鉴作用。

如何以卓越品牌运营之道提升城市竞争力，是城市发展的必然选择，相信本书的理论求索和案例研究，也会给读者以有益的启发。城市品牌是城市管理者打造城市魅力、营销城市产品的有力支撑，是全体市民的宝贵资产。借由品牌价值要素构筑区域内品牌联合与协作的结构体系，有助于在更大范围内形成城市间对外营销之有序、互补的竞合格局，助力于中国区域与城市群更高水平的一体化发展。

多年来，以刘彦平博士为首的这一课题组在城市营销和品牌化的研究阵地上默默耕耘，严谨治学，奋力进取，为中国城市营销理论建构与发展做出了重要的贡献，赢得了国内外营销学同行的高度评价。希望该课题组再接再厉，以开放的姿态加强国内外学界的合作与业界的交流，搭建更加宽阔的国内外研究共同体，积极引领全球城市营销研究的发展走向，进而与中国风云际会般的城市发展实践紧密互动，为学界和业界奉献更加丰的知识盛宴。

让我们一起共同期待下一期《城市营销报告》的问世！

郭国庆

2016 年 9 月 12 日

目　录

第一编　中国城市营销发展:总体报告

第二编　中国城市品牌发展:分项报告

第三编 热点聚焦:国家战略视野下的城市营销

第四编　研究案例

Contents

IV. Case Study

第一编

中国城市营销发展：总体报告

第1章　中国城市品牌发展指数2015年度排名

课题组

一　中国城市品牌发展指数(CBDI) 2015年度总体排名

2015年底，中国城市品牌发展指数（CBDI）总体排名如下（见表1-1）。

表1-1　　2015年中国200个城市的城市品牌发展指数排名

城市	总指数	排名	文化品牌	排名	旅游品牌	排名	投资品牌	排名	宜居品牌	排名	传播品牌	排名
北京	0.787	1	0.853	2	0.728	1	0.870	1	0.653	1	0.829	1
上海	0.727	2	0.967	1	0.656	2	0.817	2	0.540	15	0.655	2
天津	0.604	3	0.677	7	0.511	4	0.702	5	0.569	5	0.559	3
广州	0.593	4	0.683	6	0.494	5	0.712	4	0.564	6	0.514	5
杭州	0.568	5	0.698	5	0.466	6	0.617	8	0.581	3	0.478	7
深圳	0.559	6	0.460	47	0.453	8	0.746	3	0.617	2	0.518	4
成都	0.548	7	0.635	9	0.422	10	0.624	6	0.564	7	0.495	6
苏州	0.533	8	0.707	4	0.448	9	0.597	12	0.572	4	0.341	14
武汉	0.530	9	0.668	8	0.456	7	0.609	9	0.523	18	0.394	12
重庆	0.529	10	0.713	3	0.586	3	0.550	20	0.396	128	0.401	11
南京	0.502	11	0.612	11	0.395	12	0.624	7	0.431	91	0.446	8
青岛	0.487	12	0.604	14	0.315	22	0.601	11	0.547	12	0.366	13

续表

城市	总指数	排名	文化品牌	排名	旅游品牌	排名	投资品牌	排名	宜居品牌	排名	传播品牌	排名
郑州	0.480	13	0.589	15	0.345	15	0.560	16	0.469	47	0.435	9
西安	0.476	14	0.615	10	0.395	11	0.581	14	0.382	141	0.407	10
宁波	0.475	15	0.610	12	0.359	13	0.605	10	0.485	33	0.316	16
济南	0.461	16	0.608	13	0.348	14	0.561	15	0.450	74	0.339	15
长沙	0.457	17	0.567	18	0.320	21	0.542	21	0.561	8	0.295	21
福州	0.443	18	0.562	19	0.307	25	0.555	18	0.520	21	0.273	26
无锡	0.438	19	0.528	27	0.304	28	0.541	22	0.551	11	0.265	28
沈阳	0.431	20	0.573	17	0.330	18	0.539	23	0.414	107	0.300	19
泉州	0.429	21	0.534	25	0.322	20	0.485	36	0.556	10	0.247	34
厦门	0.423	22	0.423	60	0.306	27	0.595	13	0.480	37	0.313	17
南昌	0.421	23	0.551	22	0.298	31	0.492	33	0.474	42	0.292	22
东莞	0.415	24	0.470	43	0.269	45	0.556	17	0.513	23	0.265	29
佛山	0.413	25	0.554	21	0.265	47	0.524	25	0.482	35	0.243	36
合肥	0.412	26	0.378	80	0.310	23	0.553	19	0.522	19	0.295	20
昆明	0.407	27	0.548	23	0.279	39	0.465	42	0.459	60	0.285	24
扬州	0.407	28	0.542	24	0.254	54	0.456	50	0.547	13	0.234	39
哈尔滨	0.405	29	0.526	28	0.278	40	0.473	38	0.440	81	0.306	18
大连	0.399	30	0.433	53	0.256	50	0.526	24	0.541	14	0.240	38
洛阳	0.395	31	0.521	31	0.327	19	0.459	46	0.389	135	0.277	25
潍坊	0.392	32	0.512	33	0.272	44	0.466	41	0.464	57	0.248	32
中山	0.389	33	0.529	26	0.208	100	0.515	27	0.467	51	0.227	43
嘉兴	0.386	34	0.554	20	0.256	52	0.488	34	0.435	88	0.197	49
太原	0.385	35	0.522	30	0.295	33	0.505	28	0.370	153	0.231	40
南通	0.380	36	0.500	35	0.203	106	0.468	40	0.517	22	0.213	45
温州	0.378	37	0.394	72	0.308	24	0.500	30	0.441	79	0.250	31
绍兴	0.378	38	0.584	16	0.258	48	0.443	54	0.416	105	0.191	54
长春	0.374	39	0.379	79	0.286	38	0.499	31	0.465	54	0.243	37
金华	0.372	40	0.500	36	0.293	36	0.461	43	0.434	89	0.171	68
镇江	0.371	41	0.519	32	0.201	111	0.475	37	0.495	27	0.163	72
石家庄	0.370	42	0.376	81	0.341	16	0.456	48	0.391	133	0.285	23

续表

城市	总指数	排名	文化品牌	排名	旅游品牌	排名	投资品牌	排名	宜居品牌	排名	传播品牌	排名
烟台	0.368	43	0.395	70	0.296	32	0.460	45	0.477	40	0.212	46
常州	0.368	44	0.413	64	0.245	58	0.487	35	0.472	45	0.221	44
保定	0.365	45	0.442	51	0.294	35	0.437	58	0.448	76	0.206	47
南宁	0.365	46	0.362	84	0.291	37	0.447	53	0.469	48	0.254	30
宜昌	0.364	47	0.411	65	0.302	30	0.441	55	0.487	32	0.180	61
徐州	0.363	48	0.443	50	0.256	51	0.458	47	0.428	94	0.229	42
桂林	0.358	49	0.495	38	0.295	34	0.365	112	0.449	75	0.186	57
黄山	0.356	50	0.343	90	0.334	17	0.410	69	0.521	20	0.170	69
惠州	0.354	51	0.358	87	0.232	69	0.503	29	0.492	30	0.187	56
珠海	0.352	52	0.364	83	0.227	77	0.520	26	0.457	62	0.195	52
兰州	0.349	53	0.360	86	0.248	56	0.397	78	0.473	44	0.268	27
秦皇岛	0.348	54	0.476	41	0.248	55	0.452	52	0.394	130	0.171	67
湖州	0.346	55	0.448	49	0.242	61	0.441	56	0.440	80	0.160	77
漳州	0.346	56	0.463	46	0.218	87	0.379	96	0.532	17	0.138	103
贵阳	0.341	57	0.339	92	0.269	46	0.460	44	0.391	132	0.247	35
银川	0.341	58	0.486	40	0.197	119	0.395	80	0.432	90	0.195	51
吉林	0.340	59	0.387	76	0.230	75	0.357	119	0.479	38	0.247	33
海口	0.337	60	0.463	45	0.204	105	0.497	32	0.383	139	0.139	100
呼和浩特	0.335	61	0.494	39	0.230	74	0.399	76	0.382	142	0.173	65
大同	0.330	62	0.506	34	0.232	70	0.392	84	0.321	184	0.197	48
邯郸	0.327	63	0.433	54	0.304	29	0.377	98	0.358	162	0.165	71
舟山	0.327	64	0.334	94	0.179	137	0.418	67	0.560	9	0.142	95
赣州	0.324	65	0.428	58	0.278	41	0.380	95	0.372	151	0.161	75
九江	0.323	66	0.309	109	0.277	42	0.439	57	0.452	69	0.138	104
南阳	0.322	67	0.457	48	0.230	73	0.345	127	0.414	106	0.162	74
淮安	0.321	68	0.421	61	0.187	129	0.384	92	0.456	64	0.157	80
江门	0.320	69	0.305	111	0.234	67	0.456	49	0.465	55	0.143	94
柳州	0.319	70	0.434	52	0.209	99	0.419	66	0.377	147	0.156	81
泰州	0.319	71	0.394	71	0.169	150	0.428	63	0.455	66	0.149	87
台州	0.318	72	0.313	106	0.233	68	0.421	65	0.452	70	0.173	63

续表

城市	总指数	排名	文化品牌	排名	旅游品牌	排名	投资品牌	排名	宜居品牌	排名	传播品牌	排名
芜湖	0.317	73	0.260	139	0.224	79	0.473	39	0.466	53	0.162	73
唐山	0.317	74	0.285	122	0.231	72	0.453	51	0.425	97	0.190	55
济宁	0.316	75	0.394	73	0.241	62	0.389	87	0.365	157	0.193	53
晋中	0.316	76	0.390	75	0.307	26	0.345	126	0.397	125	0.141	96
安阳	0.315	77	0.432	55	0.234	66	0.350	123	0.330	181	0.231	41
衢州	0.313	78	0.395	69	0.223	81	0.400	74	0.413	108	0.135	109
景德镇	0.309	79	0.497	37	0.195	121	0.340	131	0.436	87	0.079	185
泰安	0.308	80	0.414	63	0.237	65	0.365	111	0.373	150	0.152	84
连云港	0.306	81	0.251	145	0.213	93	0.435	61	0.485	34	0.148	89
承德	0.306	82	0.472	42	0.203	107	0.328	138	0.409	115	0.118	130
肇庆	0.305	83	0.400	67	0.156	161	0.383	93	0.454	68	0.132	113
延安	0.304	84	0.523	29	0.210	96	0.319	146	0.322	183	0.148	88
乌鲁木齐	0.303	85	0.353	88	0.193	124	0.359	117	0.427	96	0.185	59
咸阳	0.301	86	0.424	59	0.215	91	0.363	114	0.349	173	0.155	82
西宁	0.301	87	0.318	103	0.199	116	0.368	108	0.450	73	0.169	70
鄂尔多斯	0.300	88	0.270	135	0.204	104	0.398	77	0.493	29	0.134	111
三亚	0.298	89	0.285	121	0.254	53	0.387	90	0.367	156	0.197	50
襄阳	0.298	90	0.318	104	0.219	86	0.385	91	0.468	49	0.100	157
南平	0.298	91	0.282	125	0.222	82	0.406	71	0.454	67	0.123	125
榆林	0.296	92	0.429	57	0.198	118	0.294	165	0.408	116	0.150	86
岳阳	0.295	93	0.338	93	0.199	115	0.329	137	0.494	28	0.116	133
日照	0.295	94	0.265	138	0.217	88	0.374	103	0.439	83	0.181	60
丹东	0.289	95	0.299	112	0.174	146	0.404	72	0.467	50	0.103	154
龙岩	0.289	96	0.269	136	0.239	64	0.375	100	0.437	85	0.126	122
包头	0.289	97	0.313	107	0.201	109	0.388	88	0.417	103	0.125	123
德州	0.288	98	0.283	124	0.245	57	0.354	120	0.387	136	0.172	66
临沂	0.288	99	0.291	116	0.256	49	0.376	99	0.330	180	0.186	58
丽水	0.286	100	0.297	113	0.224	78	0.394	81	0.407	117	0.107	146
威海	0.286	101	0.172	183	0.172	148	0.436	60	0.475	41	0.174	62
湛江	0.286	102	0.253	143	0.232	71	0.368	107	0.471	46	0.105	151

续表

城市	总指数	排名	文化品牌	排名	旅游品牌	排名	投资品牌	排名	宜居品牌	排名	传播品牌	排名
莆田	0.286	103	0.226	159	0.187	130	0.399	75	0.505	26	0.111	138
安庆	0.285	104	0.386	77	0.196	120	0.343	128	0.350	171	0.152	85
荆州	0.285	105	0.275	130	0.207	102	0.346	124	0.462	59	0.135	108
汉中	0.285	106	0.416	62	0.154	164	0.296	164	0.416	104	0.141	97
湘潭	0.284	107	0.275	131	0.178	141	0.366	110	0.464	56	0.139	99
衡阳	0.284	108	0.244	149	0.211	95	0.369	106	0.455	65	0.140	98
鞍山	0.282	109	0.323	98	0.200	112	0.436	59	0.316	190	0.136	107
聊城	0.281	110	0.397	68	0.192	125	0.375	102	0.325	182	0.117	132
常德	0.280	111	0.280	127	0.183	132	0.334	134	0.512	24	0.093	169
锦州	0.280	112	0.330	96	0.221	83	0.429	62	0.311	194	0.109	142
牡丹江	0.280	113	0.325	97	0.190	126	0.339	133	0.462	58	0.081	184
北海	0.279	114	0.318	105	0.149	172	0.341	129	0.451	71	0.138	102
三明	0.279	115	0.272	133	0.194	122	0.357	118	0.450	72	0.123	126
株洲	0.279	116	0.199	170	0.199	114	0.407	70	0.479	39	0.109	143
蚌埠	0.277	117	0.228	157	0.210	98	0.387	89	0.401	119	0.160	78
荆门	0.276	118	0.295	115	0.180	135	0.362	116	0.439	84	0.107	147
丽江	0.276	119	0.466	44	0.181	133	0.216	196	0.381	144	0.134	110
潮州	0.276	120	0.409	66	0.148	173	0.316	149	0.418	101	0.087	176
长治	0.276	121	0.296	114	0.213	92	0.389	86	0.377	148	0.103	153
黄石	0.274	122	0.269	137	0.175	143	0.392	83	0.427	95	0.108	144
开封	0.274	123	0.375	82	0.199	117	0.293	167	0.340	175	0.161	76
马鞍山	0.272	124	0.228	158	0.148	175	0.414	68	0.398	123	0.173	64
新乡	0.271	125	0.259	140	0.217	89	0.372	104	0.354	164	0.155	83
商丘	0.271	126	0.383	78	0.220	85	0.327	139	0.268	197	0.158	79
鹰潭	0.270	127	0.133	189	0.207	101	0.401	73	0.536	16	0.072	191
宝鸡	0.269	128	0.306	110	0.201	110	0.309	156	0.384	138	0.147	91
大庆	0.269	129	0.318	102	0.142	180	0.362	115	0.413	109	0.110	141
汕头	0.269	130	0.192	173	0.220	84	0.394	82	0.398	122	0.139	101
抚顺	0.269	131	0.319	101	0.152	168	0.395	79	0.350	170	0.127	120
绵阳	0.267	132	0.174	181	0.187	128	0.366	109	0.466	52	0.143	93

续表

城市	总指数	排名	文化品牌	排名	旅游品牌	排名	投资品牌	排名	宜居品牌	排名	传播品牌	排名
渭南	0.267	133	0.343	91	0.244	59	0.324	141	0.277	196	0.147	92
滁州	0.267	134	0.192	172	0.243	60	0.392	85	0.378	145	0.128	118
上饶	0.266	135	0.188	175	0.274	43	0.315	150	0.447	77	0.106	149
宜宾	0.265	136	0.361	85	0.165	155	0.301	161	0.351	168	0.147	90
郴州	0.265	137	0.220	162	0.180	136	0.372	105	0.457	63	0.096	164
黄冈	0.263	138	0.285	123	0.215	90	0.279	176	0.431	92	0.105	152
焦作	0.261	139	0.271	134	0.176	142	0.333	135	0.400	121	0.126	121
临汾	0.260	140	0.322	99	0.210	97	0.319	144	0.359	160	0.091	172
梅州	0.258	141	0.204	168	0.223	80	0.291	169	0.474	43	0.099	162
铜陵	0.257	142	0.258	142	0.157	160	0.426	64	0.352	167	0.094	165
衡水	0.257	143	0.235	155	0.205	103	0.364	113	0.369	155	0.111	139
安康	0.256	144	0.232	156	0.240	63	0.298	163	0.375	149	0.137	105
乐山	0.256	145	0.309	108	0.155	162	0.288	170	0.397	126	0.132	112
孝感	0.255	146	0.333	95	0.178	139	0.315	151	0.360	159	0.088	174
张掖	0.254	147	0.429	56	0.148	174	0.194	198	0.417	102	0.082	183
信阳	0.253	148	0.272	132	0.212	94	0.260	182	0.393	131	0.131	116
营口	0.253	149	0.249	146	0.160	157	0.375	101	0.389	134	0.093	168
遵义	0.253	150	0.281	126	0.154	165	0.279	175	0.423	99	0.128	119
许昌	0.251	151	0.247	148	0.169	149	0.313	155	0.396	127	0.131	115
攀枝花	0.250	152	0.289	118	0.142	179	0.346	125	0.377	146	0.094	167
泸州	0.249	153	0.321	100	0.194	123	0.218	194	0.385	137	0.129	117
佳木斯	0.248	154	0.258	141	0.130	188	0.340	132	0.436	86	0.075	189
通化	0.247	155	0.279	129	0.132	186	0.315	152	0.425	98	0.085	177
黑河	0.246	156	0.290	117	0.110	199	0.351	122	0.396	129	0.084	180
淮南	0.245	157	0.248	147	0.142	178	0.382	94	0.331	179	0.124	124
嘉峪关	0.244	158	0.219	163	0.144	176	0.294	166	0.505	25	0.057	198
南充	0.244	159	0.216	165	0.179	138	0.283	172	0.403	118	0.136	106
怀化	0.242	160	0.238	154	0.227	76	0.274	177	0.370	154	0.099	160
新余	0.240	161	0.105	191	0.166	154	0.377	97	0.439	82	0.115	135
忻州	0.240	162	0.243	151	0.178	140	0.317	147	0.371	152	0.091	171

续表

城市	总指数	排名	文化品牌	排名	旅游品牌	排名	投资品牌	排名	宜居品牌	排名	传播品牌	排名
亳州	0. 238	163	0. 288	119	0. 150	171	0. 320	143	0. 313	192	0. 118	131
天水	0. 236	164	0. 348	89	0. 173	147	0. 245	191	0. 316	188	0. 099	158
揭阳	0. 236	165	0. 209	167	0. 180	134	0. 308	157	0. 410	114	0. 072	192
清远	0. 235	166	0. 074	198	0. 175	144	0. 319	145	0. 490	31	0. 120	129
四平	0. 235	167	0. 253	144	0. 167	153	0. 272	178	0. 398	124	0. 085	178
玉溪	0. 233	168	0. 241	152	0. 127	189	0. 283	171	0. 411	112	0. 102	155
梧州	0. 232	169	0. 225	160	0. 167	152	0. 283	173	0. 382	140	0. 105	150
濮阳	0. 232	170	0. 286	120	0. 130	187	0. 313	154	0. 320	185	0. 110	140
石嘴山	0. 232	171	0. 243	150	0. 123	193	0. 317	148	0. 381	143	0. 094	166
德阳	0. 231	172	0. 182	178	0. 143	177	0. 341	130	0. 359	161	0. 131	114
武威	0. 231	173	0. 394	74	0. 152	167	0. 260	183	0. 313	191	0. 035	200
赤峰	0. 230	174	0. 200	169	0. 162	156	0. 257	185	0. 411	111	0. 121	128
阜新	0. 229	175	0. 239	153	0. 151	169	0. 327	140	0. 350	169	0. 077	187
呼伦贝尔	0. 228	176	0. 173	182	0. 140	184	0. 270	179	0. 457	61	0. 101	156
茂名	0. 228	177	0. 181	179	0. 168	151	0. 262	181	0. 443	78	0. 087	175
玉林	0. 228	178	0. 188	174	0. 188	127	0. 305	159	0. 337	177	0. 122	127
内江	0. 221	179	0. 194	171	0. 157	159	0. 303	160	0. 354	163	0. 098	163
通辽	0. 220	180	0. 279	128	0. 183	131	0. 300	162	0. 251	200	0. 085	179
钦州	0. 219	181	0. 125	190	0. 202	108	0. 352	121	0. 316	187	0. 099	159
巴彦淖尔	0. 215	182	0. 213	166	0. 124	192	0. 321	142	0. 343	174	0. 071	193
张家界	0. 214	183	0. 078	197	0. 200	113	0. 281	174	0. 400	120	0. 112	136
防城港	0. 213	184	0. 089	196	0. 151	170	0. 307	158	0. 412	110	0. 108	145
盘锦	0. 213	185	0. 170	184	0. 136	185	0. 314	153	0. 365	158	0. 078	186
朝阳	0. 209	186	0. 169	185	0. 155	163	0. 292	168	0. 353	165	0. 076	188
随州	0. 208	187	0. 183	177	0. 127	190	0. 234	193	0. 431	93	0. 064	196
周口	0. 208	188	0. 185	176	0. 159	158	0. 249	189	0. 333	178	0. 112	137
百色	0. 204	189	0. 143	188	0. 174	145	0. 246	190	0. 352	166	0. 106	148
崇左	0. 203	190	0. 147	187	0. 122	194	0. 263	180	0. 410	113	0. 073	190
自贡	0. 202	191	0. 224	161	0. 140	183	0. 237	192	0. 317	186	0. 092	170
齐齐哈尔	0. 197	192	0. 104	192	0. 050	200	0. 252	187	0. 481	36	0. 099	161

续表

城市	总指数	排名	文化品牌	排名	旅游品牌	排名	投资品牌	排名	宜居品牌	排名	传播品牌	排名
六盘水	0.197	193	0.177	180	0.142	181	0.330	136	0.253	199	0.083	182
曲靖	0.193	194	0.149	186	0.141	182	0.250	188	0.308	195	0.116	134
辽源	0.192	195	0.103	193	0.119	195	0.259	184	0.423	100	0.055	199
乌兰察布	0.190	196	0.216	164	0.153	166	0.255	186	0.260	198	0.066	195
毕节	0.171	197	0.101	194	0.115	197	0.217	195	0.338	176	0.084	181
资阳	0.165	198	0.051	200	0.126	191	0.208	197	0.349	172	0.090	173
吴忠	0.146	199	0.097	195	0.117	196	0.141	199	0.316	189	0.060	197
庆阳	0.135	200	0.072	199	0.113	198	0.113	200	0.311	193	0.068	194

＊本书图表资料，除特别注明，均来自中国城市营销发展课题组。

二　中国城市文化品牌发展指数2015年度排名

2015年度中国城市文化品牌发展指数排名如下（见表1－2）。

表1－2　　2015年中国200个城市的城市文化品牌发展指数排名

城市	文化品牌总分	排名	品牌独特性	排名	文化包容性	排名	文化活力	排名
上海	0.967	1	0.949	2	0.972	1	0.980	5
北京	0.853	2	0.985	1	0.575	2	1.000	1
重庆	0.713	3	0.788	3	0.441	9	0.911	30
苏州	0.707	4	0.699	8	0.550	3	0.874	41
杭州	0.698	5	0.625	15	0.499	7	0.970	9
广州	0.683	6	0.551	32	0.513	5	0.984	3
天津	0.677	7	0.582	27	0.504	6	0.945	20
武汉	0.668	8	0.744	5	0.295	22	0.964	11
成都	0.635	9	0.603	22	0.323	18	0.980	4
西安	0.615	10	0.750	4	0.135	76	0.959	13
南京	0.612	11	0.596	26	0.266	27	0.973	7
宁波	0.610	12	0.501	44	0.439	10	0.889	37
济南	0.608	13	0.685	9	0.192	46	0.947	19
青岛	0.604	14	0.530	36	0.387	11	0.896	34

续表

城市	文化品牌总分	排名	品牌独特性	排名	文化包容性	排名	文化活力	排名
郑州	0.589	15	0.611	18	0.181	52	0.976	6
绍兴	0.584	16	0.574	29	0.315	19	0.862	45
沈阳	0.573	17	0.486	47	0.305	20	0.929	25
长沙	0.567	18	0.537	34	0.206	41	0.958	14
福州	0.562	19	0.501	45	0.252	29	0.933	24
嘉兴	0.554	20	0.432	71	0.343	14	0.887	39
佛山	0.554	21	0.486	50	0.371	12	0.804	60
南昌	0.551	22	0.596	24	0.141	71	0.917	28
昆明	0.548	23	0.515	41	0.189	48	0.940	22
扬州	0.542	24	0.610	19	0.234	35	0.782	67
泉州	0.534	25	0.625	16	0.325	16	0.651	108
中山	0.529	26	0.402	80	0.264	28	0.921	27
无锡	0.528	27	0.432	70	0.358	13	0.793	65
哈尔滨	0.526	28	0.486	49	0.157	60	0.936	23
延安	0.523	29	0.735	6	0.015	195	0.817	56
太原	0.522	30	0.505	43	0.096	107	0.963	12
洛阳	0.521	31	0.706	7	0.126	80	0.731	80
镇江	0.519	32	0.486	48	0.241	33	0.829	54
潍坊	0.512	33	0.652	13	0.285	25	0.597	125
大同	0.506	34	0.603	21	0.066	143	0.850	47
南通	0.500	35	0.446	68	0.341	15	0.712	83
金华	0.500	36	0.461	60	0.292	23	0.746	73
景德镇	0.497	37	0.566	31	0.077	130	0.849	48
桂林	0.495	38	0.507	42	0.165	57	0.813	58
呼和浩特	0.494	39	0.457	61	0.069	137	0.955	15
银川	0.486	40	0.457	64	0.073	134	0.928	26
秦皇岛	0.476	41	0.417	77	0.107	99	0.903	32
承德	0.472	42	0.603	20	0.054	164	0.758	69
东莞	0.470	43	0.022	149	0.444	8	0.943	21
丽江	0.466	44	0.457	62	0.069	138	0.873	42
海口	0.463	45	0.380	82	0.056	159	0.953	16

续表

城市	文化品牌总分	排名	品牌独特性	排名	文化包容性	排名	文化活力	排名
漳州	0.463	46	0.530	35	0.205	42	0.653	106
深圳	0.460	47	0.007	177	0.520	4	0.852	46
南阳	0.457	48	0.655	12	0.094	112	0.621	116
湖州	0.448	49	0.402	79	0.245	31	0.697	87
徐州	0.443	50	0.523	37	0.203	43	0.604	121
保定	0.442	51	0.596	23	0.163	58	0.566	137
柳州	0.434	52	0.463	57	0.098	106	0.741	77
大连	0.433	53	0.029	134	0.324	17	0.947	18
邯郸	0.433	54	0.566	30	0.112	94	0.622	115
安阳	0.432	55	0.670	10	0.064	145	0.561	139
张掖	0.429	56	0.457	63	0.030	185	0.801	62
榆林	0.429	57	0.663	11	0.020	193	0.604	122
赣州	0.428	58	0.618	17	0.148	66	0.520	152
咸阳	0.424	59	0.522	38	0.094	113	0.655	104
厦门	0.423	60	0.037	131	0.245	32	0.986	2
淮安	0.421	61	0.464	53	0.192	45	0.606	120
汉中	0.416	62	0.596	25	0.033	184	0.620	117
泰安	0.414	63	0.542	33	0.148	65	0.553	145
常州	0.413	64	0.051	114	0.299	21	0.889	38
宜昌	0.411	65	0.243	86	0.145	68	0.845	50
潮州	0.409	66	0.516	39	0.134	77	0.577	131
肇庆	0.400	67	0.419	76	0.159	59	0.623	114
聊城	0.397	68	0.463	56	0.076	131	0.652	107
衢州	0.395	69	0.427	73	0.116	91	0.643	110
烟台	0.395	70	0.579	28	0.269	26	0.337	181
泰州	0.394	71	0.402	78	0.225	38	0.556	142
温州	0.394	72	0.059	109	0.285	24	0.838	51
济宁	0.394	73	0.257	85	0.178	53	0.746	74
武威	0.394	74	0.479	52	0.014	196	0.689	89
晋中	0.390	75	0.279	84	0.094	111	0.798	63
吉林	0.387	76	0.456	65	0.088	122	0.617	118

续表

城市	文化品牌总分	排名	品牌独特性	排名	文化包容性	排名	文化活力	排名
安庆	0.386	77	0.432	72	0.109	96	0.616	119
商丘	0.383	78	0.633	14	0.046	175	0.469	159
长春	0.379	79	0.022	143	0.165	56	0.950	17
合肥	0.378	80	0.029	137	0.214	40	0.892	35
石家庄	0.376	81	0.088	103	0.152	63	0.886	40
开封	0.375	82	0.515	40	0.084	128	0.528	148
珠海	0.364	83	0.007	178	0.186	49	0.898	33
南宁	0.362	84	0.037	133	0.143	69	0.907	31
宜宾	0.361	85	0.479	51	0.029	186	0.574	134
兰州	0.360	86	0.051	120	0.063	149	0.964	10
惠州	0.358	87	0.015	163	0.226	37	0.832	53
乌鲁木齐	0.353	88	0.000	200	0.086	124	0.973	8
天水	0.348	89	0.434	69	0.021	192	0.589	129
黄山	0.343	90	0.147	93	0.129	79	0.754	71
渭南	0.343	91	0.301	83	0.057	158	0.671	96
贵阳	0.339	92	0.015	169	0.087	123	0.916	29
岳阳	0.338	93	0.449	66	0.110	95	0.455	162
舟山	0.334	94	0.022	145	0.090	117	0.890	36
孝感	0.333	95	0.088	104	0.124	85	0.788	66
锦州	0.330	96	0.051	113	0.131	78	0.809	59
牡丹江	0.325	97	0.044	123	0.191	47	0.739	79
鞍山	0.323	98	0.074	107	0.151	64	0.746	75
临汾	0.322	99	0.118	98	0.055	162	0.793	64
泸州	0.321	100	0.463	59	0.050	169	0.449	165
抚顺	0.319	101	0.007	171	0.125	83	0.825	55
大庆	0.318	102	0.015	157	0.070	135	0.870	43
西宁	0.318	103	0.029	140	0.056	161	0.869	44
襄阳	0.318	104	0.125	97	0.120	88	0.709	84
北海	0.318	105	0.388	81	0.061	151	0.505	157
台州	0.313	106	0.051	115	0.248	30	0.639	112
包头	0.313	107	0.000	186	0.091	115	0.847	49

续表

城市	文化品牌总分	排名	品牌独特性	排名	文化包容性	排名	文化活力	排名
乐山	0.309	108	0.463	58	0.055	163	0.410	170
九江	0.309	109	0.110	100	0.142	70	0.674	93
宝鸡	0.306	110	0.176	91	0.069	140	0.673	94
江门	0.305	111	0.022	150	0.231	36	0.661	100
丹东	0.299	112	0.015	154	0.153	62	0.729	81
丽水	0.297	113	0.051	116	0.095	108	0.745	76
长治	0.296	114	0.066	108	0.049	170	0.774	68
荆门	0.295	115	0.059	112	0.085	125	0.740	78
临沂	0.291	116	0.169	92	0.241	34	0.464	160
黑河	0.290	117	0.007	172	0.060	153	0.803	61
攀枝花	0.289	118	0.000	196	0.036	183	0.832	52
亳州	0.288	119	0.464	54	0.027	188	0.374	178
濮阳	0.286	120	0.424	74	0.061	152	0.372	179
三亚	0.285	121	0.015	168	0.025	189	0.817	57
唐山	0.285	122	0.044	122	0.154	61	0.658	102
黄冈	0.285	123	0.243	87	0.104	102	0.507	156
德州	0.283	124	0.191	90	0.137	74	0.521	151
南平	0.282	125	0.051	117	0.125	84	0.671	95
遵义	0.281	126	0.500	46	0.037	182	0.306	185
常德	0.280	127	0.096	102	0.091	116	0.653	105
通辽	0.279	128	0.022	141	0.061	150	0.754	72
通化	0.279	129	0.000	192	0.082	129	0.755	70
荆州	0.275	130	0.059	111	0.102	104	0.665	98
湘潭	0.275	131	0.007	175	0.094	110	0.723	82
信阳	0.272	132	0.132	96	0.041	180	0.642	111
三明	0.272	133	0.015	162	0.139	72	0.661	99
焦作	0.271	134	0.206	89	0.090	119	0.518	153
鄂尔多斯	0.270	135	0.015	153	0.106	100	0.688	90
龙岩	0.269	136	0.044	125	0.137	75	0.626	113
黄石	0.269	137	0.029	138	0.090	118	0.686	91
日照	0.265	138	0.147	94	0.123	87	0.525	149

续表

城市	文化品牌总分	排名	品牌独特性	排名	文化包容性	排名	文化活力	排名
芜湖	0.260	139	0.037	130	0.182	51	0.561	138
新乡	0.259	140	0.096	101	0.103	103	0.577	132
佳木斯	0.258	141	0.015	158	0.059	155	0.701	86
铜陵	0.258	142	0.015	161	0.064	147	0.696	88
湛江	0.253	143	0.051	118	0.124	86	0.585	130
四平	0.253	144	0.000	190	0.052	166	0.708	85
连云港	0.251	145	0.007	173	0.176	55	0.570	136
营口	0.249	146	0.015	155	0.177	54	0.555	143
淮南	0.248	147	0.015	159	0.064	146	0.666	97
许昌	0.247	148	0.081	105	0.069	136	0.592	128
衡阳	0.244	149	0.022	148	0.113	93	0.596	126
石嘴山	0.243	150	0.007	185	0.049	171	0.674	92
忻州	0.243	151	0.074	106	0.009	198	0.646	109
玉溪	0.241	152	0.007	184	0.057	157	0.659	101
阜新	0.239	153	0.029	136	0.084	127	0.603	123
怀化	0.238	154	0.110	99	0.046	173	0.558	140
衡水	0.235	155	0.037	129	0.118	90	0.550	147
安康	0.232	156	0.228	88	0.016	194	0.452	163
蚌埠	0.228	157	0.044	124	0.090	120	0.552	146
马鞍山	0.228	158	0.015	160	0.115	92	0.555	144
莆田	0.226	159	0.022	146	0.146	67	0.511	154
梧州	0.225	160	0.015	166	0.088	121	0.572	135
自贡	0.224	161	0.464	55	0.042	178	0.166	194
郴州	0.220	162	0.037	132	0.125	81	0.498	158
嘉峪关	0.219	163	0.000	199	0.000	200	0.656	103
乌兰察布	0.216	164	0.000	188	0.051	167	0.598	124
南充	0.216	165	0.022	152	0.051	168	0.576	133
巴彦淖尔	0.213	166	0.000	189	0.047	172	0.592	127
揭阳	0.209	167	0.007	179	0.186	50	0.435	167
梅州	0.204	168	0.449	67	0.085	126	0.079	199
赤峰	0.200	169	0.000	187	0.042	179	0.557	141

续表

城市	文化品牌总分	排名	品牌独特性	排名	文化包容性	排名	文化活力	排名
株洲	0.199	170	0.022	147	0.125	82	0.451	164
内江	0.194	171	0.000	195	0.058	156	0.523	150
滁州	0.192	172	0.059	110	0.138	73	0.379	176
汕头	0.192	173	0.044	127	0.195	44	0.336	182
玉林	0.188	174	0.007	180	0.107	97	0.449	166
上饶	0.188	175	0.140	95	0.099	105	0.324	184
周口	0.185	176	0.044	126	0.056	160	0.456	161
随州	0.183	177	0.419	75	0.075	132	0.054	200
德阳	0.182	178	0.007	182	0.107	98	0.432	168
茂名	0.181	179	0.015	165	0.119	89	0.409	172
六盘水	0.177	180	0.000	197	0.023	190	0.508	155
绵阳	0.174	181	0.022	151	0.093	114	0.409	173
呼伦贝尔	0.173	182	0.022	142	0.074	133	0.421	169
威海	0.172	183	0.007	174	0.214	39	0.295	186
盘锦	0.170	184	0.015	156	0.095	109	0.399	175
朝阳	0.169	185	0.029	135	0.069	141	0.409	171
曲靖	0.149	186	0.000	198	0.046	174	0.400	174
崇左	0.147	187	0.000	194	0.063	148	0.377	177
百色	0.143	188	0.051	119	0.045	176	0.334	183
鹰潭	0.133	189	0.000	193	0.053	165	0.347	180
钦州	0.125	190	0.015	167	0.068	142	0.291	187
新余	0.105	191	0.007	176	0.066	144	0.241	190
齐齐哈尔	0.104	192	0.022	144	0.069	139	0.222	192
辽源	0.103	193	0.000	191	0.029	187	0.280	188
毕节	0.101	194	0.015	170	0.021	191	0.265	189
吴忠	0.097	195	0.044	128	0.013	197	0.233	191
防城港	0.089	196	0.007	181	0.060	154	0.201	193
张家界	0.078	197	0.029	139	0.043	177	0.161	195
清远	0.074	198	0.015	164	0.105	101	0.101	198
庆阳	0.072	199	0.051	121	0.009	199	0.156	196
资阳	0.051	200	0.007	183	0.039	181	0.105	197

三　中国城市旅游品牌发展指数 2015 年度排名

2015 年度，中国城市旅游品牌发展指数排名如下（见表 1－3）。

表 1－3　　2015 年中国 200 个城市的城市旅游品牌发展指数排名

城市	旅游品牌	排名	交通可达性	排名	旅游吸引力	排名	旅游文化资源	排名	旅游发展效益	排名	旅游营销传播	排名
北京	0.728	1	0.851	2	0.689	1	0.643	4	0.800	1	0.658	2
上海	0.656	2	0.991	1	0.587	3	0.816	2	0.452	45	0.432	6
重庆	0.586	3	0.637	25	0.663	2	0.838	1	0.583	9	0.208	24
天津	0.511	4	0.819	4	0.244	9	0.185	44	0.644	4	0.665	1
广州	0.494	5	0.844	3	0.327	5	0.130	69	0.661	2	0.508	4
杭州	0.466	6	0.793	6	0.242	10	0.230	27	0.598	8	0.468	5
武汉	0.456	7	0.690	14	0.308	6	0.320	11	0.574	10	0.389	7
深圳	0.453	8	0.764	8	0.469	4	0.034	146	0.473	34	0.525	3
苏州	0.448	9	0.569	38	0.237	11	0.672	3	0.532	13	0.228	20
成都	0.422	10	0.623	27	0.255	8	0.261	21	0.604	7	0.366	9
西安	0.395	11	0.642	22	0.266	7	0.250	23	0.448	48	0.371	8
南京	0.395	12	0.819	5	0.122	28	0.175	51	0.510	17	0.351	10
宁波	0.359	13	0.771	7	0.145	18	0.183	46	0.479	29	0.215	21
济南	0.348	14	0.738	10	0.090	48	0.262	20	0.416	84	0.233	19
郑州	0.345	15	0.680	16	0.126	24	0.225	29	0.438	59	0.258	16
石家庄	0.341	16	0.657	19	0.099	43	0.193	40	0.504	20	0.250	18
黄山	0.334	17	0.418	103	0.174	15	0.621	5	0.372	149	0.085	67
沈阳	0.330	18	0.709	12	0.121	29	0.037	138	0.473	33	0.307	12
洛阳	0.327	19	0.616	28	0.183	14	0.206	34	0.498	22	0.132	46
泉州	0.322	20	0.493	71	0.196	13	0.204	36	0.619	5	0.098	57
长沙	0.320	21	0.607	32	0.196	12	0.063	108	0.483	27	0.253	17
青岛	0.315	22	0.698	13	0.123	27	0.144	64	0.477	31	0.133	45
合肥	0.310	23	0.719	11	0.075	57	0.056	113	0.485	24	0.213	22
温州	0.308	24	0.663	18	0.084	49	0.190	42	0.443	53	0.158	39
福州	0.307	25	0.748	9	0.063	72	0.130	68	0.395	113	0.198	26

续表

城市	旅游品牌	排名	交通可达性	排名	旅游吸引力	排名	旅游文化资源	排名	旅游发展效益	排名	旅游营销传播	排名
晋中	0.307	26	0.497	66	0.124	26	0.437	6	0.447	49	0.028	174
厦门	0.306	27	0.655	20	0.140	19	0.037	141	0.432	67	0.269	14
无锡	0.304	28	0.610	31	0.125	25	0.157	58	0.470	37	0.160	38
邯郸	0.304	29	0.537	52	0.030	122	0.339	9	0.515	15	0.099	56
宜昌	0.302	30	0.535	53	0.134	20	0.269	18	0.481	28	0.091	63
南昌	0.298	31	0.572	37	0.051	92	0.173	53	0.517	14	0.174	34
烟台	0.296	32	0.581	34	0.117	32	0.225	28	0.405	96	0.151	40
太原	0.295	33	0.665	17	0.053	90	0.151	60	0.416	85	0.191	30
桂林	0.295	34	0.542	49	0.161	16	0.218	30	0.434	65	0.118	48
保定	0.294	35	0.554	43	0.096	45	0.173	52	0.452	44	0.195	28
金华	0.293	36	0.486	74	0.112	34	0.318	12	0.457	40	0.091	65
南宁	0.291	37	0.641	23	0.112	33	0.063	111	0.453	43	0.186	32
长春	0.286	38	0.611	30	0.100	41	0.022	162	0.483	26	0.213	23
昆明	0.279	39	0.553	44	0.129	22	0.015	179	0.431	69	0.268	15
哈尔滨	0.278	40	0.580	35	0.098	44	0.074	99	0.441	54	0.198	27
赣州	0.278	41	0.503	64	0.044	96	0.285	14	0.511	16	0.047	127
九江	0.277	42	0.473	81	0.128	23	0.110	76	0.606	6	0.071	82
上饶	0.274	43	0.266	164	0.149	17	0.350	8	0.542	11	0.062	94
潍坊	0.272	44	0.551	47	0.055	88	0.272	17	0.384	132	0.097	58
东莞	0.269	45	0.640	24	0.112	35	0.101	85	0.332	188	0.162	37
贵阳	0.269	46	0.562	41	0.074	58	0.067	106	0.474	32	0.166	35
佛山	0.265	47	0.515	58	0.121	31	0.179	49	0.373	147	0.136	44
绍兴	0.258	48	0.449	92	0.102	38	0.179	48	0.431	68	0.132	47
临沂	0.256	49	0.553	45	0.094	46	0.169	54	0.381	136	0.083	68
大连	0.256	50	0.628	26	0.133	21	0.029	150	0.440	55	0.049	122
徐州	0.256	51	0.684	15	0.033	111	0.074	100	0.387	126	0.100	55
嘉兴	0.256	52	0.524	57	0.071	67	0.130	67	0.439	57	0.113	49
三亚	0.254	53	0.451	90	0.062	73	0.067	105	0.354	163	0.337	11
扬州	0.254	54	0.527	55	0.042	98	0.163	55	0.389	124	0.151	41
秦皇岛	0.248	55	0.562	40	0.057	84	0.037	136	0.418	82	0.165	36

续表

城市	旅游品牌	排名	交通可达性	排名	旅游吸引力	排名	旅游文化资源	排名	旅游发展效益	排名	旅游营销传播	排名
兰州	0.248	56	0.470	83	0.030	121	0.130	70	0.418	81	0.189	31
德州	0.245	57	0.566	39	0.020	156	0.191	41	0.347	170	0.102	53
常州	0.245	58	0.503	63	0.079	53	0.104	80	0.402	100	0.137	43
渭南	0.244	59	0.305	151	0.071	66	0.354	7	0.439	58	0.053	111
滁州	0.243	60	0.420	102	0.015	174	0.085	93	0.660	3	0.033	164
湖州	0.242	61	0.405	109	0.073	61	0.127	72	0.535	12	0.071	81
济宁	0.241	62	0.344	134	0.108	37	0.284	15	0.390	121	0.080	74
安康	0.240	63	0.465	87	0.023	144	0.281	16	0.380	137	0.054	107
龙岩	0.239	64	0.447	93	0.021	150	0.307	13	0.375	144	0.045	135
泰安	0.237	65	0.463	88	0.074	60	0.162	56	0.396	111	0.091	64
安阳	0.234	66	0.363	127	0.068	69	0.247	24	0.430	73	0.064	89
江门	0.234	67	0.495	69	0.058	82	0.154	59	0.407	94	0.056	104
台州	0.233	68	0.418	104	0.065	70	0.104	81	0.488	23	0.091	62
惠州	0.232	69	0.496	68	0.121	30	0.041	134	0.402	102	0.101	54
大同	0.232	70	0.507	60	0.056	87	0.129	71	0.372	148	0.095	61
湛江	0.232	71	0.503	62	0.032	116	0.104	82	0.463	39	0.055	105
唐山	0.231	72	0.475	78	0.030	126	0.044	126	0.399	107	0.205	25
南阳	0.230	73	0.423	101	0.072	63	0.259	22	0.334	185	0.062	92
呼和浩特	0.230	74	0.575	36	0.025	137	0.007	180	0.431	70	0.110	50
吉林	0.230	75	0.318	145	0.033	109	0.070	101	0.451	46	0.275	13
怀化	0.227	76	0.413	107	0.028	131	0.216	31	0.425	75	0.052	115
珠海	0.227	77	0.506	61	0.101	39	0.060	112	0.320	197	0.146	42
丽水	0.224	78	0.333	139	0.059	80	0.236	25	0.436	63	0.058	102
芜湖	0.224	79	0.553	46	0.034	104	0.037	140	0.423	77	0.073	77
梅州	0.223	80	0.391	114	0.072	64	0.195	39	0.411	89	0.046	132
衢州	0.223	81	0.474	80	0.083	50	0.120	74	0.390	122	0.047	129
南平	0.222	82	0.466	84	0.031	118	0.183	47	0.396	110	0.031	166
锦州	0.221	83	0.645	21	0.032	117	0.051	118	0.340	180	0.039	152
汕头	0.220	84	0.496	67	0.015	175	0.070	103	0.471	35	0.049	121
商丘	0.220	85	0.540	51	0.008	191	0.184	45	0.326	191	0.040	145

续表

城市	旅游品牌	排名	交通可达性	排名	旅游吸引力	排名	旅游文化资源	排名	旅游发展效益	排名	旅游营销传播	排名
襄阳	0.219	86	0.529	54	0.030	124	0.125	73	0.395	114	0.016	194
漳州	0.218	87	0.405	110	0.059	79	0.186	43	0.375	141	0.066	87
日照	0.217	88	0.471	82	0.037	102	0.147	61	0.344	173	0.083	69
新乡	0.217	89	0.559	42	0.025	139	0.096	89	0.355	162	0.048	124
黄冈	0.215	90	0.330	142	0.016	171	0.322	10	0.378	138	0.028	175
咸阳	0.215	91	0.451	91	0.042	97	0.137	66	0.381	135	0.062	93
长治	0.213	92	0.486	75	0.030	123	0.092	91	0.402	99	0.055	106
连云港	0.213	93	0.615	29	0.022	148	0.007	181	0.367	152	0.052	113
信阳	0.212	94	0.492	72	0.018	161	0.159	57	0.355	161	0.034	162
衡阳	0.211	95	0.540	50	0.060	76	0.022	165	0.374	146	0.060	98
延安	0.210	96	0.333	140	0.061	74	0.235	26	0.342	178	0.081	73
临汾	0.210	97	0.375	121	0.030	125	0.197	38	0.402	101	0.045	134
蚌埠	0.210	98	0.543	48	0.022	147	0.044	127	0.401	105	0.038	154
柳州	0.209	99	0.494	70	0.028	133	0.078	95	0.405	97	0.041	143
中山	0.208	100	0.423	100	0.021	151	0.075	97	0.325	194	0.194	29
鹰潭	0.207	101	0.456	89	0.022	149	0.026	158	0.507	18	0.025	180
荆州	0.207	102	0.435	96	0.019	157	0.138	65	0.395	112	0.047	130
衡水	0.205	103	0.509	59	0.007	193	0.037	137	0.394	117	0.077	76
鄂尔多斯	0.204	104	0.445	94	0.073	62	0.015	167	0.438	60	0.052	112
海口	0.204	105	0.583	33	0.013	179	0.000	197	0.341	179	0.082	71
南通	0.203	106	0.417	105	0.060	77	0.145	62	0.375	142	0.019	189
承德	0.203	107	0.336	137	0.058	81	0.103	83	0.437	62	0.081	72
钦州	0.202	108	0.478	77	0.009	188	0.041	135	0.437	61	0.045	133
包头	0.201	109	0.475	79	0.007	194	0.053	116	0.414	86	0.059	99
宝鸡	0.201	110	0.281	159	0.111	36	0.176	50	0.387	127	0.050	118
镇江	0.201	111	0.425	99	0.078	54	0.037	139	0.391	119	0.071	79
鞍山	0.200	112	0.433	97	0.047	94	0.100	88	0.357	158	0.063	90
张家界	0.200	113	0.298	153	0.099	42	0.029	153	0.483	25	0.088	66
株洲	0.199	114	0.525	56	0.032	113	0.022	164	0.367	153	0.051	116
岳阳	0.199	115	0.334	138	0.060	78	0.063	109	0.470	36	0.069	84

续表

城市	旅游品牌	排名	交通可达性	排名	旅游吸引力	排名	旅游文化资源	排名	旅游发展效益	排名	旅游营销传播	排名
西宁	0. 199	116	0. 432	98	0. 044	95	0. 029	154	0. 394	116	0. 096	60
开封	0. 199	117	0. 388	115	0. 082	51	0. 041	133	0. 424	76	0. 058	101
榆林	0. 198	118	0. 314	146	0. 031	120	0. 266	19	0. 335	184	0. 046	131
银川	0. 197	119	0. 482	76	0. 052	91	0. 007	191	0. 339	181	0. 103	51
安庆	0. 196	120	0. 391	112	0. 080	52	0. 051	119	0. 408	92	0. 050	119
景德镇	0. 195	121	0. 286	158	0. 063	71	0. 145	63	0. 440	56	0. 039	149
三明	0. 194	122	0. 313	147	0. 074	59	0. 199	37	0. 348	167	0. 038	156
泸州	0. 194	123	0. 174	188	0. 042	99	0. 209	33	0. 477	30	0. 070	83
乌鲁木齐	0. 193	124	0. 466	85	0. 058	83	0. 000	200	0. 337	183	0. 102	52
聊城	0. 192	125	0. 488	73	0. 016	173	0. 051	120	0. 346	172	0. 060	96
牡丹江	0. 190	126	0. 311	148	0. 090	47	0. 070	102	0. 445	52	0. 035	159
玉林	0. 188	127	0. 403	111	0. 018	163	0. 034	148	0. 446	51	0. 042	142
绵阳	0. 187	128	0. 352	129	0. 072	65	0. 022	166	0. 418	80	0. 072	78
淮安	0. 187	129	0. 499	65	0. 018	162	0. 015	172	0. 356	159	0. 047	128
莆田	0. 187	130	0. 437	95	0. 025	138	0. 048	125	0. 359	157	0. 065	88
通辽	0. 183	131	0. 465	86	0. 003	198	0. 048	123	0. 365	155	0. 034	163
常德	0. 183	132	0. 295	155	0. 033	110	0. 096	90	0. 430	71	0. 060	97
丽江	0. 181	133	0. 139	195	0. 101	40	0. 034	149	0. 453	42	0. 180	33
揭阳	0. 180	134	0. 381	119	0. 029	128	0. 034	147	0. 450	47	0. 007	199
荆门	0. 180	135	0. 391	113	0. 017	165	0. 085	94	0. 377	139	0. 031	168
郴州	0. 180	136	0. 380	120	0. 038	101	0. 063	110	0. 376	140	0. 044	138
舟山	0. 179	137	0. 309	149	0. 040	100	0. 048	124	0. 401	104	0. 097	59
南充	0. 179	138	0. 256	171	0. 077	55	0. 075	98	0. 430	72	0. 057	103
孝感	0. 178	139	0. 413	108	0. 014	176	0. 088	92	0. 347	169	0. 029	170
忻州	0. 178	140	0. 349	130	0. 029	127	0. 100	87	0. 381	134	0. 029	171
湘潭	0. 178	141	0. 332	141	0. 054	89	0. 007	182	0. 432	66	0. 063	91
焦作	0. 176	142	0. 204	183	0. 060	75	0. 206	35	0. 371	150	0. 040	147
黄石	0. 175	143	0. 369	123	0. 026	136	0. 056	114	0. 347	168	0. 079	75
清远	0. 175	144	0. 341	135	0. 069	68	0. 067	104	0. 343	176	0. 053	110
百色	0. 174	145	0. 347	132	0. 017	166	0. 051	121	0. 417	83	0. 039	150

续表

城市	旅游品牌	排名	交通可达性	排名	旅游吸引力	排名	旅游文化资源	排名	旅游发展效益	排名	旅游营销传播	排名
丹东	0.174	146	0.338	136	0.051	93	0.041	131	0.382	133	0.059	100
天水	0.173	147	0.254	173	0.033	112	0.101	86	0.435	64	0.044	139
威海	0.172	148	0.366	125	0.077	56	0.034	144	0.370	151	0.017	193
许昌	0.169	149	0.348	131	0.024	142	0.107	78	0.326	193	0.039	151
泰州	0.169	150	0.291	157	0.032	114	0.101	84	0.352	164	0.067	86
茂名	0.168	151	0.277	161	0.005	195	0.015	176	0.500	21	0.042	141
梧州	0.167	152	0.366	124	0.016	168	0.015	177	0.398	108	0.040	148
四平	0.167	153	0.386	117	0.016	169	0.026	157	0.385	131	0.021	187
新余	0.166	154	0.381	118	0.008	190	0.007	183	0.410	91	0.023	185
宜宾	0.165	155	0.181	186	0.028	129	0.108	77	0.446	50	0.061	95
赤峰	0.162	156	0.416	106	0.010	186	0.026	155	0.310	198	0.049	120
营口	0.160	157	0.363	126	0.032	115	0.015	168	0.343	175	0.045	136
周口	0.159	158	0.319	144	0.021	152	0.044	129	0.375	143	0.035	158
内江	0.157	159	0.263	166	0.021	153	0.053	117	0.401	106	0.048	125
铜陵	0.157	160	0.345	133	0.008	189	0.041	132	0.363	156	0.028	173
肇庆	0.156	161	0.371	122	0.034	106	0.007	184	0.333	186	0.036	157
乐山	0.155	162	0.096	198	0.057	86	0.078	96	0.464	38	0.082	70
朝阳	0.155	163	0.357	128	0.036	103	0.029	151	0.332	187	0.021	186
汉中	0.154	164	0.182	185	0.005	196	0.210	32	0.328	190	0.048	126
遵义	0.154	165	0.182	184	0.022	146	0.105	79	0.394	115	0.067	85
乌兰察布	0.153	166	0.322	143	0.024	143	0.026	156	0.366	154	0.027	178
武威	0.152	167	0.280	160	0.021	154	0.056	115	0.391	118	0.012	196
抚顺	0.152	168	0.296	154	0.027	135	0.034	142	0.349	166	0.053	109
阜新	0.151	169	0.387	116	0.007	192	0.029	152	0.322	196	0.011	197
防城港	0.151	170	0.293	156	0.014	177	0.007	186	0.402	103	0.038	155
亳州	0.150	171	0.306	150	0.012	182	0.015	173	0.390	123	0.028	176
北海	0.149	172	0.269	163	0.020	155	0.007	185	0.419	79	0.029	169
潮州	0.148	173	0.233	177	0.023	145	0.066	107	0.386	130	0.033	165
张掖	0.148	174	0.159	192	0.027	134	0.007	190	0.506	19	0.041	144
马鞍山	0.148	175	0.266	165	0.019	159	0.015	175	0.389	125	0.050	117

续表

城市	旅游品牌	排名	交通可达性	排名	旅游吸引力	排名	旅游文化资源	排名	旅游发展效益	排名	旅游营销传播	排名
嘉峪关	0.144	176	0.260	169	0.019	160	0.000	199	0.412	87	0.029	172
德阳	0.143	177	0.208	182	0.034	107	0.007	187	0.422	78	0.042	140
淮南	0.142	178	0.277	162	0.012	181	0.015	174	0.374	145	0.035	161
攀枝花	0.142	179	0.145	194	0.028	130	0.026	159	0.456	41	0.054	108
大庆	0.142	180	0.242	176	0.010	184	0.015	170	0.408	93	0.035	160
六盘水	0.142	181	0.254	172	0.024	141	0.000	198	0.412	88	0.019	190
曲靖	0.141	182	0.303	152	0.010	185	0.026	160	0.338	182	0.025	183
自贡	0.140	183	0.099	197	0.033	108	0.120	75	0.398	109	0.052	114
呼伦贝尔	0.140	184	0.168	189	0.011	183	0.022	161	0.426	74	0.071	80
盘锦	0.136	185	0.253	174	0.031	119	0.015	169	0.343	174	0.039	153
通化	0.132	186	0.229	179	0.009	187	0.000	195	0.404	98	0.017	192
濮阳	0.130	187	0.258	170	0.004	197	0.044	128	0.326	192	0.018	191
佳木斯	0.130	188	0.261	168	0.003	199	0.015	171	0.351	165	0.020	188
玉溪	0.127	189	0.213	180	0.034	105	0.007	189	0.355	160	0.025	182
随州	0.127	190	0.230	178	0.014	178	0.034	145	0.331	189	0.025	181
资阳	0.126	191	0.161	191	0.025	140	0.007	188	0.391	120	0.049	123
巴彦淖尔	0.124	192	0.247	175	0.002	200	0.000	193	0.346	171	0.027	177
石嘴山	0.123	193	0.263	167	0.016	167	0.007	192	0.324	195	0.006	200
崇左	0.122	194	0.158	193	0.019	158	0.000	196	0.411	90	0.023	184
辽源	0.119	195	0.181	187	0.016	172	0.000	194	0.387	128	0.013	195
吴忠	0.117	196	0.210	181	0.016	170	0.044	130	0.307	199	0.009	198
毕节	0.115	197	0.065	200	0.057	85	0.015	178	0.407	95	0.031	167
庆阳	0.113	198	0.082	199	0.018	164	0.051	122	0.387	129	0.027	179
黑河	0.110	199	0.108	196	0.028	132	0.034	143	0.342	177	0.040	146
齐齐哈尔	0.050	200	0.165	190	0.013	180	0.022	163	0.006	200	0.044	137

四　中国城市投资品牌发展指数 2015 年度排名

2015 年度，中国城市投资品牌发展指数排名如下（见表 1－4）。

表 1－4　　2015 年中国 200 个城市的城市投资品牌发展指数排名

城市	投资品牌指数	排名	基础设施	排名	要素质量	排名	制度环境	排名	创新创业潜力	排名	投资促进	排名	投资营销传播	排名
北京	0.870	1	0.851	2	0.998	1	0.919	3	0.844	1	0.736	6	0.873	1
上海	0.817	2	0.991	1	0.804	2	0.958	1	0.810	2	0.756	5	0.581	3
深圳	0.746	3	0.764	8	0.801	3	0.914	4	0.719	4	0.844	2	0.431	4
广州	0.712	4	0.844	3	0.604	7	0.945	2	0.726	3	0.812	3	0.341	8
天津	0.702	5	0.819	4	0.599	8	0.737	51	0.687	5	0.720	8	0.647	2
成都	0.624	6	0.623	27	0.548	12	0.827	18	0.560	45	0.771	4	0.417	5
南京	0.624	7	0.819	5	0.614	4	0.739	48	0.661	10	0.623	22	0.284	10
杭州	0.617	8	0.793	6	0.605	6	0.654	95	0.676	7	0.692	12	0.285	9
武汉	0.609	9	0.690	14	0.584	9	0.858	11	0.672	8	0.592	32	0.256	11
宁波	0.605	10	0.771	7	0.521	19	0.829	17	0.628	17	0.685	15	0.198	18
青岛	0.601	11	0.698	13	0.529	17	0.850	12	0.626	18	0.687	14	0.213	16
苏州	0.597	12	0.569	38	0.611	5	0.850	13	0.636	16	0.703	9	0.210	17
厦门	0.595	13	0.655	20	0.552	10	0.818	22	0.649	11	0.684	17	0.214	15
西安	0.581	14	0.642	22	0.532	16	0.862	10	0.613	21	0.612	27	0.228	13
济南	0.561	15	0.738	10	0.519	20	0.844	15	0.609	22	0.463	74	0.192	19
郑州	0.560	16	0.680	16	0.498	27	0.629	113	0.546	50	0.622	23	0.385	7
东莞	0.556	17	0.640	24	0.451	39	0.658	89	0.686	6	0.735	7	0.167	24
福州	0.555	18	0.748	9	0.465	35	0.850	14	0.597	29	0.529	56	0.141	31
合肥	0.553	19	0.719	11	0.516	22	0.781	28	0.576	34	0.563	44	0.160	26
重庆	0.550	20	0.637	25	0.453	38	0.329	192	0.640	15	0.850	1	0.394	6
长沙	0.542	21	0.607	32	0.517	21	0.830	16	0.602	25	0.516	62	0.178	22
无锡	0.541	22	0.610	31	0.548	11	0.760	35	0.565	40	0.614	26	0.148	30
沈阳	0.539	23	0.709	12	0.522	18	0.723	59	0.550	49	0.548	49	0.183	21
大连	0.526	24	0.628	26	0.537	13	0.593	129	0.545	51	0.690	13	0.164	25
佛山	0.524	25	0.515	58	0.480	31	0.824	19	0.523	76	0.698	10	0.102	45
珠海	0.520	26	0.506	61	0.534	15	0.618	119	0.641	13	0.692	11	0.128	38
中山	0.515	27	0.423	100	0.448	40	0.821	21	0.622	19	0.637	19	0.139	32
太原	0.505	28	0.665	17	0.535	14	0.570	143	0.599	27	0.527	58	0.133	35
惠州	0.503	29	0.496	68	0.331	88	0.766	33	0.645	12	0.685	16	0.093	52
温州	0.500	30	0.663	18	0.377	69	0.869	9	0.537	60	0.437	82	0.117	44

续表

城市	投资品牌指数	排名	基础设施	排名	要素质量	排名	制度环境	排名	创新创业潜力	排名	投资促进	排名	投资营销传播	排名
长春	0.499	31	0.611	30	0.487	29	0.613	120	0.523	77	0.614	25	0.148	29
海口	0.497	32	0.583	33	0.472	33	0.687	69	0.565	41	0.612	28	0.064	68
南昌	0.492	33	0.572	37	0.498	26	0.654	96	0.542	56	0.562	45	0.127	40
嘉兴	0.488	34	0.524	57	0.404	58	0.671	80	0.605	24	0.656	18	0.068	65
常州	0.487	35	0.503	63	0.511	23	0.560	147	0.600	26	0.630	21	0.118	43
泉州	0.485	36	0.493	71	0.294	103	0.802	24	0.566	39	0.571	42	0.186	20
镇江	0.475	37	0.425	99	0.455	37	0.728	57	0.606	23	0.585	36	0.052	85
哈尔滨	0.473	38	0.580	35	0.497	28	0.752	41	0.479	123	0.390	100	0.137	33
芜湖	0.473	39	0.553	46	0.423	54	0.726	58	0.526	73	0.552	46	0.056	76
南通	0.468	40	0.417	105	0.431	47	0.755	40	0.520	83	0.587	34	0.094	50
潍坊	0.466	41	0.551	47	0.369	71	0.783	27	0.567	38	0.438	81	0.090	54
昆明	0.465	42	0.553	44	0.502	25	0.433	185	0.572	36	0.579	38	0.149	28
金华	0.461	43	0.486	74	0.386	67	0.752	42	0.615	20	0.468	73	0.059	71
贵阳	0.460	44	0.562	41	0.468	34	0.593	130	0.584	32	0.435	83	0.119	42
烟台	0.460	45	0.581	34	0.434	46	0.738	49	0.318	187	0.589	33	0.101	46
洛阳	0.459	46	0.616	28	0.365	75	0.731	53	0.511	92	0.432	85	0.097	49
徐州	0.458	47	0.684	15	0.320	93	0.719	62	0.466	130	0.455	78	0.101	47
石家庄	0.456	48	0.657	19	0.440	43	0.516	161	0.540	57	0.413	91	0.171	23
江门	0.456	49	0.495	69	0.283	110	0.746	43	0.503	104	0.634	20	0.074	61
扬州	0.456	50	0.527	55	0.431	48	0.624	118	0.513	91	0.551	47	0.089	55
唐山	0.453	51	0.475	78	0.404	57	0.709	64	0.537	61	0.459	76	0.131	36
秦皇岛	0.452	52	0.562	40	0.403	59	0.560	148	0.520	82	0.564	43	0.100	48
南宁	0.447	53	0.641	23	0.425	52	0.611	123	0.526	72	0.347	117	0.135	34
绍兴	0.443	54	0.449	92	0.387	65	0.679	74	0.539	59	0.535	54	0.070	63
宜昌	0.441	55	0.535	53	0.371	70	0.764	34	0.640	14	0.263	150	0.076	60
湖州	0.441	56	0.405	109	0.349	80	0.651	100	0.584	33	0.607	30	0.049	96
九江	0.439	57	0.473	81	0.238	129	0.824	20	0.509	97	0.549	48	0.043	112
保定	0.437	58	0.554	43	0.245	125	0.758	36	0.521	80	0.423	88	0.122	41

续表

城市	投资品牌指数	排名	基础设施	排名	要素质量	排名	制度环境	排名	创新创业潜力	排名	投资促进	排名	投资营销传播	排名
鞍山	0.436	59	0.433	97	0.399	61	0.731	54	0.500	106	0.495	67	0.055	77
威海	0.436	60	0.366	125	0.423	53	0.880	7	0.315	188	0.544	52	0.086	56
连云港	0.435	61	0.615	29	0.266	119	0.646	104	0.495	108	0.535	53	0.051	87
锦州	0.429	62	0.645	21	0.297	102	0.519	160	0.489	114	0.573	40	0.049	97
泰州	0.428	63	0.291	157	0.362	76	0.757	39	0.540	58	0.548	50	0.071	62
铜陵	0.426	64	0.345	133	0.426	51	0.639	107	0.529	69	0.586	35	0.031	176
台州	0.421	65	0.418	104	0.330	89	0.683	71	0.534	64	0.502	66	0.057	74
柳州	0.419	66	0.494	70	0.387	66	0.779	30	0.488	115	0.317	125	0.051	90
舟山	0.418	67	0.309	149	0.429	49	0.644	106	0.550	48	0.521	59	0.054	78
马鞍山	0.414	68	0.266	165	0.397	62	0.715	63	0.494	110	0.575	39	0.038	143
黄山	0.410	69	0.418	103	0.322	92	0.757	37	0.491	112	0.427	87	0.043	114
株洲	0.407	70	0.525	56	0.345	81	0.690	68	0.436	152	0.428	86	0.015	196
南平	0.406	71	0.466	84	0.225	131	0.899	5	0.563	42	0.250	154	0.034	166
丹东	0.404	72	0.338	136	0.293	104	0.611	122	0.513	89	0.619	24	0.047	101
鹰潭	0.401	73	0.456	89	0.193	148	0.871	8	0.329	185	0.546	51	0.011	199
衢州	0.400	74	0.474	80	0.299	98	0.730	56	0.520	84	0.339	118	0.041	122
莆田	0.399	75	0.437	95	0.213	140	0.785	26	0.510	94	0.401	95	0.050	95
呼和浩特	0.399	76	0.575	36	0.476	32	0.408	187	0.474	126	0.381	104	0.079	58
鄂尔多斯	0.398	77	0.445	94	0.429	50	0.771	32	0.382	173	0.324	123	0.039	140
兰州	0.397	78	0.470	83	0.486	30	0.468	178	0.575	35	0.255	153	0.127	39
抚顺	0.395	79	0.296	154	0.402	60	0.666	83	0.588	31	0.366	108	0.053	80
银川	0.395	80	0.482	76	0.463	36	0.488	172	0.599	28	0.260	151	0.080	57
丽水	0.394	81	0.333	139	0.308	96	0.775	31	0.545	52	0.367	107	0.040	131
汕头	0.394	82	0.496	67	0.215	139	0.734	52	0.453	139	0.414	90	0.051	92
黄石	0.392	83	0.369	123	0.323	91	0.626	116	0.521	81	0.475	72	0.041	126
大同	0.392	84	0.507	60	0.366	74	0.524	159	0.542	55	0.199	165	0.214	14
滁州	0.392	85	0.420	102	0.153	165	0.743	45	0.506	100	0.495	68	0.034	167
长治	0.389	86	0.486	75	0.334	86	0.741	47	0.421	162	0.307	129	0.047	102

续表

城市	投资品牌指数	排名	基础设施	排名	要素质量	排名	制度环境	排名	创新创业潜力	排名	投资促进	排名	投资营销传播	排名
济宁	0. 389	87	0. 344	134	0. 261	122	0. 664	85	0. 525	74	0. 409	92	0. 129	37
包头	0. 388	88	0. 475	79	0. 446	41	0. 527	158	0. 558	46	0. 285	140	0. 036	154
蚌埠	0. 387	89	0. 543	48	0. 231	130	0. 546	153	0. 435	154	0. 528	57	0. 039	135
三亚	0. 387	90	0. 451	90	0. 439	44	0. 551	151	0. 490	113	0. 296	135	0. 092	53
襄阳	0. 385	91	0. 529	54	0. 244	126	0. 638	108	0. 562	43	0. 311	127	0. 026	190
淮安	0. 384	92	0. 499	65	0. 239	128	0. 490	171	0. 536	62	0. 495	69	0. 045	109
肇庆	0. 383	93	0. 371	122	0. 171	156	0. 659	87	0. 459	135	0. 598	31	0. 039	138
淮南	0. 382	94	0. 277	162	0. 352	79	0. 653	97	0. 662	9	0. 306	132	0. 041	121
赣州	0. 380	95	0. 503	64	0. 124	174	0. 647	103	0. 442	148	0. 520	60	0. 042	117
漳州	0. 379	96	0. 405	110	0. 220	136	0. 538	156	0. 528	71	0. 530	55	0. 051	93
新余	0. 377	97	0. 381	118	0. 406	56	0. 645	105	0. 351	181	0. 446	80	0. 033	170
邯郸	0. 377	98	0. 537	52	0. 175	154	0. 633	112	0. 440	150	0. 400	96	0. 076	59
临沂	0. 376	99	0. 553	45	0. 174	155	0. 609	125	0. 474	125	0. 386	102	0. 062	69
龙岩	0. 375	100	0. 447	93	0. 262	121	0. 681	73	0. 510	93	0. 317	126	0. 034	165
营口	0. 375	101	0. 363	126	0. 290	106	0. 506	167	0. 433	156	0. 612	29	0. 046	105
聊城	0. 375	102	0. 488	73	0. 193	147	0. 653	98	0. 530	68	0. 333	120	0. 051	86
日照	0. 374	103	0. 471	82	0. 342	82	0. 356	191	0. 445	144	0. 581	37	0. 051	88
新乡	0. 372	104	0. 559	42	0. 197	144	0. 655	94	0. 425	161	0. 356	112	0. 042	118
郴州	0. 372	105	0. 380	120	0. 181	151	0. 648	102	0. 470	128	0. 514	63	0. 041	125
衡阳	0. 369	106	0. 540	50	0. 155	162	0. 625	117	0. 411	169	0. 434	84	0. 048	100
湛江	0. 368	107	0. 503	62	0. 156	160	0. 676	76	0. 465	131	0. 365	109	0. 045	111
西宁	0. 368	108	0. 432	98	0. 437	45	0. 545	154	0. 544	54	0. 197	167	0. 051	89
绵阳	0. 366	109	0. 352	129	0. 332	87	0. 671	81	0. 432	157	0. 362	110	0. 046	104
湘潭	0. 366	110	0. 332	141	0. 385	68	0. 454	183	0. 515	88	0. 457	77	0. 052	82
泰安	0. 365	111	0. 463	88	0. 313	94	0. 586	137	0. 509	96	0. 266	146	0. 052	83
桂林	0. 365	112	0. 542	49	0. 339	84	0. 583	138	0. 481	120	0. 149	179	0. 094	51
衡水	0. 364	113	0. 509	59	0. 179	152	0. 553	150	0. 484	117	0. 395	98	0. 065	67
咸阳	0. 363	114	0. 451	91	0. 280	113	0. 898	6	0. 382	174	0. 116	184	0. 052	84
大庆	0. 362	115	0. 242	176	0. 420	55	0. 589	133	0. 528	70	0. 338	119	0. 057	73
荆门	0. 362	116	0. 391	113	0. 264	120	0. 696	66	0. 498	107	0. 284	141	0. 038	145

续表

城市	投资品牌指数	排名	基础设施	排名	要素质量	排名	制度环境	排名	创新创业潜力	排名	投资促进	排名	投资营销传播	排名
乌鲁木齐	0.359	117	0.466	85	0.509	24	0.171	198	0.591	30	0.357	111	0.057	72
三明	0.357	118	0.313	147	0.297	100	0.723	60	0.532	66	0.234	156	0.045	107
吉林	0.357	119	0.318	145	0.392	64	0.501	168	0.480	122	0.295	136	0.160	27
德州	0.354	120	0.566	39	0.183	150	0.578	139	0.442	147	0.292	137	0.066	66
钦州	0.352	121	0.478	77	0.040	197	0.683	72	0.413	168	0.463	75	0.033	171
黑河	0.351	122	0.108	196	0.217	138	0.721	61	0.447	143	0.572	41	0.041	124
安阳	0.350	123	0.363	127	0.136	172	0.560	146	0.434	155	0.354	114	0.254	12
荆州	0.346	124	0.435	96	0.206	142	0.655	93	0.508	98	0.236	155	0.036	158
攀枝花	0.346	125	0.145	194	0.397	63	0.781	29	0.531	67	0.181	169	0.038	144
晋中	0.345	126	0.497	66	0.356	78	0.468	179	0.507	99	0.204	162	0.040	134
南阳	0.345	127	0.423	101	0.114	180	0.658	88	0.522	78	0.308	128	0.045	108
安庆	0.343	128	0.391	112	0.207	141	0.578	140	0.447	142	0.398	97	0.040	133
北海	0.341	129	0.269	163	0.287	109	0.636	109	0.455	137	0.349	116	0.052	81
德阳	0.341	130	0.208	182	0.269	117	0.731	55	0.417	164	0.386	101	0.036	156
景德镇	0.340	131	0.286	158	0.307	97	0.606	126	0.482	119	0.331	121	0.030	178
佳木斯	0.340	132	0.261	168	0.224	132	0.589	134	0.444	146	0.485	71	0.037	146
牡丹江	0.339	133	0.311	148	0.339	83	0.481	173	0.503	103	0.370	106	0.031	175
常德	0.334	134	0.295	155	0.203	143	0.657	91	0.532	65	0.275	144	0.041	120
焦作	0.333	135	0.204	183	0.258	123	0.651	99	0.426	160	0.420	89	0.039	139
六盘水	0.330	136	0.254	172	0.081	188	0.693	67	0.568	37	0.356	113	0.027	188
岳阳	0.329	137	0.334	138	0.188	149	0.743	46	0.462	133	0.197	166	0.051	91
承德	0.328	138	0.336	137	0.292	105	0.696	65	0.494	109	0.080	195	0.069	64
商丘	0.327	139	0.540	51	0.026	198	0.668	82	0.492	111	0.201	164	0.034	163
阜新	0.327	140	0.387	116	0.313	95	0.456	182	0.484	116	0.283	142	0.037	147
渭南	0.324	141	0.305	151	0.171	157	0.815	23	0.524	75	0.094	189	0.037	150
巴彦淖尔	0.321	142	0.247	175	0.273	115	0.672	78	0.436	153	0.277	143	0.022	194

续表

城市	投资品牌指数	排名	基础设施	排名	要素质量	排名	制度环境	排名	创新创业潜力	排名	投资促进	排名	投资营销传播	排名
亳州	0. 320	143	0. 306	150	0. 009	200	0. 657	92	0. 517	86	0. 409	93	0. 025	191
临汾	0. 319	144	0. 375	121	0. 282	111	0. 500	169	0. 509	95	0. 210	160	0. 041	127
清远	0. 319	145	0. 341	135	0. 141	170	0. 591	131	0. 283	193	0. 503	64	0. 053	79
延安	0. 319	146	0. 333	140	0. 361	77	0. 677	75	0. 448	141	0. 050	198	0. 043	113
忻州	0. 317	147	0. 349	130	0. 290	107	0. 591	132	0. 553	47	0. 080	194	0. 036	153
石嘴山	0. 317	148	0. 263	167	0. 367	73	0. 510	165	0. 561	44	0. 178	170	0. 021	195
潮州	0. 316	149	0. 233	177	0. 138	171	0. 601	127	0. 401	172	0. 489	70	0. 033	169
上饶	0. 315	150	0. 266	164	0. 066	192	0. 627	114	0. 377	176	0. 518	61	0. 034	164
孝感	0. 315	151	0. 413	108	0. 142	169	0. 493	170	0. 504	101	0. 306	130	0. 030	180
通化	0. 315	152	0. 229	179	0. 280	114	0. 597	128	0. 409	170	0. 330	122	0. 043	115
盘锦	0. 314	153	0. 253	174	0. 288	108	0. 513	164	0. 288	192	0. 502	65	0. 041	123
濮阳	0. 313	154	0. 258	170	0. 299	99	0. 611	124	0. 354	180	0. 321	124	0. 037	148
许昌	0. 313	155	0. 348	131	0. 154	163	0. 541	155	0. 415	165	0. 384	103	0. 036	157
宝鸡	0. 309	156	0. 281	159	0. 325	90	0. 627	115	0. 420	163	0. 161	175	0. 039	141
揭阳	0. 308	157	0. 381	119	0. 041	196	0. 557	149	0. 442	149	0. 394	99	0. 032	174
防城港	0. 307	158	0. 293	156	0. 240	127	0. 588	136	0. 337	183	0. 353	115	0. 032	173
玉林	0. 305	159	0. 403	111	0. 059	194	0. 757	38	0. 457	136	0. 117	183	0. 035	160
内江	0. 303	160	0. 263	166	0. 079	189	0. 785	25	0. 473	127	0. 182	168	0. 037	151
宜宾	0. 301	161	0. 181	186	0. 143	168	0. 746	44	0. 517	87	0. 177	171	0. 045	106
通辽	0. 300	162	0. 465	86	0. 148	167	0. 471	177	0. 522	79	0. 165	173	0. 029	185
安康	0. 298	163	0. 465	87	0. 119	178	0. 612	121	0. 462	134	0. 084	192	0. 045	110
汉中	0. 296	164	0. 182	185	0. 222	135	0. 738	50	0. 502	105	0. 083	193	0. 049	98
榆林	0. 294	165	0. 314	146	0. 368	72	0. 634	110	0. 356	179	0. 046	199	0. 047	103
嘉峪关	0. 294	166	0. 260	169	0. 443	42	0. 238	194	0. 545	53	0. 264	149	0. 013	197
开封	0. 293	167	0. 388	115	0. 119	177	0. 569	144	0. 335	184	0. 305	133	0. 042	119
朝阳	0. 292	168	0. 357	128	0. 223	133	0. 359	190	0. 518	85	0. 258	152	0. 040	129
梅州	0. 291	169	0. 391	114	0. 096	185	0. 573	142	0. 197	199	0. 450	79	0. 039	142
乐山	0. 288	170	0. 096	198	0. 271	116	0. 657	90	0. 379	175	0. 264	148	0. 060	70

续表

城市	投资品牌指数	排名	基础设施	排名	要素质量	排名	制度环境	排名	创新创业潜力	排名	投资促进	排名	投资营销传播	排名
玉溪	0.283	171	0.213	180	0.281	112	0.476	175	0.477	124	0.225	158	0.028	187
南充	0.283	172	0.256	171	0.104	183	0.686	70	0.454	138	0.159	176	0.040	128
梧州	0.283	173	0.366	124	0.106	181	0.549	152	0.414	167	0.233	157	0.030	179
张家界	0.281	174	0.298	153	0.158	159	0.675	77	0.301	189	0.205	161	0.050	94
遵义	0.279	175	0.182	184	0.297	101	0.651	101	0.402	171	0.104	187	0.037	152
黄冈	0.279	176	0.330	142	0.124	175	0.574	141	0.480	121	0.133	181	0.030	182
怀化	0.274	177	0.413	107	0.114	179	0.513	163	0.431	158	0.126	182	0.049	99
四平	0.272	178	0.386	117	0.149	166	0.290	193	0.504	102	0.264	147	0.040	130
呼伦贝尔	0.270	179	0.168	189	0.336	85	0.567	145	0.230	197	0.291	139	0.029	184
崇左	0.263	180	0.158	193	0.065	193	0.480	174	0.444	145	0.404	94	0.024	192
茂名	0.262	181	0.277	161	0.069	191	0.529	157	0.440	151	0.217	159	0.039	136
信阳	0.260	182	0.492	72	0.097	184	0.184	196	0.483	118	0.271	145	0.034	161
武威	0.260	183	0.280	160	0.177	153	0.666	84	0.415	166	0.020	200	0.000	200
辽源	0.259	184	0.181	187	0.193	146	0.659	86	0.196	200	0.292	138	0.030	177
赤峰	0.257	185	0.416	106	0.220	137	0.359	189	0.453	140	0.058	196	0.035	159
乌兰察布	0.255	186	0.322	143	0.196	145	0.472	176	0.349	182	0.162	174	0.028	186
齐齐哈尔	0.252	187	0.165	190	0.158	158	0.514	162	0.262	195	0.375	105	0.036	155
曲靖	0.250	188	0.303	152	0.082	187	0.672	79	0.294	190	0.115	186	0.032	172
周口	0.249	189	0.319	144	0.015	199	0.456	181	0.358	178	0.306	131	0.039	137
百色	0.246	190	0.347	132	0.077	190	0.507	166	0.360	177	0.154	178	0.030	181
天水	0.245	191	0.254	173	0.091	186	0.416	186	0.535	63	0.141	180	0.034	162
自贡	0.237	192	0.099	197	0.154	164	0.634	111	0.294	191	0.204	163	0.037	149
随州	0.234	193	0.230	178	0.123	176	0.451	184	0.268	194	0.301	134	0.033	168
泸州	0.218	194	0.174	188	0.105	182	0.388	188	0.467	129	0.116	185	0.057	75
毕节	0.217	195	0.065	200	0.222	134	0.465	180	0.429	159	0.093	190	0.026	189
丽江	0.216	196	0.139	195	0.267	118	0.217	195	0.464	132	0.171	172	0.040	132
资阳	0.208	197	0.161	191	0.053	195	0.588	135	0.251	196	0.155	177	0.043	116

续表

城市	投资品牌指数	排名	基础设施	排名	要素质量	排名	制度环境	排名	创新创业潜力	排名	投资促进	排名	投资营销传播	排名
张掖	0.194	198	0.159	192	0.256	124	0.121	199	0.513	90	0.089	191	0.029	183
吴忠	0.141	199	0.210	181	0.156	161	0.039	200	0.323	186	0.096	188	0.023	193
庆阳	0.113	200	0.082	199	0.130	173	0.184	197	0.213	198	0.055	197	0.012	198

五　中国城市宜居品牌发展指数 2015 年度排名

2015 年度，中国城市宜居品牌发展指数排名如下（见表 1－5）。

表 1－5　　2015 年中国 200 个城市的城市宜居品牌发展指数排名

城市	宜居品牌	排名	经济基础	排名	社会治理	排名	民生质量	排名	社会公平	排名	生态环境	排名
北京	0.653	1	0.850	2	0.915	1	0.388	30	0.588	3	0.524	84
深圳	0.617	2	0.889	1	0.774	36	0.348	58	0.343	36	0.730	20
杭州	0.581	3	0.708	8	0.780	33	0.396	24	0.287	71	0.737	17
苏州	0.572	4	0.807	3	0.810	18	0.406	20	0.353	30	0.482	102
天津	0.569	5	0.777	4	0.834	8	0.363	44	0.438	13	0.433	117
广州	0.564	6	0.512	56	0.816	14	0.337	68	0.426	16	0.730	19
成都	0.564	7	0.495	61	0.841	6	0.373	38	0.430	15	0.680	37
长沙	0.561	8	0.712	7	0.812	16	0.466	5	0.182	151	0.633	50
舟山	0.560	9	0.657	14	0.765	40	0.341	63	0.264	85	0.774	9
泉州	0.556	10	0.370	101	0.744	56	0.406	19	0.579	4	0.679	38
无锡	0.551	11	0.731	6	0.812	15	0.401	21	0.219	127	0.592	62
青岛	0.547	12	0.539	46	0.711	103	0.357	49	0.430	14	0.699	33
扬州	0.547	13	0.626	23	0.736	69	0.351	55	0.300	59	0.724	22
大连	0.541	14	0.529	50	0.751	51	0.331	73	0.283	75	0.813	4
上海	0.540	15	0.763	5	0.797	24	0.316	90	0.125	184	0.700	32
鹰潭	0.536	16	0.409	90	0.885	2	0.259	141	0.421	19	0.709	30
漳州	0.532	17	0.469	70	0.751	50	0.321	85	0.395	23	0.722	23
武汉	0.523	18	0.539	47	0.836	7	0.388	29	0.338	40	0.515	86
合肥	0.522	19	0.169	175	0.878	3	0.319	87	0.628	2	0.618	57

续表

城市	宜居品牌	排名	经济基础	排名	社会治理	排名	民生质量	排名	社会公平	排名	生态环境	排名
黄山	0.521	20	0.350	107	0.741	61	0.309	97	0.241	107	0.962	2
福州	0.520	21	0.382	96	0.782	31	0.389	28	0.276	81	0.771	12
南通	0.517	22	0.629	21	0.713	101	0.390	27	0.329	44	0.524	83
东莞	0.513	23	0.670	12	0.641	152	0.499	2	0.196	145	0.556	74
常德	0.512	24	0.546	44	0.821	11	0.364	42	0.175	155	0.654	40
嘉峪关	0.505	25	0.612	24	0.691	124	0.417	15	0.461	8	0.345	146
莆田	0.505	26	0.447	81	0.711	102	0.327	79	0.512	6	0.528	80
镇江	0.495	27	0.640	15	0.707	111	0.320	86	0.199	143	0.608	60
岳阳	0.494	28	0.538	48	0.792	27	0.295	111	0.268	83	0.579	70
鄂尔多斯	0.493	29	0.514	55	0.482	193	0.341	64	0.128	183	1.000	1
惠州	0.492	30	0.338	112	0.760	44	0.412	17	0.202	141	0.746	15
清远	0.490	31	0.548	42	0.818	13	0.397	23	0.132	181	0.555	75
宜昌	0.487	32	0.463	75	0.808	19	0.260	139	0.118	189	0.787	7
宁波	0.485	33	0.703	9	0.706	114	0.366	41	0.222	123	0.431	118
连云港	0.485	34	0.517	54	0.771	37	0.309	99	0.339	39	0.488	98
佛山	0.482	35	0.546	43	0.610	171	0.393	26	0.398	21	0.463	111
齐齐哈尔	0.481	36	0.559	38	0.758	46	0.218	167	0.342	37	0.526	82
厦门	0.480	37	0.284	126	0.709	108	0.440	9	0.234	111	0.734	18
吉林	0.479	38	0.335	113	0.706	113	0.276	128	0.573	5	0.505	91
株洲	0.479	39	0.461	76	0.736	67	0.379	36	0.326	46	0.493	94
烟台	0.477	40	0.342	110	0.707	112	0.284	125	0.281	77	0.773	10
威海	0.475	41	0.468	72	0.731	74	0.309	98	0.219	126	0.649	45
南昌	0.474	42	0.239	141	0.827	10	0.381	33	0.150	167	0.775	8
梅州	0.474	43	0.562	36	0.804	20	0.220	165	0.171	157	0.614	58
兰州	0.473	44	0.227	146	0.819	12	0.427	12	0.645	1	0.247	168
常州	0.472	45	0.676	11	0.557	186	0.397	22	0.256	97	0.474	107
湛江	0.471	46	0.500	58	0.677	130	0.228	160	0.360	27	0.587	65
郑州	0.469	47	0.687	10	0.718	94	0.380	34	0.307	54	0.254	166
南宁	0.469	48	0.125	187	0.682	127	0.374	37	0.281	78	0.883	3
襄阳	0.468	49	0.611	25	0.780	32	0.319	88	0.253	99	0.376	137

续表

城市	宜居品牌	排名	经济基础	排名	社会治理	排名	民生质量	排名	社会公平	排名	生态环境	排名
丹东	0.467	50	0.633	17	0.749	53	0.263	137	0.216	132	0.476	106
中山	0.467	51	0.633	18	0.246	200	0.451	8	0.356	28	0.650	43
绵阳	0.466	52	0.243	138	0.738	63	0.301	103	0.345	34	0.704	31
芜湖	0.466	53	0.341	111	0.736	66	0.288	118	0.353	29	0.612	59
长春	0.465	54	0.209	157	0.709	107	0.363	45	0.322	47	0.721	24
江门	0.465	55	0.449	79	0.722	86	0.328	77	0.291	64	0.532	79
湘潭	0.464	56	0.605	26	0.726	81	0.422	13	0.210	136	0.359	140
潍坊	0.464	57	0.556	40	0.858	5	0.312	95	0.263	87	0.332	152
牡丹江	0.462	58	0.522	53	0.613	169	0.179	188	0.345	35	0.653	41
荆州	0.462	59	0.626	22	0.776	34	0.217	169	0.290	66	0.398	126
昆明	0.459	60	0.355	106	0.696	123	0.470	4	0.297	60	0.478	105
呼伦贝尔	0.457	61	0.630	20	0.625	163	0.200	178	0.182	150	0.649	44
珠海	0.457	62	0.373	100	0.427	199	0.544	1	0.320	50	0.622	56
郴州	0.457	63	0.497	59	0.744	58	0.234	156	0.170	158	0.638	48
淮安	0.456	64	0.474	66	0.726	82	0.298	108	0.296	61	0.486	101
衡阳	0.455	65	0.503	57	0.770	38	0.311	96	0.284	74	0.407	122
泰州	0.455	66	0.593	30	0.718	93	0.285	123	0.237	109	0.441	115
南平	0.454	67	0.421	84	0.744	57	0.187	185	0.331	43	0.588	64
肇庆	0.454	68	0.471	69	0.667	140	0.198	182	0.193	147	0.743	16
九江	0.452	69	0.277	130	0.668	139	0.299	105	0.287	72	0.729	21
台州	0.452	70	0.523	52	0.581	179	0.360	48	0.218	128	0.575	71
北海	0.451	71	0.178	172	0.698	122	0.342	62	0.230	116	0.806	5
三明	0.450	72	0.380	97	0.801	23	0.159	194	0.148	171	0.764	13
西宁	0.450	73	0.553	41	0.758	47	0.464	6	0.228	119	0.250	167
济南	0.450	74	0.233	144	0.870	4	0.384	31	0.236	110	0.527	81
桂林	0.449	75	0.214	154	0.648	148	0.347	59	0.320	48	0.716	26
保定	0.448	76	0.485	63	0.721	88	0.282	126	0.262	89	0.489	95
上饶	0.447	77	0.153	180	0.761	43	0.274	130	0.287	73	0.760	14
茂名	0.443	78	0.588	32	0.657	143	0.238	155	0.278	80	0.453	113
温州	0.441	79	0.469	71	0.613	168	0.371	40	0.120	188	0.630	52

续表

城市	宜居品牌	排名	经济基础	排名	社会治理	排名	民生质量	排名	社会公平	排名	生态环境	排名
湖州	0.440	80	0.631	19	0.672	137	0.353	53	0.164	161	0.382	136
哈尔滨	0.440	81	0.413	88	0.601	173	0.337	67	0.362	26	0.487	100
新余	0.439	82	0.402	91	0.728	79	0.203	175	0.350	33	0.512	89
日照	0.439	83	0.272	131	0.733	70	0.272	131	0.291	65	0.626	55
荆门	0.439	84	0.601	28	0.700	120	0.171	190	0.251	100	0.470	110
龙岩	0.437	85	0.279	129	0.686	125	0.255	145	0.326	45	0.638	49
佳木斯	0.436	86	0.335	114	0.758	45	0.223	163	0.275	82	0.589	63
景德镇	0.436	87	0.285	125	0.713	100	0.256	143	0.209	138	0.713	27
嘉兴	0.435	88	0.658	13	0.729	77	0.344	61	0.132	182	0.313	155
金华	0.434	89	0.419	85	0.766	39	0.430	11	0.158	162	0.395	127
银川	0.432	90	0.398	93	0.673	134	0.354	51	0.341	38	0.393	128
南京	0.431	91	0.576	35	0.462	198	0.372	39	0.259	93	0.489	96
黄冈	0.431	92	0.321	118	0.703	116	0.234	157	0.186	148	0.713	28
随州	0.431	93	0.496	60	0.638	155	0.166	191	0.143	177	0.711	29
徐州	0.428	94	0.561	37	0.732	72	0.297	109	0.124	185	0.426	120
黄石	0.427	95	0.334	115	0.717	95	0.275	129	0.422	18	0.390	129
乌鲁木齐	0.427	96	0.473	67	0.551	188	0.396	25	0.181	152	0.532	78
唐山	0.425	97	0.594	29	0.787	29	0.299	104	0.288	69	0.158	186
通化	0.425	98	0.219	152	0.722	87	0.245	149	0.459	9	0.481	103
遵义	0.423	99	0.280	128	0.776	35	0.259	142	0.313	52	0.487	99
辽源	0.423	100	0.159	178	0.619	167	0.325	81	0.442	12	0.568	73
潮州	0.418	101	0.530	49	0.647	149	0.298	107	0.228	120	0.389	130
张掖	0.417	102	0.590	31	0.477	194	0.225	162	0.406	20	0.385	132
包头	0.417	103	0.467	73	0.590	176	0.379	35	0.301	57	0.346	145
汉中	0.416	104	0.251	134	0.703	117	0.218	166	0.258	94	0.651	42
绍兴	0.416	105	0.583	33	0.550	189	0.438	10	0.156	164	0.352	144
南阳	0.414	106	0.256	133	0.810	17	0.325	82	0.095	198	0.586	66
沈阳	0.414	107	0.400	92	0.612	170	0.330	74	0.143	176	0.586	67
衢州	0.413	108	0.356	105	0.716	96	0.382	32	0.226	122	0.385	133
大庆	0.413	109	0.219	151	0.700	121	0.290	114	0.352	32	0.504	92

续表

城市	宜居品牌	排名	经济基础	排名	社会治理	排名	民生质量	排名	社会公平	排名	生态环境	排名
防城港	0.412	110	0.202	161	0.629	160	0.415	16	0.245	104	0.571	72
赤峰	0.411	111	0.472	68	0.623	166	0.227	161	0.448	11	0.283	162
玉溪	0.411	112	0.416	87	0.640	153	0.350	57	0.246	103	0.401	124
崇左	0.410	113	0.362	103	0.747	54	0.213	172	0.215	133	0.514	87
揭阳	0.410	114	0.363	102	0.701	118	0.307	101	0.165	160	0.513	88
承德	0.409	115	0.130	186	0.626	162	0.217	168	0.353	31	0.716	25
榆林	0.408	116	0.319	119	0.725	84	0.142	198	0.501	7	0.355	142
丽水	0.407	117	0.166	176	0.623	165	0.327	78	0.118	190	0.802	6
南充	0.403	118	0.214	153	0.715	98	0.229	159	0.229	118	0.629	53
蚌埠	0.401	119	0.132	185	0.711	104	0.288	117	0.369	24	0.507	90
张家界	0.400	120	0.158	179	0.745	55	0.293	113	0.175	154	0.630	51
焦作	0.400	121	0.633	16	0.573	182	0.289	116	0.289	67	0.213	177
汕头	0.398	122	0.386	94	0.756	48	0.321	84	0.245	105	0.284	161
马鞍山	0.398	123	0.220	150	0.783	30	0.315	92	0.448	10	0.226	174
四平	0.398	124	0.375	99	0.683	126	0.307	100	0.320	49	0.304	157
晋中	0.397	125	0.409	89	0.730	76	0.333	71	0.295	62	0.220	175
乐山	0.397	126	0.195	165	0.789	28	0.241	153	0.288	70	0.472	108
许昌	0.396	127	0.486	62	0.655	144	0.318	89	0.123	187	0.399	125
重庆	0.396	128	0.307	120	0.476	195	0.356	50	0.199	142	0.642	47
黑河	0.396	129	0.480	65	0.673	136	0.179	189	0.264	86	0.383	135
秦皇岛	0.394	130	0.286	124	0.565	185	0.328	76	0.367	25	0.426	119
信阳	0.393	131	0.349	108	0.624	164	0.216	170	0.092	199	0.685	36
贵阳	0.391	132	0.325	117	0.585	177	0.361	47	0.107	194	0.579	69
石家庄	0.391	133	0.382	95	0.720	90	0.331	72	0.336	41	0.188	182
营口	0.389	134	0.577	34	0.602	172	0.312	94	0.218	129	0.239	170
洛阳	0.389	135	0.281	127	0.678	129	0.363	43	0.319	51	0.303	158
德州	0.387	136	0.298	121	0.794	26	0.271	133	0.220	124	0.352	143
泸州	0.385	137	0.175	173	0.794	25	0.164	193	0.248	102	0.543	76
宝鸡	0.384	138	0.082	192	0.677	131	0.239	154	0.149	170	0.772	11
海口	0.383	139	0.198	163	0.707	110	0.347	60	0.146	173	0.517	85

续表

城市	宜居品牌	排名	经济基础	排名	社会治理	排名	民生质量	排名	社会公平	排名	生态环境	排名
梧州	0.382	140	0.142	182	0.736	68	0.315	91	0.220	125	0.496	93
西安	0.382	141	0.149	181	0.803	21	0.493	3	0.104	195	0.359	139
呼和浩特	0.382	142	0.119	188	0.635	156	0.353	52	0.260	91	0.543	77
石嘴山	0.381	143	0.482	64	0.627	161	0.198	181	0.423	17	0.176	185
丽江	0.381	144	0.038	200	0.465	197	0.454	7	0.258	95	0.689	35
滁州	0.378	145	0.235	142	0.719	91	0.187	186	0.289	68	0.460	112
攀枝花	0.377	146	0.417	86	0.670	138	0.242	151	0.255	98	0.302	160
柳州	0.377	147	0.210	156	0.716	97	0.352	54	0.136	179	0.472	109
长治	0.377	148	0.426	83	0.727	80	0.351	56	0.305	55	0.075	197
安康	0.375	149	0.046	198	0.742	60	0.229	158	0.230	117	0.629	54
泰安	0.373	150	0.247	135	0.721	89	0.337	69	0.173	156	0.385	134
赣州	0.372	151	0.062	195	0.751	52	0.302	102	0.168	159	0.579	68
忻州	0.371	152	0.224	148	0.733	71	0.406	18	0.262	88	0.232	172
太原	0.370	153	0.558	39	0.467	196	0.418	14	0.294	63	0.116	192
怀化	0.370	154	0.209	158	0.677	132	0.203	176	0.117	191	0.643	46
衡水	0.369	155	0.294	123	0.710	106	0.298	106	0.260	90	0.282	163
三亚	0.367	156	0.133	184	0.532	191	0.286	122	0.196	144	0.690	34
济宁	0.365	157	0.241	140	0.634	158	0.340	65	0.268	84	0.343	148
盘锦	0.365	158	0.358	104	0.718	92	0.271	132	0.135	180	0.340	149
孝感	0.360	159	0.451	78	0.742	59	0.195	183	0.231	114	0.182	184
临汾	0.359	160	0.296	122	0.725	83	0.336	70	0.250	101	0.187	183
德阳	0.359	161	0.246	136	0.739	62	0.339	66	0.149	169	0.321	154
邯郸	0.358	162	0.543	45	0.642	151	0.212	173	0.311	53	0.082	196
内江	0.354	163	0.223	149	0.737	65	0.222	164	0.231	113	0.358	141
新乡	0.354	164	0.464	74	0.534	190	0.267	135	0.182	149	0.323	153
朝阳	0.353	165	0.602	27	0.529	192	0.284	124	0.230	115	0.122	191
百色	0.352	166	0.164	177	0.701	119	0.293	112	0.157	163	0.445	114
铜陵	0.352	167	0.202	160	0.651	147	0.214	171	0.302	56	0.388	131
宜宾	0.351	168	0.183	171	0.737	64	0.143	197	0.211	135	0.480	104
阜新	0.350	169	0.440	82	0.704	115	0.241	152	0.282	76	0.083	195

续表

城市	宜居品牌	排名	经济基础	排名	社会治理	排名	民生质量	排名	社会公平	排名	生态环境	排名
抚顺	0.350	170	0.524	51	0.565	184	0.290	115	0.107	193	0.264	164
安庆	0.350	171	0.083	191	0.630	159	0.259	140	0.177	153	0.599	61
资阳	0.349	172	0.141	183	0.658	142	0.148	195	0.143	175	0.656	39
咸阳	0.349	173	0.050	197	0.802	22	0.362	46	0.227	121	0.303	159
巴彦淖尔	0.343	174	0.175	174	0.732	73	0.164	192	0.218	131	0.426	121
开封	0.340	175	0.270	132	0.661	141	0.328	75	0.210	137	0.233	171
毕节	0.338	176	0.242	139	0.724	85	0.287	120	0.234	112	0.205	178
玉林	0.337	177	0.093	190	0.642	150	0.326	80	0.279	79	0.345	147
周口	0.333	178	0.245	137	0.640	154	0.255	146	0.091	200	0.437	116
淮南	0.331	179	0.186	169	0.708	109	0.253	147	0.259	92	0.247	169
临沂	0.330	180	0.232	145	0.566	183	0.278	127	0.241	108	0.335	150
安阳	0.330	181	0.448	80	0.673	135	0.287	119	0.213	134	0.027	199
聊城	0.325	182	0.188	168	0.830	9	0.199	179	0.256	96	0.150	188
延安	0.322	183	0.067	194	0.730	75	0.133	200	0.194	146	0.488	97
大同	0.321	184	0.185	170	0.680	128	0.250	148	0.396	22	0.094	193
濮阳	0.320	185	0.197	164	0.763	42	0.261	138	0.149	168	0.229	173
自贡	0.317	186	0.325	116	0.652	146	0.144	196	0.156	165	0.310	156
钦州	0.316	187	0.108	189	0.714	99	0.287	121	0.139	178	0.335	151
天水	0.316	188	0.227	147	0.576	181	0.255	144	0.155	166	0.368	138
吴忠	0.316	189	0.345	109	0.635	157	0.202	177	0.204	139	0.194	180
鞍山	0.316	190	0.458	77	0.591	175	0.296	110	0.148	172	0.086	194
武威	0.313	191	0.190	167	0.711	105	0.210	174	0.300	58	0.153	187
亳州	0.313	192	0.076	193	0.764	41	0.198	180	0.335	42	0.189	181
庆阳	0.311	193	0.060	196	0.582	178	0.269	134	0.243	106	0.403	123
锦州	0.311	194	0.375	98	0.555	187	0.312	93	0.100	196	0.214	176
曲靖	0.308	195	0.042	199	0.754	49	0.323	83	0.218	130	0.204	179
渭南	0.277	196	0.210	155	0.675	133	0.244	150	0.203	140	0.053	198
商丘	0.268	197	0.191	166	0.652	145	0.264	136	0.097	197	0.134	189
乌兰察布	0.260	198	0.200	162	0.597	174	0.136	199	0.112	192	0.256	165
六盘水	0.253	199	0.209	159	0.728	78	0.181	187	0.144	174	0.000	200
通辽	0.251	200	0.234	143	0.580	180	0.191	184	0.124	186	0.128	190

六　中国城市品牌传播发展指数2015年度排名

2015年度，中国城市品牌传播发展指数排名如下（见表1-6）。

表1-6　　2015年中国200个城市的城市品牌传播指数排名

城市	品牌传播	排名	城市知名度	排名	网络传播	排名	旅游推广传播	排名	投资促进传播	排名	网络政务服务	排名
北京	0.829	1	0.873	2	1.000	1	0.658	2	0.873	1	0.743	8
上海	0.655	2	0.974	1	0.577	2	0.432	6	0.581	3	0.709	12
天津	0.559	3	0.471	5	0.417	4	0.665	1	0.647	2	0.592	27
深圳	0.518	4	0.549	3	0.412	5	0.525	3	0.431	4	0.672	14
广州	0.514	5	0.510	4	0.431	3	0.508	4	0.341	8	0.778	6
成都	0.495	6	0.359	11	0.388	9	0.366	9	0.417	5	0.946	1
杭州	0.478	7	0.453	7	0.389	8	0.468	5	0.285	9	0.797	4
南京	0.446	8	0.360	10	0.405	6	0.351	10	0.284	10	0.830	2
郑州	0.435	9	0.385	8	0.360	19	0.258	16	0.385	7	0.786	5
西安	0.407	10	0.369	9	0.373	13	0.371	8	0.228	13	0.692	13
重庆	0.401	11	0.454	6	0.396	7	0.208	24	0.394	6	0.553	33
武汉	0.394	12	0.319	12	0.382	10	0.389	7	0.256	11	0.627	19
青岛	0.366	13	0.304	13	0.363	15	0.133	45	0.213	16	0.814	3
苏州	0.341	14	0.260	14	0.354	22	0.228	20	0.210	17	0.653	16
济南	0.339	15	0.174	19	0.355	20	0.233	19	0.192	19	0.740	9
宁波	0.316	16	0.134	26	0.378	12	0.215	21	0.198	18	0.654	15
厦门	0.313	17	0.218	15	0.354	21	0.269	14	0.214	15	0.508	48
哈尔滨	0.306	18	0.196	17	0.351	24	0.198	27	0.137	33	0.645	17
沈阳	0.300	19	0.138	24	0.378	11	0.307	12	0.183	21	0.492	53
合肥	0.295	20	0.215	16	0.351	23	0.213	22	0.160	26	0.536	37
长沙	0.295	21	0.171	20	0.364	14	0.253	17	0.178	22	0.508	46
南昌	0.292	22	0.123	31	0.299	35	0.174	34	0.127	40	0.735	10
石家庄	0.285	23	0.137	25	0.319	33	0.250	18	0.171	23	0.551	34
昆明	0.285	24	0.123	30	0.327	31	0.268	15	0.149	28	0.558	32
洛阳	0.277	25	0.116	34	0.305	34	0.132	46	0.097	49	0.735	11

续表

城市	品牌传播	排名	城市知名度	排名	网络传播	排名	旅游推广传播	排名	投资促进传播	排名	网络政务服务	排名
福州	0.273	26	0.151	23	0.329	30	0.198	26	0.141	31	0.547	35
兰州	0.268	27	0.119	33	0.265	42	0.189	31	0.127	39	0.641	18
无锡	0.265	28	0.077	56	0.343	27	0.160	38	0.148	30	0.598	25
东莞	0.265	29	0.195	18	0.348	25	0.162	37	0.167	24	0.455	69
南宁	0.254	30	0.124	28	0.239	43	0.186	32	0.135	34	0.586	29
温州	0.250	31	0.107	36	0.285	37	0.158	39	0.117	44	0.581	30
潍坊	0.248	32	0.086	49	0.195	55	0.097	58	0.090	54	0.772	7
吉林	0.247	33	0.090	48	0.361	18	0.275	13	0.160	27	0.352	120
泉州	0.247	34	0.080	53	0.274	40	0.098	57	0.186	20	0.596	26
贵阳	0.247	35	0.121	32	0.220	51	0.166	35	0.119	42	0.609	22
佛山	0.243	36	0.081	52	0.283	38	0.136	44	0.102	45	0.614	20
长春	0.243	37	0.100	42	0.326	32	0.213	23	0.148	29	0.427	78
大连	0.240	38	0.161	22	0.362	16	0.049	122	0.164	25	0.462	66
扬州	0.234	39	0.095	45	0.333	29	0.151	41	0.089	55	0.503	50
太原	0.231	40	0.097	43	0.286	36	0.191	30	0.133	35	0.449	72
安阳	0.231	41	0.046	99	0.337	28	0.064	89	0.254	12	0.454	70
徐州	0.229	42	0.106	38	0.238	44	0.100	55	0.101	47	0.602	23
中山	0.227	43	0.058	78	0.361	17	0.194	29	0.139	32	0.382	107
常州	0.221	44	0.103	40	0.222	50	0.137	43	0.118	43	0.525	40
南通	0.213	45	0.070	65	0.278	39	0.019	189	0.094	50	0.602	24
烟台	0.212	46	0.105	39	0.224	48	0.151	40	0.101	46	0.480	58
保定	0.206	47	0.063	70	0.201	53	0.195	28	0.122	41	0.449	71
大同	0.197	48	0.043	105	0.345	26	0.095	61	0.214	14	0.285	142
嘉兴	0.197	49	0.062	71	0.175	67	0.113	49	0.068	65	0.564	31
三亚	0.197	50	0.126	27	0.162	76	0.337	11	0.092	53	0.266	148
银川	0.195	51	0.058	79	0.149	95	0.103	51	0.080	57	0.588	28
珠海	0.195	52	0.095	44	0.222	49	0.146	42	0.128	38	0.384	105
济宁	0.193	53	0.064	69	0.171	70	0.080	74	0.129	37	0.523	41
绍兴	0.191	54	0.049	89	0.201	54	0.132	47	0.070	63	0.504	49
唐山	0.190	55	0.074	60	0.211	52	0.205	25	0.131	36	0.328	132

续表

城市	品牌传播	排名	城市知名度	排名	网络传播	排名	旅游推广传播	排名	投资促进传播	排名	网络政务服务	排名
惠州	0.187	56	0.074	61	0.184	59	0.101	54	0.093	52	0.485	56
桂林	0.186	57	0.094	46	0.230	46	0.118	48	0.094	51	0.395	96
临沂	0.186	58	0.094	47	0.180	65	0.083	68	0.062	69	0.508	47
乌鲁木齐	0.185	59	0.076	59	0.176	66	0.102	52	0.057	72	0.512	44
日照	0.181	60	0.071	64	0.230	45	0.083	69	0.051	88	0.471	62
宜昌	0.180	61	0.052	85	0.157	84	0.091	63	0.076	60	0.525	39
威海	0.174	62	0.076	57	0.166	74	0.017	193	0.086	56	0.523	42
台州	0.173	63	0.078	55	0.160	79	0.091	62	0.057	74	0.481	57
马鞍山	0.173	64	0.036	123	0.130	129	0.050	117	0.038	143	0.613	21
呼和浩特	0.173	65	0.101	41	0.154	88	0.110	50	0.079	58	0.421	81
德州	0.172	66	0.076	58	0.170	71	0.102	53	0.066	66	0.447	74
秦皇岛	0.171	67	0.086	51	0.157	85	0.165	36	0.100	48	0.346	121
金华	0.171	68	0.056	82	0.182	62	0.091	65	0.059	71	0.466	64
黄山	0.170	69	0.115	35	0.183	60	0.085	67	0.043	114	0.426	79
西宁	0.169	70	0.058	76	0.266	41	0.096	60	0.051	89	0.374	115
邯郸	0.165	71	0.079	54	0.185	58	0.099	56	0.076	59	0.386	104
镇江	0.163	72	0.052	86	0.161	78	0.071	79	0.052	85	0.480	59
芜湖	0.162	73	0.064	68	0.158	82	0.073	77	0.056	76	0.461	67
南阳	0.162	74	0.074	62	0.182	63	0.062	92	0.045	108	0.446	75
赣州	0.161	75	0.059	75	0.137	115	0.047	127	0.042	117	0.520	43
开封	0.161	76	0.048	93	0.191	56	0.058	101	0.042	119	0.465	65
湖州	0.160	77	0.040	112	0.146	102	0.071	81	0.049	96	0.494	52
蚌埠	0.160	78	0.053	83	0.136	117	0.038	154	0.039	135	0.533	38
商丘	0.158	79	0.039	114	0.137	114	0.040	145	0.034	163	0.540	36
淮安	0.157	80	0.056	80	0.229	47	0.047	128	0.045	109	0.407	86
柳州	0.156	81	0.059	74	0.153	92	0.041	143	0.051	90	0.475	61
咸阳	0.155	82	0.058	77	0.155	86	0.062	93	0.052	84	0.449	73
新乡	0.155	83	0.037	121	0.148	97	0.048	124	0.042	118	0.498	51
泰安	0.152	84	0.049	90	0.159	81	0.091	64	0.052	83	0.411	84
安庆	0.152	85	0.050	88	0.143	104	0.050	119	0.040	133	0.476	60

续表

城市	品牌传播	排名	城市知名度	排名	网络传播	排名	旅游推广传播	排名	投资促进传播	排名	网络政务服务	排名
榆林	0. 150	86	0. 047	96	0. 122	154	0. 046	131	0. 047	103	0. 487	55
泰州	0. 149	87	0. 065	66	0. 146	100	0. 067	86	0. 071	62	0. 396	94
延安	0. 148	88	0. 042	109	0. 186	57	0. 081	73	0. 043	113	0. 390	101
连云港	0. 148	89	0. 123	29	0. 160	80	0. 052	113	0. 051	87	0. 355	118
宜宾	0. 147	90	0. 039	115	0. 135	122	0. 061	95	0. 045	106	0. 456	68
宝鸡	0. 147	91	0. 042	108	0. 136	116	0. 050	118	0. 039	141	0. 468	63
渭南	0. 147	92	0. 036	124	0. 121	161	0. 053	111	0. 037	150	0. 489	54
绵阳	0. 143	93	0. 047	95	0. 150	94	0. 072	78	0. 046	104	0. 398	91
江门	0. 143	94	0. 044	103	0. 141	108	0. 056	104	0. 074	61	0. 398	93
舟山	0. 142	95	0. 048	92	0. 135	121	0. 097	59	0. 054	78	0. 376	113
晋中	0. 141	96	0. 015	194	0. 112	178	0. 028	174	0. 040	134	0. 510	45
汉中	0. 141	97	0. 056	81	0. 147	98	0. 048	126	0. 049	98	0. 403	88
衡阳	0. 140	98	0. 045	102	0. 153	91	0. 060	98	0. 048	100	0. 395	97
湘潭	0. 139	99	0. 033	134	0. 146	101	0. 063	91	0. 052	82	0. 401	89
海口	0. 139	100	0. 073	63	0. 182	64	0. 082	71	0. 064	68	0. 293	140
汕头	0. 139	101	0. 041	111	0. 169	72	0. 049	121	0. 051	92	0. 384	106
北海	0. 138	102	0. 086	50	0. 183	61	0. 029	169	0. 052	81	0. 341	123
漳州	0. 138	103	0. 038	120	0. 141	106	0. 066	87	0. 051	93	0. 395	95
九江	0. 138	104	0. 045	100	0. 157	83	0. 071	82	0. 043	112	0. 374	114
安康	0. 137	105	0. 038	117	0. 169	73	0. 054	107	0. 045	110	0. 378	112
南充	0. 136	106	0. 046	97	0. 131	126	0. 057	103	0. 040	128	0. 406	87
鞍山	0. 136	107	0. 033	136	0. 145	103	0. 063	90	0. 055	77	0. 382	109
荆州	0. 135	108	0. 043	107	0. 163	75	0. 047	130	0. 036	158	0. 386	102
衢州	0. 135	109	0. 033	137	0. 125	147	0. 047	129	0. 041	122	0. 428	77
丽江	0. 134	110	0. 107	37	0. 141	109	0. 180	33	0. 040	132	0. 203	181
鄂尔多斯	0. 134	111	0. 062	72	0. 125	145	0. 052	112	0. 039	140	0. 392	99
乐山	0. 132	112	0. 038	119	0. 139	111	0. 082	70	0. 060	70	0. 341	125
肇庆	0. 132	113	0. 029	146	0. 130	128	0. 036	157	0. 039	138	0. 424	80
德阳	0. 131	114	0. 029	151	0. 119	164	0. 042	140	0. 036	156	0. 430	76
许昌	0. 131	115	0. 032	140	0. 133	124	0. 039	151	0. 036	157	0. 416	83

续表

城市	品牌传播	排名	城市知名度	排名	网络传播	排名	旅游推广传播	排名	投资促进传播	排名	网络政务服务	排名
信阳	0.131	116	0.051	87	0.135	120	0.034	162	0.034	161	0.398	90
泸州	0.129	117	0.052	84	0.135	119	0.070	83	0.057	75	0.332	131
滁州	0.128	118	0.034	132	0.125	146	0.033	164	0.034	167	0.417	82
遵义	0.128	119	0.040	113	0.155	87	0.067	85	0.037	152	0.343	122
抚顺	0.127	120	0.028	153	0.138	113	0.053	109	0.053	80	0.362	116
焦作	0.126	121	0.029	150	0.130	130	0.040	147	0.039	139	0.392	98
龙岩	0.126	122	0.026	162	0.125	148	0.045	135	0.034	165	0.398	92
包头	0.125	123	0.036	122	0.154	89	0.059	99	0.036	154	0.341	124
淮南	0.124	124	0.032	138	0.161	77	0.035	161	0.041	121	0.352	119
南平	0.123	125	0.020	187	0.121	160	0.031	166	0.034	166	0.409	85
三明	0.123	126	0.028	152	0.121	159	0.038	156	0.045	107	0.381	111
玉林	0.122	127	0.027	158	0.126	142	0.042	142	0.035	160	0.381	110
赤峰	0.121	128	0.032	139	0.127	139	0.049	120	0.035	159	0.359	117
清远	0.120	129	0.029	149	0.126	140	0.053	110	0.053	79	0.340	127
承德	0.118	130	0.035	127	0.147	99	0.081	72	0.069	64	0.260	150
亳州	0.118	131	0.030	145	0.114	174	0.028	176	0.025	191	0.392	100
聊城	0.117	132	0.065	67	0.151	93	0.060	96	0.051	86	0.256	153
岳阳	0.116	133	0.043	106	0.173	68	0.069	84	0.051	91	0.246	159
曲靖	0.116	134	0.027	159	0.115	172	0.025	183	0.032	172	0.382	108
新余	0.115	135	0.022	183	0.110	185	0.023	185	0.033	170	0.386	103
张家界	0.112	136	0.162	21	0.125	143	0.088	66	0.050	94	0.136	197
周口	0.112	137	0.029	148	0.127	137	0.035	158	0.039	137	0.328	133
莆田	0.111	138	0.045	101	0.134	123	0.065	88	0.050	95	0.261	149
衡水	0.111	139	0.035	125	0.141	110	0.077	76	0.065	67	0.235	165
濮阳	0.110	140	0.033	135	0.126	141	0.018	191	0.037	148	0.338	129
大庆	0.110	141	0.039	116	0.172	69	0.035	160	0.057	73	0.248	155
锦州	0.109	142	0.029	147	0.133	125	0.039	152	0.049	97	0.296	139
株洲	0.109	143	0.049	91	0.142	105	0.051	116	0.015	196	0.289	141
黄石	0.108	144	0.026	160	0.141	107	0.079	75	0.041	126	0.254	154
防城港	0.108	145	0.026	165	0.102	193	0.038	155	0.032	173	0.340	126

续表

城市	品牌传播	排名	城市知名度	排名	网络传播	排名	旅游推广传播	排名	投资促进传播	排名	网络政务服务	排名
丽水	0.107	146	0.034	129	0.127	138	0.058	102	0.040	131	0.278	145
荆门	0.107	147	0.024	174	0.124	150	0.031	168	0.038	145	0.318	136
百色	0.106	148	0.018	191	0.112	180	0.039	150	0.030	181	0.332	130
上饶	0.106	149	0.030	144	0.122	153	0.062	94	0.034	164	0.282	144
梧州	0.105	150	0.022	182	0.113	176	0.040	148	0.030	179	0.322	135
湛江	0.105	151	0.060	73	0.149	96	0.055	105	0.045	111	0.216	175
黄冈	0.105	152	0.023	180	0.130	127	0.028	175	0.030	182	0.313	137
长治	0.103	153	0.030	143	0.154	90	0.055	106	0.047	102	0.229	170
丹东	0.103	154	0.033	133	0.128	135	0.059	100	0.047	101	0.247	156
玉溪	0.102	155	0.034	131	0.114	175	0.025	182	0.028	187	0.309	138
呼伦贝尔	0.101	156	0.026	164	0.112	181	0.071	80	0.029	184	0.267	147
襄阳	0.100	157	0.010	195	0.121	158	0.016	194	0.026	190	0.327	134
天水	0.099	158	0.034	130	0.138	112	0.044	139	0.034	162	0.246	158
钦州	0.099	159	0.023	181	0.112	179	0.045	133	0.033	171	0.284	143
怀化	0.099	160	0.042	110	0.124	149	0.052	115	0.049	99	0.229	169
齐齐哈尔	0.099	161	0.044	104	0.128	133	0.044	137	0.036	155	0.242	160
梅州	0.099	162	0.046	98	0.122	155	0.046	132	0.039	142	0.240	161
内江	0.098	163	0.028	155	0.120	162	0.048	125	0.037	151	0.257	151
郴州	0.096	164	0.035	126	0.123	152	0.044	138	0.041	125	0.236	163
铜陵	0.094	165	0.028	156	0.118	168	0.028	173	0.031	176	0.267	146
石嘴山	0.094	166	0.006	200	0.099	196	0.006	200	0.021	195	0.339	128
攀枝花	0.094	167	0.031	142	0.117	169	0.054	108	0.038	144	0.230	167
营口	0.093	168	0.024	177	0.121	157	0.045	136	0.046	105	0.230	168
常德	0.093	169	0.035	128	0.136	118	0.060	97	0.041	120	0.193	185
自贡	0.092	170	0.024	172	0.119	166	0.052	114	0.037	149	0.229	171
忻州	0.091	171	0.024	175	0.109	186	0.029	171	0.036	153	0.256	152
临汾	0.091	172	0.026	163	0.122	156	0.045	134	0.041	127	0.219	174
资阳	0.090	173	0.021	185	0.111	183	0.049	123	0.043	116	0.228	172
孝感	0.088	174	0.024	173	0.119	167	0.029	170	0.030	180	0.239	162
茂名	0.087	175	0.031	141	0.128	136	0.042	141	0.039	136	0.198	183

续表

城市	品牌传播	排名	城市知名度	排名	网络传播	排名	旅游推广传播	排名	投资促进传播	排名	网络政务服务	排名
潮州	0.087	176	0.028	154	0.130	131	0.033	165	0.033	169	0.213	176
通化	0.085	177	0.017	192	0.117	170	0.017	192	0.043	115	0.233	166
四平	0.085	178	0.024	176	0.128	134	0.021	187	0.040	130	0.213	177
通辽	0.085	179	0.025	171	0.091	199	0.034	163	0.029	185	0.247	157
黑河	0.084	180	0.020	188	0.111	184	0.040	146	0.041	124	0.209	180
毕节	0.084	181	0.025	168	0.112	182	0.031	167	0.026	189	0.224	173
六盘水	0.083	182	0.025	170	0.108	188	0.019	190	0.027	188	0.235	164
张掖	0.082	183	0.023	178	0.109	187	0.041	144	0.029	183	0.210	179
牡丹江	0.081	184	0.026	161	0.123	151	0.035	159	0.031	175	0.190	187
景德镇	0.079	185	0.038	118	0.129	132	0.039	149	0.030	178	0.158	193
盘锦	0.078	186	0.025	167	0.119	165	0.039	153	0.041	123	0.166	190
阜新	0.077	187	0.022	184	0.115	173	0.011	197	0.037	147	0.201	182
朝阳	0.076	188	0.025	166	0.125	144	0.021	186	0.040	129	0.166	191
佳木斯	0.075	189	0.048	94	0.116	171	0.020	188	0.037	146	0.156	195
崇左	0.073	190	0.009	199	0.099	198	0.023	184	0.024	192	0.212	178
鹰潭	0.072	191	0.018	190	0.108	189	0.025	180	0.011	199	0.197	184
揭阳	0.072	192	0.027	157	0.120	163	0.007	199	0.032	174	0.173	189
巴彦淖尔	0.071	193	0.016	193	0.099	197	0.027	177	0.022	194	0.192	186
庆阳	0.068	194	0.020	186	0.106	191	0.027	179	0.012	198	0.174	188
乌兰察布	0.066	195	0.019	189	0.100	195	0.027	178	0.028	186	0.156	194
随州	0.064	196	0.023	179	0.113	177	0.025	181	0.033	168	0.125	198
吴忠	0.060	197	0.009	198	0.101	194	0.009	198	0.023	193	0.159	192
嘉峪关	0.057	198	0.025	169	0.107	190	0.029	172	0.013	197	0.113	200
辽源	0.055	199	0.009	197	0.103	192	0.013	195	0.030	177	0.121	199
武威	0.035	200	0.010	196	0.001	200	0.012	196	0.000	200	0.154	196

第 2 章　中国城市品牌发展指数：理论及测度

刘彦平　张巍巍

近年来，城市品牌已成为地区公共事务及经济社会发展论域中的重要概念，也成为城市营销的主战场。自 2009 年以来，本课题组提出城市营销发展指数（City Marketing Index，CMI）并对中国 100 个地级以上城市进行了测评，得到城市管理者和各界读者的关注和好评。在此基础上，本课题组拟提出中国城市品牌发展指数（CBDI）的概念，以进一步聚焦城市营销发展的核心领域——城市品牌，为城市营销与城市品牌化的发展提供更加聚焦的研究参考。

一　有关城市品牌评估的研究背景

与企业品牌研究的三大路径——企业取向、企业与顾客兼顾、顾客取向（何佳讯，2016）相类似，城市品牌的研究和测评也存在城市取向、城市与受众兼顾及受众取向的研究视角分野。不仅如此，与企业品牌评估研究相比，城市品牌评估研究主题更加分散。除直接的城市品牌评估研究外，其他诸如城市竞争力、城市软实力、投资促进、旅游推广、宜居城市以及城市传播等，事实上与城市品牌评估研究也密不可分。

（一）有关城市品牌评估的研究

关于地区品牌（place brand）评估，迄今影响较大的有安霍尔特（Anholt，2005）提出的城市品牌指数（CBI）——包括城市声望地位、城市环境素质、城市发展机会、城市活力、市民素质及城市基本条件 6 项指标，也即“城市品牌六边形”（Anholt，2006），而且这一方法一直沿用至今。赛佛伦（Saffron）品牌顾问公司发布的“欧洲城市品牌晴雨表”（European City Brand Barometer）榜单也产生了较大影响，该指数采用“城市资产优势”和“城市品牌优势”两类指标。其中，城市资产优势包括文化因素（含景观、历史文化、美食餐饮、购物等）和宜居因素（含综合成本、气候天气、步行便利性及公交便利性等），城市品牌优势包括形象认知、魅力度、口碑价值和媒体认知等测度指标。就上述两类指标的比值，计算出每个城市的品牌利用度。2014 年，瓦若阿斯等（Wæraas A、Bjørnå H、Moldenæs T.，2014）提出了一个新的评价路径，他们认为单独考察城市品牌的方法是不够的，应该同时兼顾地区战略、组织战略和民主治理战略三个维度来关注城市利益相关者及城市品牌化的执行过程，其视角独特而深刻。国内的研究也日趋活跃，如刘彦平等（2009，2015）提出城市营销发展指数（CMI），就城市品牌、营销推广、营销治理和营销绩效四个维度构建了包括 42 个三级指标在内的城市营销评测体系，并就中国 100 个城市进行了评测。上海交通大学舆情研究实验室社会调查中心对中国 36 个主要城市的生态形象、经济形象、文化形象、政府形象、居民形象以及城市形象推广进行受众抽样调查，并形成相关评价报告（谢耘耕，2015）。此外，范红（2015）、聂艳梅（2015）郝胜宇（2013）等对城市品牌评价的研究也引起了较大的反响。

（二）有关城市竞争力（Urban Competitiveness）和城市软实力（Urban Soft Power）的研究

关于城市竞争力，国内最具代表性的研究成果是由倪鹏飞教授主持并连续发布了 14 年的《中国城市竞争力报告》蓝皮书。目前，该报告使用宜居、宜商、和谐、生态、知识、城乡一体化、信息和文化 8 个方面 68 个客观指标来构建城市可持续竞争力指数（倪鹏飞，2016），成为城市竞争力领域最具权威性的研究成果。同时，在此论域中，有关城市软实力的研究也受到广泛关注。如王会玲等[①]（2013）在约瑟夫·奈的软实力概念的基础上，提炼出包括文化号召力、教育发展力、科技创新力、政府执政力、城市凝聚力、社会和谐力、商务吸引力、形象传播力、区域影响力、信息推动力、国际沟通力以及法制健全力等软实力评价维度。庄德林

① 王会玲、陆兰英：《城市软实力内涵研究》，《学理论》2013 年第 32 期。

（2010，2015）则认为城市软实力是建立在城市文化等非物质基础之上，以投资者等城市顾客为目标受众，通过非强迫方式推动城市经济社会可持续发展和应对全球竞争，助推城市融入全球城市网络的能力，是城市说服力、导向力、凝聚力、吸引力和同化力的总和。其他更多的研究，则将城市文化软实力作为主要研究对象。

（三）有关城市投资、旅游和人居方面的探讨

城市的投资、旅游和人居环境历来是城市品牌评价和研究的中心领域，在国内外都有较多的尝试。首先，对于投资环境或营商环境评价方面的研究较为活跃。比如英国经济学人智库（EIU）的全球营商环境排名，选取劳动力成本、劳动者技能、劳资法规、商业机会、政治环境、宏观经济稳定、法律体系、税收体制、基础设施等指标来对国家和地区的投资环境进行评价；世界银行集团发布的年度全球营商环境报告，采用开办企业、等级物权、获取信贷和强制执行合同等指标来判断和分析各国的营商环境，具有较大影响力。希腊学者曼特克萨斯（Metaxas，2010）提出了一个基于吸引国外直接投资（FDI）的城市品牌化模型，涵盖了全球市场环境、城市发展规划、城市营销的作用、城市营销的 FDI 取向、当地环境审计、政策效用、FDI 选址的评价、城市品牌管理、FDI 贡献、城市品牌资产、城市品牌推广以及 FDI 投资决策过程等要素，形成一个基于投资吸引和城市品牌战略规划过程的考察和评价体系，视角新颖。其次，有关城市旅游营销和旅游目的地评价，研究成果更是浩如烟海，包括目的地品牌资产评价、目的地品牌竞争力评价、旅游目的地舒适度评价、旅游目的地文化要素评价等（Hankinson，2012；Gartner，2014）。此外，对城市宜居性或人居环境评测的探索也日趋深入。如曾克尔等（Zenker & Martin，2011；Zenker、Petersen、Aholt A.，2013）提出市民满意度指数（CSI），包括文明和多样性、自然和消遣娱乐、工作机会、成本和效率四大类指标，并对部分欧洲城市进行了对比评测。随着服务经济、知识经济的到来，人才对城市的重要性更加凸显，城市竞争力与其所拥有的高技术人才或“创意阶层”高度相关（Florida，2002，2008，2010；Zenker，2009；Zenker&Beckmann，2013）。人力资本成为知识经济的关键资产，高端人才拥有量、专利申请数量、人才政策、留学生政策、世界一流大学数量等城市创新指标开始受到重视。2016 年 6 月，中国科学院地理所发布了《中国宜居城市研究报告》，其宜居城市评价指标体系包括城市安全性、公共服务设施方便性、自然环境宜人性、社会人文环境舒适性、交通便捷性和环境健康性等6大维度和29个具体评价指标，通过问卷调查对国内40个最具代表性的城市进行了测评，其数据引发了较多的关注。还有诸多最具幸福感城市、创新城市等方面的研究和排名，也往往成为舆论关注的话题。

（四）有关城市传播的探讨

近年来，有关城市传播的文献急剧增加。移动互联网的普及使得传播媒体生态发生了深刻的变化，城市传播正在由传统的单向传播向以互动、参与和分享为特征的数字化传播转变。比如汉娜等学者（Hanna & Rowley，2015）提出数字时代的城市品牌传播的7C要素，包括频道（Channels）、混杂（Clutter）、社区（Community）、聊天（Chatter）、沟通（Communication）、共创（Co-creation）和联合品牌（Co-branding），极富理论创新价值。中国国内的城市传播评测更多集中在政务新媒体传播和舆情分析领域，如新华网舆情监测分析中心联合微信公众号新媒体指数（media index）对全国部分地级市和副省级城市开通政务微信情况进行调查并定期发布“全国地级市以上政府政务微信公众号影响力榜单”，人民网舆情监测室与新浪微博数据库合作，定期发布“《人民日报》·政务指数微博影响力报告”，其中对城市政务微博的传播力、互动力和服务力进行测量和评价，受到关注。然而，迄今在传媒大数据中如何测度城市的传播合理性和品牌形象，仍然是极具挑战的研究命题。

二　中国城市品牌发展指数（CBDI）的指标构建

（一）构建城市品牌发展评价体系的意义

从随着全球化潮流的冲击以及本土价值的反弹，城市的发展呈现出全球本地化（Glocalization）的显著特征。一方面，城市日益成为全球城市网络中的节点或组成，随着要素的全球性流动而展开竞争与合作。另一方面，城市自身的战略定位及文化认同也日益紧迫，彰显自身特色和差异化优势的努力，成为城市竞争力提升的一个主要方向。在这一背景下，互联网特别是移动互联网的普及和应用，使得城市置身于一个全新的传媒生态体系之中。在这一体系中，城市无论规模、历史或区位，也无论是其政府、企业、社会组织还是市民，均有了发声和参与的机会。也就是说，传媒生态、社会网络和技术条件的变迁，打破了传统的城市品牌格局。城市品牌发展进入到一个百舸争流的重塑或再造时代。在这一背景下，从可执行、可衡量的角度，就城市品牌的关键要素进行梳理和剖析，构建符合中国实际的城市品牌发展评价体系，有助于深入了解中国城市经济社会发展态势，并为城市品牌发展的理论与实践互动提供数据支持。

（二）城市营销指数（CMI）构建及其概念模型

在本课题 CMI 指数的基础上，结合新近文献，本课题组提出中国城市品牌发展指数（CBDI）的概念，并认为城市品牌发展指数应该包括如下几个方面的内容。

1. 城市文化品牌测度

文化是城市的灵魂，是城市品牌的根基。城市文化品牌可以从城市的独特性、包容性和文化活力等角度来进行考察。其中，城市文化的渊源和文化特色是城市品牌独特性的重要资源，而文化的包容性及文化创新活力，则是城市文化品牌发展的趋势和动力。

2. 城市旅游品牌测度

旅游常常是城市营销的突出内容，旅游部门也是城市品牌营销中最活跃的主体之一。城市旅游品牌，是城市品牌结构中最有全局影响力的子品牌。特别是在发展全域旅游的今天，城市旅游品牌对整体城市品牌塑造的意义不言而喻。其中，交通可及性、旅游人气、旅游文化资源、旅游经济的效益以及旅游营销传播的表现，通常构成城市旅游品牌的决定性力量。

3. 城市投资品牌测度

城市投资品牌，也称作城市营商环境品牌，是关涉城市招商引资和产业发展的重要品牌维度。近年来，各地的投资促进部门、商务部门以及重要的商会组织，逐渐成为城市营销的活跃力量。打造城市投资品牌已经成为城市竞争的新手段。一般来说，基础设施水平、企业发展质量、人才基础、创新氛围、政府服务、教育水平、外贸发展以及对投资环境的营销和宣传，是塑造城市投资品牌的关键要素。

4. 城市宜居品牌测度

伴随城市化进程，中国城市普遍面临“城市病”的挑战，宜居正日益成为城市的稀缺资源。城市宜居性、城市幸福感等往往成为舆论关注的焦点，人居品牌也成为城市品牌体系中的“皇冠”。本研究认为，城市的经济基础、社会治理水平、人民生活质量、城市生活便利度、社会公平以及城市自然环境的生态和绿色水平，应该是衡量城市宜居品牌的重要考量。

5. 城市品牌传播测度

城市品牌是规划、建设、传播与管理等系列城市行动和努力的结果。城市传播，通常能够体现城市品牌塑造的主观努力，如广告、节事、会展、公关传播等。同时，也能间接反映城市的体验品质，如网络口碑传播等。因此，本课题组选取城市知名度、关注度、网络传播、旅游宣传、投资宣传以及新媒体的传播与互动，作为考察城市品牌传播的重要指标。

（三）中国城市品牌发展指数框架

基于上述分析，结合数据的可获得性考量，本报告提出中国城市品牌发展指数（CBDI）的指标框架。即中国城市品牌发展指数（CBDI）由5个主题层（一级指标）构成，分别为城市文化品牌指数、城市旅游品牌指数、城市投资品牌指数、城市宜居品牌指数和城市品牌传播指数。5个主题层又包含24个次主题层（二级指标）和68个具体指标（三级指标）。其中每项指标由单一或多项数据合成。在这一指标体系中，城市品牌的总体表现即城市品牌发展指数，表现为5个一级指标的互动关系。其中城市文化品牌是特征指数、城市旅游品牌和城市投资品牌是基础指数，城市宜居品牌是趋势指数，城市传播品牌是推动指数，组成一个渐次递进又相互作用的系统结构（见图2－1）。

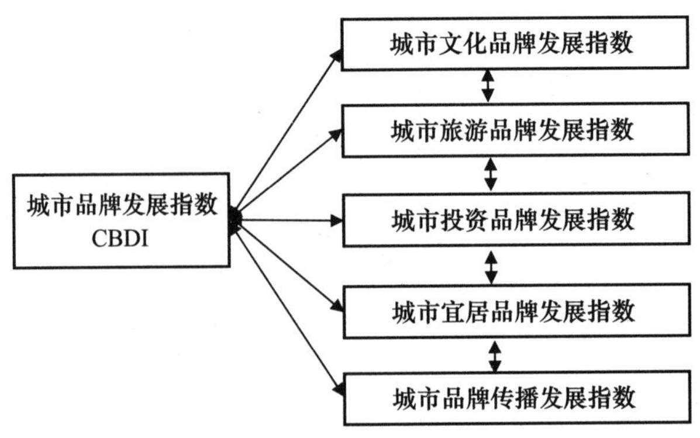

图2－1　中国城市品牌发展指数的概念关系

中国城市品牌发展指数（CBDI）的指标体系层次和要素如下（见表2－1）。

表2－1 **中国城市品牌发展指数（CBDI）指标体系**

一级指标	二级指标	三级指标	指标衡量方法
B1 城市文化品牌发展及指数	B1.1 品牌独特性	B1.1.1 文化渊源	全国历史文化名城批次
		B1.1.2 文化特色	非物质文化遗产数
	B1.2 文化包容性	B1.2.1 文化多样性	外资工业企业数/工业企业数
		B1.2.2 文化包容性	外国人境游客人数
	B1.3 文化活力	B1.3.1 文化产业	每百万人文化、体育和娱乐业从业人数
		B1.3.2 文化创新	各城市大学排名
B2 城市旅游品牌发展指数	B2.1 交通可达性	B2.1.1 公路可达性	连接城市的“国高”“国道”和“省道”数
		B2.1.2 铁路可达性	连接城市的高铁、双线电气化铁路、单线电气化铁路、双线铁路、单线铁路数及是否有主要车站
		B2.1.3 航空可达性	机场飞行区等级和起降架次
		B2.1.4 海运可达性	城市距最近海港距离和距天津、上海及香港的距离
	B2.2 旅游吸引力	B2.2.14A、5A 景区数	—
		B2.2.2 旅游人气	游客数量
		B2.2.3 高端旅游人数	国外游客数量
	B2.3 旅游文化资源	B2.3.1 非物质文化遗产	非物质文化遗产数
		B2.3.2 古镇古村	历史文化名镇、名村数量
	B2.4 旅游发展效益	B2.4.1 旅游收入	旅游总收入
		B2.4.2 旅游增长	旅游总收入增长率
	B2.5 旅游营销传播	B2.5.1 旅游营销传播	旅游新闻传播量＋旅游信息内容量＋旅游推广曝光度
B3 城市投资品牌发展指数	B3.1 基础设施	B3.1.1 公路可达性	连接城市的国高、国道和省道数
		B3.1.2 铁路可达性	连接城市的高铁、双线电气化铁路、单线电气化铁路、双线铁路、单线铁路数及是否有主要车站
		B3.1.3 航空可达性	机场飞行区等级和起降架次
		B3.1.4 海运可达性	城市距最近海港距离和距天津、上海及香港的距离

续表

一级指标	二级指标	三级指标	指标衡量方法
B3 城市投资品牌发展指数	B3.2 要素质量	B3.2.1 大企业指数	500 强企业及上市公司数量
		B3.2.2 人力资本	大专以上人口比例
		B3.2.3 专利申请	专利申请授权量
		B3.2.4 人均存款余额	—
	B3.3 制度环境	B3.3.1 行政透明度	信息公开指数
		B3.3.2 开办企业便利度	企业开办指数 + 经营纳税指数 + 资质认定指数
	B3.4 创新创业潜力	B3.4.1 专利数	专利申请量
		B3.4.2 企业增长	企业数量增长率 + 企业规模增长率
		B3.4.3 高校质量	各城市大学排名
		B3.4.4 信息便利	千人互联网用户数
	B3.5 投资促进	B3.5.1 外资投资贡献	当年实际使用外资额占固定资产投资比例
		B3.5.2 外贸依存度	（进口总额 + 出口总额）/（2 * GDP）
		B3.5.3 商贸流通	货运总量 + 客运总量
	B3.6 投资营销传播	B3.6.1 投资营销传播	投资新闻传播量 + 投资信息内容量 + 投资推广曝光度
B4 城市宜居品牌发展指数	B4.1 经济基础	B4.1.1 人均 GDP	—
		B4.1.2 人均收入	城镇居民人均可支配收入
		B4.1.3 人均消费支出	城镇居民人均消费支出
	B4.2 社会治理	B4.2.1 市民需求响应	交流互动指数 + 证件办理指数
		B4.2.2 社会治安	每万人刑事案件数
	B4.3 民生质量	B4.3.1 人均住房面积	—
		B4.3.2 基础教育	千人校学数
		B4.3.3 公共医疗	每万人拥有医生数
		B4.3.4 公共文化	文化艺术场所
		B4.3.5 餐饮购物	每万人餐饮购物场所
	B4.4 社会公平	B4.4.1 社会公平	教育服务指数 + 社保服务指数 + 就业服务指数 + 医疗服务指数 + 住房服务指数 + 交通服务指数
		B4.4.2 社会保障	参加医疗、失业、养老保险人数占常住人口比重
	B4.5 生态环境	B4.5.1 空气质量	城市空气质量等级
		B4.5.2 绿化面积	建成区绿化覆盖率
		B4.5.3 国家自然保护区	国家级自然保护区数量和面积

续表

一级指标	二级指标	三级指标	指标衡量方法
B5 城市品牌传播发展指数	B5. 1 城市知名度	B5. 1. 1 国内知名度	城市名百度新闻搜索信息数量
		B5. 1. 2 国际知名度	城市英文名称谷歌新闻搜索信息量
		B5. 1. 3 研究关注度	知网中文核心期刊论文提及数量
		B5. 1. 4 网络关注度	百度指数
	B5. 2 网络传播	B5. 2. 1 头条指数	今日头条客户端城市信息的头条传播量、阅读量、收藏、评论、分享
		B5. 2. 2 网络推广	267 家重要新闻媒体的网站、微博、微信、新闻客户端的发文数据及全国主流的各大论坛、博客的发文数据（2015 年度）
		B5. 2. 3 信息内容量	城市名百度网页搜索信息量
	B5. 3 旅游推广	B5. 3. 1 旅游新闻传播量	城市名 + 旅游的百度新闻搜索数量
		B5. 3. 2 旅游信息内容量	城市名 + 旅游的百度网页搜索数量
		B5. 3. 3 旅游推广曝光度	城市名 + 旅游的全国 267 家重要新闻媒体的纸媒、网站、微博、微信、新闻客户端的发文数据及全国主流的各大论坛、博客的发文数据
	B5. 4 投资传播	B5. 4. 1 投资新闻传播量	城市名 + 投资的百度新闻搜索数量
		B5. 4. 2 投资信息内容量	城市名 + 投资的百度网页搜索数量
		B5. 4. 3 投资推广曝光度	城市名 + 投资的全国 267 家重要新闻媒体的纸媒、网站、微博、微信、新闻客户端的发文数据及全国主流的各大论坛、博客的发文数据
	B5. 5 网络政务服务	B5. 5. 1 头条号覆盖度	今日头条当地政务头条号发文数、阅读数等占比
		B5. 5. 2 微博传播力	所有城市政务微博发文（原创）数
		B5. 5. 3 微博服务力	所有城市政务微博粉丝数
		B5. 5. 4 微博互动力	城市主要政府机构微博账号数量

注：以上指标数据主要来源于中国社会科学院城市与竞争力研究中心数据库、国家统计局、城市统计公报、百度搜索、谷歌搜索、中青华云大数据平台、今日头条指数、微博数据库等数据来源的 2015 年度数据。

（四）样本选择

报告选取中国内地地区 30 个省、市、区的 200 个地级以上城市作为 CBDI 测评的样本。

三　中国城市品牌发展指数的测度方法

统一评估流程和数据处理方法可以在相当程度上保证结果的可用性，便于对结果进行横向和纵向的比较，从而保持城市品牌发展评估的持续性和稳定性。因此，本报告 CBDI 评估体系的指标测算秉承科学和标准的原则，严格按照指标评估体系的特点选择评估方法。

（一）逆向指标处理

综合评价指标体系中经常会出现逆向指标，在本报告中，不同性质指标对城市品牌的作用力不同，无法通过直接合成来反映综合结果。因此，要考虑改变逆指标的数据性质，对其进行正向化处理，使所有指标对城市品牌的作用力趋同化，从而构建一致、有意义的综合指数。正向化处理的方法有取倒数、取相反数、极大值法等。

（二）无量纲化

对于多指标综合评价体系，必须对性质和计量单位不同的指标进行无量纲化处理，以处理解决数据的可比性问题。无量纲化就是把不同单位的指标转换为可以对比的同一单位的指标数值，用于比较和综合分析。无量纲化函数的选取，一般要求严格单调、取值区间明确、结果直观、意义明确、尽量不受指标正向或逆向形式的影响。无量纲化的方法一般有标准化法、极值法和功效系数等方法。本报告选取极值法来消除量纲的影响。极值法的公式如下：

$$X = \frac{x - x_{min}}{x_{max} - x_{min}}$$

其中，x 为评价指标，x_{max} 和 x_{min} 分别对应指标 x 在的最大值和最小值。

（三）指标权重

在多指标综合评价中，指标权重的确定直接影响着综合评价的结果，权数数值的变动可能引起被评价对象优劣顺序的改变。权重系数的确定，是综合评价结果是否可信的一个核心问题。在 CBDI 指数的权重结构中，我们认为城市文化品牌发展指数、城市旅游品牌发展指数、城市投资品牌发展指数、城市宜居品牌发展指数和城市品牌传播发展指数虽内涵各异，但 5 个单项指数对总的中国城市品牌发展指数具有同等的重要性，即上述 5 个单项指数在计算总指数时应该是等权的。而在每个单项指数内，由于指标数量较少，构成简单，每个子指标合成上一级指标时也采用等权重的方法。

（四）指数合成

确定了各指标及子指数，最后一步就是把这些子指数合成为一个综合指数，从而得到一个城市品牌的综合评价。本报告选择几何平均法进行综合指数的合成。几何平均法合成指数的公式如下：

$$X = \prod x_i^{wi}$$

其中 x_i 为第 i 个子指标，w_i 为第 i 个子指标的权重，X 为合成后的综合指标。

参考文献

[1] Anholt, S. (2005), Anholt Nation Brands Index: How Does the World See America? *Journal of Advertising Research*, *September*, pp. 296 – 304.

[2] Anholt, S. (2006), The Anholt-GMI City Brands Index, *Place Branding*, Vol. 2, No. 1.

[3] Florida, R. (2002), "The creative class", in Le Gates, R. T. y Stout F. (Eds.) *The City Reader*, fifth edition, 2011, pp. 143 – 149. London and New York: Routledge Urban Reader Series.

[4] Florida, R. (2008), *Who's your city? How the creative economy is making where to live the most important decision of your life*, New York: Basic Books.

[5] Florida, R. (2013), *Immigrants Boost the Wages, Income and Economic Output of Cities*, The Atlantic Cities. 25. 04. 2013.

[6] García, J. A., Gómez, M., & Molina, A. (2012), A destination-branding model: An empirical analysis based on stakeholders, *Tourism Management*, 33 (3), 646 – 661.

[7] Gartner, W. C. (2014), Brand equity in a tourism destination, *Place*

Branding and Public Diplomacy, 10 (2), 108 – 116.

[8] Hanna, S. A., & Rowley, J. (2015), Rethinking Strategic Place Branding in the Digital Age, *In Rethinking Place Branding* (pp. 85 – 100). Springer International Publishing.

[9] Keller, K. L., Parameswaran, M. G., & Jacob, I. (2011), *Strategic brand management: Building, measuring, and managing brand equity*, Pearson Education India.

[10] Lucarelli, A. (2012), Unraveling the complexity of "city brand equity": A three-dimensional framework, *Journal of Place Management and Development*, 5 (3), 231 – 252.

[11] Metaxas, T. (2010), Place marketing, place branding and foreign direct investments: Defining their relationship in the frame of local economic development process, *Place Branding and Public Diplomacy*, 6 (3), 228 – 243.

[12] Sevin, E. (2013), Places going viral: Twitter usage patterns in destination marketing and place branding, *Journal of Place Management and Development*, 6 (3), 227 – 239.

[13] Wæraas A, Bjørnå H, Moldenæs T., Place, organization, democracy: Three strategies for municipal branding, *Public Management Review*, 2014 (ahead-of-print): 1 – 23.

[14] Zavattaro, S. M., Daspit, J. J., & Adams, F. G. (2015), Assessing managerial methods for evaluating place brand equity: A qualitative investigation, *Tourism Management*, 47, 11 – 21.

[15] Zenker, S. (2009), Who's your target? The creative class as a target group for place branding, *Journal of Place Management and Development*, 2 (1), 23 – 32.

[16] Zenker, S., & Martin, N. (2011), Measuring success in place marketing and branding, *Place Branding and Public Diplomacy*, 7 (1), 32 – 41.

[17] Zenker, S., Beckmann S. C. (2013), My place is not your place-different place brand knowledge by different target groups, *Journal of Place Management and Development*, 6 (1), 6 – 17.

[18] Zenker, S. , Petersen S, Aholt A (2013), The citizen satisfaction index (CSI): evidence for a four basic factor model, *Cites*, 31 (2013) 156 - 164.

[19] 郝胜宇：《城市品牌评价》，中国财政经济出版社 2013 年版。

[20] 何佳讯著：《长期品牌管理》，格致出版社、上海人民出版社 2016 年版。

[21] 刘彦平主编：《中国城市营销发展报告 2009—2010：通往和谐与繁荣》，中国社会科学出版社 2009 年版。

[22] 刘彦平主编：《中国城市营销发展报告 2014—2015：助力可持续城镇化》，中国社会科学出版社 2015 年版。

[23] 倪鹏飞主编：《中国城市竞争力报告 No14——新引擎：多总线群网化城市体系》，中国社会科学出版社 2016 年版。

[24] 聂艳梅：《中国城市形象影响力评估指标体系及其提升策略研究》，博士学位论文，上海师范大学 2015 年。

[25] 王会玲、陆兰英：《城市软实力内涵研究》，《学理论》2013 年第 32 期。

[26] 谢耘耕主编：《中国城市品牌认知调查报告（2015）》，社会科学文献出版社 2015 年版。

[27] 许峰、秦晓楠、张明伟、漆睿、李静：《生态位理论视角下区域城市旅游品牌系统构建研究——以山东省会都市圈为例》，《旅游学刊》2013 年第 9 期。

[28] 庄德林、陈信康、李影：《全球六大国际都市软实力比较研究》，《人文地理》2010 年第 6 期。

第3章 中国城市品牌发展指数(CBDI) 2015年度报告

刘彦平　胡　纯

城市营销与品牌化建设，是城市竞争的策略性战场，也是城市治理体系和治理能力现代化的重要领域。我国城市营销与品牌化进程与城市化加速发展的进程同步，在提升竞争力、优化人居环境、支撑国家形象方面发挥了积极的作用。2011年，国家形象战略和国家软实力建设任务的提出，进一步推动了各地建设城市品牌的热潮。而“一带一路”等国家顶层战略决策的提出和快速深化，更为中国城市品牌的打造，提供了前所未有的城市定位指导和协同发展保障。

本报告提出的城市品牌发展指数（CBDI）包括城市文化品牌、城市旅游品牌、城市投资品牌、城市人居品牌和城市传播品牌等5个一级指标，24个二级指标和68个三级指标，并据此对中国内地的200个城市进行城市品牌发展状况的测评。通过比较分析，能够勾勒中国当前城市品牌建设的总体状况，并反映出区域以及单个城市品牌的相对发展水平、优势和缺陷，为中国城市未来进一步提升城市品牌建设提供决策参考。需要解释的是，在点评分析中，我们也引入中国城市营销发展报告（2016）课题组2015年度中国城市营销发展指数（CMI）的数据来进行对比分析。尽管CMI和CBDI在指标设计上有所不同，就单项指标来说数据不具备连续性和可比性，但CBDI在底层指标和数据项目的构成上与CMI有很大的延续性和相似性，而且数据处理均采用几何平均算法。因此我们将CBDI视为是一个城市营销强度的指数。也就是说，CMI和CBDI的总分对比，作为对于城市营销强度变化的考察，具有一定的参考价值。

一　总体发展态势

2015 年是中国“十二五”规划的收官之年，也是与“十三五”规划的对接之年。尽管随着经济发展进入“新常态”，中国城市发展面临诸多压力，面临着更大的改革转型发展考验，但从 200 个城市的城市品牌发展指数来看，中国城市的品牌建设在整体上成效显著，保持着良好的上升态势，与国家新型城镇化战略的有序推进相一致。

（一）中国城市品牌发展的总体表现

1. 城市营销强度持续上升

与 2015 年度的 CMI 指数排名相比，部分城市的营销强度在纵向比较中排名或有浮动，但整体保持上升趋势。即使 2015 年城市品牌发展指数排名相对下降的城市，其指数得分也比 2014 年有所提高。通过强化优势、补短板等多元途径，中国城市在深化改革的探索中不断凝聚无形价值，奠定城市品牌根基。2015 年城市品牌发展指数百强城市的平均得分为 0.313（选取小数点后三位），相比于 2014 年 CMI 的百强城市平均得分增幅超过两成；20 强城市的品牌发展指数平均得分为 0.511，城市营销强度同比上升 27%；十强城市平均得分为 0.577，城市营销强度同比上升 31%（见图 3－1）。

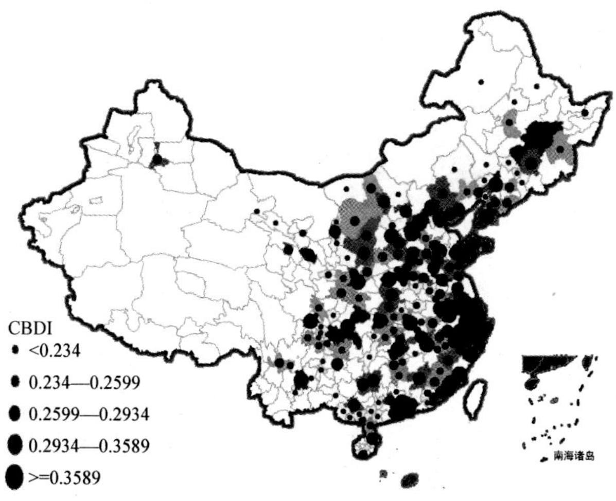

图 3－1　城市品牌发展指数 200 城市得分可视化示意图

2. 强势城市保持品牌优势

2015 年全国 10 强城市品牌依次为北京、上海、天津、广州、杭州、深圳、成都、重庆、苏州和武汉。与 2014 年 CMI 指数的 10 强相比，CBDI 指数 10 强城市名单变化并不显著：北京与上海依然领跑全国，对其他城市保持较大的品牌优势；天津重回 10 强，并跻身第 3 名，2015 年天津城市营销强度较 2014 年提高 73%，是 200 个城市中的营销强度变化最为显著者；青岛和厦门跌出前 10 名，落在第 14 位和第 20 位，两个城市的品牌扩张乏力，营销强度增幅都低于 7%，与 10 强城市 36% 的平均增速相比可谓逆水行舟，不进则退；其他 7 个城市的整体品牌只是在名次上出现了一定浮动，但发展依然强劲，都保持了超过 20% 的营销强度增进。位列第 11—20 名的城市分别是南京、西安、郑州、青岛、宁波、济南、长沙、福州、无锡和厦门。其中，郑州和福州新入前 20 名，城市营销强度增长分别为 41% 和 37%，成绩非常亮眼；与此同时，连续两年评测中维持在 11—20 名的城市，城市营销强度扩张在 15%—25% 的范围内，有效地保持了自身的城市品牌优势（见表 3－1）。

表 3－1　　2014—2015 年中国城市品牌发展 10 强城市

排名	CBDI（2015 年）		CMI（2014 年）	
	城市	得分	城市	得分
1	北京	0.787	北京	0.540
2	上海	0.727	上海	0.508
3	天津	0.604	深圳	0.441
4	广州	0.593	青岛	0.430
5	杭州	0.568	杭州	0.419
6	深圳	0.559	武汉	0.418
7	成都	0.548	广州	0.417
8	苏州	0.533	苏州	0.413
9	武汉	0.530	成都	0.408
10	重庆	0.529	厦门	0.394

3. 城市品牌马太效应显著

强势城市品牌利用自身在政治、金融、区位等方面的优势，吸引资源和资本推动城市文化、旅游、投资、人居和传播积极向好发展，最终实现品牌价值更进一步。弱势城市的竞争力较小，获取资源的能力受限，在品牌建设中难免捉襟见肘，影响城市品牌的可持续拓展。2015 年城市品牌发展指数排名第 1 名的北京得分为 0.787；第 100 名丽水得分为 0.286，仅为北京的 36%；第 200 名庆阳得分为 0.135，仅为北京的 17%。若考虑到增长，北京的城市品牌扩张达到 43%，而庆阳的城市品牌扩张均不足 8%。强势城市品牌的发展迅猛，而弱势城市的品牌建设异常乏力，城市品牌发展之间的"马太效应"显现（见图 3－2）。

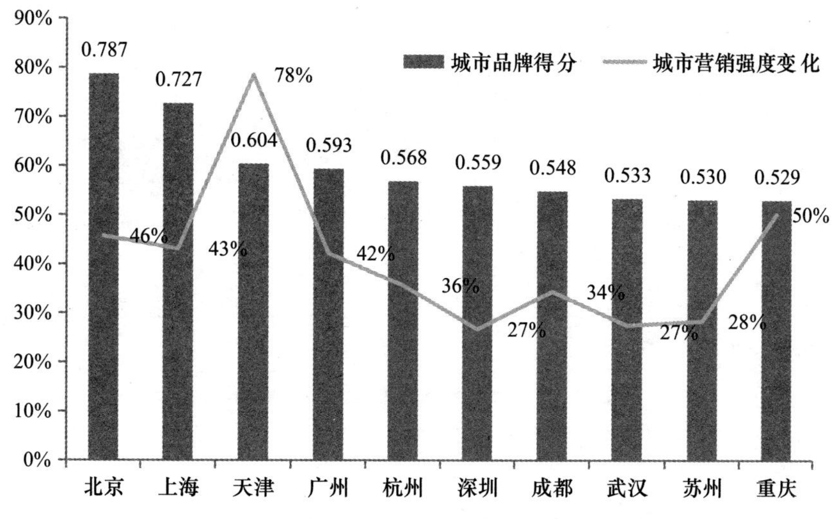

图 3－2　2015 年十强城市品牌指数得分及城市营销强度变化

（二）七大区域发展态势

从 2014 年的城市营销发展指数（CMI）指数和 2015 年的城市品牌发展指数（CBDI）的对比来看，2015 年全国七大区域的城市城市营销强度均高于 2014 年，数据显示出城市品牌建设工作在七个区域都有所改进。

从区域内的单个城市来看，本课题组在 2014 年的 CMI 和 2015 年的 CBDI 两个榜单都考察的城市，2015 年的城市品牌发展指数都高于 2014 年的 CMI 数值，排除两年的不同因素，2015 年中国七大区域的城市品牌发展呈上升态势。再从区域的城市品牌平均得分来看，各区域的平均城市品牌强度从高到低分别是华东地区、华北地区、华南地区、华中地区、东北地区、西北地区和西南地区。此外，七大区域入选城市数量最多的是华东地区，共 52 个城市入选，随后是华中地区（37 个）、华南地区（28 个）、华北地区（23 个）、东北地区（21 个）和西南地区（20 个），最少的是西北地区，共 19 个城进入榜单（见图 3－3）。

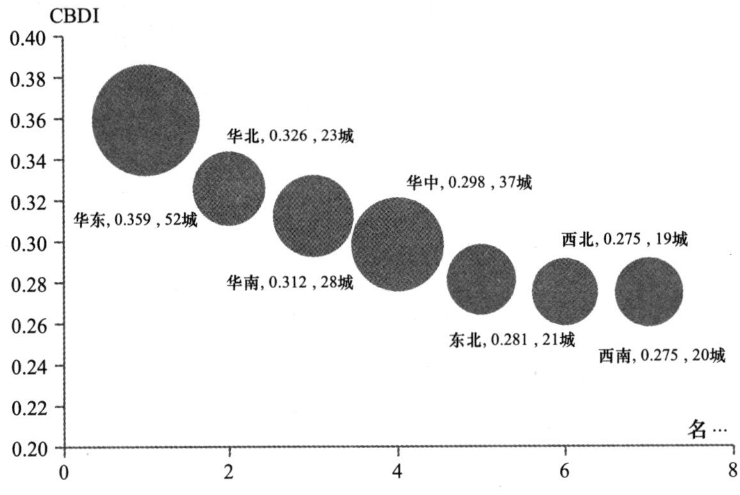

图 3－3　七大区域城市品牌强度对比

注：图中圆形面积代表区域入选城市数量。

1. 华东——城市品牌区域王者

华东地区有 52 个城市列入城市品牌榜单，入选数量较第 2 名华中地区多 17 个席位，较最后 1 名的西北地区多 33 个席位。其中，上海、杭州和苏州 3 个城市位列前 10 名；12 座城市跻身 30 强城市品牌。与此同时，华东地区 52 座城市的平均品牌指数得分为 0. 359，同样在七大区域中拔得头筹，较第 2 名华北地区高 0. 033 分，较排名最后的西南和西北地区高 0. 084 分。可以说华东地区城市品牌质量远远高于其他 6 个地区（见表 3－2 和表 3－3），主要原因是江、浙、沪、鲁四个省份的城市品牌强度较高，对华东地区产生了带动作用。

表 3-2　　2015 年城市品牌 200 城区域分布

排名	华北	华东	华南	西南	华中	西北	东北
1—10	2	3	2	2	1	0	0
11—30	0	10	2	1	3	1	3
31—100	12	28	10	1	9	7	3
101—170	4	11	8	9	21	7	10
171—190	4	0	6	2	3	2	3
191—200	1	0	0	5	0	2	2
总数	23	52	28	20	37	19	21

表 3-3　　2015 年城市品牌各类别区域占比

占比	华北	华东	华南	西南	华中	西北	东北
十强	8.70%	5.77%	7.14%	10.00%	2.70%	—	—
三十强	8.70%	25.00%	14.29%	15.00%	10.81%	5.26%	14.29%
一百强	60.87%	78.85%	50.00%	20.00%	35.14%	42.11%	28.57%
后三十	21.74%	—	21.43%	35.00%	8.11%	21.05%	23.81%

在 5 个二级指数上，华东地区同样保持着领先优势。在文化指数上，华东一骑绝尘，是唯一得分突破 0.4 的区域；在投资指数上，华东地区优势更加明显，与单项排名第 2 名的华南地区的分差超过 0.05，该分差占华东地区投资指数得分的 11.06%。横向比较下，华东地区在旅游和传播两个二级指数上稍显弱势，得分均低于 0.3，但依然在七大区域中占据第一（见图 3-4）。

虽然华东地区是中国城市品牌的区域王者，但是同样存在可以改进的地方。首先，华东地区的旅游和传播品牌相对欠缺。究其原因，在交通可达性和旅游发展效益都较为良好的前提下，旅游文化资源的相对不足限制了华东的旅游品牌；而在传播方面，虽然华东地区甚至全国的城市都已经积极开拓互联网的传播平台，但是绝大多数城市的宣传在文化、资源和影响力的限制下，投入和产出不成正比、收效不彰。其次，华东地区在不少三级指数上存在短板，比如文化包容性、社会公平、民生质量等。但总体而言，华东地区是文化、旅游、投资、人居和传播五个方面最为均衡的城市品牌强势区域。

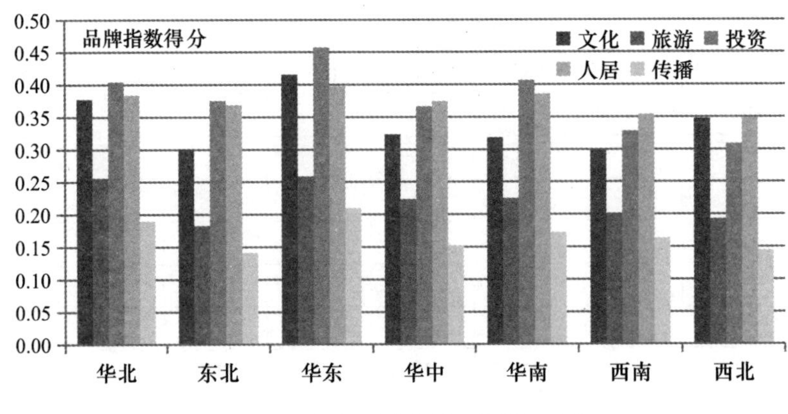

图 3－4　七大区域分项品牌得分对比

2. 华北与华南——城市品牌区域跟进者

华北地区与华南地区的城市品牌发展指数平均得分分别为 0.326 和 0.298，在七大区域中位列第 2 名和第 3 名。两个区域有一半（以上）的入选城市位列百强，在十强城市品牌也各占 2 个席位，并与华东地区一起占据了百强城市品牌中的 67 个，是中国城市品牌建设的中坚力量。

华北地区城市品牌发展指数能够在七大区域中位列前茅，原因有二：第一，华北地区在文化、旅游、投资、人居和传播 5 个二级指数的表现都与华东地区相差不大，其中旅游指数的差距最小，不足 0.01，投资和人居指数的差距最大，也仅为 0.05。第二，北京和天津在 200 座城市中分别名列第 1 和第 3 名，极大地拉升了华北地区的平均指数。北京继续领跑全国，并且拉大了与上海的分差，展示了其城市品牌建设的强劲势头。天津则实现了城市营销的跨越式发展，从 2014 年的第 22 名迅速攀升至第 3 名，城市营销强度扩张超过七成。

然而，华北地区在第 11—30 名次段缺席，区域内城市品牌结构不合理问题严重。此外，华北地区还受到文化包容性和生态环境的严重制约，这两个问题在过去和当前都是华北地区城市品牌形象的阻碍，若不能妥善处理，未来将进一步掣肘华北的城市品牌发展。

华南地区城市品牌指数较为平衡，区域城市品牌结构更加合理。与华北地区相同，华南地区在十强城市品牌占据两席，分别是广州和深圳，位列第 4 名和第 6 名；不同的是，华南地区在次优名次段也有两个城市入围，区域城市规模结构更为合理。

华南地区的 5 个二级指数相对平衡，但与华东和华北地区对比，文化品牌劣势明显。尽管广东省内城市的文化包容性较高，但是福建等省份得分不高，对整体区域的文化包容性形成制约。同时，与北京和江南各市在漫长历史中形成的文化渗透力不同，华南地区缺乏文化根基深厚的城市品牌，因而在品牌独特性指标上缺乏亮点。结合两条原因，华南地区在文化指数上与华东和华北地区差距明显，与华东地区的分差约为 0.1，占华东地区文化指数得分的 23%。

3. 华中、东北、西北和西南——城市品牌弱势区域

从城市品牌发展指数的趋于平均得分来看，华中、东北、西北和西南 4 个地区与其他地区有一定差距，其中西北、西南地区与华东地区的分差超过 0.08，占华东地区得分的 23%；从区域内部城市品牌的排名看，4 个地区的绝大多数入围城市都在 100 名开外，比例分别为 65%、71%、58% 和 80%，同时，西北和东北地区缺席十强，多方面数据都反映了四个区域在城市品牌建设工作上的弱势地位。

华中地区亟须填补文化和投资的鸿沟；东北地区在发展文化和旅游品牌外，加强传播建设更为紧迫；西北地区需要注重旅游和传播品牌的塑造；而西南地区则需要在文化、旅游、投资、人居和城市形象传播这五个层面进行更好的统筹提升。

二　国家战略视野下的聚焦分析

（一）京津冀城市品牌表现

京津冀经济圈是华北地区以及中国北方最重要的城市群生态系统。在京津冀协同发展战略安排中，北京的定位是全国政治中心、文化中心、国际交往中心、科技创新中心；天津旨在建设全国先进制造研发基地、北方国际航运核心区、金融创新运营示范区、改革开放先行区；河北则凸显全国现代商贸物流重要基地、产业转型升级试验区、新型城镇化与城乡统筹示范区、京津冀生态环境支撑区的作用。在“京津冀一体化”和经济新常态深化改革的过程中，京津冀的统筹和分化担当着华北经济转型的火车头作用。打造世界级城市群是该区域城市共同的新愿景。

通过对比 2014 年的 CMI 指数与 2015 年华北地区的城市品牌效应，京津冀城市群在过去的一年中，城市品牌的扩散与集聚效应成长比长三角和

珠三角城市群更为明显。从区域内单个城市来看，京津冀城市都表现出较为可观的城市营销强度扩张。北京是唯一一个品牌指数得分超过 0.75 的城市，奠定了发展为世界城市品牌的良好基础；在旅游、投资、人居和传播 4 项二级指数上领跑全国。天津是 200 个城市中品牌营销强度增长最好的城市，超过 7 城的增长速度将天津从 2014 年的第 22 位推上了 2015 年探花的位置；在 5 个二级指数上也都名列 10 强，实现了城市品牌的高水平均衡。石家庄、唐山、秦皇岛等河北城市的营销强度扩张超 2 成，相对排名上升；邯郸等河北城市虽然排名相对下降，但城市营销强度扩张依然达到 15% 以上（见表 3 - 4）。

从区域内部比较可以发现，京津冀城市中有 8 个城市跻身百强，占华北地区百强城市品牌数量的 62%；华北地区能够在 2015 年超越华南地区，成为城市品牌发展指数的第二强区域，京津冀城市群功不可没。

表 3 - 4　**京津冀地区城市营销强度之对比（2014—2015 年）**

城市	2015（CBDI）	排名	2014（CMI）	排名	城市营销强度变化
北京	0.787	1	0.540	1	45.69%
天津	0.604	3	0.338	22	78.46%
石家庄	0.370	42	0.299	43	21.74%
秦皇岛	0.348	54	0.263	72	28.90%
邯郸	0.327	63	0.277	58	15.88%
唐山	0.317	74	0.250	87	23.60%

然而，从区域内部比较还可以发现，北京和天津两个直辖市在城市的整体和分项品牌的建设较为均衡，河北的城市则在 5 个二级指数中表现参差不齐，战略均衡性有待提高（见表 3 - 5）。

表 3 - 5　**京津冀地区城市品牌表现**

城市	城市品牌	文化	旅游	投资	人居	传播
北京	0.787	0.853	0.728	0.870	0.653	0.829
排名	1	2	1	1	1	1

续表

城市	城市品牌	文化	旅游	投资	人居	传播
天津	0.604	0.677	0.511	0.702	0.569	0.559
排名	3	7	4	5	5	3
石家庄	0.370	0.376	0.341	0.456	0.391	0.285
排名	42	81	16	48	133	23
保定	0.365	0.442	0.294	0.437	0.448	0.206
排名	45	51	35	58	76	47
秦皇岛	0.348	0.476	0.248	0.452	0.394	0.171
排名	54	41	55	52	130	67
邯郸	0.321	0.433	0.304	0.377	0.328	0.165
排名	63	54	29	98	162	71
唐山	0.317	0.285	0.231	0.453	0.425	0.190
排名	74	122	72	51	97	55
承德	0.306	0.472	0.203	0.328	0.409	0.118
排名	82	42	108	138	115	130
衡水	0.257	0.235	0.205	0.364	0.369	0.111
排名	143	155	104	113	155	139

此外，京津冀经济群的发展还存在环境问题的困扰。虽然北京和天津的人居品牌在全国位列一二，但具体考察城市人居品牌的三级指标可以发现，北京和天津的生态环境分别排名第84名和117名，连同河北的石家庄、唐山、衡水和邯郸等城市的生态环境排名也都在150名之后，京津冀地区的生态环境较为恶劣，亟须整治和改善，否则在未来越来越激烈的城市竞争中，会不断侵蚀其他方面的人居建设成绩，可能导致对人才和企业家吸引力的下降，京津冀品牌的可持续发展将受到严重威胁。

总体来看，京津冀打造世界级城市群的品牌形象，既有中心城市的强大支撑，也有城市体系品牌效应的初步基础。但面临经济、环境、社会和治理协同的严峻考验，品牌建设依然任重道远。

（二）长江经济带城市品牌表现

长江经济带城市品牌整体处于全国领先水平。长江经济带上包含32

个重要节点城市，品牌指数平均得分为 0.364，高于 200 城的平均值。长江经济带城市品牌的良好表现主要取决于城市群的带动效应。截至 2015 年，中国着力打造长江三角洲城市群、珠江三角洲城市群、京津冀城市群、长江中游城市群和成渝城市群 5 个国家级城市群，其中成渝城市群、长江中游城市群和长江三角洲城市群这 3 个城市群，是长江经济带战略规划的重点建设区域，分别对应长江上游、中游和下游的组团发展。长江经济带上的 3 个国家级城市群包含了 6 个跻身 CBDI 前 10 名的强势城市品牌，其他流域中的城市品牌表现也值得赞赏，这奠定了整个流域核心城市的品牌带动效应，并使长江经济带成为中国城市经济及城市品牌版图中的实力中枢（见图 3－5）。

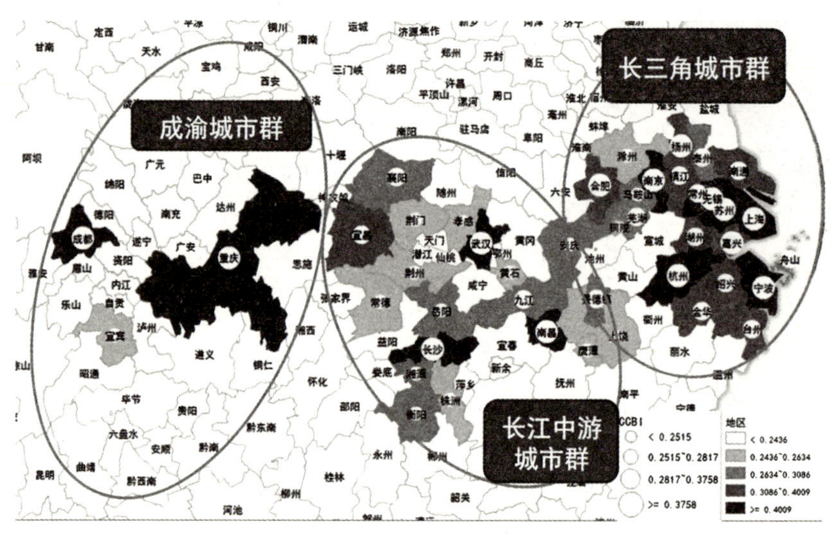

图 3－5　长江经济带三大城市群的城市品牌对比图

1. 成渝城市群

位于长江经济带上游，包含 15 个城市，核心城市为成都和重庆。成渝城市群的城市品牌平均得分为 0.353，低于下游的长江三角洲城市圈，高于长江中游城市群和全国 200 城平均水平；城市品牌平均排名为 91.4 位，低于长江三角洲城市群和长江中游城市群。

优势：虽然成渝城市群不是长江经济带上城市品牌综合水平最高的城

市群，但是长期统一的巴蜀文化氛围使成渝城市圈成为长江经济带上内部一致性最高的城市群。统一的文化，有利于圈内城市的交流合作，是未来城市圈整体提升的潜在助力。

劣势：成渝城市群内城市不少，但城市综合发育不足，城市之间品牌强度差距大，城市群内城市规模结构不合理。成都和重庆位列全国城市品牌 10 强，宜宾、泸州等却未入百强。大中型城市数量也明显不足，影响核心城市通过大中型城市带动其他中小城市和城市群的扩散效应。此外，该城市群地处西南部山区和盆地，交通便利度和投资吸引力也低于长江中游城市群和长江三角洲城市群。

机遇：重庆是直辖市，是长江上游的经济中心，还是丝绸之路经济带与长江中下游地区、中国东部与西部地区的对接点，更是“一带一路”战略行动圈定的节点城市。随着“一带一路”战略的推进，重庆能够强化在成渝城市群的核心地位，对周边城市形成更强的辐射能力，推动城市圈内城市品牌整体水平进一步提高。

威胁：由于带动效应的传递脱节，小城市的发展受到限制，对污染性、低科技产业依赖度高；生产技术的落后引发资源利用率低，进一步加剧成渝城市群的资源环境约束。

中心城市：成渝城市群是典型的双核心城市群，成都和重庆两个城市在城市品牌发展指数榜单上分别位列第 7 名和第 10 名，分差仅为 0.02，可谓旗鼓相当。首先，重庆是“一带一路”战略圈定的节点城市，是未来的内陆开放高地，享有战略红利，能够促进城市圈内的其他城市把握政策机遇。其次，重庆具有区位优势，是西部地区和中部地区的连接点和长江重要口岸，体现西部中心枢纽、西部金融高地功能。与此同时，成都强调科技中心定位，通过天府新区和国家自主创新示范区建设，具有强大的科技和投资优势。最后，该城市群不仅推动了高科技产业转型，还提升了投资吸引力，成为西部地区和成渝城市群开发的重要支撑。以成都和重庆为轴线，以高速公路、高速铁路、航空线及长江水道为依托，长江上游才得以与长江中下游齐头并进，形成全国领先的长江经济带建设，成渝城市群的重要性至为关键（见图 3 -6 和图 3 -7）。

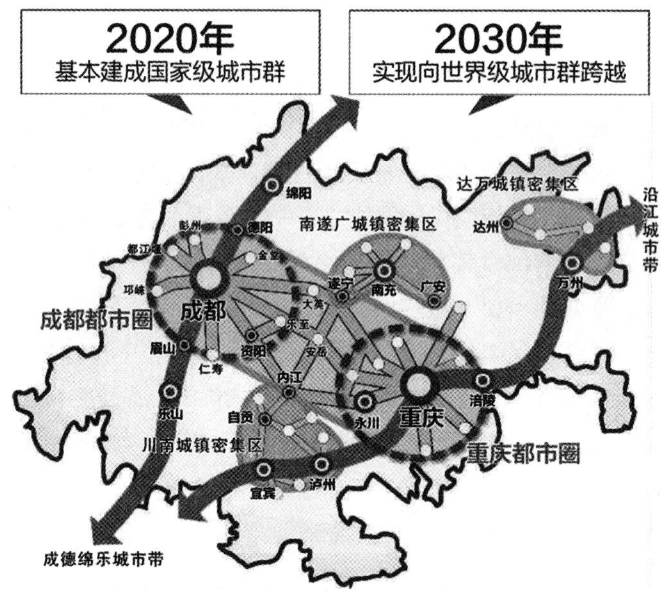

图 3-6 成渝城市群空间格局示意图

资料来源：新华网。

图 3-7 成渝城市群主要城市的品牌强度对比图

资料来源：根据本课题组数据绘制。

2. 长江中游城市群

长江中游城市群包括湖北的武汉、黄石、鄂州、黄冈、孝感、咸宁、仙桃、潜江、天门、襄阳、宜昌、荆州、荆门；湖南的长沙、岳阳、益阳、常德、株洲、湘潭、衡阳、娄底以及江西的南昌、九江、景德镇、鹰潭、新余、宜春、萍乡、上饶、抚州、吉安等。其中，武汉、宜昌、九江、岳阳、荆州、黄石和黄冈等 7 个城市是长江经济带的重要节点城市，武汉为核心城市。长江中游城市群的城市品牌平均得分高于全国平均水平，但在长江经济带上却相对落后。城市群内仅有武汉一个进入全国前 10 名的城市品牌，长沙、南昌分别位列第 17 名和第 23 名，其他大多数城市的表现则不够理想。

优势：长江中游城市群的内部优势在于 7 个节点城市发展水平各异，数据呈明显的阶梯状。过渡式的城市品牌强度，有利于减少圈内城市的竞争，加速核心城市的扩散效应，推动技术和人才随着产业的迁移从强势城市品牌向弱势城市品牌流动。

劣势：中部崛起战略覆盖长江中游城市群，为中部发展扫清了政策障碍，但是中部地区省份和城市都积极融入其他地区，未能产生中部地区的合力品牌。

机遇：2015 年 4 月，国务院通过了《长江中游城市群发展规划》，长江中游城市群正式进入实施建设阶段。长江中游城市群以中三角——武汉、长沙、南昌——三大城市为中心，组合武汉城市圈、环长株潭城市圈、环鄱阳湖城市圈等区域型城市群，成为国家级城市群。以旅游合作为突破口，长江中游城市群构建了囊括铁路、高速铁路、高速公路和长江水道在内的“环形”快速通道，形成了区域城市品牌联动发展的主要轴线和传送带。

中心城市：武汉是长江中游城市群中唯一一个跻身全国 10 强的城市品牌，强大的品牌效应和巨大的经济体量使它在长江中游城市群中一枝独秀。在地理区位上，武汉承东启西、接南转北，通过高速铁路、高速公路、航空线和长江水道对圈内其他城市形成辐射；在教育资源上，武汉是中国第三大科学教育研究中心，丰富的人力资源让武汉能够更科学地规划品牌的发展；在产业调整上，武汉积极吸引互联网金融企业，打造中部金融中心，传统行业和下游产业逐步向长江中游城市群的其他城市转移，形成城市圈内的生态产业链（见图 3 -8 和图 3 -9）。

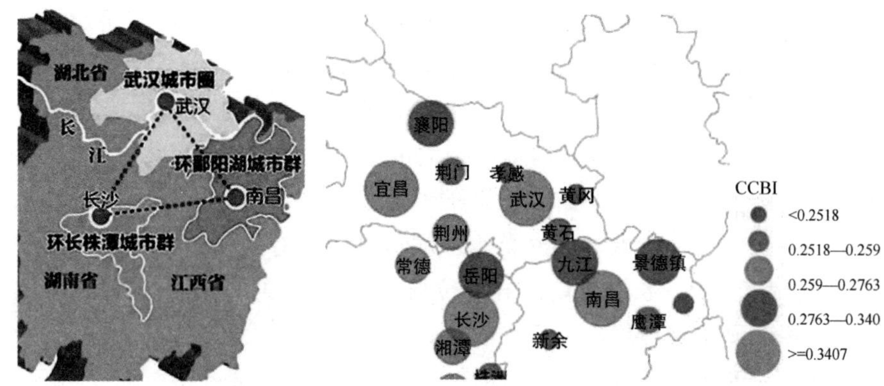

图 3－8　长江中游城市群规划示意图　**图 3－9　长江中游城市群品牌强度分布示意图**

资料来源：《每日经济新闻》。　　资料来源：根据本课题组数据绘制。

3. 长江三角洲城市群

长江三角洲城市群位于长江下游，包括上海，江苏的南京、无锡、常州、苏州、南通、盐城、扬州、镇江、泰州，浙江的杭州、宁波、嘉兴、湖州、绍兴、金华、舟山、台州，安徽的合肥、芜湖、马鞍山、铜陵、安庆、滁州、池州、宣城等 26 市，核心城市为上海。在本报告中，长江三角洲城市群的城市品牌平均得分为 0. 385，高于长江经济带、长江上游、中游城市群以及全国 200 个城市的平均水平；城市品牌平均排名为 47. 4 位，同样高于长江经济带以及长江上游、中游城市群的平均水平。

安徽虽然位于长江下游地区，但是在中部崛起的国家战略中，安徽被归于中部地区。2014 年，国务院印发了《关于依托黄金水道推动长江经济带发展的指导意见》，合肥正式成为长江三角洲城市群副中心。合肥身份的转变，极大提高了安徽省内长江经济带城市与江浙沪三地的融合度。但是合肥等安徽城市的品牌发展水平与传统长三角城市有一定差距，反映在数据上，长江三角洲城市群所有城市的平均城市品牌发展指数为 0. 385，长江三角洲城市群江浙沪三地城市的平均指数为 0. 414，长江三角洲城市群城市安徽省 5 城的平均指数则仅为 0. 293。

优势：长江三角洲城市群长期以来是中国第一城市群，其地位的形成与长江三角洲的多元化优势有很大联系。首先，江南自古以来是文化重地和天下粮仓，环境优美，风景秀丽，在文化、旅游和人居方面有极强的竞争力。其次，上海一直是全国金融中心，随着人民币加入 SDR 和中国金融体系的进一步开放，上海在国际金融的地位也将大幅提高，很有可能取代东京、新加坡和香港，成为亚洲金融中心，与纽约、伦敦形成 8 小时时差的全球金融覆盖体系。金融产业对于法治和开放有较为苛刻的要求，这也保障了长江三角洲地区的法制建设、开放深化和企业吸引，最终促进了长江下游地区的投资品牌和传播品牌。

威胁：长江三角洲城市群面临的威胁主要有两个方面。第一，长江三角洲城市群中有部分城市较为倚重制造加工业，随着人口红利的消失，两头在外的传统制造加工业不仅在国内环境中难以继续创造利润，更不符合国家和地区的根本利益。虽然长江三角洲的城市大都在经济结构调整的阵痛中积极寻求转型，但是改革尚未取得理想的效果，最终结果仍需在未来进一步考察。第二，伴随着国家金融体系的不断开放和上海自贸区的步入正轨，上海金融中心的地位得到巩固和加强；但是香港、东京和新加坡也都把金融产业作为自身城市品牌发展的重点，想要超越并取代这三个城市，上海城市品牌的实力仍需提高。

总体来看，长江三角洲城市群的城市品牌表现突出、阵营强大。然而根据国家关于长江三角洲城市群发展规划，长江三角洲要打造具有世界影响力的城市群，在文化、旅游、投资、人居和品牌传播等方面，还有较大的提升空间。

（三）“一带一路”节点城市品牌表现

随着“一带一路”战略行动的推进，“一带一路”节点城市进入中国城市品牌的“筑梦空间”。2015 年，“一带一路”建设顶层设计在丝绸之路经济带上圈定了西安、兰州、西宁、重庆、成都、郑州、武汉、长沙、南昌和合肥 10 个节点城市，在 21 世纪海上丝绸之路圈定了上海、天津、宁波、舟山、广州、深圳、湛江、汕头、青岛、烟台、大连、福州、厦门、泉州、海口和三亚 16 个节点城市。“一带一路”的 26 个节点城市基本都是地方重要城市，其中有省会城市 15 个。上述节点城市拥有相对优质的资源来塑造城市品牌，在“一带一路”战略中的重要作用将进一步加强其品牌发展的资源和动力（见图 3 – 10）。

随着“一带一路”行动提速，“一带一路”的节点城市品牌表现出愈发强劲的发展势头。“丝绸之路经济带”（陆上丝绸之路）上 10 个节点城市的品牌指数平均得分为 0. 450，“21 世纪海上丝绸之路”（海上丝

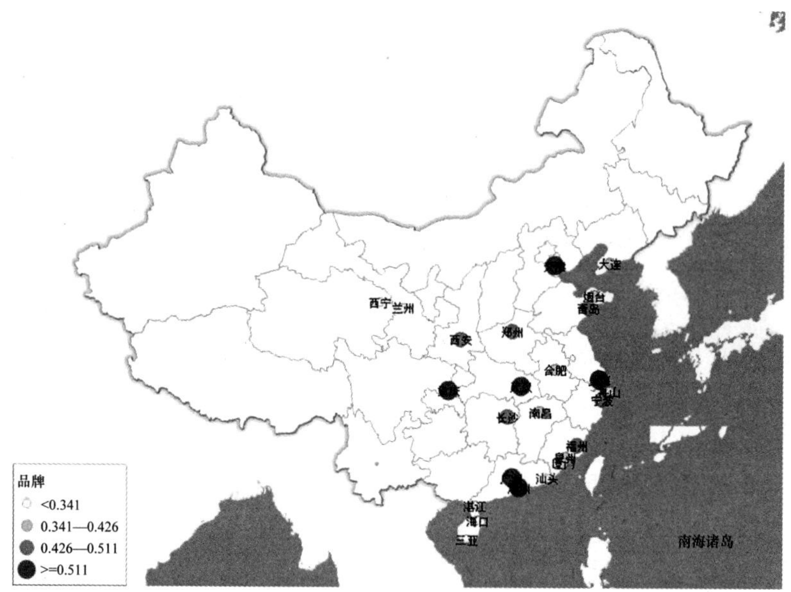

图 3-10　“一带一路”节点城市品牌表现

绸之路）16 个节点城市的品牌指数平均得分为 0.439，均远超 CBDI 的全国均值，同样也超过区域城市品牌王者华东地区的平均得分 0.359。从城市营销强度变化的角度来看，陆上丝绸之路节点城市的城市营销强度上升了 27.5%，表明其营销力度和成效的显著。海上丝绸之路节点城市的城市营销强度也上升了 17.1%，超过全国城市营销强度的平均增幅。

陆上丝绸之路节点城市品牌整体水平更为接近，领军城市和末位城市的品牌指数分差较小。在陆上丝绸之路的 10 个重点节点城市中，2 个跻身 10 强，8 个进入 30 强，全部入围百强；海上丝绸之路 16 座城市中，4 个跻身 10 强，10 个进入 30 强，11 个列为 50 强，14 个入围百强。陆上丝绸之路领军城市和末位城市的品牌分差为 0.247；海上丝绸之路领军城市和末位城市的品牌分差为 0.458。导致这一现象的原因是上海这一全国城市品牌的标杆，在 21 世纪海上丝绸之路的节点城市中鹤立鸡群，同时，汕头和湛江两个港口城市的品牌发展相对较弱，未能保持与其他海上丝路节点城市的一致步伐（见表 3-6 和表 3-7）。

表 3 - 6　　“丝绸之路经济带”节点城市品牌

城市	CBDI	文化	旅游	投资	人居	传播
西安	0.476	0.615	0.395	0.581	0.382	0.407
兰州	0.349	0.360	0.248	0.397	0.473	0.268
西宁	0.301	0.318	0.199	0.368	0.450	0.169
重庆	0.529	0.713	0.586	0.550	0.396	0.401
成都	0.548	0.635	0.422	0.624	0.564	0.495
郑州	0.480	0.589	0.345	0.560	0.469	0.435
武汉	0.530	0.668	0.456	0.609	0.523	0.394
长沙	0.457	0.567	0.320	0.542	0.561	0.295
南昌	0.421	0.551	0.298	0.492	0.474	0.292
合肥	0.412	0.378	0.310	0.553	0.522	0.295
均值	0.450	0.539	0.358	0.528	0.482	0.345

表 3 - 7　　“21 世纪海上丝绸之路”节点城市品牌

城市	CBDI	文化	旅游	投资	人居	传播
上海	0.727	0.967	0.656	0.817	0.540	0.655
天津	0.604	0.677	0.511	0.702	0.569	0.559
宁波	0.475	0.610	0.359	0.605	0.485	0.316
舟山	0.327	0.334	0.179	0.418	0.560	0.142
广州	0.593	0.683	0.494	0.712	0.564	0.514
深圳	0.559	0.460	0.453	0.746	0.617	0.518
湛江	0.286	0.253	0.232	0.368	0.471	0.105
汕头	0.269	0.192	0.220	0.394	0.398	0.139
青岛	0.487	0.604	0.315	0.601	0.547	0.366
烟台	0.368	0.395	0.296	0.460	0.477	0.212
大连	0.399	0.433	0.256	0.526	0.541	0.240
福州	0.443	0.562	0.307	0.555	0.520	0.273
厦门	0.423	0.423	0.306	0.595	0.480	0.313
泉州	0.429	0.534	0.322	0.485	0.556	0.247
海口	0.337	0.463	0.204	0.497	0.383	0.139
三亚	0.298	0.285	0.254	0.387	0.367	0.197
均值	0.439	0.492	0.335	0.554	0.505	0.308

虽然目前“一带一路”节点城市的品牌发展态势良好，但是未来的带状联动发展却受到一定的制约。一方面，“丝绸之路经济带”及“21世纪海上丝绸之路”的部分节点城市在寻求发展突破口、打造城市品牌的过程中，提出了相似或相同的定位口号，不利于形成品牌联动的传导机制；另一方面，“丝绸之路经济带”和“21世纪海上丝绸之路”的沟通与合作尚显不足，不利于充分发挥丝绸之路节点城市品牌的带动作用。要实现丝绸之路节点城市品牌发展的最优化，未来陆上丝绸之路和海上丝绸之路都必须加强内部以及相互之间的协调与合作，通过互补性、差异化、传导性的品牌定位和建设策略，推动丝绸之路节点城市的共赢。

三　CBDI 指数 10 强点评

2015 年城市品牌发展指数 10 强城市分别是北京、上海、天津、广州、杭州、深圳、成都、重庆、苏州和武汉，得分及城市营销强度变化如下（见图 3－11）：

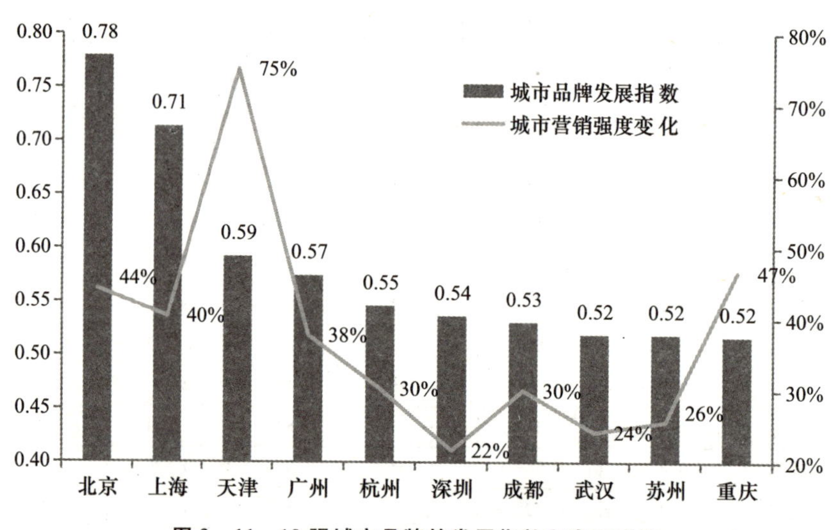

图 3－11　10 强城市品牌的发展指数和发展增速

（一）北京

作为中国政治中心和文化中心，北京是国家形象的重要象征。国家形象的背书不仅赋予北京城市品牌强大的地位和活力，还助推了城市公共外交和国际交往的能力。2012 年，北京首次在城市规划中放弃经济中心的功能，增加科技创新中心的定位。这个调整，一方面减少了北京和上海的竞争，对国内特大城市的功能和作用进行了区分；另一方面找到了北京可持续发展和赶超世界一流城市的可行道路，在北京去工业化、去污染的过程中保持城市的价值创造能力。京津冀协同发展战略的实施，则为北京通过区域合作来疏解非首都功能、强化“四个中心”定位，提供了更为强大的政策支撑。

在 2014 年的 CMI 指数和 2015 年的 CBDI 指数榜单中，北京都占据了榜首的位置，与上海一起，成为中国城市营销和城市品牌发展的最高标准线。虽然排名和格局没有改变，但从指数得分来看，北京与上海的城市品牌还是出现了分化现象——北京城市品牌对上海的优势扩大了。2014 年，北京和上海是 CMI 指数仅有的两个得分超过 0.5 的城市；2015 年，两个城市的 CBDI 指数得分均超过 0.7，但是北京对上海的指标得分分差有所扩大。原因可能包括以下三点：一是在经济结构转型和去产能的过程中，吸引高科技产业的政策为北京带来了创新红利，使北京的投资品牌更具价值。而与此同时，金融市场的巨大波动削弱了上海金融中心的投资吸引力。二是北京在社会治理、民生质量和社会公平等指标中的表现优于上海，因此人居品牌也对上海形成了较大的优势。三是在交通可达性、旅游文化资源和旅游吸引力基本无差异的情况下，北京旅游发展效益高于上海，因此形成了更好的旅游品牌。

在 5 项二级指数中，北京仅文化品牌一项位居上海之下，对于长期以文化中心定位的北京来说似乎让人难以预料，但结合到北京的城市品牌发展政策和道路，就可以得到合理的解释。首先，北京户口的获取难度比上海更大，特别是随着疏解非首都功能的各项行动的推进，北京的文化包容性受到影响。其次，上海对国际游客的吸引力更大，促进了文化包容性的提高。反映到数据上，上海的文化包容性指标得分为 0.972，而北京仅为 0.574。此外，北京还面临着一个未来发展的严重制约因素——环境建设。北京和上海都是经济实力强、开放水平高的国际化大都市，但是两者的环境建设却差距甚大。北京的雾霾和空气污染是众所周知的热点话题，并且也是困扰北京周边包括京津冀和整个华北地区的问题；但上海及其周边的整个江南地区都很少出现重度雾霾的情况，水资源和水质条件也相对较优。文化包容和生态友好型发展，是北京城市品牌未来发展所应重点着力的领域。

（二）上海

作为全国经济中心、金融中心和商业中心以及中国对外交往的标志性口岸，上海是中国城市的重要代表之一，长期与北京一起，构成中国一线城市的标准。虽然上海的城市品牌在2015年与北京的差距稍稍加大，但其整体城市品牌依然保持了世界水平，对国内其他城市有很大的领先优势，并且实现了40%以上的城市营销扩张，是当之无愧的中国城市品牌的重要标杆。

上海优质的城市品牌，来源于其高水平的均衡性发展。在5项二级指数中，上海均保持在全国10强的水平，其中仅人居品牌相对落后，位列第5名，文化品牌领跑全国，旅游、投资和人居品牌均为第2名。如果说创新驱动是北京城市品牌实现强势的动力，那么上海城市品牌的根基就是金融。强大的经济实力推动了上海在文化、旅游、投资和传播等多方面的吸引力和号召力，为城市品牌奠定了坚实的基础。

然而，人居品牌中的部分指标表现成为了上海整体城市品牌的短板，妨碍了其与北京的城市品牌竞争。上海基础教育和公共医疗表现略逊于北京；市民需求响应的效率轻微下滑；社保、就业等服务的质量有待进一步提高。发挥优势、补足短板，在长三角乃至长江经济带的发展中，更好地发挥核心城市的带动作用，要求上海要采取更加有效的专业化手段，进一步打造世界城市的品牌形象。

（三）天津

从2014年CMI指数的20强落榜，到2015年CBDI指数的探花，天津城市影响强度在2015年实现了跃升。在这种发展的背后，是天津在保持优势的同时对于城市品牌短板的弥补。投资、人居和品牌传播纷纷从CMI指数的第70名开外跻身前10名，高水平的均衡发展带来城市品牌的迅速崛起。虽然天津城市品牌的发展速度可观，但是与北京、上海的差距依然明显。天津城市品牌发展指数的得分为0.58，与北京的分差接近0.2，与上海的分差为0.13。

在5个分项指数中，城市文化品牌是天津的弱点所在。随着“京津冀一体化”的推进，天津有望在区域协同发展的格局中，重塑自身的品牌独特性和吸引力，继续壮大城市品牌发展。

（四）广州

与 2014 年 CMI 指数的排名情况相比，广州的 CBDI 指数排名前进两位，超越深圳成为华南地区的最强城市品牌。广州、深圳与北京、上海同为中国的一线城市，但是北京、上海两个城市差距还比较明显。同时广州和深圳两个城市之间的品牌发展差距较小，常常出现相互赶超的现象。总的来说，广州能够成为华南最强城市品牌的原因有二：一是广州城市品牌建设能够发挥自身优势，均衡性能够进一步提高，总体优势扩大；二是深圳城市品牌建设的均衡性弱于广州，城市文化品牌强度也不及其他 10 强城市，在同广州的竞争中处于不利地位。

在二级指数上，广州的相对短板在于人居品牌。构成人居品牌的经济基础、社会治理、民生质量、社会公平和生态环境 5 个三级指标均在前 10 名以外，经济基础排第 33 名，民生质量排第 68 名，生态环境排第 90 名，都有待提高。其他 4 个分项如城市文化、旅游、投资和品牌传播等指数都跻身 10 强品牌，其中投资品牌和品牌传播及两者的三级指标表现非常亮眼，但文化品牌的品牌独特性、旅游品牌的旅游文化资源相对不足。若未来能够加强，广州能够将自身优势加强，这不仅有利于捍卫华南地区最强城市品牌的头衔，也有望使广州进入全国城市品牌的三强阵营。

（五）杭州

杭州的城市品牌发展指数为 0.540，位居全国第 5 名。杭州城市品牌的均衡性是第 3—10 名城市中最好的，因为这 7 个城市都在某些二级指数中有所欠缺，排名跌出前 10 名，杭州只有一项二级指标排在第 11 位，其他均排名前 10 名之内，整体城市品牌建设均衡性极佳。杭州以“生活品质之城”为城市品牌核心定位，多年来坚持不懈，深耕细作，一步步将城市品牌推向了全国标杆的位置，是中国城市品牌建设专业水准最高、成就最为突出的城市之一。

“上有天堂，下有苏杭”，淡妆浓抹总相宜的杭州自古以来就是江南的标志性城市之一，仁人志士也层出不穷。改革开放以来的建设成就更是有目共睹。然而杭州在城市文化品牌的独特性、旅游品牌的文化资源和人居品牌的生态环境等三级指标的竞争力还有进一步提升的空间。此外，投资品牌的制度环境、人居品牌的社会公平和社会治理也需要在未来的建设中不断提升。

（六）深圳

深圳 2014 年的 CMI 指数排名为第 3 名，但在 CBDI 指数为第 6 名。与此同时，深圳也是 10 强城市中城市营销强度增长最低的城市，较 10 强城市品牌的平均增速低 16 个百分点。数据显示，深圳的投资、人居和品牌传播非常强势，导致深圳排名下降的最重要原因就是城市文化品牌。深圳建市历史短，本地文化资源有限，文化资源的薄弱继而引发旅游文化资源的缺乏，对旅游品牌的发展也形成一定限制。然而开放的商业氛围和多元的混合文化能够对城市创业、创新形成催化作用，深圳城市文化未来发展依然潜力巨大。随着“设计之都”建设的深化，相信深圳的城市文化品牌将会进一步提升。

当前，深圳在产业上注重高科技、创新和金融企业的吸引，在户籍制度上保持开放的政策，城市化文化的包容性和活力在持续加强。随着新兴产业的聚集和开放的深化，特别是“深港通”的起航，深圳的投资、人居和城市品牌传播也有望更进一步。2015 年，“山体滑坡”等一些舆情事件对深圳的改革开放前沿和经济特区典范的城市形象有所损伤，相信深圳未来的城市治理特别是城市品牌建设能更好地发挥“特区”精神，为中国城市品牌发展带来新的气息和启示。

（七）成都

成都是近年来中国城市营销与城市品牌化建设的标杆城市之一，特别是在国际营销、城市营销治理等方面，谱写了诸多城市营销发展的经典案例，得到国内外城市营销研究者和实践者的高度评价。与 2014 年 CMI 指数排名相比，成都保持了西南地区最强城市品牌的位置，在排名上也前进了两位。同时，成都的城市品牌发展也能够注重战略平衡，体现了城市品牌的可持续性。

成都城市品牌的未来发展，还应进一步保持以往城市营销的创新和进取精神。同时处理好与重庆的错位竞争，加强合作联动，通过成渝城市群的发展与区域整体形象的塑造，来最大化地提升城市价值。

（八）重庆

重庆是中国城市品牌建设的先行城市之一。“人人重庆”的城市品牌已深入人心，为城市形象的内外沟通发挥了重要的战略性作用。近年来，重庆在城市营销和城市品牌化方面，以精妙的创意、广泛的参与以及“小投入、大产出”的绩效，赢得舆论称赞。2015年，重庆是10强中除了天津以外城市营销强度增长最快的城市，但也是城市品牌战略均衡性较弱的城市。重庆的文化品牌和旅游品牌都排第3名，投资品牌和品牌传播表现也尚佳，但是人居品牌指数得分仅有0.320，排第142名，而其他10强城市品牌得分都在0.41以上。人居品牌的滞后，显示出中国人口最多、面积最大，同时也是最年轻的直辖市在城市治理和城市品牌建设方面面对的挑战。然而，随着重庆在“一带一路”和长江经济带交汇枢纽的价值进一步夯实和放大，以及在统筹城乡方面的改革与建设的持续加强，重庆的城市品牌价值有望获得进一步的提升。

（九）苏州

“上有天堂，下有苏杭”，作为国务院公布的第一批历史文化名城，苏州不但山温水软、风景秀丽，而且人文荟萃，物质和非物质文化遗存非常丰厚。同时，苏州的经济发展，多年来也令人侧目。苏州连续多年都是江苏省最强城市品牌。在二级指数上，苏州市政府引导的高端制造业转型，既保障了城市的制度环境和创新潜力，对城市的投资品牌形成支撑，又推动了网络政务和网络传播，为城市的传播品牌添砖加瓦。然而，苏州的文化活力相对不足，应该予以足够的重视。

（十）武汉

武汉有九省通衢之称，也是著名的水城、江城和历史文化名城。作为中国民主革命的发祥地，武汉在中国人心目中有着独特的地位。在CBDI指数榜单中，武汉是华中地区唯一一个跻身10强的城市，处于全国城市品牌发展的领先阵营。从二级指数来看，武汉城市品牌发展的均衡性较好，甚至其三级指标都表现的非常均衡，仅人居品牌的生态环境一项表现相对较弱，投资品牌的投资促进在全国排第32名，其余全部指标都在30强之列。在“一带一路”的战略构想中，武汉意图打造内陆开放型经济高地，再结合高铁战略的推进，对内带动长江经济带中游和中国中部地区，对外辐射丝绸之路经济带，武汉有望重回欧亚经济中转点的战略地位，其城市品牌潜力巨大，未来可望实现进一步的发展。

四　中国城市品牌发展的问题与挑战

中国城市品牌的发展，体现着中国城市经济社会的发展以及城镇化的成就，同时也是城市治理绩效的重要指标。今年来，中国城市品牌建设取得了较大进展，创造了巨大的无形资产，并对国家形象的发展与传播提供了强大助力。然而，从中国城市品牌发展指数数据来看，中国城市品牌发展也面临诸多问题，制约着中国城市的可持续发展。

（一）城市发展与城市品牌建设的战略耦合度不足

当前，在国家战略视野下的城市品牌建设，呈现百舸争流的良好态势，然而城市品牌建设过多倚重表面化的形象建设，战略规划的自觉性和专业性还明显不足。大城市的品牌整合带动效应不足，中小城市品牌差异化优势格局尚未形成，城市重复建设和定位雷同现象突出，加剧了城市竞争的零和效应，不利于形成大城市和小城市（镇）“两端大”，中等城市“中间小”的“哑铃型”城市规模体系。[①] 比如“一带一路”这一战略构想于2013年提出后，多个省市纷纷主动对接战略构想，抢占发展先机——陕西、甘肃、新疆、海南等省份以及深圳、天津、青岛、营口、义乌、金华、清远、连云港等城市先后提出“打造‘一带一路’桥头堡”的战略布局；西安、郑州、重庆、洛阳和乌鲁木齐5个城市争夺丝绸之路经济带起点称号等。上述省市中有部分城市的定位和规划是在科学客观的城市品牌理念的支撑下提出的，但是也有不少城市并没有结合自身情况来制定城市品牌的发展方案。缺乏品牌建设战略性和专业高度的城市建设必然引发目标趋同、功能重复、产业同构、形象单一、“千城一面”、特色危机等问题。[②]

① 倪鹏飞、李超：《中国城市竞争力报告2016》，中国社会科学出版社2016年版，第5页。

② 汝辑：《实施主题文化战略　避免城市特色危机》，《建筑设计管理》2011年第2期。

（二）城市品牌传播发展滞后，在“互联网 +”推进下更显乏力

随着互联网的普及和新媒体的兴起，中国城市已经经历了一轮网络化的改革大潮。通过打造政府网站和新媒体平台，中国城市将功能服务拓展到线上，城市品牌的无形程度进一步提高。但是从 200 个城市的平均得分来看，品牌传播指数为 0.174，是城市品牌指数和 5 个二级指数中得分最低的项目，不到文化、投资和人居品牌得分的二分之一（见图 3 - 12）。

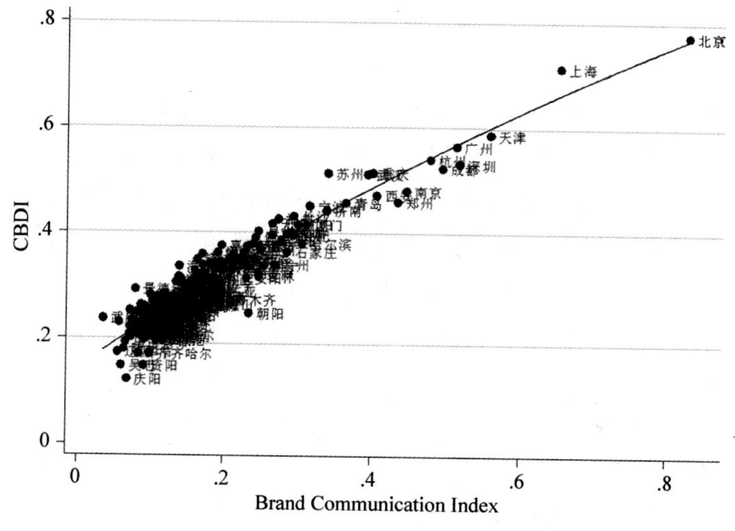

图 3 - 12　CBDI 与城市品牌传播

北京的城市品牌传播是全国 200 个城市的翘楚，得分为 0.829，接近 200 个城市平均水平的 5 倍，对排名第 2 名的上海也有 0.18 的巨大优势。与北京形成鲜明对比的，是全国大多数城市的品牌传播都亟须提升。在 200 个城市中，仅有 5 个城市的品牌传播强度超过 0.5，与此同时 181 个城市的品牌传播强度不足 0.3，151 个城市不足 0.2，42 个城市低于 0.1。造成这种大规模落后的原因可以分为客观和主观两个方面。客观原因是大多数城市知名度较差，在网络时代——注意力资源稀缺的时代更显被动。主观原因在于大多数城市对品牌传播重视程度有待提高。不少城市虽然开设了线上政务平台，但尚未赋予线上平台以足够的网络咨询、线上服务和解决问题的能力，未能获得本地居民的认可和网络受众的关注，平台效能

有待提升。此外，大多数城市将旅游业作为城市的绿色增长极，然而旅游网络推广力度与旅游产业的受重视程度不能匹配，城市品牌建设事倍功半。

随着数字云端和互联网+的持续推进，城市传播与时代的差距仍在不断加大，城市在数字品牌传播方面的滞后，是现阶段中国城市品牌建设中面临的突出挑战。

（三）人居品牌缺乏强者，宜居中国任重道远

得益于相关经济和社会指标的贡献，全国200个城市人居品牌的平均强度在5个二级指数中较为出色，相比于品牌传播等分项，呈现出较小的内部差距，但也没有城市像在其他分项品牌中表现得那样，表现出优质品牌的态势。比如北京作为全国最强人居品牌，该项得分也只有0.653，远低于其文化、投资和传播品牌的得分，生态环境指标得分更排在第84名。宏观视角的宜居建设总体优势，无法弥合市民在环境期望方面的落差，长久来看，如不能在环境建设方面取得较大突破，北京的宜居品牌优势难以持续。事实上，中国其他特大城市，也都面临相似的问题（见图3-13）。

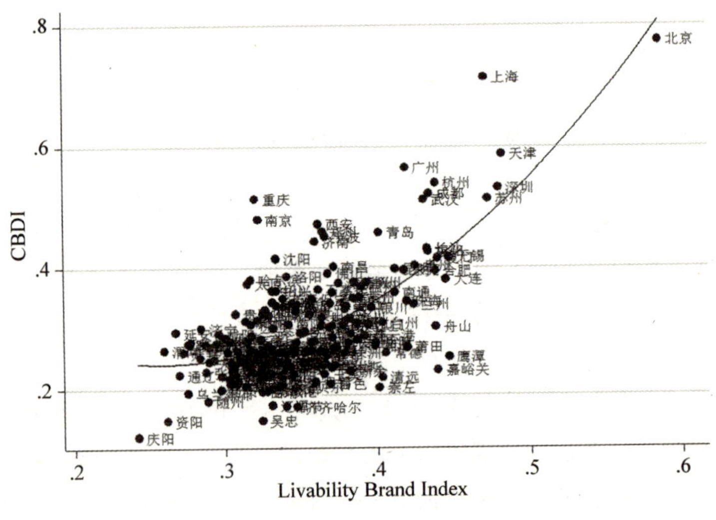

图3-13　CBDI与城市宜居品牌

对比图3-12和图3-13可以发现，城市品牌与城市人居品牌的回归

线比城市品牌与传播品牌的回归线斜率大，也就是说人居品牌的提高对城市品牌的推动程度要大于传播品牌。城市作为大量人口聚集的地方，人居环境与每一个居民利益及潜在受众期望息息相关。伴随资本、技术和人力资源在城市之间流动和重新分配，优质的人居环境必然为城市引入更多的资本、劳动力、先进技术等生产和发展条件，推动城市品牌实现更快的发展。

从影响人居品牌的 5 个三级指标来看，中国北方城市的生态环境普遍较差，南方城市的社会公平需要提高，民生质量则是困扰全国城市的一个共同因素。此外，绿色经济转型压力和土地财政引致的巨额地方债务也是中国城市品牌后续建设面临的隐忧和挑战。

五　推进城市品牌发展的对策建议

（一）升级城市品牌意识，促进城市品牌的错位竞争和协同发展

由于地理、人文、经济等因素的差异，每个城市都有独特的优势，这种优势是城市品牌的核心价值所在，也是未来发展的坚实基础。中国城市在规划和建设的过程中，应当树立品牌理念，从自身实际出发，结合国家战略布局，打造错位竞争和协同发展的新格局。比如厦门、珠海等沿海城市，适宜打造以人为本的宜居城市，塑造强势人居品牌；武汉、苏州等经济重镇可进一步深化改革开放，优化商业环境，凸显投资吸引力；北京、上海、重庆、成都、广州、深圳等城市应力争开创创新驱动发展的示范道路，将城市优势和特色最大化，城市品牌才能如有本之木，在未来的竞争中保持活力。① 城市发展能升级品牌理念，通过明晰品牌核心价值来引导城市功能完善，将有效地减少恶性竞争，使有限的资源得到最恰当、最充分的利用，最终让城市品牌立于不败之地。

（二）注重城市群品牌形象提升，发挥节点城市的品牌带动作用

观察 2014 年的 CMI 指数和 2015 年的 CBDI 指数可知，城市群对于城市品牌的发展具有较强的促进作用。一方面，核心城市具有较强的文化、旅游、投资等多元吸引力，能聚集全国乃至国际资金、技术、人才和企

① 倪鹏飞、李超：《中国城市竞争力报告 2016》，中国社会科学出版社 2016 年版，第 5 页。

业，再通过网络状的城市层级进行扩散，提高整个城市群的竞争优势。另一方面，相似的地理位置、自然条件和文化氛围使得群内城市具有一定的共性，城市营销和品牌管理的先进经验更容易在城市群内效法和普及，形成城市品牌发展的“羊群效应”。城市群的带动效应主要有两种表现形式：单核心城市群的品牌带动效应呈蛛网状，先促进周边次优城市，再通过次优城市驱动弱势城市；双核心城市群的带动效应呈线条状，两个核心城市形成了经济交往路径的流量，路径上的其他城市对流量进行分流与吸收，转化为自身的价值创造能力，推动城市品牌发展。

目前，国家划定的5个国家级城市群是中国经济发展的战略性增长极，城市群内的价值联系得到空前的加强。在城市发展区域化特征不断凸显的同时，城市群整体品牌形象的打造及核心、节点城市的品牌带动效应强化，应是未来城市品牌建设的重点。

（三）扬长补短，促进城市品牌的均衡发展

中国大多数城市都拥有丰富的人文资源，因而文化品牌和旅游品牌相对强势。与此同时，受体制机制改革滞后的影响，城市品牌建设中对民生质量、社会公平、生态环境和网络政务等指标尚未得到足够的重视。民生质量、社会公平、生态环境在很大程度上决定了城市人居环境，对城市的潜在受众及其引致的资本和技术集聚效应有强力影响。网络政务不仅代表了服务型政府的工作效率，也是城市品牌在线上获得关注、提高声誉的强力催化剂。人居品牌和传播品牌的薄弱，掣肘城市文化和旅游吸引力的城市品牌转化能力。若能填补人居品牌和传播品牌短板，进一步增强文化品牌和旅游品牌优势，则中国城市品牌建设能够取得更为均衡和可持续的发展。

附录：2015 中国城市品牌发展指数排名表

城市	排名	城市	排名	城市	排名	城市	排名
北京	1	惠州	51	威海	101	许昌	151
上海	2	珠海	52	湛江	102	攀枝花	152
天津	3	兰州	53	莆田	103	泸州	153
广州	4	秦皇岛	54	安庆	104	佳木斯	154

续表

城市	排名	城市	排名	城市	排名	城市	排名
杭州	5	湖州	55	荆州	105	通化	155
深圳	6	漳州	56	汉中	106	黑河	156
成都	7	贵阳	57	湘潭	107	淮南	157
苏州	8	银川	58	衡阳	108	嘉峪关	158
武汉	9	吉林	59	鞍山	109	南充	159
重庆	10	海口	60	聊城	110	怀化	160
南京	11	呼和浩特	61	常德	111	新余	161
青岛	12	大同	62	锦州	112	忻州	162
郑州	13	邯郸	63	牡丹江	113	亳州	163
西安	14	舟山	64	北海	114	天水	164
宁波	15	赣州	65	三明	115	揭阳	165
济南	16	九江	66	株洲	116	清远	166
长沙	17	南阳	67	蚌埠	117	四平	167
福州	18	淮安	68	荆门	118	玉溪	168
无锡	19	江门	69	丽江	119	梧州	169
沈阳	20	柳州	70	潮州	120	濮阳	170
泉州	21	泰州	71	长治	121	石嘴山	171
厦门	22	台州	72	黄石	122	德阳	172
南昌	23	芜湖	73	开封	123	武威	173
东莞	24	唐山	74	马鞍山	124	赤峰	174
佛山	25	济宁	75	新乡	125	阜新	175
合肥	26	晋中	76	商丘	126	呼伦贝尔	176
昆明	27	安阳	77	鹰潭	127	茂名	177
扬州	28	衢州	78	宝鸡	128	玉林	178
哈尔滨	29	景德镇	79	大庆	129	内江	179
大连	30	泰安	80	汕头	130	通辽	180
洛阳	31	连云港	81	抚顺	131	钦州	181
潍坊	32	承德	82	绵阳	132	巴彦淖尔	182
中山	33	肇庆	83	渭南	133	张家界	183
嘉兴	34	延安	84	滁州	134	防城港	184
太原	35	乌鲁木齐	85	上饶	135	盘锦	185

续表

城市	排名	城市	排名	城市	排名	城市	排名
南通	36	咸阳	86	宜宾	136	朝阳	186
温州	37	西宁	87	郴州	137	随州	187
绍兴	38	鄂尔多斯	88	黄冈	138	周口	188
长春	39	三亚	89	焦作	139	百色	189
金华	40	襄阳	90	临汾	140	崇左	190
镇江	41	南平	91	梅州	141	自贡	191
石家庄	42	榆林	92	铜陵	142	齐齐哈尔	192
烟台	43	岳阳	93	衡水	143	六盘水	193
常州	44	日照	94	安康	144	曲靖	194
保定	45	丹东	95	乐山	145	辽源	195
南宁	46	龙岩	96	孝感	146	乌兰察布	196
宜昌	47	包头	97	张掖	147	毕节	197
徐州	48	德州	98	信阳	148	资阳	198
桂林	49	临沂	99	营口	149	吴忠	199
黄山	50	丽水	100	遵义	150	庆阳	200

第二编

中国城市品牌发展：分项报告

第4章　中国城市文化品牌发展指数报告(2015)

李泽锋*

对于一个城市而言，树立城市文化品牌，能够发挥凝聚力、吸引力和辐射力的作用；对于本地居民而言，可以增强他们的文化认同感和自豪感，凝聚共识，激发本地区社会活力；还能够吸引外部区域的资源向其流动，形成“洼地效应”，吸引人、财、物等聚集。此外，随着城市文化品牌的认同度提高，还能产生强大的辐射的作用，为城市带来外部溢出效应，促进城市发展。

在本报告中，中国城市文化品牌发展指数将主要从品牌独特性、文化包容性、文化活力三个方面的指标来进行评判。首先，城市文化品牌的发展离不开其在历史进程中凝结而成的独特性，这种独特性承载了该城市的历史记忆、人文风俗、经济生产、自然环境等多种要素，成为区别于其他城市的重要内容，也成为城市发展的宝贵财富与重要动力。其次，城市文化品牌发展也伴随着文化间的交融，随着城市的发展，原生文化和外来文化在同一座城市中会不停地相遇、碰撞。这种文化的交融体现了城市文化包容性，也传播了城市文化品牌。最后，城市文化品牌发展与城市的文化活力紧紧相关，城市中文化产业的发展、文化创新的发展都不断地丰富、充实、推广着城市文化品牌。

* 宁波城市职业技术学院/宁波大学职教学院专任教师，研究方向为文化旅游、区域旅游产业发展、城市营销。

一　2015年中国城市文化品牌发展指数总体态势

（一）总体发展态势

1. 城市文化品牌发展指数整体较低，且两极分化严重

城市文化品牌发展指数的平均值仅为0.350，整体处于较低水平。在200个主要城市中仅有34个城市的文化品牌发展指数超过0.5，只占17%，其余的166个城市都在0.5以下，且还有112个城市在平均值0.350以下，占比达56%。这说明，中国的城市文化品牌发展指数整体水平较低。同时，城市文化品牌发展指数的平均值高于中位数0.321，这说明当前城市文化品牌发展指数的平均水平主要靠高指数水平的城市拉动。

此外，不同城市间的城市文化品牌发展指数差距较大，两极分化严重。最高的城市达到0.967，而最低城市仅为0.050，分别处于两个极端；排名最高的10个城市的指数平均值为0.722，排名最低的10个城市的指数平均值为0.087，两者相差巨大，差异明显。一些城市由于其地处东部沿海地区，经济发展水平高，文化包容性强，文化创新及传播活跃，也有些城市历史文化深厚、独特性强，这些城市聚集着大量的品牌基础资源，在国内外获得较高的知名度，城市文化品牌发展指数较高。

现阶段，中国城市文化品牌发展指数整体较低，城市文化品牌的建设仍需重点关注，提升城市文化品牌形势依然严峻（见图4－1）。

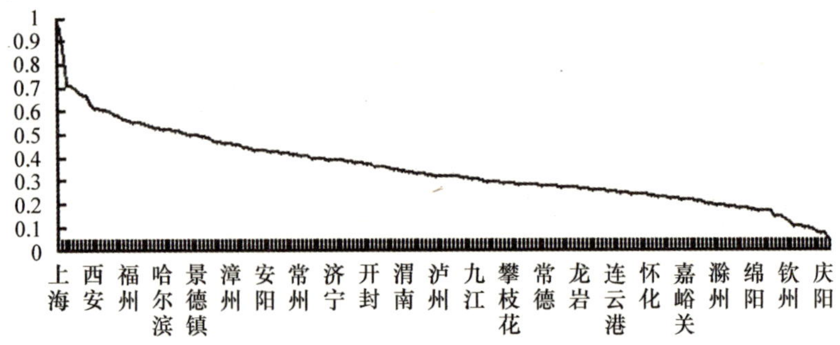

图4－1　中国城市文化品牌发展指数（城市数目：200个）

2. 城市文化品牌发展区域不平衡，华东领先，东北、西南较差

从表 4 – 1 中可以看出，2015 年城市文化品牌发展指数区域的排名依次为华东、华北、西北、华中、华南、东北、西南，其中华东区域的城市文化品牌发展指数最高，为 0.415，明显高于其他地区。华北区域次之，城市文化品牌发展指数为 0.378。在各区域的城市文化品牌发展指数中，只有这两个区域的平均值高于全国的平均值，其余 5 个区域的平均值都低于全国平均值，这说明中国城市文化品牌发展区域显著不平衡，主要依靠华东、华北两个区域带动。

在城市文化品牌发展指数中，华东区域优势尤其明显，不光上海占据了全国城市文化品牌发展指数的第 1 名，而且华东地区总计有 10 个城市进入前 20 名，占据前 20 名中的半壁江山。华北区域均值在 7 大区域中处于第二位，但是在前 20 中只占据两个城市，分别为北京和天津，这说明，虽然华北区域城市文化品牌发展中突出的城市较少，但是整体水平较好，均值也较高。西北和华中分别在第 3 名、第 4 名，其中西北的西安凭借着悠久的历史积淀，在城市文化品牌发展指数中位例第 10 名。华南区域在第 5 名，虽然华南的广州市在城市文化品牌发展指数中位例第 6 名，但是华南区域部分城市排名靠后，指数不高，导致华南地区整体指数水平不高。东北、西南两区域城市文化品牌发展指数均值相近，处于最后的两位，和第一位的华东差距巨大，而且在东北的城市中，城市文化品牌发展指数最高的沈阳市在全国也只排第 17 名。整体上东北、西南两个区域与其他几个区域有较大差距，需要投入更多关注。

表 4 – 1　**2015 年城市文化品牌发展指数区域分析**

区域	均值	前 20 位城市入选数（个）	最大值		
			城市	指数	全国排名
华东	0.415	10	上海	0.967	1
华北	0.378	2	北京	0.853	2
西北	0.348	1	西安	0.615	10
华中	0.323	3	武汉	0.668	8
华南	0.318	1	广州	0.683	6
东北	0.301	1	沈阳	0.573	17
西南	0.299	2	重庆	0.713	3

续表

区域	均值	前20位城市入选数（个）	最大值		
			城市	指数	全国排名
全国平均	0.350		上海	0.967	1

数据来源：中国城市品牌发展指数。

把200个城市文化品牌发展指数图像化到中国地图上，可以直观地发现：东部沿海地区的城市指数较高，排名靠前，在空间上集聚分布特征明显，尤其是华东地区，聚集显著。而在内陆，表征城市文化品牌发展指数排名靠前的大圆点呈现零星分布，且表征城市文化品牌发展指数排名靠后的中圆点相对多，城市间差距明显（见图4－2）。

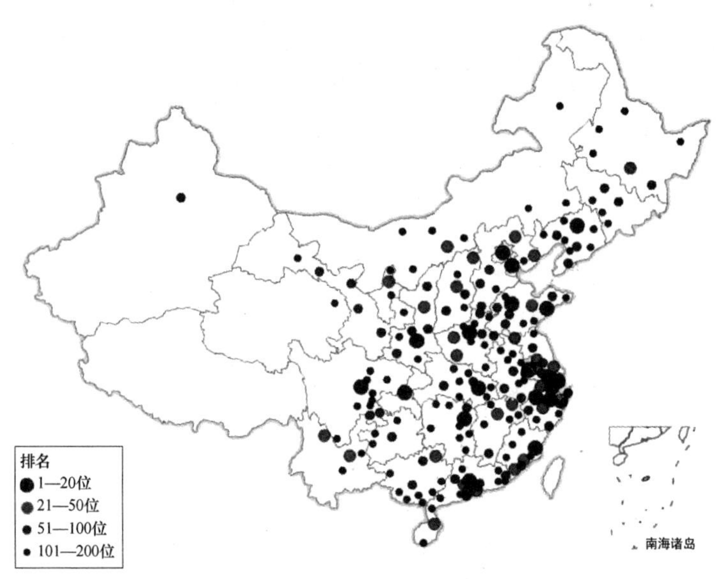

图4－2 城市文化品牌发展指数排名可视化分析

（二）区域发展特征

1. 华东：多个城市文化品牌发展指数位于前列，江浙沪地区带动明显

华东区域整体城市文化品牌发展较高。进入统计样本的城市数为52个，其中有32个城市高于全国的城市文化品牌发展指数均值，占样本数

的 61.54% （见表 4－2），其中有 10 个城市进入全国前 20 位。这 10 个城市中 7 个位于江浙沪区域，而且从图 4－2 可以看出江浙沪区域表征城市文化品牌发展指数较高的和圆点密集。

表 4－2　　2015 年城市文化品牌发展指数区域均值比较分析

区域	样本数	与全国指数平均值比较				与本区域指数平均值比较			
		高于平均值城市数		低于平均值城市数		高于平均值城市数		低于平均值城市数	
		个数	占比	个数	占比	个数	占比	个数	占比
华东	52	32	61.54%	20	38.46%	22	42.31%	30	57.69%
华北	23	11	47.83%	12	52.17%	10	43.48%	13	56.52%
西北	19	10	52.63%	9	47.37%	11	57.89%	8	42.11%
华中	37	12	32.43%	25	67.57%	14	37.84%	23	62.16%
华南	28	13	46.43%	15	53.57%	13	46.43%	15	53.57%
东北	21	5	23.81%	16	76.19%	10	47.62%	11	52.38%
西南	20	5	25.00%	15	75.00%	8	40.00%	12	60.00%

2. 华北：北京、天津城市文化品牌发展指数突出，内蒙古地区相对落后

华北区域有 23 个城市进入统计样本，其中有 11 个城市高于全部平均指数，占 47.83% （见表 4－2）。北京和天津两个城市尤为突出，分别位列全国城市文化品牌发展指数的第 2 名和第 7 名。就区域内部而言，有 13 个城市低于华北区域的指数平均值，其中 7 个城市来自内蒙古，而内蒙古地区城市中高于华北区域的指数平均值的只有呼和浩特。因此内蒙古有必要重视城市文化品牌的发展与建设。

3. 西北：城市文化品牌发展指数突出的城市少，但各城市间相对均衡

西北区域有 19 个城市进入统计样本，其中有 10 个城市高于全国的平均指数值，占西北区域样本量 52.63%，此外，有 11 个城市高于西北区域平均指数值，占西北区域样本量 57.89% （见表 4－2）。西北区域是唯一一个有半数以上样本城市超过平均值的区域，这说明虽然西北区域只有西安市指数进入全国前 20 位，排名第 10 名，但是西北区域各城市的城市

文化品牌发展指数相对较好，较为均衡。

4. 华中：区域中心城市文化品牌发展指数高，但区域内部差距大

华中区域有武汉、郑州、长沙三个区域中心城市进入全国城市文化品牌发展指数前20位，分别位列第8名、第15名、第18名，此外，南昌也位列第22名。虽然如此，但是在华中区域37个样本城市中，有23个城市低于华中区域平均指数值，占华中区域样本量62.16%（见表4－2），相比其他区域而言，是最高的。这说明华中区域城市文化品牌发展指数内部差距较大，部分城市指数水平相对较低。

5. 华南：广东城市文化品牌发展不均衡，广西相对落后

华南区域包括广东、广西和海南，总计28个城市进入统计样本。从样本数据可以看出广东城市文化品牌发展不均衡。华南区域中城市文化品牌发展指数最高的是广州，最低的也同样是来自广东的清远，此外，广东的16个样本城市中有9个文化品牌发展指数位于全国平均指数以上，7个位于全国平均指数以下。广西的城市文化品牌发展指数相对较低，总计10个样本城市中，有7个城市的文化品牌发展指数低于全国平均指数。

6. 东北：整体城市文化品牌发展指数较低，缺少亮点

东北区域有21个城市进入统计样本，其中只有5个城市高于城市文化品牌发展指数的全国平均值，占东北区域的23.81%（见表4－2）。且只有沈阳和哈尔滨位列全国前50名，其余的19个城市都在50名以后，而沈阳也仅仅排在全国第17名，哈尔滨只位列第28名。从中可以看出东北区域的整体城市文化品牌发展指数较低，且缺少亮点。

7. 西南：个别城市的城市文化品牌发展指数高，大部分城市排名靠后

西南区域20个城市进入统计样本，其中只有5个城市高于城市文化品牌发展指数的全国平均值，占西南区域的25%（见表4－2）。在这个5个城市中重庆、成都指数排名较高，分列第3名和第9名，但是除此之外，其他城市排名较为靠后，其中排名在100位以后的城市有14个，占样本数的70%。这说明西南区域的城市需要加大对城市文化品牌发展相关资源的投入。

二　2015 年中国城市文化品牌发展指数的聚焦发现

(一) 城市文化品牌发展指数呈阶梯状等级递减

对不同行政级别的城市文化品牌发展指数进行统计分析，可以发现，中国的城市文化品牌发展指数根据城市的行政级别呈阶梯状等级递减(见表 4 -3)。直辖市位于第一层级，城市文化品牌发展指数平均值高达 0.802，平均排名位次为 3.25，此外，在 200 个样本城市中，排名前三甲的都为直辖市，分别为上海、北京、重庆。副省级城市位于第二层级，城市文化品牌发展指数平均值为 0.568，平均排名位次为 24.8，远高于样本城市的平均值。除副省级以外的省会城市位于第三层级，城市文化品牌发展指数平均值为 0.454，平均排名位次为 54.1，远高于一般城市的平均排名。普通地级市位于最底层，城市文化品牌发展指数平均值为 0.309，平均排名位次为 114.2。城市行政级别不同，使得它们在资源配置、人才吸引、行政效率等方面存在巨大差异。较高行政级别的城市在教育、国际交流、城市形象等方面有着明显的优势，因此在城市文化品牌发展指数上得分也较高。

表 4 -3　　不同行政等级城市的城市文化品牌发展指数得分

城市行政级别	指数平均值	平均排名位次
直辖市	0.802	3.25
副省级城市	0.568	24.8
除副省级以外的省会城市	0.454	54.1
地级市	0.309	114.2

(二) 城市文化品牌发展指数呈现正态分布，指数集中在 0.15 到 0.45 之间

通过 SPSS 软件绘制城市文化品牌发展指数直方图，通过直方图图4 -3，可以看出中国的城市文化品牌发展指数呈现正态分布。其中频数分布的高峰向左偏移，长尾向右侧微微延伸，且从中可以发现绝大多数城市在 0.6 的指数水平以下。同时结合图 4 -4，我们可以发现城市文化品牌发展指数主要集中在 1.5 到 4.5 之间，总计 137 个城市，占总数的 68.5%。其

中城市文化品牌发展指数在0—0.15之间有15个城市，在0.15—0.3之间的有74个城市，在3.0—0.45之间的有63个城市，在0.45—0.6之间的有34个城市，0.6以上的有14个城市，而且0.85以上的城市仅仅只有两个。这说明中国城市文化品牌发展处于较低水平，品牌基础突出的城市少，处于0.85水平以上的仅仅只有上海和北京两个大都市，绝大多数的城市文化品牌发展落后，区域不均衡的情况突出。

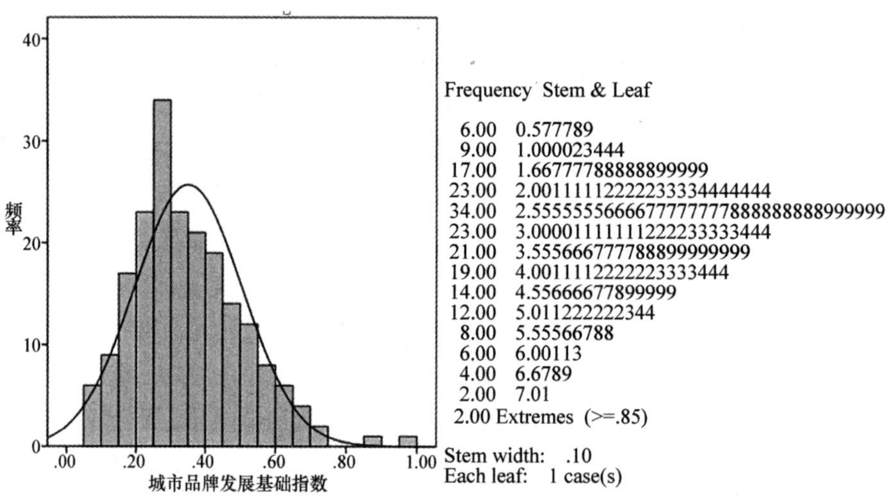

图4－3　城市文化品牌发展指数直方图　　**图4－4　城市文化品牌发展指数茎叶图**

（三）各城市文化品牌发展指数中的文化活力水平较高，文化包容性水平较低

根据1—200名的城市文化品牌发展指数排名绘制图4－5，我们从中可以发现在城市文化品牌发展指数的三个具体指标中，文化活力指标普遍得分较高，文化包容性指标普遍得分较低。文化活力与文化产业、教育水平等紧紧相关，随着网络、数字、信息技术的发展，动漫、网络游戏等新兴文化产业迅速兴起，使文化产业发展亮点频现。同时，在国家政策引导和宏观经济形势的影响下，各地政府投入力量，运用文化产业高附加值的特性吸引投资者的目光，使大量资本和人力资源涌入文化领域。因此，各城市文化品牌发展指数中的文化活力水平较高，对城市文化品牌发展指数起带动作用。

对于文化包容性而言，中国的整体水平较低。文化包容性相对较高的往往是大城市及东部沿海城市，由于地理位置、城市资源及活力的影响，东部城市及大城市更容易吸引外来人员，在不断的文化交流和互动中，其文化包容性也较高。而对于一般的城市而言，由于其对外界的吸引力弱，与外部的互动交流少，从而形成一个相对封闭的文化环境，这导致其文化包容性较弱，而这是中国城市中较为普遍的现象。因此，在城市文化品牌发展指数中，文化包容性的平均得分是三个指标中最低的，整体趋势性都是 0.4 以下。

此外，对于品牌独特性而言，其和该城市的历史文脉、文化传统、经济水平等紧密相关，有些城市虽然其城市文化品牌发展指数较弱，但是其品牌独特性表现突出。比如延安，虽然其城市文化品牌发展指数排名在 29 位，但是由于其独特的品牌优势——红色圣地，使得其在品牌独特性指标上高居第 6 位。

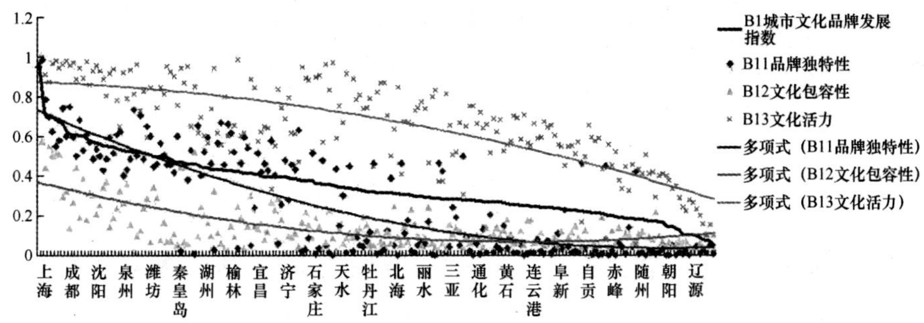

图 4-5　城市文化品牌发展指数相应指标分析

（四）城市文化品牌发展指数和城市经济基础呈现高度的正相关

城市文化品牌发展指数和该城市的经济基础呈现高度的正相关。从图 4-6 中可以看出城市文化品牌发展指数的折线图和城市经济基础折线图图形较为一致，两者的预测趋势线整体趋势高度吻合，同时用 SPSS 检验两者的相关性，P 值为 $0<0.05$，这说明两者显著相关。城市经济和城市文化品牌发展两者相互促进，相互影响。一方面，城市经济基础为城市文化品牌发展提供良好的现实基础。对于城市文化品牌的发展基础而言，文化多样性的体现、文化活力的释放，都需要一个良好的经济环境。在良好的城市经济之下，城市的基础设施、文娱设施、旅游配套等才能被投资建设，比如外来游客、入境投资等外来交流才会丰富起来，而且文化产业的

兴盛、文化活力的释放、品牌形象的树立都需要建立在经济基础之上。另一方面，城市文化品牌发展指数的提升、营造良好的城市文化品牌对当地的经济能起到巨大的促进作用。城市文化品牌作为城市历史、文化底蕴、精神品格、价值导向的综合体现，拥有巨大的创意潜力和创造能量，是宝贵的经济和文化资源。城市文化品牌不仅有利于培育新的经济增长点，增强城市发展活力，更有利于转变经济发展方式，推动经济结构调整，增强可持续发展能力。

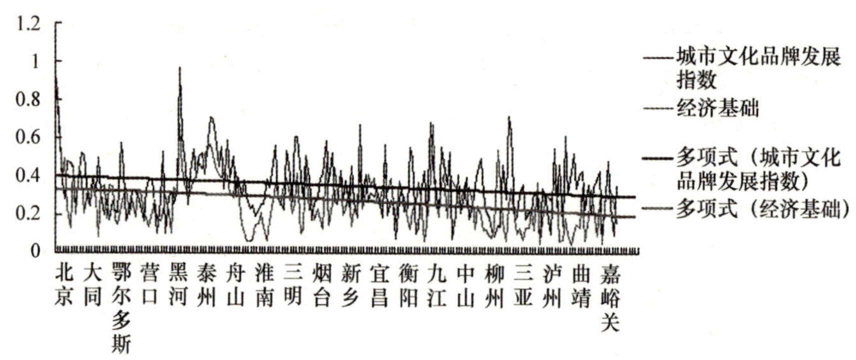

图 4－6　城市文化品牌发展指数与经济基础

三　中国城市文化品牌发展指数 10 强点评

（一）中国城市文化品牌发展指数第一名：上海

上海，简称“沪”或“申”，是中国的中心城市和超大城市，也是中国的经济、金融、贸易、航运中心，还是首批沿海开放城市。它地处长江入海口，隔东中国海与日本九州岛相望，南濒杭州湾，西与江苏、浙江两省相接。

上海的城市文化品牌发展指数名列全国第一，指数得分高达 0.967，文化品牌突出，文化氛围浓厚。上海是国家历史文化名城，拥有深厚的近代城市文化底蕴和众多历史古迹。它早在宋代就有了“上海”之名，1843 年后上海成为对外开放的商埠并迅速发展成为远东第一大城市。江南传统吴越文化与西方传入的工业文化相融合形成上海特有的海派文化。上海拥有着丰富多彩、独具特色的非物质文化遗产，如长山歌、哭嫁歌、沪剧、刺绣、编织、剪纸、木版水印、龙华庙会、三巡会等等。上海作为国际大都市，其有非常强的文化包容性和文化活力，多国人士在这里旅游、工作。2015 年上海入境旅游者人数超过 800 万人次，新设外商直接投资合同项目 6007 项，在上海落户的跨国公司地区总部达到 535 家、投资性公司 312 家、外资研发中心 396 家。此外，上海拥有 10 所“211 工程”重点建设高校，其中 4 所为“985 工程”高校，现有 100 多所科研机构、10 万科研人员以及 100 多所专业技术培训机构。这些都为上海的城市文化品牌发展提供了扎实的基础。

（二）中国城市文化品牌发展指数第二名：北京

北京有着 3000 余年的建城史和 800 多年的建都史，自秦汉以来北京地区一直是中国北方的军事和商业重镇。北京是现在中国的政治中心、文化中心、国际交往中心、科技创新中心，也是生机勃勃、充满活力的综合性产业城市。

北京的城市文化品牌发展有着优越的基础条件。北京是首批国家历史文化名城和世界上拥有世界文化遗产数最多的城市，三千多年的历史孕育了故宫、天坛、八达岭长城、颐和园等众多名胜古迹。公元前 1045 年，北京成为蓟、燕等诸侯国的都城。自公元 938 年以来，北京先后成为辽陪都、金中都、元大都、明清国都。此外，北京的文化包容性高，作为城市意识的最高形式，包容是北京最具异质性特征的城市精神之一。2008 年的北京奥运会以“同一个世界，同一个梦想”以及脍炙人口的《北京欢迎你》亮相于国际，更是体现了一个国际性大都市所具有的文化包容性。2015 年北京全市接待入境旅游者高达 420 万人次，其中，外国人 357.6 万人次。全年合同外资 323.8 亿美元，实际利用外资 130 亿美元，包括微软、奔驰在内的一大批外资企业都在北京设有总部。北京文化活力强劲，2015 年北京全年文化创意产业实现增加值 3072.3 亿元。同时，北京有雄厚的教育资源为其提供支撑，截至 2016 年，北京共有普通高等院校 91 所及 117 个科研机构，其中包括北京大学、清华大学、中国人民大学、北京师范大学等全国最为著名的学府。2015 年 7 月 31 日，北京携手张家口获得 2022 年冬季奥林匹克运动会的举办权，北京也由此成为全球首个既举办过夏季奥运会又即将举办冬季奥运会的城市，这更为北京城市文化品牌的树立与传播注入一剂强心剂。

（三）中国城市文化品牌发展指数第三名：重庆

重庆，是中国四大直辖市之一。是中国中心城市，也是长江上游地区经济中心、金融中心和创新中心。其是西南地区最大的工商业中心城市，还国家实施西部大开发和长江经济带西部地区的核心增长极。

重庆的城市文化品牌发展指数为0.713，位居全国第三。重庆在品牌独特性上也位于全国前三。作为历史文化名城，重庆拥有融巴渝文化、民族文化、移民文化、三峡文化、陪都文化、都市文化于一炉的浓郁文化景观。此外，山城重庆，是中国长江上游地区唯一汇集水、陆、空交通资源的特大型城市和西南地区综合交通枢纽，抗日战争时曾成为陪都。2010年重庆被住房和城乡建设部列为中国内地五大国家中心城市之一，也是中国人口最多、面积最大的城市。重庆全市非物质文化遗产共计159项——如巴文化传说、巴将军传说、巫傩诗文、铜梁龙舞、北泉板凳龙、摆手舞、朗溪竹板桥造纸、纸竹工艺等等。此外，对于城市文化品牌发展指数指标之一的文化包容性项目，重庆较好。作为交通枢纽城市，重庆迎接八方来客，2015年重庆接待入境旅游人数282.53万人次，旅游外汇收入14.69亿美元，利用外资107.65亿美元，其中，外商直接投资37.72亿美元。重庆的文化活力指标稍显落后，在全国排名第30名，这与其文化产业从业人数、高校教育资源等相对较少密切相关。

（四）中国城市文化品牌发展指数第四名：苏州

“上有天堂，下有苏杭”。苏州作为中国首批24座国家历史文化名城之一，有近2500年历史，是吴文化的发祥地。其中，苏州园林是中国私家园林的代表，被联合国教科文组织列为世界文化遗产。

苏州城市文化品牌发展指数为0.707，在200个城市中位列第4名，超过了各个省会城市。根据城市文化品牌发展指数各指标分析，苏州的品牌独特性指标位列第3名，识别度较高。苏州的秀丽山水、典雅园林，让人印象深刻，有着“江南园林甲天下，苏州园林甲江南”的美称；又因其小桥流水人家的水乡古城特色，苏州又有“东方水都”之称。苏州古城和苏州园林为世界文化遗产和世界非物质文化遗产，又有昆曲、周庄等国际级、重量级的文化品牌。苏州现有2个国家历史文化名城（苏州、常熟）、12个中国历史文化名镇。此外，苏州作为沿海城市、旅游城市，其文化包容性和文化活力也较强。2015 年苏州接待入境过夜游客 149.7 万人次，旅游外汇收入 17.9 亿美元。2015 年全年新引进和培育各类具有地区总部特征或共享功能的外资企业 35 家，累计超过 200 家。148 家世界 500 强企业在苏州有投资企业 400 多家。

（五）中国城市文化品牌发展指数第五名：杭州

杭州的城市文化品牌发展指数为 0.698，位居全国第 5 名，排在所有省会城市里首位。杭州品牌独特性好，以风景秀丽著称，素有“人间天堂”的美誉。市内人文古迹众多，更以西湖为最，而且西湖及其周边有大量的自然景观及人文景观。杭州是吴越文化的发源地之一，历史文化积淀深厚。其中主要代表性文化有丝绸文化、茶文化以及流传下来的许多故事传说。杭州的文化包容性指标也处于较高水平，排在第 7 名。2015 年杭州旅行外汇收入 29.31 亿美元，招待入境旅行者 342 万人次。2015 年杭州全市外商直接出资 475 项，实到外资 71.13 亿美。新批总出资 3000 万美元以上项目 130 个，总出资额为 140.09 亿美元。至 2015 年底，有 112 家世界 500 强公司出资 188 个项目。杭州文化活力指数较高，文化创意产业崛起迅速。杭州在全国率先提出打造“动漫之都”的口号，每年举办“中国国际动漫节”。此外，“中国电视剧第一股”华策影视股份有限公司、“中国旅游演艺第一股”宋城集团控股有限公司、“中国数字电视内容原创第一股”华数传媒、“中国民营广告第一股”思美传媒、“中国网吧服务软件第一股”顺网科技等知名企业都为杭州文化产业的发展增添动力。2016 年 G20 峰会、2018 年世界短池游泳锦标赛、2022 年亚运会都将在杭州举办，这更能够提升杭州的文化品牌知名度。

（六）中国城市文化品牌发展指数第六名：广州

广州是国家三大综合性门户城市之一，也是五大国家中心城市之一，与北京、上海并称“北上广”。广州 2000 多年来一直都是华南地区的政治、军事、经济、文化和科教中心。

广州是国家历史文化名城，是岭南文化分支广府文化的发源地和兴盛地之一。广州从 3 世纪 30 年代起成为“海上丝绸之路”的主港，唐宋时期成为中国第一大港。明清两代，广州成为中国唯一的对外贸易大港，是历史上中国“海上丝绸之路”最重要的港口，有“千年商都”之称。广州文化包容性指标位列全国第5位。作为“海上丝绸之路”的发祥地，广州有着悠久的海洋文化，加之中原文化与西方文化的共同影响，使其天然具有宏大的包容气度。来自四面八方的各种文化元素共冶一炉，整合出岭南民俗千姿百态的多元风格，形成丰富多彩的城市文化。2015年广州市入境旅游者达803.58万人次，旅游外汇收入达56.96亿美元。此外，广州文化活力指标位列全国第5名。近年来以广州以新型城市化发展为引领，以培育世界文化名城、建设新岭南文化中心为目标，以世界眼光、战略思维谋划文化产业发展。截至2015年，广东文化及相关产业增加值占全国文化产业增加值比重超过1/7，连续13年位居全国各省区市首位。

（七）中国城市文化品牌发展指数第七名：天津

天津，是我国直辖市之一，是环渤海地区经济中心和首批沿海开放城市。天津的城市文化品牌特色明显，作为历史文化名城，天津自古因漕运而兴起，它于明永乐二年十一月二十一日（1404年12月23日）正式筑城，是中国古代唯一有确切建城时间记录的城市。历经600多年，造就了中西合璧、古今兼容的独特城市风貌。天津有着较高的文化包容性指数，这和天津的历史背景紧密相关——1860年天津成为通商口岸以后，西方多国在天津设立租界。2015年天津接待入境旅游人数326.01万人次，其中，外国人300.54万人次，入境旅游外汇收入为32.98亿美元。2015年天津全年新批外商投资企业1035家，合同外资额313.57亿美元，实际直接利用外资211.34亿美元。截至2015年末，在天津投资的国家和地区达到134个，投资的世界500强企业达到163家。此外，天津的文化活力也走在全国前列。截至2015年，天津累计推出6批共353个重点项目，总投资达1486亿元。国家动漫产业综合示范园、国家数字出版基地等国家级园区也相继落成，文化产业整体实力不断增强。

（八）中国城市文化品牌发展指数第八名：武汉

武汉的城市文化品牌发展指数位列全国第8名，指数值为0.667。武汉因其特殊的地理位置，造就了其独一无二的水陆空综合交通枢纽的地位，有“九省通衢”之称。武汉有着良好的城市文化品牌发展，二级指标品牌独特性位列全国第5名。作为国家历史文化名城的武汉，有距今3500年历史的盘龙城遗址。作为中国民主革命的发祥地，武昌起义成为辛亥革命的开端。武汉的文化包容性指标相对稍弱，位列第 22 位，低于北上广等一线城市。2015 年武汉接待海外旅游者 202. 27 万人次，实现国际旅游收入 12 亿美元，增长 28. 5% 。2015 年在武汉投资的世界 500 强企业新增 14 家，累计达到 230 家。此外，武汉是中国重要的科研教育基地。截至 2015 年，在武汉有高等院校 98 所；其中普通高校和本科院校数仅次于北京，居中国第二；教育部直属全国重点大学数量居全国第三。雄厚的教育实力对激发武汉的文化活力起到了巨大作用。

（九）中国城市文化品牌发展指数第九名：成都

成都的城市文化品牌发展指数位列全国第九名，指数值为 0. 635。成都历史悠久，文化灿烂。成都约在公元前 5 世纪筑城，西汉时已成为中国六大都市之一，三国时期为蜀汉国都。成都是首批国家历史文化名城，2600 多年的建城史孕育了都江堰、武侯祠、杜甫草堂、金沙遗址等众多名胜古迹。截止 2015 年，成都共有 116 个项目和 244 个传承人进入各级非遗保护名录，其中蜀绣、蜀锦织造技艺、成都漆艺等 19 个项目，被评为国家级非遗代表性项目。2003 年，以蜀派古琴为代表的中国古琴艺术，被联合国教科文组织评为“人类口头和非物质文化遗产代表作”。成都拥有较好的文化包容性。天府之国，孕育了成都人从容平和却又乐观向上的城市性格、闲适安逸并且待人热情的处事方式。在温润的锦官城里，思想碰撞，文化融合，创新灵感接连迸发。成都开放包容的城市气质，既是空间的维度——不断有异质文化的进入；也是时间的维度——不断自我更新，接驳新的时代精神。此外，成都的文化活力指数高居全国第 4 名，以成都为核心的文创设计服务收入超过千亿元，增加值达到 240 亿元。

（十）中国城市文化品牌发展指数第十名：西安

西安，古称“长安”“镐京”，地处关中平原中部，北濒渭河，南依秦岭，八水润长安。西安的城市文化品牌发展指数为 0. 614，位列全国第 10 名。在品牌独特性指标上，西安高居第 4 位。西安自古帝王都，无可代替，先后有西周、秦、西汉、新莽、西晋、前赵、前秦、后秦、西魏、北周、隋、唐 13 个王朝在西安地区建都。是中华文明和中华民族重要发祥地之一。丰镐都城、秦咸阳宫、兵马俑，汉未央宫、长乐宫，隋大兴城，唐大明宫、兴庆宫等勾勒出“长安情结”。西安在文化包容性指标上排名靠后，这可能与西安地处内陆，文化交流及人员流动相对弱化一些有关。2015 年，西安全年批准外商直接投资项目 73 个，批准合同外资 19.37 亿美元，实际利用外商直接投资为 40.08 亿美元，这个水平也比其他城市略低。就文化活力而言，西安该指标排名相对靠前。文化产业已经成为西安市五大主导产业之一。此外，西安是西部高等院校和科研院所较为集中的城市之一，是全国高校密度最高和受高等教育人数最多的城市，在西部地区和全国具有重要地位，是中国五大教育、科研中心之一。西安拥有西安交通大学、西北工业大学、西安电子科技大学等 7 所“985 工程”或“211 工程”类大学，这些优厚的教育资源也为繁荣西安文化产业注入动力。

四　中国城市文化品牌发展的问题与挑战

（一）区域间发展不平衡

从现有的排名指数来看，我们可以发现，中国城市文化品牌发展呈现区域发展不平衡的态势。其主要表现在以下几个方面：

第一，东部沿海地区的城市文化品牌发展较好，中西部地区城市文化品牌发展相对落后。在前 20 位的中国城市文化品牌发展指数的排名中，有 14 个城市位于东部沿海地区，占 70% 之多。东部沿海地区由于有较好的地理优势，无论是对外交流还是经济水平都比中西部地区略胜一筹，尤其在吸引外资、入境旅游等方面都有较大的优势。此外，较好的经济基础也更能带动文化产业的发展，更有利于确立其良好的城市文化品牌。

第二，不同行政级别的城市文化品牌发展存在明显差距。我们可以明显看到，在中国城市文化品牌发展指数的排名中，大城市的城市文化品牌发展更好，中小城市的城市文化品牌发展较弱。直辖市的城市文化品牌发展指数平均值高达 0.802，而普通地级市的平均值仅为 0.309。大城市有更多的资源，更容易受到外来者的青睐，而且高等教育资源丰富，每年众多的毕业生，可以为城市注入新的活力。

第三，同一省域内不同城市的文化品牌发展也呈现较大差距。这一现象在广东尤为明显，广州在省内独占鳌头，而且全国也排在第 6 名，而同在广东省的揭阳、梅州、汕头、茂名、清远等地，城市的文化品牌发展指数全国排名都在第 160 名以后，其中清远甚至排在第 198 名。省域内的大城市会通过行政和市场的力量将周边的资源吸引到自己这边，这使得大城市的文化品牌能够被迅速建立和迅速传播，而周边小城市则成为灯下的阴影，文化品牌难以被建立。

(二) 城市品牌独特性不突出

在城市文化品牌发展指数中，一个重要指标是品牌独特性。如果有较好的品牌独特性，那么城市文化品牌发展也会更好。但是在中国城市文化品牌发展指数中，我们可以看到很多城市品牌独特性不突出，城市品牌区分度低。有 147 个城市的品牌独特性指标得分低于城市文化品牌发展指数，占总数的四分之三。这说明在现阶段，城市品牌独特性对城市文化品牌发展的带动性低。近年来，各城市追求现代化都市的发展目标，万达广场、商业步行街、豪华楼堂馆所纷纷拔地而起，中国城市建设“千城一面”“克隆病”的现象不断呈现。在城市建设过程中，东施效颦、贪大求全、片面追求经济发展，城市文化、城市个性、城市魅力被高楼林立、交通堵塞、环境污染、工业开发等所淹没。如此一来，对于普通的城市而言，建立城市文化品牌将变得更加困难。城市品牌独特性，要以当地文化基础为特色，要结合城市的地理资源、历史背景、建筑特色等，不断挖掘该城市的内涵和特点——比如说重庆市，地处长江与嘉陵江交汇处，房屋依山而建，形成气势宏伟的山城；再如苏州市，城中河道交错，房屋多沿河修建，形成白墙青瓦“小桥流水人家”式的建筑布局，独具江水乡特色。

(三) 城市文化建设不够，文化包容性有待加强

城市文化基础——城市品牌建设有赖于城市文化。世界上许多知名城市都有着自己的文化主题，有着很强的城市文化氛围。比如，奥地利的维也纳、法国的巴黎、捷克的布拉格等，这些世界知名城市都有自己独特的文化氛围，这种文化氛围渗入到城市的方方面面，赋予了城市旺盛的生命力，同时也形成了独具特色的文化品牌，吸引着世界各地的游客，成为城市发展的重要推动力。对于中国城市而言，城市文化建设还远远不够。由于各地政府长期以来只对经济利益关注，使得城市的建设和发展侧重于经济效益的直接、显著的领域，对城市文化关注不足，尤其对于大多数普通城市而言，城市的文化产业长期得不到重视，相对落后。而城市原有的厚

重历史、浓厚地域特色等都遭到了忽视甚至破坏。如由于丽江古城的过度开发，其所带来的商业化侵蚀，造成对生态环境和古建的破坏，对当地民风、民俗造成了沉重的打击。此外，对于普通城市尤其是中西部的内陆城市而言，城市的文化包容性需要进一步加强。从中国城市文化品牌发展指数的文化包容性指标我们可以发现，195 个的城市的文化包容性指标得分低于城市文化品牌发展指数，城市文化包容性的情况在一定程度上拖累了城市文化品牌发展。因此，城市需要以更加开放的心态来迎接和包容外来文化，促进文化交流。通过旅游等方式来增进各方的相互了解，通过不断的吸引外资，让城市更具活力，让城市走向世界。

五　夯实城市文化品牌发展的对策建议

（一）注重传统文化，突出品牌个性

城市文化品牌发展的建设，需要注重和保持城市传统文化，在此基础上来突出城市的品牌个性。保持城市的传统文化，不仅体现对城市历史文化的重视，更反应了城市历史和城市发展两者的动态协调和相互促进。要通过对传统文化的保护，挖掘城市的文化内涵，并打造出与城市文化个性相一致的品牌定位，凸显出城市的文化品牌特色。由此，通过对城市文化品牌发展的关注和建设，可使城市品牌更容易传播给公众，更加能够被公众所熟记，也能够使得目标受众对城市品牌有一个完整的看法和认知，达到文化传承和经济发展的双收益。

在这个过程中，“历史文化名城”和“非物质文化遗产”是两个重要的抓手。2005 年，《历史文化名城保护规划、规范》正式施行，确定了保护原则、措施、内容和重点。2008 年，《历史文化名城、名镇、名村保护条例》正式施行，进一步规范和加强了历史文化名城的申报与批准。国家通过相应的规章制度来引导和推动城市对自身文化历史的保护与挖掘。通过对“历史文化名城”的打造，能够让城市更重视传统文化，更深入地挖掘其中的闪光点，有效地树立起识别度高的城市文化品牌。此外，“非物质文化遗产”也为城市文化品牌个性的建设添砖加瓦。2011 年，国家出台并实行《中华人民共和国非物质文化遗产法》，以此来加强对非物质文化遗产的保护，继承和弘扬中华民族优秀传统文化。各个城市可以抓住非物质文化遗产中的亮点，合理利用起来，增加城市光彩。比如，杭州

的“白娘子传奇”，它为杭州的浪漫诗意增添神韵，西湖不仅仅只是西湖，断桥不仅仅只是断桥，白娘子与许仙相识在此，同舟归城，借伞定情，这给每个来杭州旅游的人以无尽追思。

（二）进行城市文化品牌建设与开发，形成文化与经济的良性互动

过渡的追求 GDP 效益而忽视城市传统的保护和文化品牌建设是一种短视行为，有可能影响并阻碍城市的长远发展。我们应该有计划的、合理的对城市文化品牌进行建设和开发，形成经济和文化的相互促进。在这方面，湖南凤凰便是例子。凤凰依靠的不仅仅是其秀美的山水和遍布全县的名胜古迹，且还借助其多彩的民族风情、浓郁的湘西气息进行文化品牌的建设与开发。凤凰每年都举办“四月八”“六月六”等民族节庆活动，积极策划开展“中国·凤凰边城音乐节”“中国凤凰摄影双年展”“中国武陵山区（湘西）土家族苗族文化生态保护节”等大型活动，上演大型苗族风情剧《苗寨故事》。这些活动都是城市文化品牌建设和开发的良好体现。通过对城市文化品牌的开发，可以增加该地的知名度，还可以增强竞争力，使该地得够更加容易吸引外来游客和投资商，进而产生积极影响，为当地带来经济收益。此外，通过城市文化品牌的建设和开发，可以为房地产、基础设施等项目带来更高的投资回报。而城市经济的发展，又能激起民众对城市文化品牌的认同，使城市文化更有活力。

（三）注重文化产业，鼓励文化创新

在中国经济进入新常态发展的大背景下，传统产业相对饱和，文化产业却蓬勃发展。文化产业与互联网、金融等领域集合发展，势不可挡。党的十八届三中全会对文化体制改革进一步进行了部署，这些改革措施的实施将为文化产业释放新的发展活力。因此，各个城市要更加注重文化产业的发展，建立相对完善的文化创业园区，培养文化“创客”，鼓励文化消费，创造文化需求，为文化产业发展提供持续动力。

2015 年的政府工作报告提出，要打造大众创业、万众创新和增加公共产品、公共服务。而大众创业、万众创新概念的提出与文化产业的发展相契合，将增强文化产业发展的活力。文化创新不仅符合政府的工作要求，而且更是繁荣文化产业的重要推手。要通过积极利用新技术、发展新业态和新模式，规避原有文化产业“缺乏原创、模仿为主”的现象，实

现文化产业升级。在经济新常态的背景下，文化创新和文化产业的发展将在经济增长中发挥更突出的作用。

附录：中国城市文化品牌发展指数排名表

城市名称	排名	城市名称	排名	城市名称	排名	城市名称	排名
上海	1	保定	51	抚顺	101	忻州	151
北京	2	柳州	52	大庆	102	玉溪	152
重庆	3	大连	53	西宁	103	阜新	153
苏州	4	邯郸	54	襄阳	104	怀化	154
杭州	5	安阳	55	北海	105	衡水	155
广州	6	张掖	56	台州	106	安康	156
天津	7	榆林	57	包头	107	蚌埠	157
武汉	8	赣州	58	乐山	108	马鞍山	158
成都	9	咸阳	59	九江	109	莆田	159
西安	10	厦门	60	宝鸡	110	梧州	160
南京	11	淮安	61	江门	111	自贡	161
宁波	12	汉中	62	丹东	112	郴州	162
济南	13	泰安	63	丽水	113	嘉峪关	163
青岛	14	常州	64	长治	114	乌兰察布	164
郑州	15	宜昌	65	荆门	115	南充	165
绍兴	16	潮州	66	临沂	116	巴彦淖尔	166
沈阳	17	肇庆	67	黑河	117	揭阳	167
长沙	18	聊城	68	攀枝花	118	梅州	168
福州	19	衢州	69	亳州	119	赤峰	169
嘉兴	20	烟台	70	濮阳	120	株洲	170
佛山	21	泰州	71	三亚	121	内江	171
南昌	22	温州	72	唐山	122	滁州	172
昆明	23	济宁	73	黄冈	123	汕头	173
扬州	24	武威	74	德州	124	玉林	174
泉州	25	晋中	75	南平	125	上饶	175
中山	26	吉林	76	遵义	126	周口	176
无锡	27	安庆	77	常德	127	随州	177
哈尔滨	28	商丘	78	通辽	128	德阳	178

续表

城市名称	排名	城市名称	排名	城市名称	排名	城市名称	排名
延安	29	长春	79	通化	129	茂名	179
太原	30	合肥	80	荆州	130	六盘水	180
洛阳	31	石家庄	81	湘潭	131	绵阳	181
镇江	32	开封	82	信阳	132	呼伦贝尔	182
潍坊	33	珠海	83	三明	133	威海	183
大同	34	南宁	84	焦作	134	盘锦	184
南通	35	宜宾	85	鄂尔多斯	135	朝阳	185
金华	36	兰州	86	龙岩	136	曲靖	186
景德镇	37	惠州	87	黄石	137	崇左	187
桂林	38	乌鲁木齐	88	日照	138	百色	188
呼和浩特	39	天水	89	芜湖	139	鹰潭	189
银川	40	黄山	90	新乡	140	钦州	190
秦皇岛	41	渭南	91	佳木斯	141	新余	191
承德	42	贵阳	92	铜陵	142	齐齐哈尔	192
东莞	43	岳阳	93	湛江	143	辽源	193
丽江	44	舟山	94	四平	144	毕节	194
海口	45	孝感	95	连云港	145	吴忠	195
漳州	46	锦州	96	营口	146	防城港	196
深圳	47	牡丹江	97	淮南	147	张家界	197
南阳	48	鞍山	98	许昌	148	清远	198
湖州	49	临汾	99	衡阳	149	庆阳	199
徐州	50	泸州	100	石嘴山	150	资阳	200

第5章　中国城市旅游品牌发展指数：2015年度报告

王明康*

在旅游业飞速发展的今天，不同城市旅游业之间的竞争不再仅限于旅游资源，而是更多依赖旅游品牌。旅游品牌是形成城市之间旅游业差异化竞争的重要支撑，也是促进旅游业由低端向高端路径发展的重要驱动力，更是一个城市综合实力的重要体现。对此，中国各城市都特别重视旅游品牌的塑造与培育，要以品牌驱动为重要引擎促进旅游业的发展。无论是北京、上海、广州等国际化程度较高的大城市，还是三亚、黄山等普通中小城市，都非常希望塑造独特的旅游品牌形象，以便能够在激烈的旅游业竞争中占据更加有利的地位。

在本报告中，中国城市旅游品牌发展指数主要通过交通可达性、旅游吸引力、旅游文化资源、旅游发展效益及旅游营销传播5个指标来评价。首先，交通便利程度对于城市旅游业发展至关重要，进而对于城市旅游品牌的对外拓展提供了良好的途径。其次，只有城市旅游资源及产品对游客有足够强的吸引力，才能为旅游品牌的塑造提供有效的物质载体。再次，一个城市只有拥有深厚的文化内涵，才能为旅游品牌的培育提供坚实的内核。另外，旅游发展效益，尤其是高端游客市场发展状况可以反映一个城市的旅游品牌的国际知名度。最后，旅游营销传播为城市旅游品牌知名度的扩大和提升提供了有效的媒介。

* 中国社会科学院研究生院财经系2016级博士生。

一　2015 年中国城市旅游品牌发展指数总体态势

（一）总体发展态势

1. 旅游品牌整体发展能力较弱

通过对 2015 年 200 个城市的旅游品牌发展指数数值分析可以看出，中国城市的旅游品牌发展水平总体较弱，2015 年中国 200 个城市的旅游品牌发展指数得分平均值为 0.227，中位数值为 0.208。此外，在这 200 个城市中，只有 75 个城市的得分值高于平均值，其余的 125 个城市的旅游品牌发展指数得分值却低于平均值，这说明中国绝大部分城市的旅游品牌发展水平偏低。

2. 城市间旅游品牌发展能力差异明显

如图 5－1 所示，通过数据分析可以看出，中国旅游品牌发展水平较高的城市较少，得分值在 0.3 以上的城市只有 30 个，仅占总体的 15%，其中得分值在 0.5 以上的城市仅有 4 个，而其余的 170 个城市的得分值却不足 0.3。具体来看，北京的旅游品牌发展水平最高，其指数得分值为 0.728。其次是上海，其数值为 0.656，重庆与天津的得分值紧随其后，这四个城市的旅游品牌得分值远远超过其他的城市。

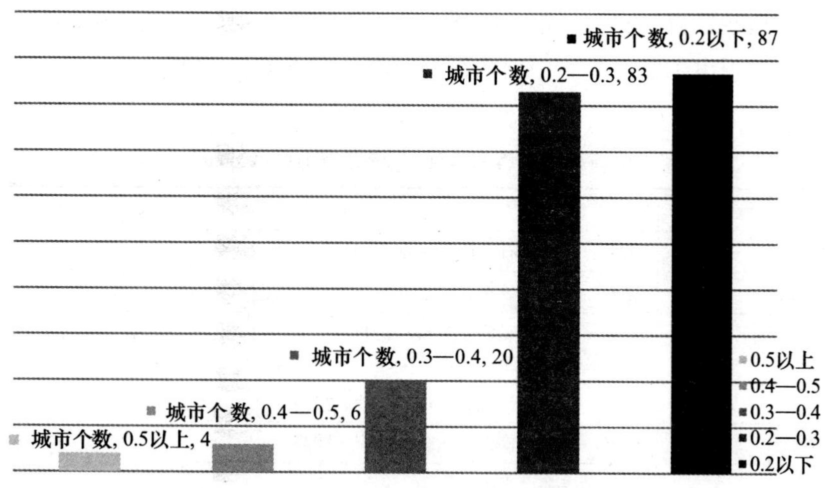

图 5－1　城市旅游品牌得分值频数分布

（二）区域发展特征

1. 中国城市旅游品牌发展水平总体上呈现出东强西弱、中南均衡、东北落后的格局

从表5－1可以看出，中国城市旅游品牌发展水平呈现出由东向西逐渐递减的阶梯式格局。中国华东地区的城市旅游品牌指数最高，其次是华北地区，两者的城市旅游品牌指数均值分别高达0.259与0.256，这说明东部地区是中国城市旅游品牌发展水平的第一梯度。中国华南地区和华中地区的城市旅游品牌指数比较均衡，分别为0.225与0.223，与中国区域城市旅游品牌指数均值较为相近，这说明中南地区是中国城市旅游品牌发展水平的第二梯度。中国西南、西北等西部偏远地区的城市旅游品牌实力较为落后，其指数均值分别为0.200与0.193，这说明西部地区是中国城市旅游品牌发展水平的第三梯度。而东北地区的城市旅游品牌发展水平在全国七大区域中处于最低层次，其城市旅游品牌指数均值仅为0.183，很显然，东北地区已经成为中国城市旅游品牌发展水平的第四梯度。

此外，从表5－1和图5－2中国旅游品牌实力前50强城市的区域分布来看，华东地区占据了20席，入围的城市多数为经济发达、旅游业发展成熟的中心城市和旅游城市。其次是华中、华北与华南地区，分别占据了8、7及6席，而西南、东北及西北地区入围的城市数量较为稀少，大多数为这些区域的省会城市。总体上来看，这也与中国城市旅游品牌实力总体上呈现出东强西弱、中南均衡的区域分布格局较为吻合。

表5－1　**中国旅游品牌实力前50强城市的区域分布**

区域	城市数量	城市名称
华北	7	北京、天津、石家庄、保定、邯郸、太原、晋中
东北	4	沈阳、大连、长春、哈尔滨
华东	19	上海、南京、无锡、苏州、杭州、宁波、绍兴、金华、温州、合肥、黄山、厦门、福州、泉州、济南、青岛、潍坊、烟台、临沂
华中	9	郑州、洛阳、武汉、宜昌、长沙、南昌、九江、赣州、上饶
华南	6	广州、深圳、佛山、东莞、南宁、桂林
西南	4	重庆、成都、贵阳、昆明
西北	1	西安

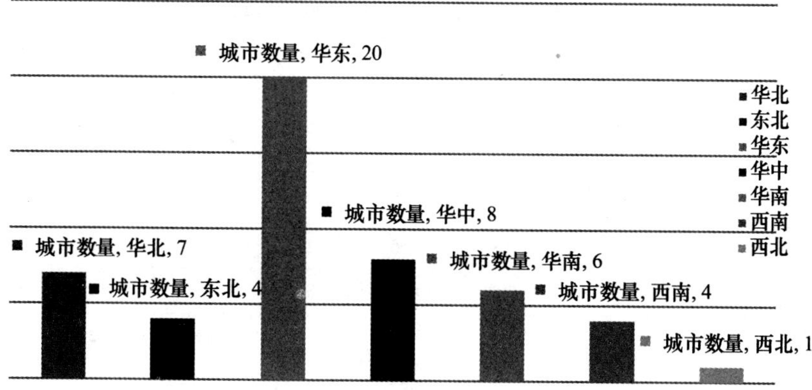

图 5－2　中国城市旅游品牌实力前 50 强区域分布

2. 中国城市旅游品牌发展水平区域差异性呈现出华北、西南较为突出，华中地区并不明显的格局

从区域城市间差异性角度来看，中国城市旅游品牌发展水平呈现出区域性差异明显的特点（见表 5－2）。中国华北和西南地区的城市旅游品牌指数标准差和变异系数均较高，说明这两个区域的城市间旅游品牌发展水平的绝对差异和相对差异较为突出，也说明这两个区域不同城市的旅游品牌发展水平无论是从发展基础还是从发展速度来看，均存在较为明显的差异。尤其是两个区域的变异系数高达 0.503 与 0.561，远远高于其他区域，从极差值来看，这两个区域的极差值分别为 0.580 与 0.460，其较高的数值也较好的佐证了这一点。就华北地区而言，既有北京、天津排名前 5 名的城市，也有巴彦淖尔、呼伦贝尔等排名后 20 名的城市，就西南地区而言，既有重庆这一入围三甲的城市，也有毕节、资阳等排名后 10 名的城市，因此这两个区域内城市间的旅游品牌实力差异显然较为明显。而与此相对应的是中国华中地区城市旅游品牌指数标准差和变异系数均较低，其值分别为 0.065 与 0.291，这也说明了该地区城市间的旅游品牌的发展基础与发展速度差异并不明显，显得较为均衡。其他地区城市间旅游品牌发展水平差距处于中间位置，尤其是这些地区的变异系数均在 0.3 左右，可以看出其发展差异较为一般。

表 5 - 2　　中国城市旅游品牌指数的区域描述

区域	城市数量（个）	平均值	标准差	变异系数	最大值	最小值	极差
华北	23	0.256	0.129	0.503	0.773	0.193	0.580
东北	21	0.183	0.066	0.361	0.330	0.050	0.280
华东	52	0.259	0.089	0.345	0.656	0.014	0.642
华中	37	0.223	0.065	0.291	0.456	0.127	0.329
华南	28	0.225	0.082	0.364	0.494	0.122	0.372
西南	20	0.200	0.112	0.561	0.586	0.126	0.460
西北	19	0.193	0.063	0.325	0.395	0.117	0.278
总体	200	0.227	0.029	0.126	0.259	0.183	0.076

二　2015 年中国城市旅游品牌发展指数聚焦发现

（一）旅游品牌发展指数及各指标较高者多为直辖市、重要省会城市及旅游发达城市

通过数据整理分析可知，无论城市旅游品牌发展指数还是交通可达性、旅游吸引力、旅游文化资源、旅游发展效益及旅游营销传播等 5 个指标的得分值较高者多为直辖市、重要省会城市及旅游发达城市。具体来说，就城市旅游品牌发展指数而言，位居前 5 名的是 4 大直辖市及一线城市广州，后 5 名包括杭州、武汉等重要省会城市及苏州、深圳几个旅游发达城市。就 5 个指标而言，北京在各方面都位居前列，而上海、重庆、天津、广州、杭州、成都、深圳等在多项指标方面也处于遥遥领先地位。除此之外，宁波、福州、济南入围交通可达性前 10 名，这跟这 3 个城市海陆交通较为便利有关。而黄山、晋中、渭南、上饶、邯郸及黄冈等入围旅游文化资源前 10，重要的省会城市却未入围，这主要跟这些省会城市文化底蕴相对不足有关，其旅游文化资源相对匮乏。而滁州、泉州、九江等也入围旅游发展效益前 10 名，这与三个城市近年来较高的旅游发展速度相关（见表 5 - 3）。

表 5－3　**城市旅游品牌发展指数前 10 强排名**

排名	城市旅游品牌发展指数	交通可达性	旅游吸引力	旅游文化资源	旅游发展效益	旅游营销传播
1	北京	上海	北京	重庆	北京	天津
2	上海	北京	重庆	上海	广州	北京
3	重庆	广州	上海	苏州	滁州	深圳
4	天津	天津	深圳	北京	天津	广州
5	广州	南京	广州	黄山	泉州	杭州
6	杭州	杭州	武汉	晋中	九江	上海
7	武汉	宁波	西安	渭南	成都	武汉
8	深圳	深圳	成都	上饶	杭州	朝阳
9	苏州	福州	天津	邯郸	重庆	西安
10	成都	济南	杭州	黄冈	武汉	成都

（二）城市旅游品牌发展指数与旅游吸引力呈现出高度的正相关性，而与旅游发展效益相关性程度相对较低

通过 SPSS 统计软件进行相关性分析，城市旅游品牌发展指数与 5 个指标的相关系数值在 0.668 至 0.876 之间，其相伴概率值均为 0.000，说明其总体相关程度较高，且呈现出显著性的正相关关系。具体而言，城市旅游品牌发展指数与旅游吸引力相关程度最高，其相关系数值为 0.876。说明一个城市的旅游产品及服务对旅游者的吸引力程度对城市旅游品牌的塑造及提升至关重要。其次相关程度较高的是旅游营销传播及交通可达性，其相关系数值分别为 0.830 与 0.819。这说明，一方面，旅游营销传播为城市旅游品牌知名度的扩大和深化提供了有效的载体和工具，另一方面，交通便利程度对于城市旅游业发展至关重要，进而对于城市旅游品牌的对外拓展提供了良好的媒介。而城市旅游品牌发展指数与旅游发展效益的其相关系数值为 0.668。这主要是因为中国大部分城市旅游业发展主要走的是靠资源禀赋的低端粗放发展道路，而缺乏依靠旅游品牌的高端发展路径（见表 5－4）。

表 5－4　　城市旅游品牌发展指数的相关分析

指标	相关系数值	相伴概率值
交通可达性	0.819	0.000
旅游吸引力	0.876	0.000
旅游文化资源	0.711	0.000
旅游发展效益	0.668	0.000
旅游营销传播	0.830	0.000

（三）交通可达性与旅游发展效益水平较高，旅游吸引力与旅游营销传播水平较低

在城市旅游品牌发展体系中，交通可达性得分均值最高，达 0.430。这主要是因为中国经过多年的交通基础设施建设，公路、铁路、航空等无论基础建设、便捷程度及舒适程度而言，均取得较为迅速的发展，为旅游品牌的营造与传播提供较好的载体。其次得分值较高的是旅游发展效益，其得分值为 0.415。这主要是与大多数城市重视发展旅游业，从而促进旅游业发展保持较高的增长率有关。得分值较低的是旅游吸引力与旅游营销传播，其得分值分别为 0.071 与 0.102。说明中国城市在提升对外旅游吸引力与促进城市旅游品牌对外营销推介方面还有待提升（见表 5－5）。

就区域分布而言，中国华东地区交通可达性程度及旅游旅游文化资源得分值最高，这与华东地区经济发展水平高、文化底蕴深厚有关。而西南地区的旅游吸引力及旅游发展效益得分值最高，而交通可达性程度最低，这与西南地区丰富的自然及人文资源有关，也与西南地区闭塞的交通状况有关。华北地区在旅游发展效益及旅游营销传播方面占据一定优势。而东北地区无论在旅游吸引力、旅游文化资源还是旅游发展效益方面，都存在一定的劣势。尤其较为明显的就是各个区域的旅游发展效益得分值均较为相近，差距不大，这主要是因为中国各级城市政府重视并扶持旅游业的发展，使得各级城市旅游业发展较为迅速。

表 5－5　　中国城市旅游品牌发展指数的区域描述

指标	总体	华北	东北	华东	华中	华南	西南	西北
交通可达性	0.430	0.491	0.371	0.512	0.426	0.454	0.273	0.333
旅游吸引力	0.071	0.078	0.044	0.084	0.063	0.075	0.089	0.050
旅游文化资源	0.118	0.133	0.035	0.164	0.133	0.068	0.104	0.123
旅游发展效益	0.415	0.438	0.371	0.421	0.421	0.413	0.438	0.384
旅游营销传播	0.102	0.142	0.093	0.114	0.074	0.113	0.097	0.075

（四）交通可达性与旅游发展效益呈现出正态分布，而其他的指标呈现出偏态分布

通过 SPSS 软件绘制城市旅游品牌发展指数的各项指标绘制直方图，可以发现，交通可达性、旅游发展效益呈现出正态分布的态势，大部分城市的交通可达性得分值均在 0.2—0.6 之间，在该得分区间的城市占比为 75.5%，而得分值在 0.8 以上的城市只有 5 个，仅占 2.5%。而绝大部分城市的旅游发展效益得分值也在 0.2—0.6 之间，在该得分区间的城市占比为 96%，而得分值在 0.6 以上的城市只有 7 个，仅占 3.5%，得分值在 0.8 以上的城市只有北京。这说明在交通可达性、旅游发展效益方面，中国绝大部分城市发展较为均衡，但发展水平较高的城市却还较为缺乏。而旅游吸引力、旅游文化资源及旅游营销传播均呈现出偏态分布，其频数分布数值主要集中在左侧，大部分城市的旅游吸引力得分值均在 0.1 以下，其占比为 79.5%，得分值在 0.2 以上的城市占比仅为 5.5%，得分值在 0.4 以上的城市仅有 4 个，占比仅为 2%。大部分城市的旅游文化资源得分值均在 0.2 以下，其占比为 82%，其中得分值在 0.1 以下的城市占比 57%，而得分值在 0.4 以上的城市仅有 6 个，占比仅为 3%。大部分城市的旅游营销传播得分值均在 0.1 以下，其占比为 72%，其中得分值在 0.1 以下的城市占 57%，得分值在 0.4 以上的城市仅有 4 个，占比仅为 3%，得分值在 0.6 以上的城市仅有天津和北京 2 个，占比仅为 1%。从以上数据可以看出中国大部分城市在旅游吸引力、旅游文化资源及旅游营销传播方面发展水平较低，发展并不均衡，与少数知名城市的差距较大（见图 5－3）。

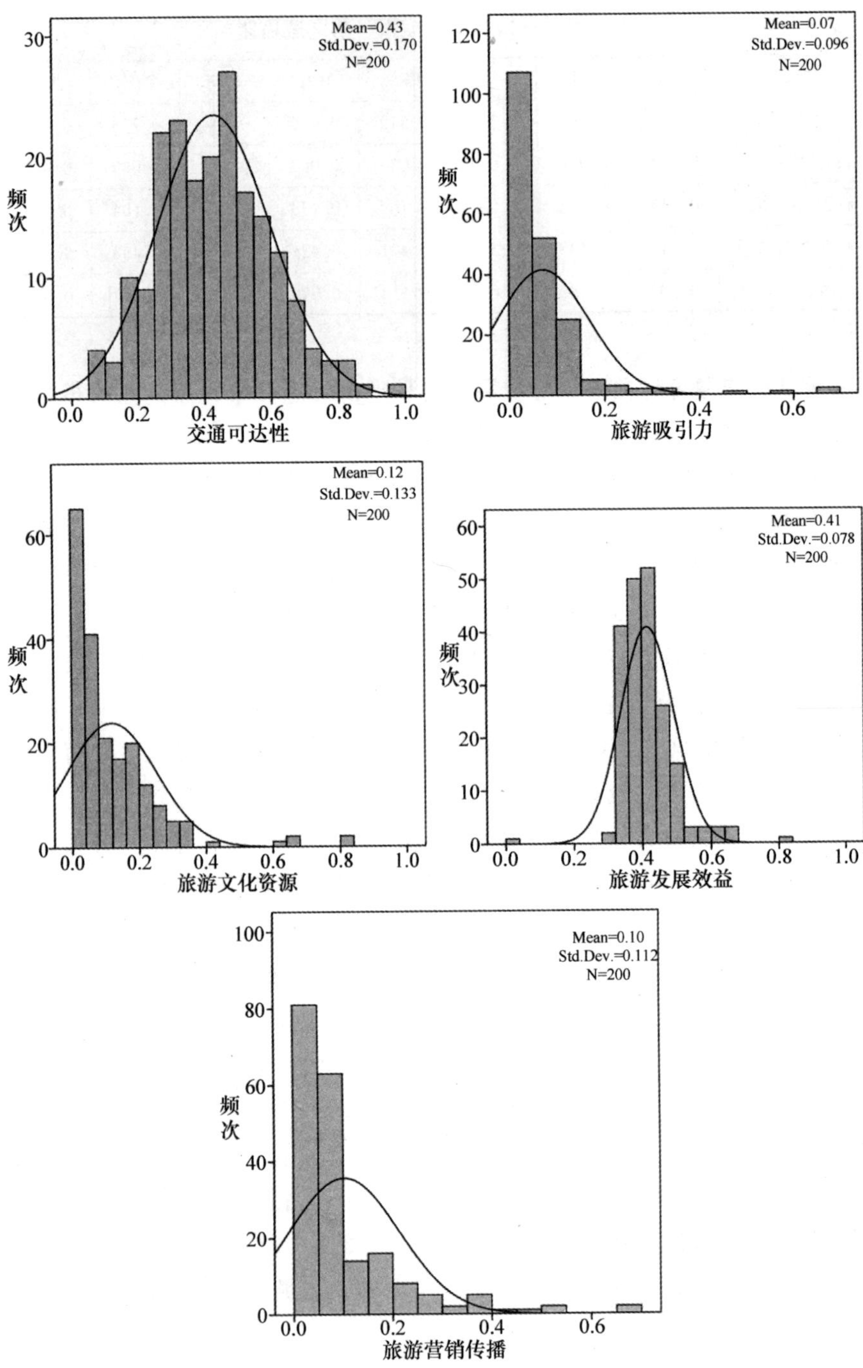

图 5－3　中国城市旅游品牌发展指数分布直方图

三　2015 年中国城市旅游品牌发展指数 10 强点评

（一）北京

北京是中国四大古都之一，也是中国著名的政治中心、文化中心及国际交流中心。北京既有故宫、长城、颐和园等深丰富的历史文化资源，也有奥林匹克运动中心、798 艺术创作区等现代都市风情人文景观。截止到 2014 年底，北京拥有 A 级及重点以上景区 221 家，其中 5A 级景区 7 家；星级饭店 581 家，其中，四星级与五星级饭店合计 198 家。截止到 2015 年底，北京市接待国内游客人数高达 2.7 亿人次，其中外国游客 357.6 万人次；累计实现旅游总收入高达 4607.1 亿元，增长 7.6%，其中旅游外汇收入高达 46 亿美元。作为中国重要的交通枢纽，在整个“十二五”期间，中国“四横四纵”的高铁专线网以北京为中心展开，首都国际机场已成为亚太地区大型航空枢纽，以北京为中心的京津冀都市圈的“2 小时交通圈”已经建成。2011 年，北京市新成立旅游发展委员会，把旅游业作为北京市重要支柱产业和新的经济增长点，把北京市建设成亚洲商务、会展之都和国际一流旅游城市。经过多年的经营与布局，北京市已经形成“一核一轴，两带十二块”的旅游空间发展布局。多年来，北京市承办过两届 APEC 会议、2008 年夏季奥运会，2022 年将会承办冬季奥运会，另外北京已经有将近 50 家世界 500 强企业总部。总之，北京丰富的旅游资源、良好的旅游服务配套、便捷的交通、优越的旅游产业发展状况、强大的品牌宣传塑造能力、为北京市旅游品牌塑造和推广奠定良好基础。

（二）上海

上海是中国乃至国际著名的经济中心、金融中心和对外开放口岸。2009 年，上海被世界品牌组织评为 2009 年度“世界特色魅力城市 200 强”之一，被《纽约时报》推选为“31 个必到旅游胜地”。2010 年，上海获选 TIG 中国最佳会议商务旅游城市。截止到 2015 年底，上海 GDP 产值高达 2.5 万亿元，其中第三产业 GDP 产值高达 1.7 万亿元，庞大的经济体量引领着中国经济发展，良好的经济条件为上海旅游业发展提供良好的经济载体和产业基础。截止到 2015 年底，上海有东方明珠广播电视塔、上海野生动物园及上海科技馆 3 家 5A 级景区，A 级景点 51 个，星级宾馆

247 家，其中五星级与四星级宾馆共有 134 家。上海共接待国内游客人数高达 2.8 亿人次，其中外国游客 614.6 万人次；累计实现旅游总收入高达 3004.7 亿元，增长 7.6%，其中旅游外汇收入高达 59.6 亿美元。2010 年，上海成功举办“城市，让生活更美好”为主题的“世博会”，共接待 7308 万人次游客，为上海建设世界著名旅游城市奠定了良好的基础。“十二五”期间，虹桥交通枢纽、京沪高铁、上海吴淞口邮轮组合港的建成，已使得上海交通便利性大大增强。上海自贸区的建设扩大了上海对外开放程度，迪士尼乐园的建成运营扩大了上海旅游品牌知名度，上海市政府也将上海定位为国际都市观光、时尚购物、商务会展、文化娱乐、休闲度假的重要旅游目的地，而这些都将为上海市旅游品牌的营造传播创造良好的条件。

（三）重庆

重庆是中国四大直辖市之一，也是中国西南地区的中心城市和交通枢纽。重庆曾被国际权威旅行杂志 *Frommer's* 和《孤独星球》评为“世界十大旅游目的地”“全球十大最具发展潜力的旅行地”。截至 2015 年底，重庆拥有 A 级景区 198 个，其中 5A 与 4A 级景区合计 75 家，全年接待游客总计 3.9 亿人次，其中入境旅游人数达 282.5 万人次，实现旅游总收入高达 2251.3 亿元，其中旅游外汇收入达 14.7 亿美元，分别实现高达 7.1% 和 8.4% 的增长率。重庆拥有丰富的自然人文景观，比如重庆温泉、长江三峡、丰都鬼城、白帝城、钓鱼城、大足石刻及乌江画廊等旅游精品，并将建设“长江三峡国际黄金旅游带”作为主打旅游品牌。此外，重庆的国际直航航线已经拓展到欧美、日韩等主要城市，直航中国台湾的航班频次也逐渐加大，旅游机场、支线机场的建设逐步进行，朝天门邮轮母港码头建设加快进行，这使得重庆旅游便捷性大为增强。重庆市政府在进行“十三五”旅游规划时，将旅游业作为重庆市综合性战略支柱产业，着力打造国际知名旅游目的地，而这些都将为重庆市旅游品牌的营造传播提供良好的机遇。

（四）天津

天津是中国国家中心城市、环渤海地区经济中心、北方国际航运中心。截至 2015 年底，天津共有 A 级及以上景区 112 个，其中包括天津古文化街旅游区与蓟县盘山风景名胜区两家 5A 级景区，星级宾馆 97 家，旅行社 427 家。天津全年共接待入境旅游人次达 326 万人次，实现入境旅游外汇收入达 33 亿美元，其增长率分别为 10.1% 与 10.2%。天津作为中国历史悠久及近代对外开放较早的城市，拥有古文化街、五大道、意式及德式风情区、杨柳青民俗大院等独特的民俗风情景观，“近代中国看天津”的文化旅游品牌效益得到彰显。天津机场二期航站楼的建成使用，京沪高铁天津段、京津城际延伸线、津秦客运专线的日益完善，天津邮轮母港的维护使用，均使得天津旅游便捷性大为增强。天津市政府在进行“十三五”旅游规划时，决心将天津建设成国际旅游城市和中国北方旅游中心，着力打造“渤海明珠、魅力天津”的旅游形象，而这些都将为天津市旅游品牌的营造传播创造良好的条件。

（五）广州

广州是国务院既定的国际大都市，是国家三大综合性门户城市之一，也是国家历史文化名城。截至 2014 年底，广州拥有长隆旅游度假区和白云山风景区两家 5A 级景区，星级宾馆 216 家，其中五星级与四星级宾馆合计 64 家，旅行社 356 家，已经与 36 个国外城市结为友好城市。截止到 2015 年底，广州全年共接待过夜游客 5657.95 万人次，实现旅游业总收入 2872.2 亿元。其中，入境旅游人次达 803.6 万人次，实现入境旅游外汇收入达 59.96 亿美元，其增长率分别为 2.6% 与 4.0%。广州作为中国古代海上丝绸之路的主港，与其他国家和地区交流较为频繁，孕育了独特的景观——比如中国最早的伊斯兰教怀圣寺和全国最大的石砌天主教石室圣心寺，还有粤剧、粤菜、岭南园林等独特人文风情，另外，广州拥有独特的亚热带自然景观，都市风情也颇具吸引力。广州作为华南交通枢纽，是京广铁路的重要节点，是中国第三大港口，是华南地区最大的贸易中枢港，在“一带一路”发展战略处于重要地位，它临近中国港澳地区及东南亚的地理优势加上便利的交通条件，使得广州入境旅游业发展优势得天独厚。另外，广州市政府着力打造“南国风情、动感花城”的旅游形象，而这些都将为广州旅游品牌的塑造与推介创造良好的条件。

（六）杭州

杭州是华东地区重要的经济、文化城市，是中国七大古都之一，也是中国重要的电子商务中心之一。杭州以风景秀丽著称，素有“上有天堂，下有苏杭”的美誉。2006年，杭州成功举办了“世界休闲博览会”，并荣获“东方休闲之都”称号。2006年，杭州被世界旅游组织和中国国家旅游局评为首批“中国最佳旅游城市”之一。截止至2015年底，杭州拥有A级景区54家，5A及4A景区合计37家。5A级景区有杭州西湖、淳安千岛湖及西溪湿地3家。杭州的星级宾馆达到186家，其中五星级及四星级宾馆共计70家，全市全年共接待入境游客342万人次，国内游客1.2亿人次，共实现旅游总收入达到2200.7亿元，其中旅游外汇收入高达29.3亿美元。杭州拥有西湖、西溪湿地、大运河、南宋皇城及千岛湖等著名自然人文景观，其交通立体化程度及便利程度较高，不仅拥有杭温高铁、沪杭高铁，还有国内品质较高的萧山国际机场。此外，杭州市政府在进行“十三五”旅游规划时，决心将杭州初步建设成国际重要的旅游休闲中心，着力打造“东方休闲之都，品质生活之城”的旅游品牌形象，而这些都将为杭州市旅游品牌的塑造与推介创造良好的条件。

（七）武汉

武汉是华中地区中心城市，是全国重要的工业基地、科教基地和综合交通枢纽。截至2015年底，武汉拥有3A级及以上景区35家，其中5A级景区3家——包括武汉黄鹤楼公园、武汉东湖生态文化旅游区及武汉木兰生态文化旅游区，4A级景区15个。星级以上宾馆81家，其中五星级14家，四星级29家。全市全年共接待入境游客202.3万人次，国内游客2.1亿人次，共实现旅游总收入达到2189亿元，其中旅游外汇收入高达12亿美元。武汉作为全国重要的水陆空综合交通枢纽，有“九省通衢”之称，高铁网络连接大半个中国，是中国铁路系统中重要的大型中转站以及内河重要港口，便利的交通为旅游腾飞及旅游品牌的传播提供了重要载体。此外，武汉市政府高度重视旅游业的发展，将旅游业作为武汉国民和经济社会发展的战略性支柱产业，立志将武汉打造成中部地区最大的商务会展型和都市休闲型城市以及中部地区旅游中心城市，成为具有滨江滨湖特色的旅游目的地、中部地区旅游集散地和文明出游的旅游客源地，而这些都将为武汉旅游品牌的营造传播创造良好的条件。

（八）深圳

深圳是中国设立的第一个经济特区，是中国对外开放较早的城市，颇具一定的国际影响力，享有“设计之都、钢琴之城、创客之城”等美誉。2010 年，深圳被《纽约时报》评为全球“2010 年旅游者必到的 31 个旅游目的地”之一。截至 2014 年底，深圳共有星级酒店 134 家，五星级及四星级酒店共 50 家，拥有 5A 级景区 2 家——包括深圳华侨城旅游度假区和深圳观澜湖休闲旅游区。截至 2015 年底，深圳全年共计接待游客 5375.2 万人次，其中海外游客 164.7 万人次，实现旅游外汇收入 49.7 亿美元，同比增长 8.8%。深圳主要以“主题公园”“滨海浪漫”“文化创意”“运动休闲”及“都市风情”五大板块为旅游特色。作为国际化程度较高的都市，深圳拥有立体化旅游交通网络和海陆空俱全的口岸格局。此外，深圳市政府重视旅游业发展，将深圳初步建设成国际重要的旅游休闲中心，着力打造“创意深圳、时尚之都”的旅游品牌形象，而这些都将为深圳市旅游品牌的营造传播创造良好的条件。

（九）苏州

苏州是中国历史文化名城，拥有 2500 多年的历史。2016 年 1 月，苏州被住房和城乡建设部评为首批“国家生态园林城市”。截止到 2015 年底，苏州共有 5A 级景区 6 家——包括苏州园林、昆山周庄古镇景区、吴江同里古镇景区、金鸡湖国家商务旅游示范区、吴中太湖旅游区与常熟沙家浜—虞山尚湖旅游区，拥有 4A 级景区 33 家，国家级旅游度假区 2 家，省级及以上旅游度假区 10 家。苏州全年共接待国内游客 1.1 亿人次，其中入境游客 149.7 万人次，实现旅游总收入高达 1884.5 亿元，其中旅游外汇收入 17.9 亿美元。苏州主要以东方水城、三古一湖、江南艺术经典和水乡风情构成的“人间天堂”为特色，拙政园、留园、网师园及沧浪亭、虎丘、寒山寺等景点闻名中外。苏州交通较为便利，京沪高铁、沪宁高铁从中经过，通苏嘉城铁正在建设中，苏南硕放国际机场、苏州若航直升机场使得苏州空运能力大为提升，而由张家港港、常熟港和太仓港三港合一组建成的苏州港也使得苏州立体化交通格局日臻完善。苏州市政府也着力打造“锦绣世界水城、极品东方园林、经典江南艺术、魅力太湖风景、时尚浪漫新城及醇厚水乡古镇”等旅游特色品牌。而这些都将为苏州旅游品牌的营造传播创造良好的条件。

(十) 成都

成都是西南地区科技、商贸和金融中心及交通枢纽，是西部地区重要的中心城市。这里有中西部地区数量最多的世界500强企业和外国领事馆，也是联合国教科文组织确定的“世界美食之都”，还是首批国家历史文化名城、中国最佳旅游城市。截至2015年底，成都拥有三星级以上饭店100家，旅行社406家。成都全年共接待国内游客1.9亿人次，入境游客230.1万人次，实现国内旅游收入高达1986.6亿元，旅游外汇收入为8.7亿美元。成都拥有青城山—都江堰景区、武侯祠、杜甫草堂、金沙遗址等众多名胜古迹。作为西南地区的交通枢纽，成都拥有中西部地区最多的国际航线，境内有12条国家级高速公路，成渝、宝成、成昆等5条铁路干线在成都交汇。成都市政府近年来也着力打造“休闲之都”的旅游形象品牌，这些都将为成都旅游品牌的营造传播创造良好的条件。

四　中国城市旅游品牌发展的问题与挑战

(一) 旅游产品吸引力不强，品牌独特性有待提升

通过前面的数据分析可知，中国城市旅游品牌发展指数与旅游吸引力指数高度相关，而中国大部分城市旅游吸引力指数得分偏低，这无疑严重影响了中国旅游品牌的塑造和提升。中国旅游产品吸引力不强主要表现在以下两个方面：第一，中国城市旅游产品层次较低，高端化旅游产品较少，难以促进城市旅游品牌的塑造与提升。众所周知，低端化的旅游产品难以对游客产生较强的吸引力，不利于旅游品牌的培育，而中国大部分城市旅游产品一直以自然观光、人文景观游览为主，产品层次较为低端化，商务、会议、度假、疗养、修学等高端旅游度假产品较为缺乏，这无疑严重地影响了城市高端旅游品牌的塑造。据统计，2015年中国接待的外国游客，以观光为主的占31.7%，而商务会议为主的仅占20.7%。第二，中国城市旅游产品同质化现象较为严重，缺乏特色性。现在城市旅游产品之间的竞争就是差异化竞争，只有突出差异化及特色优势，才能为城市旅游品牌的塑造提供沃土。中国许多城市不立足于当地独特的自然景观及历史文化，而是以经济利益为出发点，盲目的上马各种旅游项目，导致许多

城市的旅游产品同质化较为严重，旅游品牌主题不突出，特色性不强。比如，前些年的许多城市受经济利益的驱动，盲目建设各种主题公园、高尔夫球场，造成旅游建设的“千城一面”现象。

（二）旅游产品营销推介能力不足，品牌传播力度有待加强

通过前面的数据分析可知，中国城市旅游品牌发展程度与旅游营销传播相关程度较高，其相关系数高达 0.830，仅次于旅游吸引力一项；但其旅游营销传播的总体得分值较低，仅为 0.102，仅高于旅游吸引力一项，这在某种程度上也严重影响了城市旅游品牌的塑造与提升。众所周知，旅游品牌的持续培育与塑造，除了不能脱离城市文化特色和地域特色以外，更离不开旅游营销传播的中间媒介。即便一个城市的旅游资源禀赋较高，但如果没有经过有效的营销传播，不为外界所熟知和认可，其旅游品牌也较难得到有效的塑造和培育。从旅游营销传播得分排名前 10 强也可以看出，入围前 10 强的城市多为东南沿海重要城市和中西部地区的中心城市，这些城市的信息资源较为发达，其新闻单位、出版机构、数字网络企业等较为集中，从旅游信息内容的丰富度、旅游信息的传播速度及曝光推广力度来看，均拥有较大的先天优势，而中国其他大部分普通城市及中西部城市，还有待改善。

（三）旅游文化资源匮乏，品牌内涵有待拓展

通过前面的数据分析可知，虽然中国城市旅游品牌发展程度与旅游文化资源较为一般，但其旅游文化资源的总体得分值较低，仅为 0.118，这也严重影响了城市旅游品牌的塑造与提升。从旅游文化资源得分前 10 强排名中也可以看出，除了重庆、上海、苏州及北京以外，其他的省会城市、区域中心城市并未入围，从第 5 至第 10 名，入围的城市多为中西部的地级城市，而文化资源较为丰富的西安、杭州、成都、洛阳等城市并未入围，这说明中国大多数重要城市在城市建设中一味追求城市化建设的速度和现代化程度，忽视了传统文化资源的保护和挖掘。

众所周知，一个城市的文脉是城市特色所在，是城市旅游品牌塑造的支撑和依据。对于现代文化、外来文化的狂热追求，对于各类现代化广场、商场、游乐设施的盲目崇拜，使得大多数城市逐渐丧失了对传统文化资源的挖掘与追求，丧失了“文化立市”的基础，同时也使得中国大多

数城市旅游品牌形象虽然高端大气，颇有现代化与国际化气派，但品牌的文化内涵显得不足，这对偏好中国传统文化的外国游客来说，难以产生较大的吸引力，也难以获取更多的旅游外汇收入。

五　打造中国旅游品牌的对策建议

（一）提高旅游产品吸引力，塑造城市独特旅游品牌

城市旅游品牌的塑造必须以旅游资源及旅游产品为基础，不仅要体现出旅游资源及产品的多元化、高端化，同时也要体现出旅游产品的地域性和特色性。这主要体现在两个方面：第一，要促进城市旅游产品多元化、高端化的开发与推广，在继续开发传统观光、休闲旅游产品基础上，大力开展商务、会议、研学等旅游产品——就如2015年出台的《国务院办公厅关于进一步促进旅游投资和消费的若干意见》中指出的那样，在开发传统观光、休闲旅游产品基础上，积极推进邮轮产业发展，培育发展游艇旅游大众消费市场，大力开发休闲度假旅游产品，积极发展老年旅游，支持研学旅行发展。第二，要促进旅游产品地域性及特色化发展。关于这一点，新加坡就是典型的例子，新加坡自然景观及文化资源极度匮乏，但该国打破常规，充分利用热带气候环境的独特优势，塑造良好的城市人居环境，提高了外国游客对新加坡“花园城市”的认知度。我们应大力发展特色旅游城镇、丰富特色旅游商品、加快实施中国旅游商品品牌提升工程，与此同时也要积极突出城市旅游品牌的主题，尽力对游客形成差异化认知。

（二）提高旅游产品营销推介能力，加强品牌网络化传播力度

众所周知，城市旅游品牌的传播离不开有计划、有组织、有系统的营销推广。党的十八届全会提出网络强国战略，推行“互联网＋”行动计划。我们要借助互联网及其创新成果的东风，通过发展“互联网＋旅游”的方式来推进旅游品牌网络化营销。这种推广方式会克服时空距离的客观限制，促进旅游品牌信息的即时性传播，实现旅游目的地与游客的零接触。传统媒体较为落后的中小城市以及西部诸多城市会大大受益。此外，积极发展智慧旅游，也是促进中国中小城市推广旅游品牌的重要手段。通过智慧旅游城市及景区的建设，实现智能导游、电子讲解、在线预订、信

息推送等功能全覆盖，可以提高城市旅游品牌的受众基本面，这会使得旅游资源丰富但传统信息传递手段匮乏的中小城市的旅游品牌发展水平得到有效提升，缩小与旅游品牌发展水平较高的大城市之间的差距。

（三）深度开发旅游文化资源，提升品牌内涵

中国大多数城市建设“千城一面”，对旅游品牌的塑造更是只注重向现代化、国际化看齐，忽视了对城市独特形象的树立与品牌的塑造。但济南在这方面却做出了较好的榜样。济南立足于泉水文化景观，形成“家家泉水、户户垂杨”的泉水旅游文化品牌，使其以“泉城”形象名扬天下。中国城市应该在“文化立国”的战略背景下，在塑造旅游品牌过程中，提出以“文化立市”的战略。一方面，中国东部地区城市在接受外来文化的冲击和影响下，需要深入挖掘传统文化资源，加强对传统文化资源的保护，提升旅游品牌内涵。另一方面，中西部地区城市接受外来文化冲击相对较小，传统文化资源保存相对较完整，更应该对传统文化资源进行深度开发，并以此为基础形成旅游品牌的内核。此外，对于许多以传统文化为基础塑造旅游品牌的城市，需要进一步扩大城市旅游文化的内涵，强化已有的文化旅游品牌——杭州在原有的西湖文化景观的基础上，逐渐增加良渚文化、吴越文化、南宋文化等新的文化内核，使得杭州旅游品牌的文化体系越发丰富及完善。

附录：2015 年中国城市旅游品牌发展指数排名表

城市	排名	城市	排名	城市	排名	城市	排名
北京	1	徐州	51	中山	101	泰州	151
上海	2	嘉兴	52	鹰潭	102	茂名	152
重庆	3	三亚	53	荆州	103	梧州	153
天津	4	扬州	54	衡水	104	四平	154
广州	5	秦皇岛	55	鄂尔多斯	105	新余	155
杭州	6	兰州	56	海口	106	宜宾	156
武汉	7	德州	57	南通	107	赤峰	157
深圳	8	常州	58	承德	108	营口	158
苏州	9	渭南	59	钦州	109	周口	159
成都	10	滁州	60	包头	110	内江	160

续表

城市	排名	城市	排名	城市	排名	城市	排名
西安	11	湖州	61	宝鸡	111	铜陵	161
南京	12	济宁	62	镇江	112	肇庆	162
宁波	13	安康	63	鞍山	113	乐山	163
济南	14	龙岩	64	张家界	114	汉中	164
郑州	15	泰安	65	株洲	115	遵义	165
石家庄	16	安阳	66	岳阳	116	乌兰察布	166
黄山	17	江门	67	西宁	117	武威	167
沈阳	18	台州	68	开封	118	抚顺	168
洛阳	19	惠州	69	榆林	119	阜新	169
泉州	20	大同	70	银川	120	防城港	170
长沙	21	湛江	71	安庆	121	亳州	171
青岛	22	唐山	72	景德镇	122	北海	172
合肥	23	南阳	73	三明	123	潮州	173
温州	24	呼和浩特	74	泸州	124	张掖	174
福州	25	吉林	75	乌鲁木齐	125	马鞍山	175
晋中	26	怀化	76	聊城	126	嘉峪关	176
厦门	27	珠海	77	牡丹江	127	德阳	177
无锡	28	朝阳	78	玉林	128	淮南	178
邯郸	29	丽水	79	绵阳	129	攀枝花	179
宜昌	30	芜湖	80	淮安	130	大庆	180
南昌	31	梅州	81	莆田	131	六盘水	181
烟台	32	衢州	82	通辽	132	曲靖	182
太原	33	南平	83	常德	133	自贡	183
桂林	34	锦州	84	丽江	134	呼伦贝尔	184
保定	35	汕头	85	揭阳	135	盘锦	185
金华	36	商丘	86	荆门	136	通化	186
南宁	37	襄阳	87	郴州	137	濮阳	187
长春	38	漳州	88	舟山	138	佳木斯	188
昆明	39	日照	89	南充	139	玉溪	189
哈尔滨	40	新乡	90	孝感	140	随州	190
赣州	41	黄冈	91	忻州	141	资阳	191

续表

城市	排名	城市	排名	城市	排名	城市	排名
九江	42	咸阳	92	湘潭	142	巴彦淖尔	192
上饶	43	长治	93	焦作	143	石嘴山	193
潍坊	44	连云港	94	黄石	144	崇左	194
东莞	45	信阳	95	清远	145	辽源	195
贵阳	46	衡阳	96	百色	146	吴忠	196
佛山	47	延安	97	丹东	147	毕节	197
绍兴	48	临汾	98	天水	148	庆阳	198
临沂	49	蚌埠	99	威海	149	黑河	199
大连	50	柳州	100	许昌	150	齐齐哈尔	200

第6章　中国城市投资品牌发展指数：2015年度报告

程　泓*

吸引投资是塑造城市品牌的重要目的之一。将城市品牌延伸到投资品牌，强调了营商环境及城市产业活力对城市声誉的重要性。城市投资，一方面可以改善城市基础建设，促进就业，另一方面也使人们对城市发展增强信心。中国城市积极营造良好的投资环境，可以为企业和个人的创新、发展提供良好的服务。近年来，随着转型发展的压力加大，创新、创业已经成为城市发展的重大主题。

投资环境评价的理论，源于西方古典的比较成本和地域分工学说。后经过演变，研究理论从宏观角度转变为中观、微观角度。国内研究以实践研究居多，主要是测量各影响因素的轻重，并基于研究提供建议。近年来，有关投资环境或营商环境的建设，主要是注重城市整体形象的营造。一方面要加强营商环境的软硬件建设，另一方面要针对不同的细分市场和目标受众进行有效的营销沟通和服务改进，进而打造更具吸引力和竞争力的地区投资品牌形象。

本报告构建了城市投资品牌指标，包括基础设施、要素质量、制度环境、创新创业潜力、投资促进、投资营销传播等二级指标。二级指标项下面还有细分的三级指标——如基础设施对应公路、铁路、航空等交通可达性；创新创业潜力，则包括专利数、企业增长、高校质量和信息便利等等三级指标。

---

* 中山大学管理学院2016级博士生。

一　总体发展态势

（一）中国城市投资品牌发展指数总体表现

1. 中国城市投资品牌发展指数在很大程度上受经济因素影响

排名显示，城市投资品牌发展指标在很大程度上受经济因素影响。以 1 分为满分，北京为 0.870 分，上海为 0.817 分，它们是仅有的两个 0.8 分以上的城市。深圳、广州、天津相继排名第 3 名、第 4 名、第 5 名，是 3 个 0.7 分以上的城市。0.6 分以上的城市有 6 个，分别是成都、南京、杭州、武汉、宁波、青岛。这些均是经济较发达的城市。总体而言，高分的城市较少，城市投资品牌发展指数的折线从 0.9 分到 0.6 分迅速下滑，而分数在 0.2 分以下的城市也比较少。得分在 0.3—0.4 之间的城市最多，反映出城市投资品牌建设还普遍面临压力（见图 6－1）。

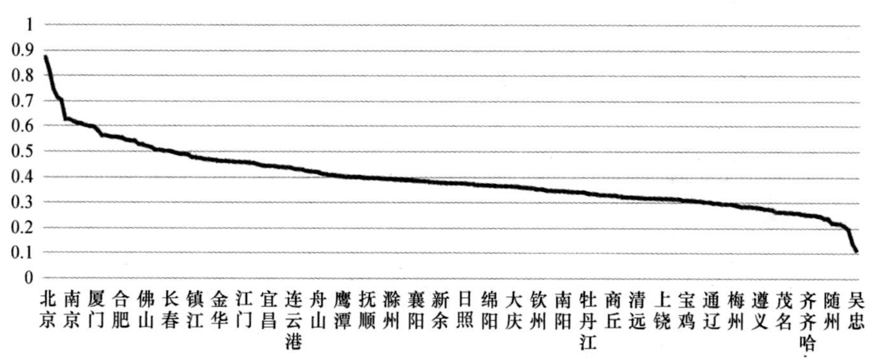

图 6－1　2015 年城市投资品牌发展指数（城市数目：200 个）

2. 省会或直辖市在投资环境的评价中具有优势

排名靠前的城市大多是省会或直辖市，如北京、上海、广州、天津。省会及直辖市接受投资机会多。首先是因为这些行政中心有较好的综合条件。省会城市的交通便利、人口密度较大，优势教育资源更为集中，制度环境更公平。比如在 2010 年，大多数省会的 GDP 占比多集中在 15%—40%。① 其次是因为国家战略重视，它们可向周围地区发挥辐射作用。华

① 倪鹏飞、杨华磊、周晓波：《经济中心与人口中心的时空演变》，《中国人口科学》2014 年第 1 期。

北、华南、华中、华东、西北、西南等区域都各自有投资品牌靠前的城市。在投资较活跃的省份，省会之外的大城市是省内经济的又一增长极——如广东的深圳、浙江宁波、山东青岛、江苏苏州。目前，省会多有生活成本增长、城市拥挤、环境压力较大等投资难题。在未来，省会或直辖市需要有新的变革（见图6－2和表6－1）。

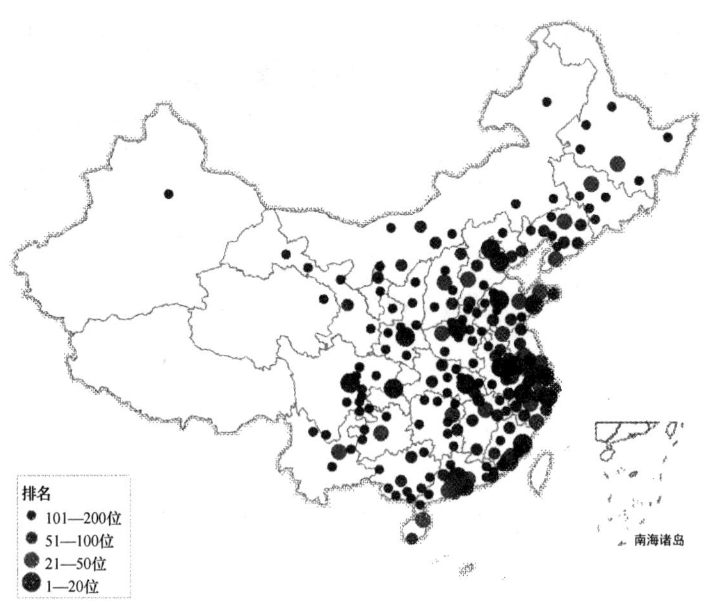

图6－2　2015年城市投资品牌发展指数的地理分布

表6－1　**中国城市投资品牌发展指数排名前20城市**

城市名称	中国城市投资品牌发展指数排名	中国城市投资品牌发展指数得分	总指数排名	省份	地区
北京	1	0.870	1	北京	华北
上海	2	0.817	2	上海	华东
深圳	3	0.746	6	广东	华南
广州	4	0.712	4	广东	华南
天津	5	0.702	3	天津	华北
成都	6	0.624	7	四川	西南

续表

城市名称	中国城市投资品牌发展指数排名	中国城市投资品牌发展指数得分	总指数排名	省份	地区
南京	7	0.624	11	江苏	华东
杭州	8	0.617	5	浙江	华东
武汉	9	0.609	10	湖北	华中
宁波	10	0.605	15	浙江	华东
青岛	11	0.601	14	山东	华东
苏州	12	0.597	9	江苏	华东
厦门	13	0.595	20	福建	华东
西安	14	0.581	12	陕西	西北
济南	15	0.561	16	山东	华东
郑州	16	0.560	13	河南	华中
东莞	17	0.556	25	广东	华南
福州	18	0.555	18	福建	华东
合肥	19	0.553	26	安徽	华东
重庆	20	0.550	8	重庆	西南

3. 中国城市投资品牌发展指数普遍高于总城市品牌指数

如图 6 – 3 所示，在 200 个城市中，大多数投资品牌发展指数都要高于城市品牌指数。投资品牌快于城市品牌的发展，说明现阶段中国城市的投资环境改善对城市发展有拉动作用。投资品牌的相对优势应是好的，因为在两者评分皆较低的时候，少数城市的城市品牌指数才是高于投资品牌发展指数的，这是经济繁荣的表现。然而，在横轴中间的一长串的城市品牌指数变化太小，更有投资吸引力的城市没有传播出城市声誉。在图中可以看出，在惠州、泉州上方和铜陵、南平上方，从两指数差值出现较大缺口。从两指数的总体趋势来看，是比较同步的，整体呈现从左到右的下降趋势。

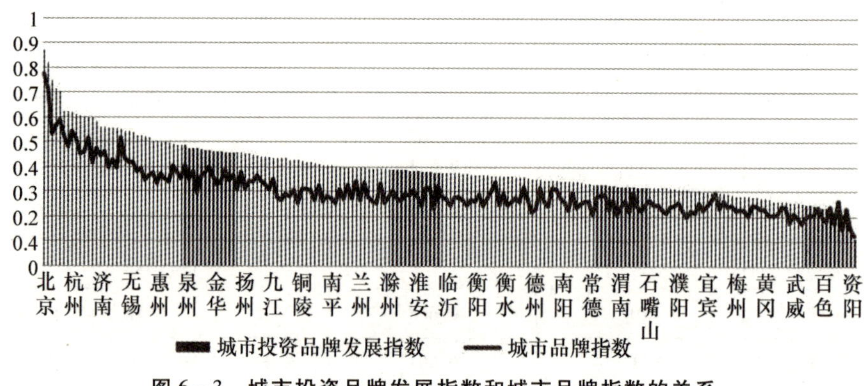

图 6-3　城市投资品牌发展指数和城市品牌指数的关系

（二）中国城市投资品牌发展指数的区域特征

1. 华东地区高分城市以大比例排名靠前

在地区分布上，投资品牌发展指数前 100 名的城市，华东地区占到 45 个，几乎占总数一半。接着是华南地区，占到 14 个城市。华北、华中地区各有 13 个城市。东北、西南和西北地区分别有 9 个、4 个和 3 个城市。比较前 200 名城市，华东增长不明显，以 52 个城市排在第 1 位。排第 2 位的是华中地区的 37 个城市，第 3 位是华南地区，有 28 个城市。后面的华北、东北、西南、西北上榜城市个数差别不大。华东地区在大多单个指标上都高于其他地区——制度环境指标上得分最高，为 0.7107 分，基础设施、要素质量、创新创业潜力、投资促进指标均高于 0.5 分。华南地区为第 2 名，在制度环境、投资促进方面得分要高出后面地区。华北地区排第 3 名，但在基础设施、要素质量、创新创业潜力、投资营销传播指标上都优于华南地区，且在制度环境和创新创业潜力指标上高出 0.5 分（见表 6-2 和表 6-3）。

表 6-2　　城市投资品牌发展指数排名前 100 的城市地区分布

区域	华东	华南	华北	华中	东北	西南	西北
城市个数（个）	45	14	13	13	8	4	3

表 6-3　　城市投资品牌发展指数排名前 200 的城市地区分布

区域	华东	华中	华南	华北	东北	西南	西北
城市个数（个）	52	37	28	23	21	20	19

2. 区域差异中有趋同，如何改善区域内部问题才重要

华南、华北地区与东北、华中地区，前两者之间、后两者之间得分很接近。从平均得分可见，华北地区最高，华南和华北地区较为接近，东北和华中地区较为接近。各区域的要素质量、创新创业潜力、投资营销传播等指标差异不大。以西北地区为例，该地区总分落后，但其要素质量、创新创业潜力指标的排名还是不错的，需要改善的是基础设施、投资促进等指标。应该说，后进地区的追赶行动是充满希望的，要能从差异中看到趋同，更好地发现区域改善的方法（见表 6－4）。

表 6－4　**各地区城市投资品牌发展指数与各分项指标平均得分**

地区	城市投资品牌发展指数	基础设施	要素质量	制度环境	创新创业潜力	投资促进	投资营销传播
华东	0.457	0.512	0.371	0.711	0.544	0.504	0.102
华南	0.407	0.454	0.282	0.665	0.487	0.463	0.088
华北	0.4047	0.491	0.366	0.597	0.505	0.333	0.133
东北	0.375	0.371	0.330	0.571	0.461	0.441	0.077
华中	0.366	0.426	0.236	0.632	0.463	0.373	0.067
西南	0.328	0.273	0.255	0.601	0.460	0.294	0.085
西北	0.309	0.333	0.310	0.511	0.480	0.166	0.052

3. 江浙地区高分城市多，广东、河南显综合优势

以排名前 100 的城市筛选，前 10 名的省份有江苏、浙江、广东、安徽、福建、山东、辽宁、河北、江西、湖北。以排名前 200 的城市筛选，前 10 名省份是广东、河南、江苏、山东、四川、浙江、安徽、广西、辽宁、湖北、湖南。[①] 比较来看，两榜都排进的省份有江苏、浙江、广东、安徽、山东、辽宁 6 个。江苏、浙江二省排进 100 名和 200 名的城市有很多，前者以南京、苏州牵头，后者以杭州、宁波为代表，分别有 11 个城市排进 100 名和 200 名。河南的两榜成绩跳跃大，前 100 名城市只有 2 个，前 200 名城市却有 12 个（见图 6－4 和图 6－5）。

① 湖南与湖北同样拥有 9 个城市，并列第 10 名。

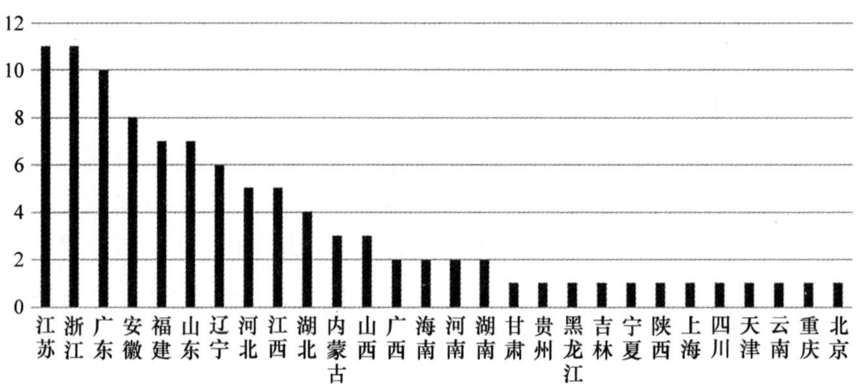

图 6-4　中国城市投资品牌发展指数前 100 名的城市省份分布

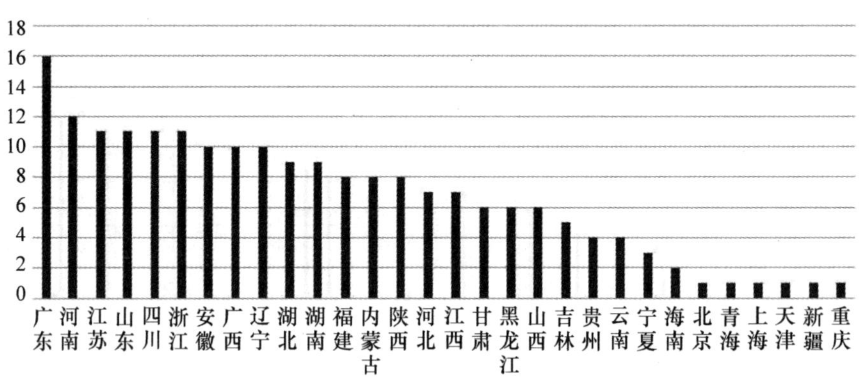

图 6-5　中国城市投资品牌发展指数排名前 200 名的城市省份分布

二　数据聚焦发现

（一）基础设施指标对城市投资品牌发展指数的贡献

基础设施是城市经济和社会生活的保障，也是衡量城市现代化程度的重要标尺。根据统计，200 个城市的数据点整体呈直线趋势，累积到一定程度后，有一个更大斜率的上升趋势。不同城市的平缓斜率反映出基础设施建设非一日之功，但其对投资的保障将持续较长的时间。由图 6-6 可见，基础设施指标的得分在 0.6 分以上的城市占少数。上海以 0.9913 分接近满分的成绩排在第 1 名，第 2 名北京及之后的城市得分就较接近了。基础设施建设要靠投资，完善的基础设施也为城市吸引投资。基础设施建设受城市的历史影响，也因持续投资而改善。比如南京作为历史悠久的城市，其基础设施指标得分较高部分因为历史积淀。而深圳作为新兴城市，近 30 多年的积累铸就了现在的城市基础设施。古城和新城的建设各有特点。本报告考虑到其与投资招商联系紧密的因素，统计的基础设施指标主要包括城市交通要素。

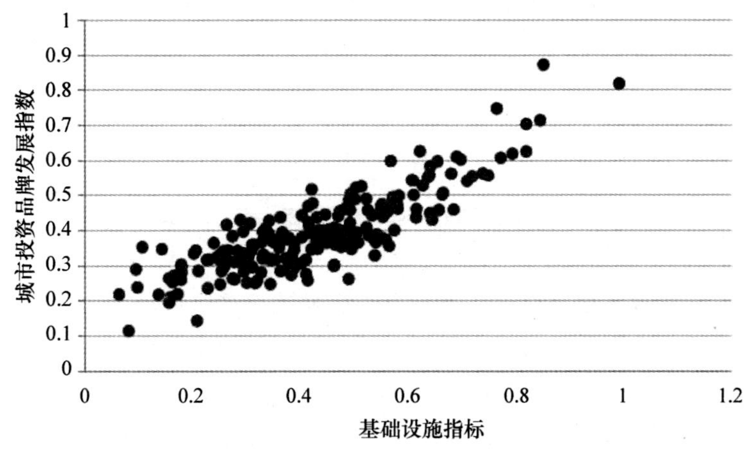

图 6－6　基础设施指标对城市投资品牌发展指数的贡献

（二）要素质量指标对城市投资品牌发展指数的贡献

从图 6－7 可以看出，200 个城市的数据点呈直线上升趋势分布，在要素质量指标到 0.4—0.6 区间内，有一个更明显的提升，说明这是要素质量指标的最佳贡献区间。同时，要素质量指标较高的城市零星分布说明人才的稀缺属性，人才要素较多聚集在最聚吸引力的城市中。我们还注意到，要素质量指标也有得分较高的城市领先较多的情况。前 3 位的城市得分都有显著差别，北京的得分接近 1 分，让其他城市望尘莫及。第 2 名，第 3 名的上海和深圳又遥遥领先于其他城市。要素质量指标指的是城市的企业、人力、消费、创新等能力高低。城市想要提高实力，关键在于人才。在排名前列的投资品牌城市中，要素质量指标一致的优秀。城市的活力吸引来了人才，人才的长期生活刺激了投资。由此可知，为促进城市投资品牌建设，城市应采取积极的人才吸引策略，积极建设宜居又宜业的城市。

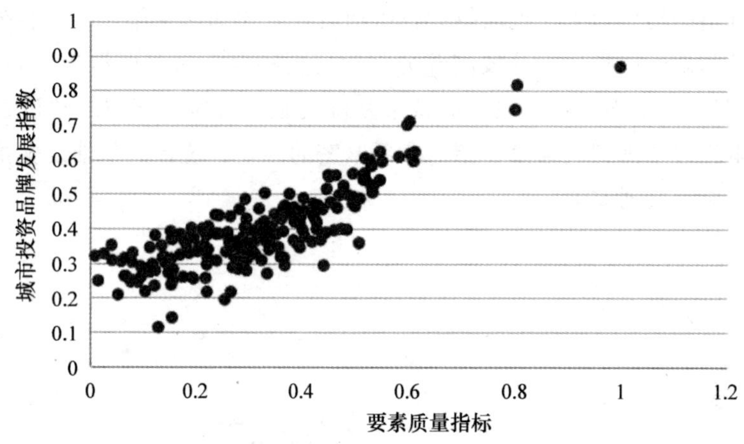

图 6－7　要素质量指标对城市投资品牌发展指数的贡献

（三）制度环境指标对城市投资品牌发展指数的贡献

如图 6－8 所示，城市的制度环境指标和投资品牌发展指数的关系不很明显。一些投资环境好的城市制度环境也较好。但在图中心有一大块模糊地带，在横轴的 0.5—0.9 之间，两者的关系都是比较微弱的。在这个阶段，制度环境指标对于投资品牌发展指数的影响程度很低。这在制度环境指标前几名中也有所体现，前 4 名的北京、上海、深圳、广州，对应的投资品牌发展指数也较高，但到第 5 名至第 8 名的南平、咸阳、威海、鹰潭，其投资品牌发展指数却较低，直至第 9 名至第 11 名的温州（第 30 名）、西安（第 14 名）、武汉（第 9 名）[①] 才有所改善。原因可能在于影响商业的制度环境指标难以量化，且制度环境指标对投资的影响短期难被体现出来。直观地讲，商业讲究时间和效率，便利的商务环境能为企业家节省时间，提高商业决策的可预测性，为公司运转添加润滑剂。研究显示，外资对华投资最看重的是政府行政效率。[②] 但其考虑的是更宏观的制度定义，如税收、公平因素。本研究中的制度环境，主要指政府行政透明度以及开办企业的便利度。

① 括号内为投资品牌发展指数总排名，下同。

② 竞争力研究项目组：《跨国公司眼中最具投资价值的中国城市》，《开放导报》2007 年 2 月第 1 期。

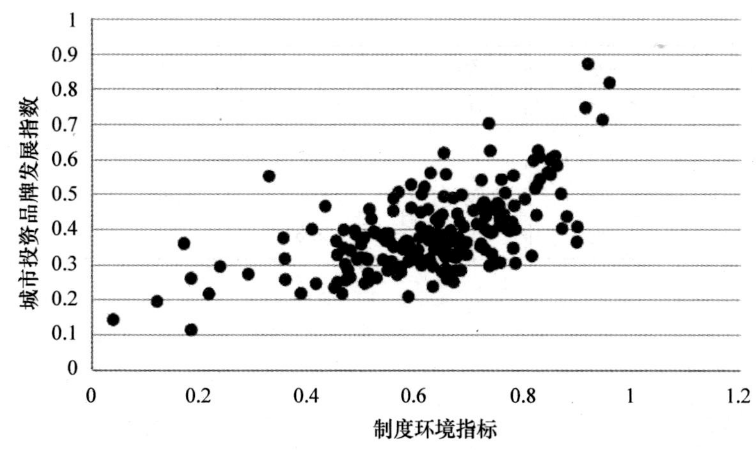

图 6－8　制度环境指标对城市投资品牌发展指数的贡献

（四）创新、创业潜力指标对城市投资品牌发展指数的贡献

在前 200 名城市中，当城市的创新、创业潜力指标浮动在 0. 2—0. 5 之间时，对投资品牌指数的增长贡献颇微，而当创新创业潜力的评分超过 0. 5 时，散点就沿着一条斜率更大的上升趋势分布。这为产业集群理论提供了佐证，也意味着城市的创新、创业活力有质的变化时，才会引起较好的投资品牌效应。值得关注的是，在 0. 4—0. 5 的横轴区间内分散着 67 个城市，占总比的 33. 5%，它们离产业集群的规模效应虽不远，却难以跨越这一临界。创新、创业潜力指标的最高分只有 0. 8437 分，前 4 名是北京、上海、广州和深圳，第 5 名至第 8 名是天津（第 5 名）、东莞（第 17 名）、杭州（第 8 名）、武汉（第 9 名）。第 9 名是淮南（第 94 名）——淮南的基础设施（第 162 名）、要素质量（第 79 名）、制度环境（第 97 名）、投资促进（第 132 名）、投资营销传播（第 121 名）拉后了其总排名，成了偏科英雄。本研究中创新、创业潜力主要用专利数、企业增长、高校质量、信息便利等体现（见表 6－4 和图 6－9）。

表 6－4　　**创新、创业潜力指数在临界值附近的城市**

郴州	0. 470	桂林	0. 481	黄山	0. 491
内江	0. 4736	景德镇	0. 482	商丘	0. 492
呼和浩特	0. 474	信阳	0. 483	马鞍山	0. 494

续表

临沂	0.474	衡水	0.484	承德	0.494
玉溪	0.477	阜新	0.484	连云港	0.495
哈尔滨	0.479	柳州	0.488	荆门	0.498
吉林	0.479	锦州	0.489	鞍山	0.499
黄冈	0.480	三亚	0.489		

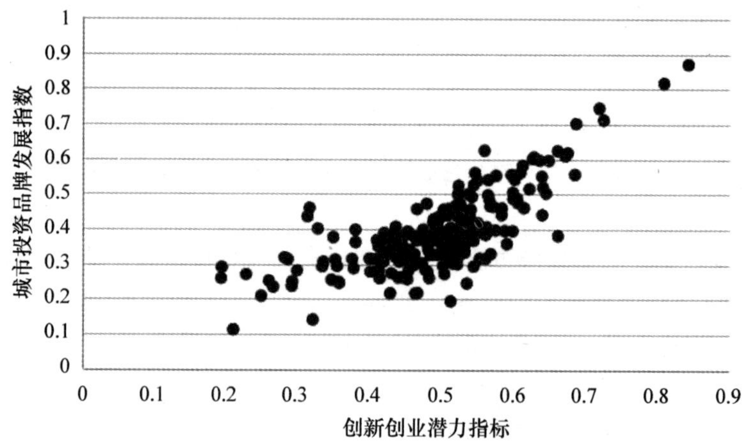

图 6-9 创新创业潜力指标对城市投资品牌发展指数的贡献

（五）投资促进指标对城市投资品牌发展指数的贡献

如图 6-10 所示，200 个城市的投资促进指标所对应的投资品牌发展指数呈缓慢上升趋势。各个城市的投资促进指标得分在横轴方向上分布较平均，尤其是在 0.1—0.6 区间内。前 6 名的城市是重庆、深圳、广州、成都、上海和北京。投资促进指标最高得分城市重庆也只有 0.8496 分，与最前面两个项目的最高分（均接近满分）差距较大。这也是北京、上海唯一一个跌出前 3 名的指标。重庆的投资促进指标分数高，但投资品牌发展指数却排在第 20 名。重庆的几项指标得分差距较大——基础设施（第 25 名）、要素质量（第 38 名）、制度环境（第 192 名）、创新创业潜力（第 15 名）、投资营销传播（第 6 名）。再次说明单个指标不足以撑起城市的总体投资吸引力，内外兼修才是王道。本报告中投资促进指标主要衡量外资投资贡献、外贸依存度、商贸流通因素。

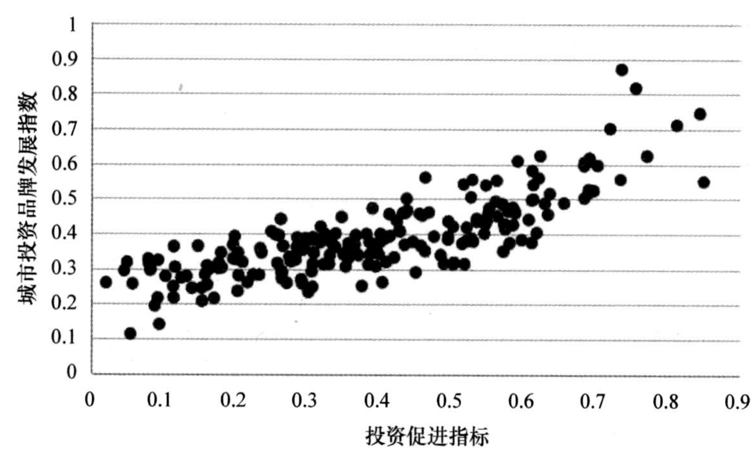

图 6 - 10　投资促进指标对城市投资品牌发展指数的贡献

（六）投资营销传播指标对城市投资发展品牌指数的贡献

当前，大多数城市对投资营销传播不够重视，该项指标得分大都低于 0.2。但是投资营销传播的基本工作很重要。从图 6 - 11 可知，横轴在 0—0.1 指数间的投资营销传播投入，纵轴就有 0.1—0.5 的投资品牌效果。这样的数据说明，初期的投资营销传播带来了较好的效果。而随着投资营销传播指数的继续增加，城市投资品牌发展指数增长放缓。投资营销传播指数与城市投资品牌发展指数呈倒 U 型关系。这意味着对于城市来

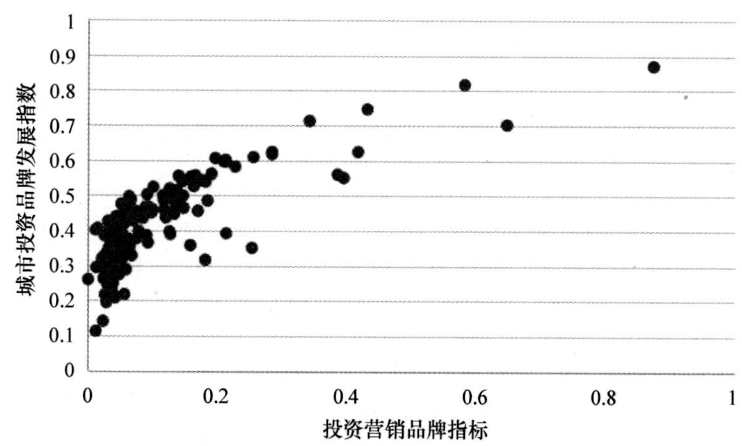

图 6 - 11　投资营销传播指标对城市投资品牌发展指数的贡献

说，基础的投资营销传播工作一定要做——如设立相关网站，让投资者方便获得决策资料，投放一定数量的投资新闻，通过投放广告增加曝光度等。各地应传播友善的城市形象，还可以举办投资推介会等活动。

三　城市投资品牌发展指数10强点评

（一）北京

北京是城市投资品牌发展指数最高的城市，具有强势的投资吸引力。项下各指标都名列前茅，在要素质量、创新创业潜力、投资营销传播三项指标上，取得第1名的成绩。在几项指标中，需要改善的是投资促进能力，在吸引外资做法上，北京仍有提高的余地。北京有便捷的交通，是北部地区的交通枢纽。汇聚了高层次人才，高学历和精英人士基本都留京，国外人才归国的首选也是此地。“清华”“北大”等一流学府为城市建设不断输入新鲜人才。“中科院”“社科院”等研究机构也为创新能力提供了保障。2015年，该市研究与试验发展（R&D）经费支出为1367.5亿元，占地区GDP的5.95%。制度环境较好，行政水平有保障，政策走在全国的前头，2015年，北京和上海成为第一批全国推广的离境退税试点城市。至于创业潜力，北京还是全球第一大世界500强企业总部之都，许多行业创举由此推出——滴滴打车以北京为主场，迅速实现扩张，也在竞争中取得优势。而北京不跌的房价，也体现了房地产业对投资的支持。

（二）上海

上海在城市投资品牌发展指数的评比中排名第2名。与北京的得分错落有致，上海拿了另外两个项目的单项第一，在基础设施、制度环境指标上具备最优的实力。上海需要改善的同样是吸引外资的能力。上海的基础设施指标得分要比北京高，对基础设施投资大，从1991年到2002年，上海约在每一个工作日为基础设施投入约1亿多元。市内“海、陆、空”三大交通建设完善，临海也是相对于北京的优势。上海是人才和企业的集聚地，有长三角的人力输入（长三角的人才资源质量较高）。上海是改革的试验田，上海自贸区于2013年成立，是特殊监管区域，旨在探索政府职能转变、金融制度、贸易制度、外商投资和税收政策等多项改革措施。2014年底，该区面积扩大3倍多。2015年上海自贸区已成为世界自由贸易区联合会荣誉会员。上海创业的机会很多，各方面支持都到位。

（三）深圳

深圳在城市投资品牌发展指数比拼中名列第 3 名。与前两个城市相比，深圳在吸引外资能力上较为出色，排名第 2 名，其要素质量指标也较高，排名第 3 名。深圳的弱项在于基础设施指标，只排在第 8 位。深圳建城时间较短，基础设施短时间达到如今效果已是不易。在人才储备指标上，深圳本地在高等教育上较欠缺，但该市实施较多人才专项优惠政策，并利用高品质的生活环境和优良的民间创业环境吸引外来人才，与香港的人才交流也较多。在制度环境指标上，深圳对企业的法规建设在全国处于领先地位。在创新创业潜力指标上，当地鼓励高新技术产业、金融业、物流业、文化产业等战略产业创业，鼓励总部经济发展，与北京遥相呼应，区内创业氛围活跃。为了促进投资，深圳成立有专门的投资推广署，协调各部门，促进投资，避免部门各自为战。城市的投资营销传播较好，其以国内其他地区和外资企业为目标，展示出了整体城市形象的品牌。

（四）广州

广州的城市投资品牌发展指数的总分排名第 4 名。具体来看，广州的几项得分都不错，基础设施、制度环境、创新创业潜力、投资促进均排在前 3 名，但要素质量和投资营销传播指标的得分在第七、八位，从而拉后了整体名次。相比同省的深圳，广州建城时间长，在基础建设较有优势。但要素质量指标相对深圳的落后，说明广州欠缺合理的人才优惠政策。在制度环境指标上，广州市民维权意识强，舆论监督推进了制度改革。关于创新、创业潜力指标，广州是重商的城市，优势在于突出的创业文化，可能受到 20 世纪 70 年代改革开放的影响，人们对创业致富有更切身体会。但相比北方地区，政府政策较少，适当加强税收优惠等鼓励政策是广州未来的发力点。① 该地的投资促进氛围活跃，外资引

---

① 姚晓芳、陈汝超：《北京、合肥、广州三地创业环境比较研究》，《科技进步与对策》2009 年 11 月。

进成绩斐然，广州的华侨资源丰富，引致的外资对城市发展起到了重要的作用。广州在投资营销传播指标上，排名较为落后，在未来应该加强城市投资推广活动。

（五）天津

天津的投资吸引力位列第5名。天津位于渤海边，具有港口优势。京津冀协同发展战略，使天津与周围地区有联合发展的机会。天津的基础设施较好，得分排在第4名，天津港是中国北方的重要港口，对北方的海运吞吐有重要作用。要素质量指标排第8名，区内有天津大学、南开大学等众多名校，但相比北京等一线大城市，或是南京、杭州等人才质量较高地区仍有差距。天津在制度环境指标得分较低，排在第51名。这应给予重视，要考虑到行政效率的长远影响。要充分发挥天津自贸区、保税区的作用，在协同北京发展中，明晰城市的定位。天津的创新创业潜力指标排在所有城市的第5名，天津积极打造众创空间——如创客空间、创业咖啡、创新工场等载体，打造一定量开放式的众创空间，加强创业氛围。在产业战略方面，天津积极发展现代服务业，发展现代都市型农业。2015年，天津新能源、新材料、新一代信息技术、高端装备制造等领域投资增长较快。受地缘关系影响，日本、韩国企业在天津投资多。投资营销传播的排名靠前，排在第2名，投资营销较为成功。

（六）成都

成都的投资品牌发展指数排在第6名。成都在投资促进和投资营销传播上得分较高。但成都的基础设施较弱，排在第27名，西部地区城市的基础设施平均得分较低，成都作为西部的大都市，应发挥带头作用，加强基础设施建设。近年来，成都积极加大对基础设施建设和技术改造的投资力度，如能假以时日，或将出现成效。成都的要素质量指标排在第12名，稍显劣势，成都有很好的生活和休闲环境，对高端人才的吸引力不高，乐业环境不突出。与之相应的是成都的创新、创业潜力排在第45名，表现出明显的不足。成都的制度环境排在第18名，也不理想，政府在行政效率、创业企业审批上仍需采取专门的改进。成都的投资促进指标排名第4名，效果较佳，应继续积极利用“一带一路”战略机会，吸引外资投资。成都的投资营销传播指标排名为第5名，营销能力较强，表现出了旅游、休闲业的优势。

（七）南京

南京的城市投资品牌发展指数排在第 7 名。南京是长江下游地区仅次于上海的主要中心城市。从古到今都是人才集聚之地。南京的基础设施指标排名第 5 名，陆路、水陆畅通，航空也较为发达。要素质量指标排名第 4 名，在文化上重视教育，居民的受教育水平较高，省内的人才对南京的建设贡献良多。地方教育方面以南京大学为首，高等院校较多。南京的弱项在于制度环境指标，排名为第 48 名，南京应认识到政府行为对企业投资的重要影响，改善行政环境，简化审批手续，提升政府服务。南京的创新创业潜力指标排名为第 10 名。投资促进指标排名在第 22 名，成绩不理想。南京要发挥外资的示范作用，积极与外商合作。投资营销传播指标排名第 10 名。面对未来高端人才流动性增大的趋势，南京应发挥和加强中心作用，改善区内政府对创新、创业的支持。

（八）杭州

杭州的城市投资品牌发展指数排在第八名。“人间天堂”的杭州环境优美，人杰地灵、经济发达，是浙江省会。杭州的基础设施指标较好，排在第 6 名，说明其陆、空交通很方便。要素质量指标排在第 6 名。浙江的人力资源较为丰富，省内有浙江大学等一流大学。弱项是制度环境指标排名在了第 95 位，是前 10 城市中的最坏成绩。杭州政府应予以重视，在处理公务上，应增加公开透明度。提高服务意识，切实为企业做好服务。创新、创业潜力指标排在第 7 名，企业有较好的融资渠道，促进了创业。2015 年，杭州的信息传输软件和信息技术服务业、金融业增长迅速。投资促进指标排在第 12 名，吸引外资工作仍有提高的余地。投资营销传播指标排在第 9 名，相对总成绩表现还是可以。

（九）武汉

武汉的城市投资品牌发展指数排在第 9 名。武汉的得分较为平均，除了投资促进指标排在第 32 名，其他项目均在前 15 名以内。武汉是湖北省会，是中国重要的工业基地。地理位置特殊，是中部重要的水、陆、空交通枢纽。武汉的基础设施指标排名第 14 名，应继续加强交通枢纽城市对于商业的优势。要素质量指标排名第 9 名，和投资总指数一致，区内有武汉大学等一流名校，但也可以适当吸引外地人才。制度环境指标排在第 11 名。创新、创业能力指标排在第 8 名。投资促进指标排名为第 32 名，在招商引资方面仍需加强。投资营销传播指标排在第 11 名，表现不突出但也不弱。

（十）宁波

宁波的城市投资品牌发展指数排在第 10 名。宁波是浙江杭州以外第二个上榜的城市，显示浙江在吸引投资上的实力较强。它是世界第 4 大港口城市，是长三角五大区域中心之一。宁波的得分也较为平均，六项得分均在前 20 名以内，最好成绩是基础设施指标排在了第 7 名。宁波的基础设施较好，港口为其商业竞争力加分不少。要素质量指标排在第 19 名，宁波的要素质量指标比起杭州较为落后，在吸引和更新人才培养上要不断改善。宁波的制度环境指标排在第 17 名，虽没有进入前 10 名，但比省会杭州要好很多。创新创业潜力指标排在第 17 名，仍需提高。投资促进指标排在第 15 名，应积极发挥邻近台商的作用，促进两岸交流。投资营销传播指标排在第 18 名，需要继续提高。

四　打造城市营商品牌的问题与挑战

（一）大城市的优化发展问题

大城市具有特殊性，北京、上海、广州、深圳是城市里特殊的群体。它们的投资环境最好，各项指标都优秀，它们各项数据的散点总在坐标轴的最右上方，比其他城市有明显的优势。这些城市的未来投资环境是会保持优势还是与后进城市趋同，值得探究。大城市是经济发展的中心力量，对国家、区域的作用很大。大城市拥有较多的投资资源，投资的结构优化应从这些城市开始。这里集结着优秀的人才和引领企业发展的核心机构。在各区域发展过程中，大城市起着带领作用。创新需要用资源浇筑，这些城市也是创新的中心。未来城市发展，需要这些大城市的创新。当前，困扰大城市发展的问题是人多拥挤、生活成本过高和环境压力大的问题；此外，空气环境质量低下，雾霾污染严重，工作压力巨大，也影响着人们的生活水平、健康水平。大城市应实现更人性化的优质发展。

（二）区域投资吸引差异的显现

投资环境的差异会使各地投资吸引力有所区别。东部地区具有区位优势和改革开放的先行优势，东部沿海地区较其他地区有更好的地理环境，投资招商开始得早，海外企业对这些地方较为熟悉，而且其华侨资源较丰富，这些地区投资吸引力更强。此外，由于投资行为受利润和政策影响大，后进地区如果进行合理开放也将有不错的发展机会。西部城市的投资吸引力较低，在基础设施、制度环境等指标方面尤其较弱。但西部城市的投资环境改善的步伐也迈得很快，如表 6 – 4 所示，西部城市排在城市投资品牌发展指数前 200 名的城市，有些数据与其他城市接近。西部城市民风淳朴，自然资源丰富，有着很好的生活环境，但商业竞争能力较薄弱，没有发达地区商业经验丰富。

（三）城市在各项指标上需要提高关注

在基础设施发展上，各城市发展情况不同，面临的发展机遇也不同。要素质量是投资活动落地的重要考量指标，离开人才和活跃的企业，地方经济就失去了活力。制度环境指标亟须改善，无论是行政办事效率、创业企业行政审批手续，还是政府形象、区内公平、准入门槛，很多城市的制度环境存在不足。排名靠前的城市聚集了人才和企业资源，政府如摆出怠慢态度，这是不利于城市长期发展的。投资营销传播指标应继续改善。城市在营销上的努力仍需改善。

五　城市品牌提升投资创业吸引力：对策建议

（一）大城市要实现投资环境的可持续发展

针对大城市的投资，投资者开始注重其长远发展。社会需要更宽容的文化氛围和丰富的社会价值观，应鼓励创新创业的行为，不能仅仅依据人们的成果来评价其工作。大城市应利用好人力储备，重视文化产业、创意产业的发展，鼓励艺术家的创见。强盛的文化中心比工业中心更有说服力。此外，科技是通往未来城市的道路，大城市应注重科技的发展，建好基础设施，为更高的目标努力。大城市的升级孕育着中小城市的发展机会，中小城市也应发挥主观能动力量，注意寻找当地的特色工业，发挥对大城市的支持作用，谋划好配合大城市的发展计划，提高开放程度，改善制度环境，使工作环境更良好。随着高铁、机场等基础设施建设完成，资源流动更方便，小城市的支持作用更显重要。小城市通常给人行政效率低下、官僚主义严重、存在地方保护主义的印象，这些是不利于投资的。

要协调地区之间的发展优势。华东地区应发挥对其他区域的拉动作用，其他地区也应参照借鉴华东地区的经验。西部地区应该加快引入投资，改善地区交通。基础设施便利化，能使城市更宜居，能够带来显著的投资成效。西部地区自然资源丰富、环境宜人，可对应地加快旅游业等的发展。在发展过程中，应保持好环境优势，不要重蹈东部地区工业化过程中忽视环境的覆辙，避免先污染后治理现象发生。在政策方面，应注重对西部地区的支持。而西部地区在制度法规上要注意提高。西部地区在发展过程中，尤其应注意对投资者的教导，要注意与当地居民的关系，要保护当地居民应得的收益，也要注意对当地企业家和优秀管理者的培养，让当地人有更好的管理机会。应实现让返乡的劳动力安居乐业，拥有良好的工作和创业机会。

（二）基础设施的改善

在谋划建设基础设施时，应有长远考虑。基础设施建设耗资较大，应善用投资，要根据城市发展的水平和需要，判明项目的主次顺序。近年来，国家鼓励私人参加基础设施投资，要探索政府与社会资本合作的机制，鼓励地方政府和社会资本投资建设城际铁路和重大水利工程。就机场来说，应加快枢纽机场建设步伐，打造大型国际航空枢纽。同时，也应着重完善地下廊道、污水和垃圾处理以及生态园林建设。

（三）要素质量的改善

城市与人才的互动关系可分为两种情况。第一种是大城市，有众多外地人才前往，择良木而栖。第二种是省内中心城市，这些地方对地区周边的人才质量要求较高。在周围人才供给不足的情况下，这些城市应在人才市场化背景下，采取优惠政策积极招揽——在创业资金、产业孵化、薪酬补贴、家属方面提供便利条件。本土人力资源丰富的城市，也应建设好安居乐业的环境，减少人才的流失。这些城市应丰富教育、医疗、社会保障体系等辅助系统的建设。还可提供到位的公共服务，如开辟人才服务“绿色通道”。

（四）制度环境的改善

应认识到政府形象的重要性，加强加快制度改革。2015 年，中国制度改革呼吁之声不绝于耳。国务院印发了《关于取消非行政许可审批事项的决定》，铁路建设项目将不再需要国家铁路局审批。要使用“互联网＋监督”方法，推动公平、公正，减少地方保护主义对外地投资的壁垒，创造更加公平的创业环境。还要促进农村土地制度改革试点，推进农村土地流转，在土地使用等问题上提高透明度。随着国内企业竞争激化，为了提高企业竞争力，对于经营规范、政策确定性的要求也应增加。

（五）创新、创业潜力的提升

创新和创业是两种相辅相成的能力，创新提供思路，创业发现商机。创新、创业都需要时间提炼，因此对于人才培养、项目孵化的支持很关键。城市应利用好特色资源，支持民营企业和小微企业的发展。科技创新要渗透到小微企业的创新中去。应使国企改革提速，推进国有企业在财政、信贷、要素等方面尽量享受政策的益处。要均衡竞争与帮扶的做法，加大对移动互联、电子商务、健康医疗和金融服务业重点行业的孵化，加强区域合作。创新、创业潜力指标与要素质量指标是比较相关的，人才集聚的地方，创业潜力也不会太差——只是要发挥出人才的集聚效应，仍需鼓励创新行为。

（六）投资促进的改善

在投资促进方面，需要研究对应的投资来源，利用好存量，努力寻找新的投资者。政府和相关部门要引导外资更多地进入现代农业、高新技术、先进制造、节能环保、新能源、现代服务业等领域，引导外资往中西部地区发展。要更多地借鉴国际先进管理理念和制度、经验。在不同城市要采取不同的做法，一些大城市应考虑吸引投资的新思路。

附录：2015 年中国投资品牌指数前 200 名城市

城市	排名	城市	排名	城市	排名	城市	排名
北京	1	唐山	51	营口	101	孝感	151
上海	2	秦皇岛	52	聊城	102	通化	152
深圳	3	南宁	53	日照	103	盘锦	153
广州	4	绍兴	54	新乡	104	濮阳	154
天津	5	宜昌	55	郴州	105	许昌	155
成都	6	湖州	56	衡阳	106	宝鸡	156
南京	7	九江	57	湛江	107	揭阳	157
杭州	8	保定	58	西宁	108	防城港	158
武汉	9	鞍山	59	绵阳	109	玉林	159
宁波	10	威海	60	湘潭	110	内江	160
青岛	11	连云港	61	泰安	111	宜宾	161
苏州	12	锦州	62	桂林	112	通辽	162
厦门	13	泰州	63	衡水	113	安康	163
西安	14	铜陵	64	咸阳	114	汉中	164
济南	15	台州	65	大庆	115	榆林	165
郑州	16	柳州	66	荆门	116	嘉峪关	166
东莞	17	舟山	67	乌鲁木齐	117	开封	167
福州	18	马鞍山	68	三明	118	朝阳	168
合肥	19	黄山	69	吉林	119	梅州	169
重庆	20	株洲	70	德州	120	乐山	170
长沙	21	南平	71	钦州	121	玉溪	171
无锡	22	丹东	72	黑河	122	南充	172
沈阳	23	鹰潭	73	安阳	123	梧州	173
大连	24	衢州	74	荆州	124	张家界	174
佛山	25	莆田	75	攀枝花	125	遵义	175
珠海	26	呼和浩特	76	晋中	126	黄冈	176
中山	27	鄂尔多斯	77	南阳	127	怀化	177
太原	28	兰州	78	安庆	128	四平	178
惠州	29	抚顺	79	北海	129	呼伦贝尔	179
温州	30	银川	80	德阳	130	崇左	180

续表

城市	排名	城市	排名	城市	排名	城市	排名
长春	31	丽水	81	景德镇	131	茂名	181
海口	32	汕头	82	佳木斯	132	信阳	182
南昌	33	黄石	83	牡丹江	133	武威	183
嘉兴	34	大同	84	常德	134	辽源	184
常州	35	滁州	85	焦作	135	赤峰	185
泉州	36	长治	86	六盘水	136	乌兰察布	186
镇江	37	济宁	87	岳阳	137	齐齐哈尔	187
哈尔滨	38	包头	88	承德	138	曲靖	188
芜湖	39	蚌埠	89	商丘	139	周口	189
南通	40	三亚	90	阜新	140	百色	190
潍坊	41	襄阳	91	渭南	141	天水	191
昆明	42	淮安	92	巴彦淖尔	142	自贡	192
金华	43	肇庆	93	亳州	143	随州	193
贵阳	44	淮南	94	临汾	144	泸州	194
烟台	45	赣州	95	清远	145	毕节	195
洛阳	46	漳州	96	延安	146	丽江	196
徐州	47	新余	97	忻州	147	资阳	197
石家庄	48	邯郸	98	石嘴山	148	张掖	198
江门	49	临沂	99	潮州	149	吴忠	199
扬州	50	龙岩	100	上饶	150	庆阳	200

第7章　中国城市宜居品牌发展指数：2015年度报告

刘彦平　朱　伟　胡　纯

2016年2月16日，中共中央、国务院印发了《关于进一步加强城市规划建设管理工作的若干意见》，将“宜居”纳入中国城市建设的总体目标。该文件从生态空间建设、自然生态恢复、污水和大气治理、垃圾综合治理等四个方面对宜居城市的总体规划提出了新的要求。对于宜居城市，有狭义和广义之分。狭义的宜居城市的“宜居”仅指适宜居住；广义的宜居城市的“宜居”不仅是指适宜居住，还包括适宜就业、出行以及教育、医疗、文化资源充足等内容。前者仅指出了宜居城市需求的硬性环境，后者则在前者的基础上更多地包含了就业、医疗等一些软环境。从人类生存需求的现实角度看，抛开软环境仅考虑硬环境来谈城市宜居是不现实的，没有硬软环境的相互支撑，宜居的概念也无从谈起，因此，宜居城市的发展应当硬环境和软环境并重，协调发展。近年来，随着城市化进程的不断加快，城市建设在基础设施和服务水平提升方面得到了极大的改善，但在生态环境、房价水平和空气污染等方面的问题也不断凸显，这些问题给城市软环境的建设提出了挑战。随着城市品牌价值时代的来临，宜居也成为衡量城市价值体现的重要因素之一，宜居品牌的建设程度也是城市竞争力水平的重要体现。本报告根据经济基础、社会治理、民生质量、社会公平、生态环境等5个维度15个评价指标，对居民收入水平、社会服务水平、公共服务水平、社会保障程度和生态治理水平进行综合考量。本报告基于指标测算的数据对中国城市宜居品牌的发展进行分析，并为城市宜居建设和宜居价值提升提出对策建议。

一　总体发展态势

（一）城市宜居品牌发展指数的总体表现

1. 城市宜居品牌发展指数整体较低，且两极分化严重

城市宜居品牌发展指数的平均值仅为 0.422，整体处于较低水平。在 200 个主要城市中仅有 26 个城市的宜居品牌发展指数超过 0.5，占比仅为 13%，其余的 174 个城市都在 0.5 以下。这说明，整体上中国的城市宜居品牌发展还不够理想。同时，不同城市的宜居品牌发展指数差距较大，两极分化严重。最高值为 0.652，最低值为 0.251，分别处于两个极端；排名前 10 个城市北京、深圳、杭州、苏州、天津、广州、成都、长沙、舟山、泉州的城市宜居品牌发展指数平均值为 0.579，排名最低 10 个城市武威、亳州、庆阳、锦州、曲靖、渭南、商丘、乌兰察布、六盘水、通辽的城市宜居品牌发展指数平均值为 0.286，两者相差巨大，差异明显。前者由于地处沿海地区或有着较高的政治地位或历史文化深厚，经济发展水平高，社会治理较好，民生质量较高，社会更趋于公平，从而居民收入水平、社会服务水平、公共服务水平、社会保障程度和生态治理水平在全国范围内都较为优越；而后者多数位于经济发展较为滞后的西部和东北等地区，其社会治理、民生质量、社会公平落后于前者。

总体来看，中国现阶段城市宜居品牌发展指数整体较低，城市宜居品牌建设仍需政府及城市各界持续关注，未来宜居城市建设可谓任重而道远。

2. 城市宜居品牌发展区域不平衡，华东、华南两地区领先，西南、西北两地区较差

从区域宜居品牌发展的角度分析，2015 年城市宜居品牌发展指数区域的排名依次为华东、华南、华中、东北、华北、西南、西北，其中华东地区的城市宜居品牌发展指数最高，为 0.454，明显高于其他地区。华南地区次之，城市宜居品牌发展指数为 0.440。此外，在各地区的城市宜居品牌发展指数中，华中地区的平均值也高于全国的平均值，其余 4 个地区的平均值低于全国平均值，这说明中国城市宜居品牌发展地区严重不平衡。

在城市宜居品牌发展指数中，华东地区优势尤其明显，杭州、苏州和

舟山、泉州名列全国前10名，整个华东地区总计有11个城市进入全国前20名，占据了前20名中的半壁江山。华南地区位于第2名，但进入全国前20名中的城市只有深圳和广州2个，这说明虽然华南地区城市宜居品牌发展中突出的城市较少，但是整体水平较好，均值也较高。华中地区位于第3名，长沙、鹰潭和武汉3市进入前20名，城市宜居品牌发展的均衡性也相对较好。东北只有大连1个城市进入全国前20名，排在第14名。华北地区虽然有北京、天津分别排在第1名和第5名的高位，但其他城市排名靠后，区域内城市宜居品牌表现差异巨大、整体城市宜居品牌发展程度不高。西南和西北两地区城市宜居品牌发展指数均值相近，处于最后两位，和第1名的华东差距较大，但西南区域的成都在全国排名第7名，优势非常显著；西北地区的嘉峪关全国排名为第24名，也令人刮目相看。从整体上看，华北、西南、西北两个地区与其他几个地区在城市宜居品牌方面有较大差距，需继续投入更多的关注（见表7-1）。

表7-1　　　　**2015年城市宜居品牌发展指数区域分析**

区域	均值	前20位城市入选数	最大值		
			城市	指数	全国排名
华东	0.454	11	杭州	0.581	3
华南	0.440	2	深圳	0.616	2
华中	0.426	3	长沙	0.560	8
东北	0.413	1	大连	0.541	14
华北	0.401	2	北京	0.652	1
西南	0.384	1	成都	0.563	7
西北	0.381	0	-	-	-
全国平均	0.422		北京	0.652	1

如图7-1所示，根据2015年城市宜居品牌发展指数排名可视化图像，可以直观地发现：东部沿海地区的城市宜居品牌发展指数较高，排名靠前，在空间上集聚分布特征明显，尤其是华东地区，聚集显著。而在内陆，表征城市宜居品牌发展指数排名靠前的大圆点呈现零星分布，表征城市宜居品牌发展指数排名靠后的最小圆点相对多，城市之间的差距显著。

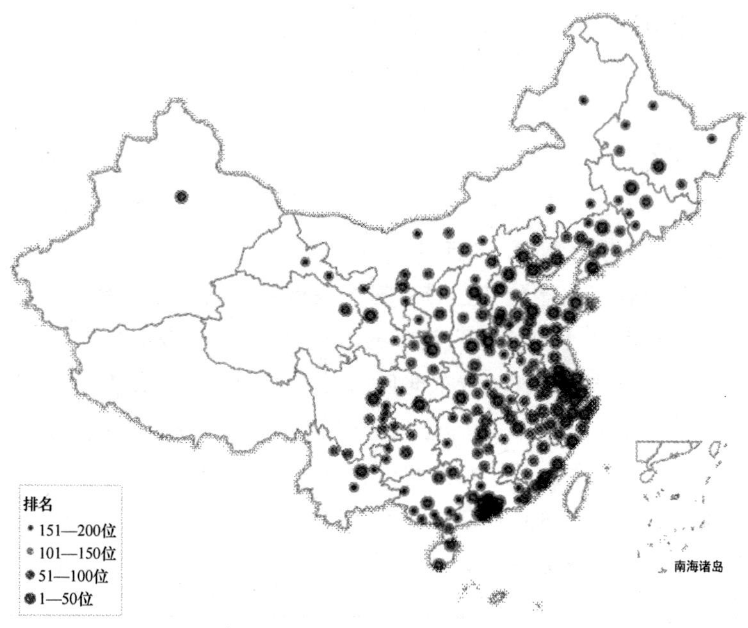

图 7－1　2015 年城市宜居品牌发展指数排名可视化分析

（二）区域发展特征

1. 华东地区：多个城市的城市宜居品牌发展指数位于前列，江浙沪地区带动明显

华东地区整体城市宜居品牌发展较高。进入统计样本的城市数为 52 个，其中有 38 个城市高于全国的城市宜居品牌发展指数平均值，占样本数的 73.07%（见表 7－2），其中有 11 个城市进入全国前 20 位。这 11 个城市中有 6 个位于江浙沪区域。从图 7－1 也可以看出江浙沪地区表征城市宜居品牌发展指数较高的圆点密集。

2. 华南地区：广东城市宜居品牌发展不均衡，广西、海南相对落后

华南区域包括广东、广西和海南，总计有 28 个城市进入统计样本，其中有 16 个城市的城市品牌发展指数得分高于全国均值，区域城市宜居品牌发展相对还算均衡。深圳和广州进入前 10 强，分别位于全国第 2 名和第 6 名，表现非常突出。但广东部分城市排名靠后，如揭阳、汕头等，分别为全国第 114 名、第 122 名，广西和海南的城市宜居品牌排名也不够理想。总体来看，华南地区宜居品牌指数整体实力虽仅次于华东，位居全国七大区域第 2 名，但明星城市还显偏少。

3. 华中地区：中心区域城市宜居品牌发展指数高，较具潜力

华中区域有郑州、武汉两个区域中心城市进入全国城市宜居品牌发展指数前20名，分别位列第9名和第12名。然而在华中区域37个样本城市中，只有有15个城市低于区域平均指数值，占华中区域样本量40.54%（见表7-2），相比其他区域而言是最低的，这说明华中区域城市宜居品牌发展相对均衡，也较具潜力。

4. 东北地区：整体城市宜居品牌发展指数较低，社会治理薄弱

东北地区有21个城市进入统计样本，其中10个城市高于城市宜居品牌发展指数的全国平均值，占东北区域的47.62%（见表7-2），而且仅有大连1个城市进入前20名，位列全国第14位。数据表明东北区域的城市宜居品牌发展指数较低，尤其城市宜居品牌指数中的社会治理指标，得分普遍偏低。但整体均值而言，较华北区域还略胜一筹。

5. 华北地区：北京、天津城市宜居品牌发展指数突出，其余地区相对落后

华北地区有23个城市进入统计样本，其中仅有6个城市高于全国平均指数，占26.09%（见表7-2），说明区域整体城市宜居品牌较弱。北京和天津两城市却表现突出，分别位列全国城市宜居品牌发展指数的第1名和第5名。值得一提的，华北地区除北京、天津外，城市宜居品牌发展指数最突出的就是鄂尔多斯。宜居品牌排名全国第29名，表现出色，其中生态环境指标高居全国第1名。表明鄂尔多斯“天朗气清、自在养生”的城市宜居形象可谓名至实归。就区域内部而言，然而华北地区仍有15个城市低于区域指数平均值，整体宜居品牌发展形势不乐观，并且内部落差甚大。京津冀协同打造宜居环境和宜居形象的规划，对示范和提升整个地区的宜居城市发展也具有重大意义。此外，河北、内蒙古、山西等地区的城市，也应在城市宜居品牌塑造方面，加大建设和沟通力度。

6. 西南地区：个别城市的宜居品牌发展指数高，多数城市排名靠后

西南地区有20个城市进入统计样本，其中只有4个城市的宜居品牌发展指数高于全国的平均值，占西南区域的20%（见表7-2）。在这个4个城市中只有成都1个城市一枝独秀，位列全国第7名。其他城市排名均较为靠后，其中排名在100名以后的城市有17个，超过样本数的80%。这说明西南区域城市亟待加强对城市宜居品牌发展的关注与投入。

7. 西北：城市宜居品牌发展指数整体较低，宜居建设亟待提升

西北地区有 19 个城市进入统计样本，无一进入全国前 20 名。其中 5 个城市高于全国的平均指数值，仅占西北区域样本量 26.32%（见表 7 - 2）。此外，从统计数据上看，西北地区嘉峪关排名全国第 25 名，在社会治理及社会和谐方面的指标表现突出，可圈可点。总体来看，西北地区的城市宜居品牌发展普遍较低，需要在经济、社会、民生及生态等方面，特别是生态环境建设方面，加强城市宜居品牌的建设。

表 7 - 2　　2015 年城市宜居品牌发展指数区域均值比较分析

区域	样本数（个）	与全国指数平均值比较				与本区域指数平均值比较			
		高于平均值城市数		低于平均值城市数		高于平均值城市数		低于平均值城市数	
		个数	占比	个数	占比	个数	占比	个数	占比
华东	52	38	73.07%	14	26.92%	25	40.08%	27	59.92%
华南	28	16	57.14%	12	42.86%	16	57.14%	12	42.86%
华中	37	22	59.46%	15	40.54%	22	59.46%	15	40.54%
东北	21	10	47.62%	11	52.38%	11	52.38%	10	47.62%
华北	23	6	26.09%	17	73.91%	8	34.78%	15	65.22%
西南	20	4	20.00%	16	80.00%	10	50.00%	10	50.00%
西北	19	5	26.32%	14	73.68%	11	57.89%	8	42.11%

二　中国城市宜居品牌发展指数的聚焦发现

（一）城市宜居品牌建设总体较好，但缺乏强势城市

如图 7 - 2 所示，中国城市宜居品牌发展指数的整体状况，在 CBDI 及 5 个二级指标中表现最好，200 个城市平均得分为 0.423，是唯一超过 0.4 的指标，较 CBDI 指数高 0.11，较最低的二级指标高 0.25，展现了中国城市整体在宜居建设上的相对领先。此外，如图 7 - 3 所示，七大区域宜居指标的表现不仅总体最好，而且在 5 个二级指标中相对分差最少；同时，有 175 个城市的城市宜居品牌发展指数得分在 0.3—0.5 之间，体现了中国城市宜居建设的相对平衡。

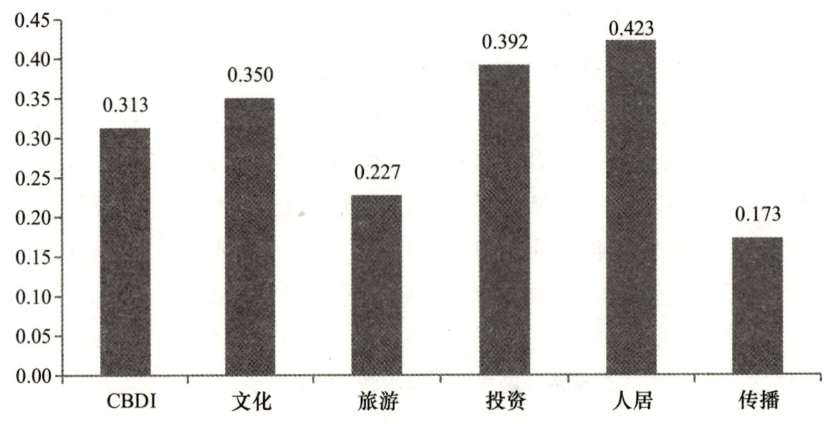

图 7－2　200 个城市 CBDI 指数及二级指标平均得分

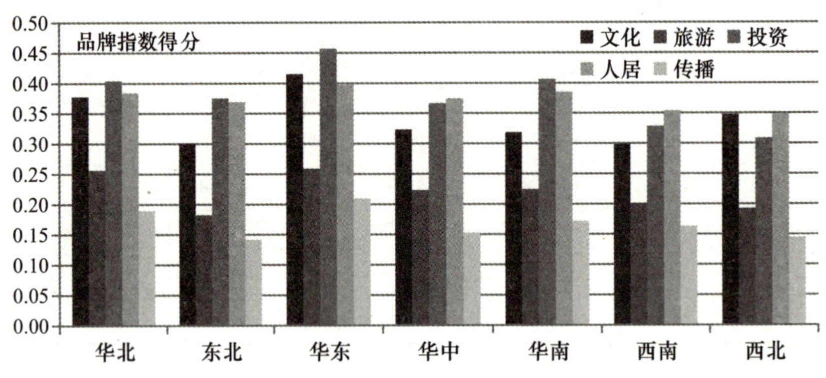

图 7－3　七大区域分项品牌得分对比

但是，中国城市宜居品牌发展缺乏强势城市。首先，城市宜居品牌发展指数超过 0.6 的城市只有两个，北京和深圳；而文化品牌发展指数超过 0.6 的城市有 16 个。其次，排名第一的城市——北京的得分仅有 0.653，远低于其文化、投资和传播品牌发展指数超过 0.8 的得分（分别排名第 2 名、第 1 名和第 1 名）；也不及北京 CBDI 的指数 0.787（排名第 1 名）。造成这种现象的原因分为两个方面：第一，传统强势城市对于城市宜居水平建设的全面性把控不足，在生态环境或民生质量和社会公平上有所欠缺。第二，城市宜居建设的改进需要在长期中才能逐步体现效果，宜居发展的努力在短期的数据中难以体现。

（二）城市宜居品牌发展指数呈阶梯状等级依次递减

对不同行政级别城市的城市宜居品牌发展指数进行统计分析，可以发现，中国的城市宜居品牌发展指数根据城市的行政级别呈阶梯状依次递减（见表 7－3）。直辖市位于第一层级，城市宜居品牌发展指数平均值高达 0. 539，平均排名位次为 37. 25，此外，在 200 个样本城市中，10 强的有两个直辖市，分别为北京和天津，上海也跻身 20 强，不过重庆的宜居建设相对不足，未能跻身百强。副省级城市位于第二层级，城市宜居品牌发展指数平均值为 0. 505，平均排名位次为 40. 93，远高于样本城市的平均值。除副省级以外的省会城市位于第三层级，城市宜居品牌发展指数平均值为 0. 454，平均排名位次为 71. 63，远高于一般地级城市的平均排名。普通地级市位于最低层级，城市宜居品牌发展指数平均值为 0. 410，平均排名位次为 109. 8。由此可见，城市行政级别的差异，不仅影响城市获取资源的能力，也可能关联城市品牌建设和治理的眼界，掣肘城市在宜居品牌方面的建设。这主要是由于行政级别决定了国家的政策导向，高行政级别的城市在资源配置、人才吸引、行政效率、科技、文化创新等方面比低行政级别的城市具有优势，以致在经济基础、社会治理、民生质量、社会公平、生态环境的得分较高，从而以综合得分体现的城市宜居品牌发展指数得分也随之较高。

表 7－3　　不同行政等级城市的宜居品牌发展指数得分

城市行政级别	指数平均值	平均排名位次
直辖市	0. 539	37. 25
副省级城市	0. 505	40. 93
除副省级以外的省会城市	0. 454	71. 63
地级市	0. 410	109. 83

（三）城市宜居品牌发展指数呈现正态分布，指数集中在 0. 3 到 0. 4 之间

通过 SPSS 软件绘制城市宜居品牌发展指数直方图（见图 7－4），可以看出中国的城市宜居品牌发展指数呈现正态分布。其中频数分布的高峰向左偏移，长尾向右侧微微延伸，从中可以发现绝大多数城市在 0. 42 的

指数水平以下。同时结合图 7 - 5，我们可以发现，城市宜居品牌发展指数主要集中在 0. 3 到 0. 38 之间，总计 154 个城市，占总数的 77%。其中城市宜居品牌发展指数在 0 - 0. 3 之间有 23 个城市，在 0. 3 - 0. 35 之间的有 108 个城市，在 0. 35 - 0. 4 之间的有 39 个城市，0. 4 以上的有 30 个城市，其中 0. 47 及以上的城市仅有 5 个。这说明中国城市宜居品牌发展处于较低水平，品牌突出的城市少，处于 0. 47 水平以上的除苏州和深圳外，主要还是北京、上海、天津等直辖市。绝大多数城市的城市宜居品牌发展指数落后，区域不均衡的情况突出。

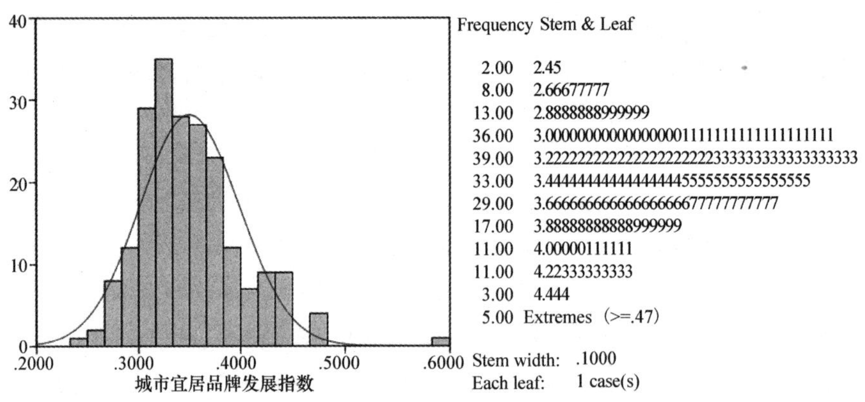

图 7 - 4　城市宜居品牌发展指数直方图　　图 7 - 5　城市宜居品牌发展指数茎叶图

（四）城市宜居品牌发展指数的社会治理水平较高，社会公平水平较低

根据收集的 200 个城市的数据资料，运用 SPSS20. 0 软件对城市宜居品牌发展指数的 5 个二级指标进行描述性分析，从中可以发现在城市宜居品牌发展指数的 5 个二级指标中，按平均值得分排序依次为社会治理、生态环境、民生质量、经济基础、社会公平境，可见社会治理得分较高，社会公平得分较低。

社会治理指标，不仅在城市宜居品牌发展指数中一枝独秀，在全部三级指标中也同样拔得头筹。有 173 个城市的指标得分超过 0. 6，造成社会治理水平高于其他指标的部分原因是，中国近年来的从高层到低层、涉及全国的一些列反腐行动计划的实施，加大了对社会治理的力度，全国社会风气、治安渐好。于此，在目前的社会趋势下，我国社会治理取得了较大提升，以致在城市宜居品牌发展指数测量中得分较高，对城市宜居品牌发展指数起到了带动作用（见图 7 -6）。

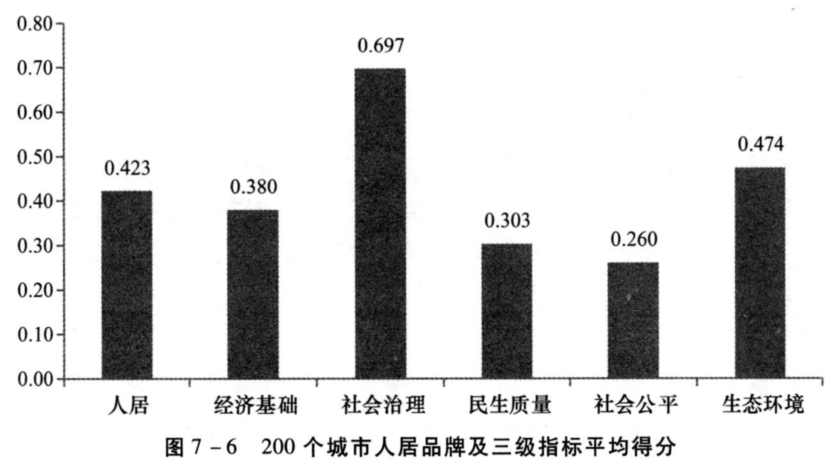

图 7 -6　200 个城市人居品牌及三级指标平均得分

对于生态环境、民生质量和经济基础而言，中国的整体水平居中。首先，在生态环境方面。中国基本国情决定了国家要以经济发展为重，这不免会对生态环境造成破坏。由此导致的最为直观的结果便是经济发达地区常见的雾霾——比如，华东、华北地区。但中国经济发达区域主要集中于东部沿海城市，这部分地区占全国面积比例较小。相比起来，中国西部地区虽经济、交通、工业较为落后，生态却较为良好，占全国面积较大。加之近来国家对生态治理、环境保护的重视，中国生态环境状况整体上呈现出较好的局势。其次，在民生质量方面。源于中国作为世界上人口最多的最大的发展中国家以及处于社会主义初级阶段的国情，民生质量问题一直是政府和社会持续关注的焦点，建设小康社会的提出就能较好地诠释这一点。继党的“十六大”民生政策实施以来，“十八大”又将“民生优先、富民惠民”这一国策上升到国家战略，对保障和改善民生起到了积极作用，民生质量从“学有所教、劳有所得、病有所医、老有所养、住有所居”的各个方面，都有重大突破。因此，在党和政府的政策指导下，中国民生质量取得了较大提升，以致在城市宜居品牌发展指数测量中得分较高，对城市宜居品牌发展指数起到了推动作用。最后，在经济基础方面。自改革开放以来，中国的国民经济得到大力发展，就目前来看，走在经济改革发展前沿的大部分是中国沿海省市，这些省市架起了中国与外界的桥梁，是物质商品和非物质商品的集聚地与扩散地，是中国经济发展的排头兵和风向标。而相比沿海城市，内陆省市的经济发展则相对较弱。随着近年来国家西部开发政策实施，内陆省市的经济力量逐步得到进一步释放和发展。在整体上，中国逐渐形成了点—线—面以及外—内的初步经济发展格局，经济基础取得了进一步提升。

对社会公平而言，中国整体水平最低。伴随经济发展而来的另一个问题便是社会分配，即社会公平问题，由于中国各地区之间经济发展的不平衡，省级之间以及城乡之间贫富差距较大已成不争的事实。伴随国家城乡一体化发展、内部省市援藏、援疆等一系列调控政策的实施以及小康社会建设步伐的加快，中国社会公平已取得了一定成效，但距离理想状态还有很长的路要走（见表7－4）。

表7－4　**城市宜居品牌发展指数下级各指标描述性分析**

描述性分析					
	样本数	最小值	最大值	平均值	标准偏差
经济基础	200	0.044	0.909	0.273	0.137
社会治理	200	0.246	0.915	0.697	0.093
民生质量	200	0.133	0.544	0.303	0.080
社会公平	200	0.003	0.559	0.121	0.075
生态环境	200	0.111	0.729	0.356	0.098
有效样本	200				

（五）城市宜居品牌发展指数与各指标的线性关系分析

以城市宜居品牌发展指数为因变量，经济基础（B41）、社会治理（B42）、民生质量（B43）、社会公平（B44）、生态环境（B45）为自变量，使用SPSS软件对城市宜居品牌发展指数与各指标间的因果关系进行线性回归分析，采用强行进入法（ENTER）选择自变量，自变量进入回归方程的显著性水平为0.05（$P \leqq 0.05$），剔除变量的显著性水平为0.10。如表7－5和表7－6所示，回归模型的相关系数$R = 0.990$，决定系数R2为0.981，调整决定系数$R2 = 0.981$，$P < 0.05$，$T > 3.84$，这显示出模型拟合度较好，可据此建立起城市宜居品牌发展指数与相应5个指标间的线性方程。

表 7－5　**模型汇总**

模型	回归系数	拟合系数	调整后的拟合系数	标准误差
1	0. 990a	0. 981	0. 981	0. 0134

表 7－6　**城市品牌发展回归系数**

模型		非标准系数		标准系数	t	Sig.
		B	Std. Error	Beta		
1	常数	－0. 019	0. 008		－2. 424	0. 016
	B41	0. 181	0. 011	0. 278	16. 589	0. 000
	B42	0. 228	0. 027	0. 210	8. 427	0. 000
	B43	0. 143	0. 020	0. 163	7. 179	0. 000
	B44	0. 277	0. 026	0. 136	10. 471	0. 000
	B45	0. 293	0. 025	0. 321	11. 913	0. 000

依据表 7－6 的回归系数可得方程：城市宜居品牌发展指数＝0. 181B41＋0. 228B42＋0. 142B43＋0. 277B44＋0. 293B45－0. 019。这显示出经济基础、社会治理、民生质量、社会公平、生态环境对城市宜居品牌发展指数均具有显著正向促进作用。但各变量的促进作用存在差异，从方程中可以看出，各自的作用大小依次为生态环境、社会公平、社会治理、经济基础、民生质量。之所以会出现这样的作用大小排序，笔者认为，主要是由于对于一个宜居城市来讲，首先得有生态、社会公平、社会治理等代表的硬性条件基底，这是生存之本。在此得以满足的基础上，进而转向经济基础、民生质量的诉求，这可以用马斯洛的人类需求层次理论进行解释。值得注意的是，从方程中可以看出，当 B41、B42、B43、B44、B45 均不存在时，城市宜居品牌发展指数就是个负值，这充分显示出生态环境、社会公平、社会治理、经济基础、民生质量对城市宜居品牌发展的重要性。

三　中国城市宜居品牌发展指数 10 强点评

（一）北京

北京作为中国的首都以及全国政治中心、文化中心、国际交往中心、科技创新中心，城市宜居品牌发展指数位列全国第 1 名，指数得分高达 0.652。北京的城市宜居品牌发展指数强劲是一个综合测量的结果，主要得益于其经济基础、社会治理和社会公平这 3 项三级指标，排名分别位列全国第 2 名、第 1 名和第 3 名，它们得分遥遥领先，奠定了其宜居优势的基础。北京在民生质量指标上表现稍差，排名第 30 名，生态环境指标更差，排名在全国的第 84 名。综合来看，北京的人居环境基础扎实。比如 2015 年全市居民人均可支配收入达到 48458 元，居民人均消费支出达到 33803 元，城镇居民人均住房建筑面积 31.69 平方米，加之高校、中小学、幼儿园等教育机构、文化场馆、医疗条件、社会保险等数据支撑，以及首都及国际化大都市的资源和发展机会，足以对海内外人才和投资者形成无可比拟的人居优势。然而，尽管生态环境指标的较低得分暂时未能影响北京的城市宜居品牌发展指数排名，但也潜伏着品牌优势不可持续的隐忧。未来北京的城市宜居品牌建设，应在保持经济和社会发展优势的同时，着力提升民生质量特别是生态环境质量，全面打造国际一流的和谐宜居之都，只有这样，才能在京津冀协同发展战略中更好地发挥核心城市的带动与整合作用。

（二）深圳

作为中国的改革开放窗口和第一个经济特区，深圳至今已发展成一个国际大都市，硬性条件和软性环境都已得到极大提升，城市宜居品牌发展指数位列全国第 2 名。数据显示，深圳的经济基础指标突出，排名全国第 1 名，生态环境排名全国第 20 名，在特大城市中已属难得。社会治理和社会公平表现一般，排名第 36 位，民生质量指标排名第 58 名，仍有较大提升空间。作为中国改革开放的门户城市及中国首个“设计之都”，进取和包容的特区文化为深圳的宜居城市形象增添了时尚和活力的色彩。未来在珠三角世界级城市群中的协同发展中，深圳的城市宜居品牌发展优势对于其金融创新、科技发展以及更好地发挥中心城市的集聚与扩散效应，有着重要的意义。

（三）杭州

杭州的城市品牌定位是“生活品质之城”，近年来又进一步扩展为“东方品质之城”，是典型的以城市宜居品牌发展为核心的城市品牌策略。

"人间天堂""休闲之都"是杭州最著名的城市口碑，也与城市的宜居性息息相关。在如此丰厚的自然、人文基础上，加之近年来政府和市民的努力，杭州城市宜居品牌建设成果丰硕。此次中国城市宜居品牌发展指数测度，杭州能冲出一线城市的重围，以总分 0.581 的得分荣获全国第 3 名的地位，令人侧目。在指数的三级指标中，经济基础和生态环境得分甚高，分别位列第 8 名和第 17 名，社会及民生指标则稍逊。未来杭州在巩固经济活力和环境优势的同时，在社会和民生方面也应进一步着力，真正实现"五位一体"的发展，有望成为中国人居品质和城市宜居品牌之典范。

（四）苏州

苏州城市宜居品牌发展指数综合得分为 0.571，位列全国第 4 名。苏州的城市宜居品牌 5 项三级指标得分相对均衡，其中经济基础指标排名第 3 名，社会治理指标排名第 18 名，民生质量指标排名第 20 名，社会公平指排名第 30 名。仅生态环境指标下滑较大，排名第 102 名。苏州文化厚重、经济强劲，其古典园林和风景名胜每每被视为国家名片，其城市也素有"东方威尼斯"之美誉。近年来，苏州在多项国内外的宜居城市排名中都表现不俗，人居优势显著。2015 年以来，苏州全市空气质量达标天数比例为 68.2%，市区 PM 年均浓度比上年下降 12.1%。陆地森林覆盖率为 29.56%，成区绿化覆盖率 42.7%，环境建设取得进展，但未来在生态环境建设方面仍应持续着力，进一步打造宜居名城这块金字招牌。

（五）天津

天津作为京津冀都市圈的核心城市之一，其城市宜居品牌发展指数位列全国第 5 名，得分为 0.569。天津的宜居优势与北京极为类似，也是经济社会发展的综合成果支撑了其城市宜居性。然而天津的城市宜居品牌发展的劣势较北京却更为明显，比如民生质量指标排名在全国第 44 名，生态环境指标在全国排名第 117 名。同城市宜居品牌发展指数之冠北京一样，天津的城市宜居品牌发展同样也隐伏着民生质量和生态环境的隐患。京津冀联手加强生态治理和民生改进，应是区域协同发展的重要内容。而作为核心城市的天津，责任尤其重大。近年来，天津 12 区县规划建设森林公园，致力于打造生态宜居城市环境，相信天津未来的城市宜居品牌发展会更进一步。

（六）广州

近年来，广州在宜居城市建设方面不遗余力，成效卓著，在打造粤港澳优质生活圈行动中，发挥着重要的协调和示范作用。在城市宜居品牌发展指数的评测中，广州得分 0.564，排名全国第 6 名，实力强劲。其中在社会治理全国排名第 14 名、社会公平全国排名第 16 名、生态环境全国排名第 19 名，较为抢眼。然而民生质量指标表现稍弱，排名第 68 名。在“一带一路”战略背景下，“千年商都”广州再次面临重大发展机遇，城市宜居品牌发展的进一步提升，将为广州的未来发展提供宝贵助力。

（七）成都

成都自古以来就是经济发达、文化繁荣的宜居乐土，故有“天府之国”的美誉。优美的城市环境、创新进取的经济活力、从容闲适的生活方式、古雅和时尚交融的文化氛围，令成都成为一座“来了就不想走的城市”。成都也是中国内陆唯一一个具有“休闲之都”口碑的城市，在城市宜居品牌方面，历来与杭州各具优势、难分伯仲。在城市宜居品牌指数评测中，成都得分 0.564，排名全国第 7 名。其中，社会治理指标排名全国第 6 名、社会公平指标排名第 15 名，均优于杭州。但在经济基础、民生质量和生态环境方面有所不及，总分屈居第 7 名。然而，在丰厚资源的支撑下，成都城市宜居品牌发展未来还有进一步提升的潜力。

（八）长沙

长沙在这次城市宜居品牌发展指数评测中表现不俗，以 0.560 的得分位列全国第 8 名。其中，长沙的宜居经济基础、社会治理、民生质量指标表现尤佳，分别位列第 7 名、第 16 名和第 5 名。但社会公平指标差强人意，仅排名第 151 名，生态环境这位居第 50 名。总体来看，作为全国“两型”社会建设综合配套改革试验区核心城市，长沙在宜居建设方面成就突出，但也有诸多需要改进的地方。特别是在社会公平方面亟待加强，生态环境建设也有较大提升空间。

（九）舟山

作为千年海港码头和“海上丝绸之路”的起点城市之一，舟山近年来的发展引人关注。在城市宜居品牌发展评测中，位列全国第 9 名。其中，生态环境排名全国第 9 名，宜居经济基础排名第 14 名，显示舟山作为全国宜居名城的实力。但舟山在社会治理、民生质量和社会公平方面，显然还可以进一步提升。作为中国第一个国家级群岛新区以及长三角城市群成员之一，舟山的发展在全国战略版图中重要性凸显。未来更加繁荣和宜居的岛城值得期待。

（十）泉州

泉州是中国改革开放的标杆城市之一，是福建三大中心城市之一、闽南文化发祥地以及“21 世纪海上丝绸之路”先行城市，一直散发着独特的城市魅力。泉州城市宜居品牌发展指数位列全国第 10 名，其中民生质量和社会公平指标表现突出，分别位列第 19 名、第 4 名。生态环境指标排名第 38 名。但在宜居经济基础指标、社会治理指标方面表现不够理想。未来发展若兼顾经济、社会、文化和环境的协调可持续发展，泉州作为宜居之城的未来会更加美好。

四　中国城市宜居品牌塑造的问题与挑战

（一）区域间发展差异显著

中国七大区域的城市宜居品牌发展指数差异较大。特别是东部沿海地区地理区位优越，经济发达，随之社会较为进步，宜居程度相应较高。而西南、西北地区相对较差。同时，不同行政级别城市的宜居品牌发展指数差距较大。宜居环境的区域之间和城市之间的不平衡，不利于社会总体的文明进步和城市的协调发展。

（二）生态环境亟须改善

从整体上来看，通过对城市宜居品牌发展指数 5 个二级指标——经济基础、社会治理、民生质量、社会公平、生态环境的均值计算得出，生态环境得分为第 2 名，但与得分第 1 名的社会治理差距较大；在根据 5 个二级指标对城市宜居品牌发展指数贡献程度进行的线性回归分析可知，生态环境的贡献程度最高。这显示出生态环境对城市宜居尤为重要但又未得到充分重视的现实的一面。从理论角度讲，经济与生态难免是天生的“死敌”，二者之间存在此消彼长的关系。从现实层面看，经济最为发达的地区，生态被破坏的也最为严重。不过事实上，经济发展与生态环境还有一种“反哺”的关系——即经济发展必然会对生态环境进行补偿。即使如此，中国部分地区生态环境破坏较为严重——比如华北的北京、天津，华东的上海等。如果社会只注重经济发展，而过多忽视生态，也许经济对生态的“反哺”根本就是杯水车薪。总之，随着经济的发展，目前城市生态环境恶化严重，亟须改善——否则将是宜居城市的一大障碍。

（三）社会公平有待提高

从上述分析可以看出，社会公平得分在5个二级指标中排名为倒数第1名，而线性回归方程则显示，社会公平对城市宜居品牌发展指数的贡献作用位列第2名。这充分说明，对于一个宜居城市而言，社会公平尤为重要。但在现实生活中，社会公平却未得到充分发挥，有待提高。究其原因，主要是区域发展不平衡导致贫富差距持续加大，从而引申出居民在医保、养老、文化等方面享受到的福利待遇存在区域间的差别。比如，北京、上海等一线城市的居民福利待遇较好，生活保障、医疗保障等较成体系，因此这些城市的户口较为炙手可热，这也就是全国大部分人口往这些城市蜂拥而至的原因。此外，除了经济原因外，当然还存在各种各样的原因，比如体制，具体表现为城乡二元结构下的发展导致城市和乡村群体间的种种不公，这又具体体现在新生代农民工在进城务工时求职录用及待遇方面的不公，同时还体现在由于户籍问题他们的子女在城市学校入学时面临的各种难题等方面。但从根本角度上讲，催生社会不公这一现象的基石还在于经济的发展。正因如此，寻找社会公平导致了中国人口从内陆到沿海或从不发达地区到发达地区的空间流动。

五　中国城市宜居品牌发展的对策建议

（一）统筹各地区城市宜居要素的平衡发展

上述分析表明，地理区位、行政级别是影响各地区城市宜居品牌发展指数的关键因素。这主要在于地理区位和行政级别对各地区的经济基础发展起到了促进作用，从而导致了不同城市宜居品牌的差异化发展。未来应进一步统筹各地区城市宜居诸要素的平衡发展。

首先，各地区城市应结合自身优势，提升发展。城市宜居要素涉及经济基础、社会治理、民生质量、社会公平和生态环境 5 个方面，各地区城市应根据以上要素来审视自身拥有的优势条件，并据此做好相应规划，提升城市宜居品牌发展，从而取长补短，把自身打造成为更适合居住的城市，提升自身城市宜居品牌发展指数。比如，昆明虽然不沿海，经济基础发展不如天津和上海，但它的空气、水资源、自然环境好，非常适合养生，因此，生态环境是它的优势，昆明应该在此基础上再向其他宜居要素延伸发展，从而缩小与其他城市的差距。其次，城市的资源分配要逐步趋向公平。目前，行政级别给直辖市、副省级城市过多地附加了一些其他地区无法企及的优越条件，干扰了资源的公平分配秩序，使得一些地区较其他各地区能更多地享受到国家的优惠政策，能先于其他城市发展，从而打破了各地区之间各方面公平竞争和发展的平衡，导致各地区城市宜居条件的不平衡发展。未来应逐步淡化各地区城市的行政级别待遇，促进城市宜居条件的均衡，提升全民福祉。

（二）加大经济“反哺”生态环境力度，实现城市宜居可持续发展

生态环境对城市宜居品牌发展的重要性不言而喻。但就 200 个城市整体而言，生态环境对城市宜居品牌发展既是最主要的决定性因素，又是最不好处理的要素。导致这一矛盾现象的根源在于，目前中国基本国情决定的以经济为导向的发展。毋庸置疑，经济的发展必然以牺牲生态环境为代价。如果不对生态环境采取果断的保护措施，随着经济的进一步发展，生态环境恶化必定持续加重——如今，像北京、天津等大城市已是雾霾问题严重，民众苦不堪言。这就要求各大城市在追求经济快速发展的同时，还要追求生态环境的保护，还人民群众以蓝天碧水。各城市在现有的环保法规的基础上最为直接的环保举措便是要加大经济对生态环境的“反哺”，具体表现为：第一，购买足量环保仪器设备，对空气质量、水质量进行时时监测，掌握最新的生态环境动态，并依此制定详细应对方案。第二，雇佣足量生态环保人员，加大对被污染生态环境的清理、维护和监管的力度。第三，加大植被种植，增加森林覆盖面积和城市绿化面积，提升城市绿化率。第四，关闭重污染工业，发展轻工业或现代服务业，减少生态环境污染。以上生态环保措施均需要牺牲一定的经济基础，但唯有如此，才

能实现城市宜居的可持续发展。

(三) 改善社会建设与治理，提升社会公平

社会公平是城市宜居品牌发展指标中得分最低的要素。就目前而言，中国社会公平还不理想，与未来成熟的社会公平体系存在着很大的差距。近年来，中国经济总量在国际上的排名虽取得了显著提升，但国内人均GDP却不高，贫富悬殊较大。作为城市宜居品牌发展指标之一，社会公平不仅与社会群体的生活质量息息相关，还关系到国家社会稳定。因此，提升社会公平可谓迫在眉睫。社会公平是社会和谐的基本条件，制度是社会公平的根本保证。从这个意义上讲，制度比其他任何组织要素都要稳定持久。只有加强社会制度建设，才能保障人民在经济、文化、医疗等方面的权利和利益，才能让广大人民群众共享经济发展果实，才能实现跨越区域、跨越体制的社会公平，最终才能整体上提升社会公平。

附录：2015 年城市宜居品牌发展指数排名表

城市	排名	城市	排名	城市	排名	城市	排名
北京	1	中山	51	潮州	101	赣州	151
深圳	2	绵阳	52	张掖	102	忻州	152
杭州	3	芜湖	53	包头	103	太原	153
苏州	4	长春	54	汉中	104	怀化	154
天津	5	江门	55	绍兴	105	衡水	155
广州	6	湘潭	56	南阳	106	三亚	156
成都	7	潍坊	57	沈阳	107	济宁	157
长沙	8	牡丹江	58	衢州	108	盘锦	158
舟山	9	荆州	59	大庆	109	孝感	159
泉州	10	昆明	60	防城港	110	临汾	160
无锡	11	呼伦贝尔	61	赤峰	111	德阳	161
青岛	12	珠海	62	玉溪	112	邯郸	162
扬州	13	郴州	63	崇左	113	内江	163
大连	14	淮安	64	揭阳	114	新乡	164
上海	15	衡阳	65	承德	115	朝阳	165
鹰潭	16	泰州	66	榆林	116	百色	166

续表

城市	排名	城市	排名	城市	排名	城市	排名
漳州	17	南平	67	丽水	117	铜陵	167
武汉	18	肇庆	68	南充	118	宜宾	168
合肥	19	九江	69	蚌埠	119	阜新	169
黄山	20	台州	70	张家界	120	抚顺	170
福州	21	北海	71	焦作	121	安庆	171
南通	22	三明	72	汕头	122	资阳	172
东莞	23	西宁	73	马鞍山	123	咸阳	173
常德	24	济南	74	四平	124	巴彦淖尔	174
嘉峪关	25	桂林	75	晋中	125	开封	175
莆田	26	保定	76	乐山	126	毕节	176
镇江	27	上饶	77	许昌	127	玉林	177
岳阳	28	茂名	78	重庆	128	周口	178
鄂尔多斯	29	温州	79	黑河	129	淮南	179
惠州	30	湖州	80	秦皇岛	130	临沂	180
清远	31	哈尔滨	81	信阳	131	安阳	181
宜昌	32	新余	82	贵阳	132	聊城	182
宁波	33	日照	83	石家庄	133	延安	183
连云港	34	荆门	84	营口	134	大同	184
佛山	35	龙岩	85	洛阳	135	濮阳	185
齐齐哈尔	36	佳木斯	86	德州	136	自贡	186
厦门	37	景德镇	87	泸州	137	钦州	187
吉林	38	嘉兴	88	宝鸡	138	天水	188
株洲	39	金华	89	海口	139	吴忠	189
烟台	40	银川	90	梧州	140	鞍山	190
威海	41	南京	91	西安	141	武威	191
南昌	42	黄冈	92	呼和浩特	142	亳州	192
梅州	43	随州	93	石嘴山	143	庆阳	193
兰州	44	徐州	94	丽江	144	锦州	194
常州	45	黄石	95	滁州	145	曲靖	195
湛江	46	乌鲁木齐	96	攀枝花	146	渭南	196
郑州	47	唐山	97	柳州	147	商丘	197

续表

城市	排名	城市	排名	城市	排名	城市	排名
南宁	48	通化	98	长治	148	乌兰察布	198
襄阳	49	遵义	99	安康	149	六盘水	199
丹东	50	辽源	100	泰安	150	通辽	200

第 8 章　中国城市品牌传播指数：2015 年度报告

石　俊[*]　刘彦平

城市是文化的容器，专门用来储存人类文明的成果，这些成果中的一部分被直接转化为物质财富满足人们的生活需求，另一部分则凝结为城市品牌，成为城市的灵魂和独特的文化不动产资源。随着城市品牌关注度的不断提高，城市品牌传播途径也愈发多元和丰富。2007 年，“好客山东”这个响亮的口号被人们熟知；2011 年，成都城市形象宣传片第一次在纽约时代广场出现；2014 年，观众在“爸爸去哪儿”综艺节目中迷上了重庆武隆天坑村；2015 年，“世界是嘈杂的，广西是宁静的”一条微信广告获得朋友圈点赞。从文字口号到影像宣传片，从综艺节目到新媒体社交平台，从政府主导到多元主体主动参与，从硬性广告到情怀营销，城市品牌传播成为展示城市的一扇窗。推窗识城，在全维度的城市品牌传播要素中，我们会发现更加绚丽多彩的城市。

在本报告中，中国城市品牌传播指数将主要从城市知名度、网络传播、旅游推广、投资传播、网络政务服务 5 个方面的指标来进行评判。第一，人们长期生活在城市中，无论是自然风光、文物古迹，还是风俗习惯、城市精神都是城市知名度的表达，城市知名度是城市品牌传播水平的表现形式；第二，信息化时代的到来赋予了城市更鲜活的生命力，网络媒体成为城市品牌传播的重要载体；第三，旅游资源是城市品牌要素最集中的表达；第四，城市品牌作为城市发展最有价值的不动产资源，越来越受到人们的关注，由此，投资传播也成为衡量一个城市品牌发展的重要参考

* 中国人民大学创意产业技术研究院助理研究员。研究方向为文化产业、城市营销。

依据；第五，居民、游客、政府、第三方管理者共同构成了城市品牌传播的主体，政府的参与程度成为评价城市品牌传播水平高低的重要评估标准。

一　2015年城市品牌传播指数总体发展态势

（一）总体发展态势

1. 城市品牌传播指数平均偏低，两极分化严重

2015年中国城市品牌传播指数均值为0.173，前20名城市品牌传播指数平均值为0.435，最后20名城市品牌传播指数平均值为0.071。在200个样本城市中，仅有5个城市品牌传播指数超过0.5，仅有64个城市位于全国城市品牌传播指数平均值以上，比例为32%。由此可见，中国城市品牌传播水平整体偏低，而且两极分化现象十分严重，只有少数城市拥有较强的品牌价值和传播能力（见图8－1）。

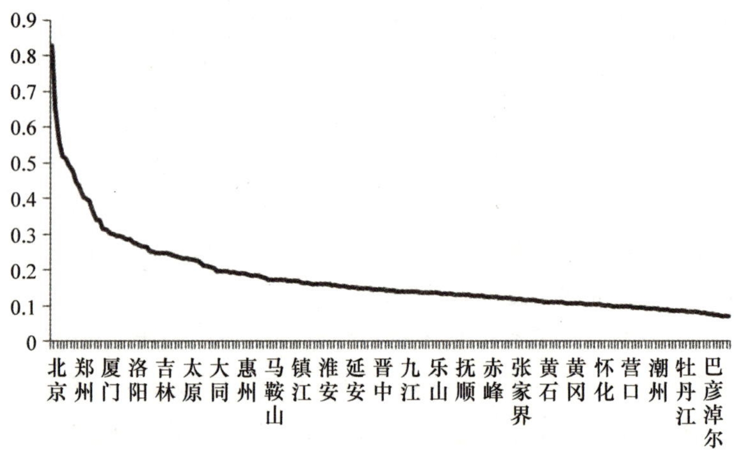

图8－1　城市品牌传播指数（城市数目：200个）

从图8－1中可以看出，城市品牌传播指数较高的城市大多为一、二线城市，它们拥有坚实的经济基础、丰富的文化旅游资源以及较高的知名度。这些城市集聚多方力量，形成了强大的品牌传播基础，营造了自由、活跃的品牌传播环境。相比之下，一些三、四线城市由于综合实力不强，

所以城市品牌传播能力相对欠佳。中国目前大约有 100 个城市的城市品牌传播指数低于 0.15，而城市品牌传播水平整体的提高有赖于 0.15—0.55 之间近 100 个城市的城市品牌传播能力的提高程度。现阶段，中国城市品牌传播发展形势依然严峻，中国城市品牌发展基础指数整体较低，仍需重点关注。

2. 北京城市品牌传播指数遥遥领先，前三甲差距较大

在城市品牌传播指数前三甲中，北京得分 0.829，遥遥领先；上海位居第二，得分为 0.655；天津排名第三，得分为 0.559（见表 8－1）。从这三个城市的城市品牌传播指数具体分值来看，前三名城市之间存在一定差距。北京是兼具传统文化和时尚潮流的魅力之都，因此在当前网络一片繁荣的背景下，它能很快地将城市文化转为品牌要素，并借助各种媒体资源传播。北京网络传播指数凭借超高得分，拉开了与上海和天津的差距。

除此之外，北京投资传播指数得分也比上海和天津高了很多。北京的投资传播能力不仅仅体现在经济基础总量的扩大，还体现在现代产业形态在全国占据着绝对领先的高地。比如北京的高科技产业、现代金融业、现代信息产业、文化产业、消费产业、互联网产业等在全国处于领先和优势地位，而这些新兴产业的蓬勃发展，为北京引入了更加多元的投资力量。此外，北京更是创造新的文化和新的历史的策源地，这里集中了全国顶级的名牌大学，有多样化的传播媒体和传播平台，北京是名副其实的现代文化的创造者、引领者、传播者。

上海与北京相比，在城市品牌传播指数总得分中略显逊色，不过上海和天津也有超越北京的具体指标。例如，上海知名度指数高达 0.974，比北京高 0.1 个分值，比天津更是高出近 0.5 个分值；天津旅游推广指数位居全国首位，得分为 0.665，说明天津在宣传、推广旅游资源方面下了工夫，并取得了显著成果。

表 8－1　**城市品牌传播指数前三名**

城市名称	城市品牌传播指数	排名	城市知名度指数	网络传播指数	旅游推广指数	投资传播指数	网络政务服务指数
北京	0.829	1	0.873	1	0.658	0.873	0.743
上海	0.655	2	0.974	0.577	0.432	0.581	0.709
天津	0.559	3	0.471	0.417	0.665	0.647	0.592

3. 城市品牌传播水平区域不平衡，华东地区领先，东北、西北地区较差

从区域划分来看，2015 年城市品牌传播指数区域排名华东地区摘得桂冠，指数得分为 0.210（见表 8－2），其余六个区域依次是华北、华南、西南、华中、西北、东北等地区。在各地区的城市品牌传播指数中，只有华东和华北两个地区的平均值高于全国的平均值，其余 5 个地区的平均值都低于全国平均值，这说明中国城市品牌发展基础区域不平衡显著，主要依靠华东、华北两个区域带动。

从具体情况来看，华东地区在城市品牌传播中拔得头筹主要是因为该地区集中了较多优秀的城市，其中进入前 20 名的城市华东地区占了 9 个席位——上海、杭州、南京、青岛、苏州、济南、宁波、厦门、合肥。华北地区平均值在 7 大区域中处于第 2 名，但是在前 20 名中只占据 2 位，分别为北京和天津，这说明虽然华北地区城市品牌发展基础中突出的城市较少，但是整体水平较好，均值也较高。除了华东和华北地区，在剩下的 5 个区域中，南方区域总体情况要优于北方地区。华南和西南地区分别排在第 3 名和第 4 名，而西北和东北分别排在第 6 名和第 7 名。西北地区是进入前 20 名城市数量最少的一个，只有在全国排名第 10 名的西安。东北地区落后的表现有两个原因，一方面是整体区域城市品牌传播指数不高(0.133)，另一方面是东北地区是七大地区中唯一一个没有城市进入全国前 10 名的区域，只有哈尔滨和沈阳分别排在全国第 18 名和第 19 名，可见东北地区整体城市品牌传播水平都不高。华中地区排在第 5 名，郑州是进入前 10 名的代表城市。

表 8－2　**2015 年城市品牌传播指数区域分析**

区域	均值	前 20 位城市入选数（个）	最大值		
			城市	指数	全国排名
华东	0.210	9	上海	0.655	2
华北	0.190	2	北京	0.829	1
华南	0.172	2	深圳	0.518	4
西南	0.163	2	成都	0.495	6
华中	0.152	2	郑州	0.435	9
西北	0.144	1	西安	0.407	10

续表

区域	均值	前 20 位城市入选数（个）	最大值		
			城市	指数	全国排名
东北	0.133	2	沈阳	0.300	19
全国平均	0.173		北京	0.829	1

（二）区域发展特征

将 2015 年城市品牌传播指数所对应的 200 个城市在地图上绘制出来，从总体布局上看，城市品牌传播指数较高的城市在空间上集聚分布明显，这些城市密集的分布在中国长三角、珠三角及环渤海地区，而只有极少数城市品牌传播较高的城市零星地分布在东北、中部尤其是西南和西北地区。大致呈现出由沿海向内陆依次减弱的规律（见图 8－2）。

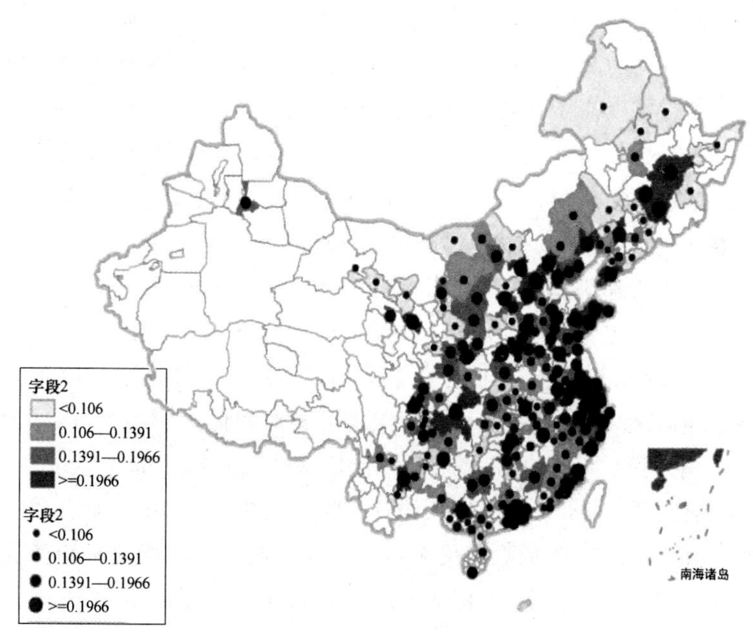

图 8－2　城市品牌传播指数排名可视化分析

1. 华东地区：指数得分名列前茅，品牌传播效应集聚凸显

华东地区是七大区域中样本城市最多的地区，占样本总数的 26%。

华东地区集中了上海1个直辖市和江苏、浙江、安徽、福建、山东5个经济大省。雄厚的经济基础和深厚的文化积淀使华东地区有超过一半的城市品牌传播指数高于全国平均值，充分显示了华东地区城市品牌传播的基础和实力。

2. 华北地区：北京、天津遥遥领先，内蒙、山西较为逊色

华北地区共有23个城市进入统计样本，其中有8个城市高于全国指数平均值，有7个城市高于本区域指数平均值，均占到样本总数的30%左右。从表中可以看出华北地区的情况比较特殊，一方面，华北地区在全国区域排名中位于第二位；另一方面，华北地区中高于平均值的城市个数却逊色很多。究其原因是北京、天津提高了平均水平，但河北、山西和内蒙古大部分城市都处于较低水平。

3. 西北地区：省会城市脱颖而出，其他城市品牌传播实力均衡且普遍较低

西北地区共有19个城市进入统计样本，其中有4个城市高于全国指数平均值，占比为21.05%，相比于全国范围内显示的两极分化现象，西北地区在本区域中高于平均值的城市与低于平均值的城市相差不大。西北地区除了西安、兰州、银川、乌鲁木齐这4个省会城市之外，其他城市的品牌传播指数差距较小，其实际传播水平也较为相近。

4. 华中地区：区域内产生明显的两极分化

华中地区共有37个城市进入统计样本，其中只有7个城市高于全国指数平均值，占比18.92%，有81.08%的城市低于全国指数平均值。华中地区是七大地区中内部两极分化最为明显的地区，郑州、武汉进入全国前20名，但其他城市的品牌传播指数得分相对较低。

5. 华南地区：广东集聚城市品牌传播水平较高的城市

华南地区共有28个城市进入统计样本，其中只有10个城市高于全国指数平均值，华南地区是除了华东地区之外，高于全国指数平均值比例最高的地区，这主要是因为华南地区以广东为主，广东作为改革开放的先驱，经济发展水平较高，文化开放程度较高，城市品牌传播指数较高。

6. 东北地区：沈阳、哈尔滨表现突出

东北地区共有21个城市进入统计样本，其中只有6个城市高于全国指数平均值。哈尔滨和沈阳进入了全国前20名，但是其他城市指数得分较低。东北虽然平均值得分为最低，但是高于全国指数平均值的城市个数

占比相对较高，说明东北集聚了一些城市品牌传播水平较高的城市。

7. 西南地区：本区域和全国水平相当

西南地区共有 20 个城市进入统计样本，其中只有 4 个城市高于全国指数平均值。成都、重庆作为西南地区的领头羊分别在全国城市品牌传播指数中排第 6 和第 11 名。西南地区高于全国平均值的城市与高于本地区平均值的城市个数相同（见表 8－3）。

表 8－3　　2015 年城市品牌传播指数区域平均值比较分析

区域	样本数（个）	与全国指数平均值比较				与本区域指数平均值比较			
		高于平均值城市数		低于平均值城市数		高于平均值城市数		低于平均值城市数	
		个数	占比	个数	占比	个数	占比	个数	占比
华东	52	27	51.92%	25	40.08%	19	36.54%	33	63.46%
华北	23	8	34.78%	15	65.22%	7	30.43%	16	69.57%
西北	19	4	21.05%	15	78.95%	10	52.63%	9	47.37%
华中	37	7	18.92%	30	81.08%	11	29.73%	26	70.27%
华南	28	10	35.71%	18	64.29%	9	32.14%	19	67.86%
东北	21	6	28.57%	15	71.43%	7	33.33%	14	66.67%
西南	20	4	20.00%	16	80.00%	4	20.00%	16	80.00%

二　数据聚焦发现

（一）城市知名度、旅游推广和投资传播水平低，分布呈“二八现象”

城市品牌传播指数的 5 个指标分别是城市知名度、网络传播、旅游推广、投资传播以及网络政务服务。如表 8－4 所示，城市知名度、旅游推广和投资传播 3 个指标所代表的 200 个城市主要集中在 0.2 以下的区间，极少数的城市分布在高得分的区间，呈现出“二八现象”。表 8－4 中也显示出城市知名度、旅游推广和投资传播 3 个指标指数的平均值都在 0.1 左右，由此可见，当前中国城市品牌传播在这三方面的水平还比较低。

表 8－4　　城市品牌传播指标指数平均值

城市品牌传播指标	城市知名度	网络传播	旅游推广	投资传播	网络政务服务
平均值	0.086	0.191	0.102	0.088	0.401

城市知名度指标得分为0.086，本报告中的城市知名度主要是由国际知名度、国内知名度、研究关注度和网络关注度4个方面组成，成为得分最低的指标也和知名度本身包括很多要素有关。具体来说，城市知名度既反映城市客观存在的城市景观、民俗风情，又反映个体主观对城市的品牌感知和联想评价，既存在着固有的品牌认知，也会随着时代的变化产生新的认识。在某种程度上，城市知名度是所有城市品牌传播的参与者在主观和客观层面的集合，很难做到统一且优质的认知。因此，城市知名度的提高不仅要依赖城市已有的经济、文化、政治面貌，还需要后天人为的建设。

旅游推广整体水平也比较低，平均值为0.102。一般来说，旅游推广在两种类型的城市中会有优异表现，一种是旅游资源要素完备的城市，这种城市的自然风景、人文景观等文化资源十分丰富，有很大的开发价值和潜力，例如天津、北京、杭州、西安等城市；另一种是以深圳、广州等为代表的现代城市。这些城市充满了各种光怪陆离的潮流文化，是时尚文化的风向标。

投资传播在城市品牌传播指标中的得分也比较低，平均值为0.088。投资传播水平较高的一般是经济相对发达的城市，多集中在东南沿海、长三角和环渤海经济圈。所以投资传播在一定程度上也反映了该城市的经济发展水平。目前加入“万亿俱乐部”（GDP超过万亿的城市）的城市有9个，其中8个城市都跻身投资传播指数排名的前10位——北京、天津、上海、深圳、成都、重庆、广州、杭州等。由此可见，经济实力是投资传播的坚实后盾，也是城市品牌建设的必要条件。

（二）网络传播与网络政务服务水平高于平均，品牌传播现代性差距缩小

图8－3显示出，在城市品牌传播指标中网络传播与政务服务水平整体较高。网络传播平均值为0.191，网络政务服务指数平均值为0.401。这两项指标均与网络有关，由此可见，互联网繁荣为城市品牌的传播提供了良好的氛围、领先的技术和自由的平台，实现了城市品牌竞争中网络资源的共享。

互联网的快速发展意味着新媒体时代的来临，各种社交平台改变了受众单向接收信息的角色，而赋予了他们更多的信息接收、选择、分享的主

观能动性选择。对于城市品牌传播来说，一方面，网络的普及让受众有机会了解各种类型的城市，使人们对城市品牌的认识更加客观、公正，有利于提高城市的知名度和影响力；另一方面，城市需要在网络中重新进行品牌形象的塑造和整合。网络成为城市品牌传播不可忽视的渠道，而网络在给城市品牌传播提供更好的发展平台的同时，也带来了新的挑战。

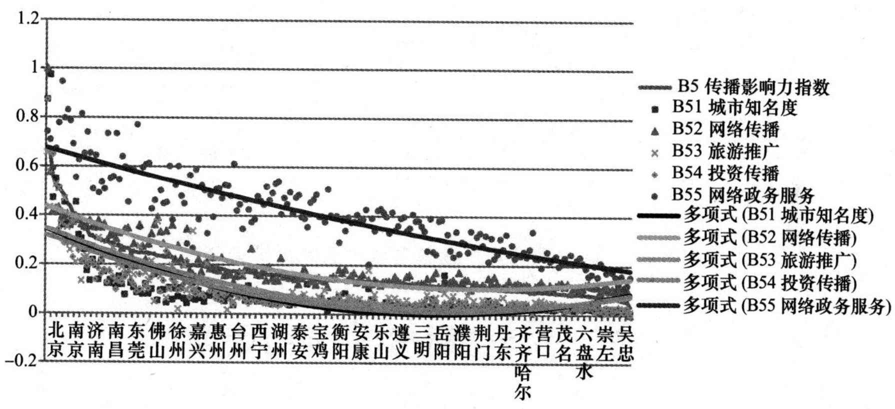

图 8－3　城市品牌传播指数相应指标分析

（三）城市品牌传播指数与城市品牌呈正相关

图 8－4 显示了城市品牌传播指数与城市品牌总指数的趋势走向，其中城市品牌传播指数较为平缓而且集中在 0.2 以下区间，城市品牌指数在 0.3 左右较为集中。可以看出两者趋势一致，数据点呈正相关分布。观察城市品牌传播指数，排名靠前的城市在城市品牌总指数排名中也名列前茅（品牌传播指数排名前 10 名的城市，在城市品牌总指数排名中位列第 1 名至第 13 名）。由于城市品牌指标构成除了城市品牌传播之外，还有品牌基础、旅游、投资、宜居 4 个指标，所以图中总指数也存在小范围的波动，说明了城市品牌传播对城市品牌建设具有重要的推动作用，同时这几个构成要素之间形成了较强的协同力。

“酒香不怕巷子深”的年代已经过去，在品牌林立、广告无孔不入的现代社会，人们奉行的是“无传播，不品牌”战略，城市品牌同样如此。城市品牌传播对城市品牌的意义不仅在于为城市中生活的人制造丰富的联想和认同感，促进市民对城市品牌建设的参与度，更能增加城市的吸引力和感染力，有利于提高城市的知名度，从而使城市文化被更多人所熟知，使城市旅游资源得到充分开发，投资环境得到优化，城市更适合居住。

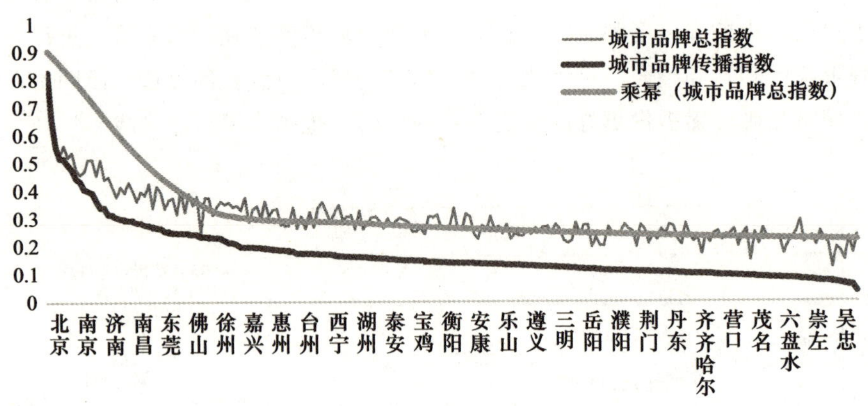

图 8－4　城市品牌传播指数与城市品牌趋势分析

三　城市品牌传播指数 10 强点评

中国城市品牌发展指数排名前 10 名的城市可分为三个层次，北京是唯一一个指数在 0.8 以上的城市，上海以 0.65 左右的指数紧跟其后，其次是天津、深圳、广州、成都、杭州、南京、郑州、西安 8 个城市（区间在 0.4—0.6 之间）先后排列。在城市品牌指数前 10 名中，有南京、郑州、西安进入中国城市品牌传播指数排行榜前 10 名。

（一）北京

北京是中国政治、经济、文化中心，传统文化和现代文明在此交汇，历史文脉与时尚创意在此碰撞。由此形成具有高度亲和力和包容性的城市品牌，也成为了自由交流和分享的传播圣地。

北京在“2015 年中国城市品牌传播指数排行榜”中再次拔得头筹，其中城市知名度指数、网络传播指数、旅游推广指数、投资传播指数排名均在全国前列，反映了北京具有强大的城市品牌传播能力。从具体情况来看，北京城市品牌传播指数为 0.829，遥遥领先于排名第 2 名的上海（0.656）和其他城市。骄人的成绩一方面源于北京独一无二的传播资源和基础，在百度、今日头条等主流新闻媒体中保持很高的热点和曝光度；另一方面源于在信息化浪潮的新形势下，北京坚持网络推广的量的积累和形式的创新。另外，随着“京津冀一体化”、北京“四个中心”定位等重大战略的提出，北京投资传播、旅游推广等功能也更加突出，APEC 会议、北京冬奥会等一系列重大活动更是进一步提高了北京的国际知名度、研究关注度和网络关注度。

既古典又现代、既悠扬又澎湃的北京将继续发挥综合优势，保持品牌传播的领先地位，推动北京朝着世界文化名城、世界文脉标志名城的宏伟目标迈进。

（二）上海

上海是中国文化、经济、贸易的中心，是中国多元化的城市代表。从 20 世纪二三十年代开始，“东方巴黎”“魔都”等美名开始流传，直至今日，上海依旧保持着江南文化的古典与雅致，以及国际大都市的现代与时尚，传达着“海纳百川，兼容并蓄”的海派文化。

上海的城市品牌传播指数位列全国第 2 名，指数得分为 0.656，其中城市知名度指数排名第 1 名，网络传播和投资传播指数排名均在全国前列。根据城市品牌传播指数具体指标分析，上海城市知名度指数值高达 0.974，凭借“世博会”“国际电影节”等重大国际活动，上海作为中国第一大城市和全球大都市的地位和品牌获得巨大彰显，文化的包容性和传播力充分拓展，头条指数和网络推广指数得分远远高于平均水平。此外，得益于上海国际经济、金融、贸易中心的城市品牌定位，其城市品牌投资传播的曝光度和新闻传播量也表现突出。但上海的网络政务服务指数排在全国第 12 名，相比其他品牌传播指标，其微博传播力、微博服务力和微博互动力有待提高。

上海，这个充满设计、时尚、创新的品牌之都将继续传承、创新海派文化，建设更加多元、包容、开放的美好明天。

（三）天津

天津是环渤海经济圈的中心城市，也是中国北方最大的沿海开放城市，天津充满了人文关怀和文化魅力。2014 年天津市荣获“中国最具幸福感城市”和“中国最具文化软实力城市”两项大奖，是四大直辖市中唯一获得双奖的城市。

天津的城市品牌传播指数位列全国第 3 名，指数得分为 0.559。其中旅游推广指数排名全国第 1 名，指数得分为 0.665，主要因为近两年天津借力新媒体优势，通过手机 APP、官方微信、官方微博、海外社交媒体以及天津旅游 O2O 电商平台等多种方法全面宣传、营销天津旅游。此外，天津的城市知名度、网络传播、投资传播三个指标在全国排名分别为第 5 名、第 4 名、第 2 名，说明天津在城市品牌传播方面的表现比较均衡，国内外知名度、研究关注度、网络关注度以及投资推广传播量和投资推广曝光度都比较出色。相比之下，天津网络政务服务指数排名 27 名，在政务头条覆盖度、微博传播力、微博服务力以及微博互动力等方面有待加强。

“近代百年看天津”，不仅是因为天津拥有的特殊记忆和资产，更是因为天津包容开放的交流态度和品牌传播的持续创新。

（四）深圳

深圳是中国最早进行改革开放的经济特区，是中国内地经济开放度最高的城市之一。30 多年来，持续不断的移民过程为深圳带来了兼容、开放的移民文化，创意阶层在深圳崛起，由此也使深圳形成了开放型的经济体系、包容和谐的社会氛围、共享多元的城市品牌。

深圳的城市品牌传播指数位列全国第 4 名，指数得分为 0.518。根据城市品牌传播指数具体指标分析，深圳的城市知名度、网络传播、旅游推广、投资传播 4 个指标指数排名均在全国前 5 名，显示出深圳在品牌传播的各个方面所付出的巨大努力和取得的丰硕成果。深圳集聚了全世界 500 强企业中 2/3 的企业，这些优秀企业快速成长，提高了深圳的国内知名度、国际知名度和研究关注度、网络关注度。此外，网络推广、旅游推广传播量、投资推广曝光度的指标得分普遍较高，而网络政务服务指数得分较低。

深圳充满了青春、运动、绿色、创新、科技、时尚色彩。与其说开放包容带来了深圳的繁荣，更不如说共享交流成就了深圳的品牌。

（五）广州

广州是中国最发达的城市之一，是中国改革开放的前沿阵地，是中国对外贸易的窗口。广州和深圳的性格一样充满交流、碰撞和包容。广州在传承本土岭南文化的基础上，吸纳融合了吴越文化、荆楚文化和中原文化特质，并吸取了海外文化的精华从而培育塑造出一座包容的城市。

广州的城市品牌传播指数位列全国第 5 名，指数得分为 0.514。根据城市品牌传播指数具体指标分析，广州的城市知名度、网络传播、旅游推广、投资传播、网络政务服务五个方面排名均在全国前 8 名，广州因其自身的历史文化、经济区位的独特优势而在上述方面表现优异。从 300 多年前，广州就独领风骚，在世界的书籍中被规模性地提及，享有很高的国际知名度和研究关注度。到了现代社会之后，广州充分发挥全国领先的报刊媒体行业优势，大胆探索网络新媒体的传播路径和方式，并且在头条指数、旅游推广曝光度和投资新闻传播量等方面取得了显著的成果。

（六）成都

成都是中国西部地区的政治、经济、文化、金融、科技、商贸中心，是具有 2000 多年历史的文化名城，孕育了蜀国文化和催生了众多的文人墨客，拥有扎实而丰厚的文化底蕴。成都以其丰富的人文和自然旅游资源成为“中国最佳旅游城市”，源源不断地吸引了来自国内和国际的游客前来参观游览。

成都的城市品牌传播指数位列全国第 6 名，指数得分为 0.495。其中，成都的网络政务服务排名全国第 1 名，指数为 0.946，遥遥领先于排名第 2 名的南京（0.830）和其他城市，成都在便民利民服务搭建方面做出了不懈努力并获得显著成果，成为“互联网 + 政务”的先行者。另外，在投资传播方面，成都排名全国第 5 名（0.417），在不断优化投资环境的同时，成都通过积极举办国际、国家及区域级别的商贸文化类会展活动，努力拓展城市知名度和增强城市投资吸引力。然而，成都在城市知名度、网络传播和旅游推广方面处于相对靠后的位置，全国排名分别为第 11 名、第 10 名和第 10 名（对应指数分别为 0.360、0.388 和 0.366），成都的城市品牌传播起步较晚，且城市品牌的定位和对城市之魂的挖掘有待于进一步加强，同时应同步跟进、落实和优化相关的网络传播和旅游推广工作。

作为“西部之心”，成都将继续发挥丰富多彩的城市魅力和强大的文化软实力，不断挖掘鲜明的城市亮点，打造独具特色的城市品牌。

（七）杭州

杭州是中国重要的电子商务中心，是七大古都之一的历史文化名城。杭州风景优美，素有“人间天堂”的美誉，同时是国家推行科技创新和

“互联网+”转型升级的重要试点城市之一。凭借2016年主办G20峰会，杭州在国际社会的城市知名度不断提高，率先迈向中国有特色的国际化大都市。

杭州的城市品牌传播指数位列全国第7名，指数得分为0.478，根据城市品牌传播指数的具体指标分析，杭州的城市知名度排名第7名，杭州在2007年率先打造城市品牌，并以“生活品质之城”作为品牌形象，从经济、文化和城市建设等角度全方位优化服务，提高品质，创造城市凝聚力。其中，杭州在旅游推广和网络政务服务方面表现突出，分别排名全国第5名（0.468）和第4名（0.797）。在以西湖为核心的基础上，杭州借助电影和国内知名综艺节目等媒体形式，积极宣传和推广城市，提高杭州旅游拉力。另外，杭州重视网络政务平台建设工作，以微信服务平台“杭州发布”为龙头，形成覆盖全市的政务微博以及微信矩阵集群，不断优化便民服务。但是，杭州的网络传播和投资传播排名都是全国第9名，杭州在网络新媒体平台上的传播力度和投资咨询传达和新闻播报力度方面有待加强。值得注意的是，在“G20峰会”举办之前，杭州积极采取视频营销的手段，通过G20动画宣传片《欢迎来G20杭州》向海内外受众传播“东方品质，韵味杭州”的城市形象。

借力“青奥会”和“G20峰会”等国际性盛会，富有江南文化内涵且经济发展态势良好的杭州将不断突出鲜明的城市特征，逐步提升杭州城市的国际知名度和美誉度。

（八）南京

南京是中国东部地区重要的中心城市、全国重要的科研教育基地和综合交通枢纽，是长三角地区及华东地区唯一的特大城市群，与此同时，南京还是著名的历史文化名城，享有“六朝古都”“十朝都城”之称，是多重文化融合体性质的城市。

南京的城市品牌传播指数位列全国第8名，指数得分为0.446。根据城市品牌传播指数具体分析，南京在网络传播和网络政务服务处于领先地位，分别排名全国第6名（0.405）和第2名（0.830），在新媒体环境下，南京积极挖掘和开拓城市形象传播主体，同时在便民服务优化工作方面做出了显著的成绩。从城市知名度（第10名，指数为0.360）、旅游推广（第11名，指数为0.351）和投资传播（第10名，指数为0.284）方面的全国排名来看，南京需要继续探索和深化在地区和国际范围内独具代表性的城市品牌建设，同时要逐渐重视和大力提高旅游推广曝光率，并切实优化投资传播力度。

依托独特的地域优势、悠久的历史和丰富的文化遗产，南京紧跟时代发展步伐，致力于中国智能制造领域，不断提升城市品牌吸引力和品牌独特性。

（九）郑州

郑州地处中国地理中心，是中原经济核心城市，享有“商都”的美称。在交通方面，郑州是中国最重要的交通枢纽并拥有中国首个航空港经济综合实验区。作为华夏文明的重要发祥地之一，郑州历史悠久，文化底蕴厚重，同时其着力城市环境建设，被称为“中原绿城”。

郑州的城市品牌传播指数位列全国第 9 名，指数得分为 0.434。根据城市品牌传播指数具体指标分析，郑州的城市知名度、投资传播和网络政务服务均进入全国前 8 名，郑州凭借商城文明代表和深厚文化底蕴的优势，定期举办“少林武术节”等独具中原特色的重大文化交流活动，有效地促进了郑州知名度的传播与宣传。郑州在网络传播和旅游推广的全国排名相对靠后，分别为第 20 名（0.360）和第 17 名（0.258）。郑州需要逐渐打破单向的营销传播模式，利用多样的新媒体平台整合旅游资源、文化资源和节庆资源，塑造郑州特色鲜明的形象，不断提高城市的知名度与美誉度。

郑州将在积极探索城市品牌传播整合营销的道路上继续塑造“仁者郑州，自强之都”的鲜明城市品牌形象。

（十）西安

西安具有七千余年文明史，被称为“天然历史博物馆”，是“世界四大古都之一”，也是国际著名的旅游目的地城市。同时作为中国区域中心城市之一，西安还是丝绸之路经济带的商贸、金融、文化、能源中心。秦砖汉瓦、暮鼓晨钟，厚重的历史文化底蕴，成为了西安最显著的特色。

西安在全国城市品牌传播指数排名中位列第 10 名，指数得分为 0.407。相对于其品牌总指数第 12 名来说，品牌传播尚算过关。其中根据具体指标详细分析，城市知名度（0.369）和旅游推广指数（0.371）均排名第 9 名，这得益于西安本身的历史特色，近年来西安还推出一批体验式文化旅游项目，如《梦回长安》等主题演出，丰富了旅游形式，同时于 2016 年 8 月 26 日召开的 2016 西安丝绸之路国际旅游博览会，进一步扩大了“丝绸之路”重点城市的国际影响力。投资传播（0.223）和网络政务服务指数（0.692）均排名 13 名，网络传播指数（0.373）排在了第 14 名，总体来说比较均衡。

在“一带一路”战略的指导下，西安作为丝绸之路的重要节点，可以依托地缘、历史、文化等先天优势，快速对接丝绸之路战略，在此背景和支持下，打造西安“丝路新起点”的品牌，做好西安的城市品牌传播，继续扩大西安城市品牌的影响力。

四　城市品牌传播的问题与挑战

（一）城市品牌传播水平差距大，发展不平衡

根据前面的数据分析可以发现，无论是各地区之间、还是城市内部、甚至是各指标之间都存在巨大差异，发展很不平衡，城市品牌传播水平整体上呈“东向西依次递减”的阶梯状分布。这种巨大的差异，一方面表现为基础相近的城市之间城市品牌传播指数得分差距较大——例如全国前三名的北京、上海、天津得分彼此拉开；另一方面表现为同一城市的城市品牌传播指标得分差距较大——例如天津城市品牌传播整体实力全国第 3 名，而且城市知名度、网络传播、旅游推广和投资传播 4 个指标都在前 5 名，只有网络政务服务排名第 27 名，拉低了天津的整体水平。

城市品牌传播水平差距较大，会带来两个方面的负面影响：其一，城市发展出现马太效应，一些拥有良好基础的城市会继续发挥优势，成长为超级城市，从而吸引更多资源、人才、技术、资金的集聚；而一些城市品牌传播能力相对落后的城市，最终会在优胜劣汰中被人们忘记，对于整个国家来说则形成了畸形的格局。其二，城市品牌是国家品牌的构成要素和重要表达，中国当前存在的巨大差距，无疑将不利于国家品牌形象的建设和传播。

（二）城市之间、城市内部之间的品牌传播联动效应不强

根据上文中的分析数据可以发现，城市品牌之间的联动效应不强。以

湖南长沙和张家界为例，长沙和张家界城市知名度排名分别为第 20 名和第 21 名，可是整体水平却是第 21 名和第 136 名的差距。这主要是因为长沙其他品牌传播基础较好，而张家界只是凭借独特的自然景观而成为众人皆知的旅游胜地。对于长沙这个城市品牌水平较强的城市来说，并没有因为相对较强的优势而辐射、带动周边城市品牌的共同建设。

城市品牌是城市经过长期积累而形成的社会公众对它的稳定印象和整体评价。城市品牌的建设与城市的经济基础、文化底蕴、人文风情、建筑景观、地理位置、自然景观等要素紧密相关，这些因素对于城市品牌传播建设来说就像木桶原理，缺一不可。而且，每个区域都有其独特的性格和品牌。而现实情况是，在相近的区域中，由于城市品牌传播能力有限，很多普通的地级市一直处于不温不火的状态中，与省会城市相比逊色很多。由此可见，把有限的资源集中起来，互通有无，加强互动，形成城市品牌的集聚效应是提升城市竞争力、知名度和吸引力的有效途径。

（三）网络传播对城市品牌传播贡献大，但也容易引发负面噪音

在城市品牌传播整体水平不见好的情况下，网络传播和网络政务服务却成为黑马，提高了城市品牌传播的整体水平。

数据显示，网络政务服务与其他几个二级指标相比，虽然平均得分比较高，但其排名的分散性更强。这表明，一些城市虽然已经开始充分利用网络的优势进行品牌化建设，但是城市品牌的网络传播成熟度还欠佳。以青岛为例，青岛曾经以“帆船之都”闻名海外，良好的城市品牌形象吸引了无数游客慕名前往，但是 2015 年的“高价大虾事件”，使青岛的城市品牌在网络平台上出现负面影响，虽然只是个案，但“好客山东、魅力青岛”的城市品牌形象也大打折扣。

网络传播具有小众化的特性，多为点对点的传播模式，所以城市品牌中积极的一方面可以在网络平台迅速传播。但同时，网络传播也具有群居化的特点，很容易引起集体讨论。网络传播对于城市品牌来说，发声并不意味着信息的到达，信息的到达也并不意味着对城市品牌建设有积极的意义，也许会存在一些负面的噪音。互联网的快速发展，使得网络舆论的发展成井喷之势，任何一件小事都可能发酵成一场舆论危机，在这种情况下，城市品牌的危机传播就成为了政府面临的一大挑战。

五　提升城市品牌传播的对策建议

（一）凸显城市品牌传播的“符号”和“情怀”

前文分析指出，城市品牌传播差距大，大部分中小城市都集中在低水平区域。除了这些城市本身基础欠佳之外，还有一个重要的原因是这些城市在城市品牌传播建设中存在严重的同质化——这些由“近地缘文化基因”而生成的城市品牌传播要素本身是相近或是低识别的。因而，在城市品牌传播中必须保证城市品牌的独特性，即符号化。这种符号更具传播性，并且具有代表性、识别性、地域性等特征，能拥有很高的知名度。2016年7月18日，住房城乡建设部、国家发展改革委员会、财政部联合下发《关于开展特色小镇培育工作的通知》，明确提出到2020年，中国将培育1000个左右各具特色、富有活力的休闲旅游、商贸物流、现代制造、教育科技、传统文化、美丽宜居等特色小镇。浙江作为特色小镇的先试、先行代表，先后有79个小镇被列入省级创建名单，其中“桐乡乌镇互联网小镇”已经小有名气，“平阳宠物小镇”“余杭梦想小镇”等个性十足的小镇已经成为这些地区的响亮名片。

城市品牌传播也是人的传播，构建一个良好的传播氛围特别重要。随着体验经济时代与情感经济时代同步到来，情怀成为城市品牌传播和推广的杀手锏。一句“世界是嘈杂的，广西是宁静的”宣传语，勾引起人们到广西寻找宁静之地的欲望，符合现代都市人对宁静的情感渴望。由此可见，情怀表达是城市品牌传播十分重要的存在方式，它传达了城市的内涵，构筑了受众对城市感知和记忆的基础，唤醒了人们和城市内心深处的共鸣。

（二）互补融合，推动城市品牌的地方流传与全球性传播

在强化城市品牌传播能力的基础上，促进城市品牌的互补与融合，打造区域品牌，实现由城市品牌到城市群品牌的升级，充分发挥城市品牌联动所创造的规模性、共享性优势。

从世界的角度来看，第一级区域品牌就是国家。所以，从提高国家软实力层面出发，也应该大力推动城市品牌联动，进行跨区域的城市品牌互补与融合。首先，应该加强城市居民的情感融合和心理认同——这种认

同，很大程度上取决于城市品牌凝聚与城市认同；其次，实现城市品牌联动需要政府在政策上突破政策倾向以及先后的顺序排位，实现“透明和平等对待”。最后，要积极响应国家“京津冀一体化”“一带一路”发展战略，提高品牌整体竞争力，从而提高城市品牌传播能力和知名度，在促进城市品牌地方流传的同时，扩大全球性传播。

（三）借网络和技术创新之力，推动城市品牌互动性传播

在互联网时代，人人都是移动的媒体，城市聚合了全体市民的声音和需求。网络作为城市品牌传播的重要媒介之一，具有信息量大、互动性强的特征。一方面，城市品牌传播者应该主动地利用城市官方网站、城市热线、各大门户网站、政务官方微博等，主动向受众提供信息，积极互动，引导舆论向有利于城市品牌塑造的方面发展。要及时回应负面信息，消除城市品牌传播中的不利因素。另一方面，要培养普通居民成为“城市的粉丝群”，鼓励以公众为主体的城市信息互动传播。要有效地利用个人微博、微信等社交平台，鼓励他们关注和参与城市品牌的传播。

此外，随着互动媒体技术的兴起，VR、电子沙盘、虚拟仿真、互动投影、电子翻书等技术的融合应用使城市品牌传播更加立体和多元。一些城市还开发出了 APP，依托数据信息处理技术，在线上线下展开交流和分享，有效的将物理空间与虚拟存在、将客观建构和主观认知结合起来，促进了城市品牌传播的互动性。

附录：城市品牌传播指数排名表

城市	排名	城市	排名	城市	排名	城市	排名
北京	1	银川	51	汕头	101	湛江	151
上海	2	珠海	52	北海	102	黄冈	152
天津	3	济宁	53	漳州	103	长治	153
深圳	4	绍兴	54	九江	104	丹东	154
广州	5	唐山	55	安康	105	玉溪	155
成都	6	惠州	56	南充	106	呼伦贝尔	156
杭州	7	桂林	57	鞍山	107	襄阳	157

续表

城市	排名	城市	排名	城市	排名	城市	排名
南京	8	临沂	58	荆州	108	天水	158
郑州	9	乌鲁木齐	59	衢州	109	钦州	159
西安	10	日照	60	丽江	110	怀化	160
重庆	11	宜昌	61	鄂尔多斯	111	齐齐哈尔	161
武汉	12	威海	62	乐山	112	梅州	162
青岛	13	台州	63	肇庆	113	内江	163
苏州	14	马鞍山	64	德阳	114	郴州	164
济南	15	呼和浩特	65	许昌	115	铜陵	165
宁波	16	德州	66	信阳	116	石嘴山	166
厦门	17	秦皇岛	67	泸州	117	攀枝花	167
哈尔滨	18	金华	68	滁州	118	营口	168
沈阳	19	黄山	69	遵义	119	常德	169
合肥	20	西宁	70	抚顺	120	自贡	170
长沙	21	邯郸	71	焦作	121	忻州	171
南昌	22	镇江	72	龙岩	122	临汾	172
石家庄	23	芜湖	73	包头	123	资阳	173
昆明	24	南阳	74	淮南	124	孝感	174
洛阳	25	赣州	75	南平	125	茂名	175
福州	26	开封	76	三明	126	潮州	176
兰州	27	湖州	77	玉林	127	通化	177
无锡	28	蚌埠	78	赤峰	128	四平	178
东莞	29	商丘	79	清远	129	通辽	179
南宁	30	淮安	80	承德	130	黑河	180
温州	31	柳州	81	亳州	131	毕节	181
潍坊	32	咸阳	82	聊城	132	六盘水	182
吉林	33	新乡	83	岳阳	133	张掖	183
泉州	34	泰安	84	曲靖	134	牡丹江	184
贵阳	35	安庆	85	新余	135	景德镇	185
佛山	36	榆林	86	张家界	136	盘锦	186
长春	37	泰州	87	周口	137	阜新	187
大连	38	延安	88	莆田	138	朝阳	188

续表

城市	排名	城市	排名	城市	排名	城市	排名
扬州	39	连云港	89	衡水	139	佳木斯	189
太原	40	宜宾	90	濮阳	140	崇左	190
安阳	41	宝鸡	91	大庆	141	鹰潭	191
徐州	42	渭南	92	锦州	142	揭阳	192
中山	43	绵阳	93	株洲	143	巴彦淖尔	193
常州	44	江门	94	黄石	144	庆阳	194
南通	45	舟山	95	防城港	145	乌兰察布	195
烟台	46	晋中	96	丽水	146	随州	196
保定	47	汉中	97	荆门	147	吴忠	197
大同	48	衡阳	98	百色	148	嘉峪关	198
嘉兴	49	湘潭	99	上饶	149	辽源	199
三亚	50	海口	100	梧州	150	武威	200

第三编

热点聚焦：国家战略视野下的城市营销

第9章　国家战略视野下的中国城市营销：年度回顾与展望

刘彦平

自2015年以来，随着国家“十二五”规划收官和“十三五”规划开局，中国国民经济与社会发展的战略格局发生了深刻的变革。创新发展、协调发展、绿色发展、开放发展和共享发展被确立为指导“十三五”规划乃至更长时期中国转型发展的五大指导理念和战略总纲。同时，有关区域发展的国家战略决策也在不断拓展和深化，“三大战略”已成为促进全国区域协同发展的战略新主轴。2015年3月28日，国家发展改革委员会、外交部、商务部联合发布了《推动共建丝绸之路经济带和21世纪海上丝绸之路的愿景与行动》，提出要发挥西部地区向西开放的前沿阵地作用、沿海地区龙头引领作用和内陆腹地战略支撑作用，打造陆海内外联动、东西双向开放的全面开放新格局。各地密集出台对接“一带一路”的实施方案，全方位对外开放倒逼深层次改革的政策效应开始显现。2015年4月30日，中共中央政治局会议审议通过《京津冀协同发展规划纲要》，标志着京津冀协同发展的顶层设计基本完成，区域协同发展的制度和实践创新进行到了更深入的阶段。2016年3月25日，中共中央政治局会议审议通过了《长江经济带发展规划纲要》，提出要支持沿长江11个省市建立和完善地方政府协商合作机制，高起点、高水平合作建设综合交通运输体系，推进沿长江产业有序转移和优化升级，加强长江流域生态环境保护和建设，推动长江上中下游地区协调发展及沿海、沿江、沿边全面开放。除了上述三大战略外，加之陆续出台的关于“互联网+”、创新创业、自贸区及深化新型城镇化等国家战略安排，重塑着区域和城市的发展方向。中国城市营销和品牌化发展也积极展开与国家战略的对接和调适，也呈现出不同以往的趋势和特征。

一 总体发展态势

（一）以人为本的新型城镇化价值取向进一步深化

根据《2015 年国民经济和社会发展统计公报》，截至 2015 年末，全国“常住人口城市化率”已经达到 56.1%，但是“户籍人口城市化率”却只有 35%。两者之间存在 20% 多的差距。自改革开放以来，中国许多城市特别是东部城市都面临外来常住人口日益增加的问题。以北京为例，2015 年在北京常住人口中约有 37% 的没有北京户口，而在 5—34 岁的常住人口中，有一半是外来人口。常住人口与本地户籍人口一样都是城市价值的贡献者，应该说都是城市营销视域中的市民。长期以来，中国城市营销在外来常住人口的利益诉求、话语表达、过程参与三方面，做的显然还很不够。

自新型城镇化战略提出以来，困扰中国城市城镇化和城市营销发展的制度障碍开始消除。2015 年，以深化户籍制度改革为中心来推动城镇化结构变革和制度改革——推进常住人口在城镇落户、加大城市棚户区与城中村改造力度、以城市群模式带动中小城市发展，成为了讨论和行动焦点。截止 2016 年 4 月底，中国出台户籍制度改革方案的省份已达 29 个。各地普遍提出取消农业户口与非农业户口的区分，不少地区降低了落户门槛，放宽了落户条件。而“建立完善积分落户制度”则成为特大城市户籍制度改革的“标配”。[①] 2016 年 1 月，国务院常务会议提出要探索进城落户农民对土地承包权、宅基地使用权和集体收益分配权的“三权”维护和依法自愿有偿退出机制，要探索、推进城镇基础公共服务进一步覆盖常住人口——主要包括就业制度、义务教育、医疗保障、养老保险等制度等。2016 年的“两会”政府工作报告，特别强调要健全“人地钱”挂钩政策——包括财政转移支付与农业转移人口市民化挂钩、城镇建设用地新增指标与农业转移人口落户数挂钩、基建投资安排与农业转移人口市民化挂钩。这是中央政府为调动地方政府吸纳农业转移人口落户的积极性而首

① 《29 省份出台户改方案 积分落户成特大城市标配》，http：//www.sina.com.cn，2016 年 4 月 29 日。

次推出的重大政策激励机制。可以说，“以人为本”的城镇化价值取向正在持续深化。这不仅是中国经济增长和社会和谐的持续动力来源，也是城市营销和城市品牌化实现转型发展的现实力量。

（二）城市使命与定位同国家战略对接

2015 年以来，各地区和各城市通过与国家战略的对接来谋求自身转型发展的新机遇和新动力，为促进中国城市的区域协同和国家层面的布局优化带来新的气象。

1. 城市定位与“一带一路”战略对接

“一带一路”建设的提速，波及全国绝大多数地区，成为中国城市营销的最大动力源泉。在“一带一路”的战略规划中，涉及港口节点的有上海、天津、宁波、舟山、广州、深圳、湛江、汕头、青岛、烟台、大连、福州、厦门、泉州、海口、三亚 16 个沿海城市，以及西安、兰州、西宁、银川、重庆、成都、郑州、武汉、长沙、南昌、合肥等内陆节点城市。上述城市纷纷围绕“一带一路”的战略规划来探寻自身的发展定位，成为体现“一带一路”战略效应的第一梯队。比如泉州提出要打造“21 世纪海上丝绸之路先行区”，制定《泉州建设 21 世纪海上丝绸之路先行区发展规划》[①]，明确了“21 世纪海上丝绸之路”重要基点和开放门户、“21 世纪海上丝绸之路”国际文化名城、“21 世纪海上丝绸之路”华侨特区、泉台共促“21 世纪海上丝绸之路”合作示范区、民营经济开放发展创新区、世界级海洋产业基地等定位关键词。成都提出要建设“国家门户城市、国家内陆开放高地、西部经济中心和西部创新中心”[②]，一方面要做大国际合作平台——如各大中外合作园区，另一方面要通过实施“蓉欧 +”战略来打造贯通亚欧的“一带一路”大走廊，进而追求从“区域中心城市”到“国际性区域中心城市”的跃升，等等。此外，许多中小城市也不懈怠，如阿拉山口、嘉峪关、满洲里等，也都纷纷提出对接丝绸之路经济带规划，抢滩“丝路核心节点城市”“丝路黄金节点城市”“丝路门户城市”等定位。“一带一路”战略，大大激发了中国城市从全

---

① 《福建泉州加快建设“21 世纪海上丝绸之路先行区”》，中国新闻网，2016 年 1 月 22 日。

② 《贯彻“一带一路”、长江经济带 成都：建设一门户一高地双中心》，四川新闻网，2015 年 10 月 15 日。

球视野和国家战略高度来重塑定位、开放发展和进行国际营销的热情。

2. 城市定位与京津冀协同发展战略对接

《京津冀协同发展规划纲要》明确了三地各自的功能定位和发展目标，也提出了推动区域协同发展、打造世界级城市群的战略使命。北京坚持“全国政治中心、文化中心、国际交往中心和科技创新中心”的定位，天津确立了“世界级产业创新中心”的定位，石家庄提出要建设“京津冀世界级城市群第三极”，唐山要打造“东北亚地区经济合作的窗口城市”。京津冀地区的产业发展格局也在加快重组，强调借力区域协同的发展——比如天津市旅游局提出要扎根京津冀，做深、做实“一带一路”旅游产品来强化“天天乐道，津津有味”城市品牌等等；甚至内蒙古、山西、辽宁等地区的许多周边城市，如乌兰察布、朝阳、葫芦岛等也纷纷提出与京津冀协同发展战略对接的定位和规划。

3. 城市定位与长江经济带战略对接

长江经济带战略提出要打造“一道两廊三群”的战略布局——即大力构建绿色生态廊道，建设综合立体交通走廊和现代产业走廊，重点发展沿长江三大城市群（即长三角城市群、长江中游城市群和成渝城市群），并带动发展黔中和滇中两个城市群以及整个长江流域地区的发展，同时加强与“一带一路”建设的衔接互动。长江经济带战略的提出，有望从国家治理的高度，解决长期困扰长江流域发展的梯度落差显著、产业同质化高、行政区划分割等问题，通过地区协商和对话来推进长江流域经济一体化进程，构筑区域协同发展的新优势——比如，2015 年 10 月，由长江流域 9 省 2 市共 48 个城市、59 个园区参加的长江流域园区与产业合作对接会在上海举行，谋求深度合作的内容和机制新突破。①

此外，在“大众创业，万众创新”、自贸区扩容等国家战略背景下，各城市也展开激烈的角逐。

当前中国经济开始步入新常态，不少地区和城市由于面临经济下行的压力并主动下调经济增长目标，转而将提高发展质量和实现创新、协调、绿色、开放、共享的转型发展的战略要求确立为更具战略意义的发展目标。城市战略定位及营销积极对接国家战略，有助于在区域乃至国家范围

---

① 《长江经济带 11 省市聚首谋合作 流域园区合作联盟成立》，《21 世纪经济报道》2015 年 10 月 13 日。

内形成城市体系的协调发展，通过转型发展来优化竞争与合作格局、获得新的发展动能。

（三）“互联网 +”生发城市营销效应

2015 年，“互联网 +”上升为国家战略，互联网加速深入到经济、社会和民生的各个领域。“互联网 + 城市营销”也是暖流涌动。

1. 智慧城市建设奠定城市数字营销基础

据报道，截至 2015 年底，中国智慧城市建设数量已经达到 386 个。[①] 其中省级和副省级智慧城市建设比例达到 100%，地级智慧城市建设比例达到 74%，县级智慧城市建设比例达到 32%。中国智慧城市建设已由概念探索进入到实质建设阶段。然而，由于智慧城市建设顶层设计的不足，特别是由于各部门之间“条块分割”造成“信息孤岛”现象严重，在应对交通拥堵、空气污染、城市内涝等城市治理难题方面，以及在如何利用大数据和职能管理工具提升市城市营销的精准性和战略性方面，智慧城市建设显然还不够“智慧”。尽管如此，各城市仍在热烈拥抱智慧城市建设战略，作为提升城市治理、促进城市转型发展的重要抓手，为城市数字营销的开展营建技术和管理支撑平台。比如在 2015 年 12 月，上海市审议通过《推进“互联网 +”行动实施意见》，提出要借助“互联网 +”的力量形成经济发展新动力、打造互联网城市新品牌。不少城市委托第三方数据机构，试图通过大数据来解析自身的品牌形象和政府服务，以改进城市品牌传播，更好地服务投资者、旅游者以及本地的居民。在这一进程中，城市智慧旅游及大数据平台建设起到了先行和示范的作用，智慧旅游服务体系、智慧旅游营销体系和智慧旅游管理体系成为智慧旅游建设的基本任务。除了旅游部门的积极投入外，智慧旅游的市场化服务也蓬勃兴起，极大地带动了城市旅游营销的数字化进程。比如腾讯、百度、去哪儿、携程旅游、途牛旅游、同程旅游、阿里旅行、驴妈妈、链景旅游等企业也纷纷推出基于大数据的智慧旅游服务方案，为大众旅游的发展、旅游公共服务的提升及城市旅游品牌的打造，提供了强大的支撑。

---

① 李雁争：《两部委“护航”物联网研发、智慧城市将走进现实》，《上海证券报》2016 年 07 月 12 日。

2. “三微一端”政务新媒体传播进一步提升

“互联网＋公共服务”的重要一环就是政务新媒体建设。2015 年以来，城市政务新媒体进一步发展，在公共服务、舆情应对和城市形象传播方面发挥着重要的功能。以微博、微信、微视频和新闻客户端为主体的“三微一端”传播阵地得到进一步的发展和强化。截至 2015 年 12 月底，全国政务微博账号总计近 28 万个（其中新浪微博平台认证的政务机构微博账号数达到 152390 个），发文约 2.5 亿条，总阅读量超过 1117 亿次。政务微博账号的传播力和互动力显著增强。同时，政务微信也获得了高速增长，政务民生类微信公众号达 83641 个。其中，地级行政部门的政务公众号拥有率达 60%，县乡级机构达 50%。而且政务微信开始探索“政务＋社交”的新模式，一些粉丝规模巨大的政务微信公众号开始建立微信群，向政务社群化方向发展。[①] 此外，政务微视频应用和各种新闻 APP 客户端也增长迅猛。“三微一端”的政务新媒体跨平台矩阵，大大增加了公共服务的及时性和便利性，同时与政府网站、传统媒体，共同构成城市营销全新的媒体生态。在日益个性化和碎片化的城市传播形势下发挥着越来越重要的作用。

3. “互联网＋”催生城市新定位和新业态

“互联网＋”还在不断催生城市新业态，通过规划和实施“互联网＋创业创新”“互联网＋协同制造”“互联网＋现代农业”“互联网＋智慧能源”“互联网＋金融”“互联网＋现代物流”“互联网＋电子商务”“互联网＋人工智能”等战略，各地不断涌现出城市营销的新领域和新亮点——比如上海、杭州、合肥等一批城市就明确提出要打造国际服务外包城市品牌，珠海、义务、江门、重庆、洛阳、牡丹江等一批城市将跨境电商作为新的城市名片等等。

（四）城市营销重心下沉、进入深耕细作阶段

受经济下行等多重环境影响，自 2015 年以来，城市营销总体上略显低调。以往的媒体广告热、节事活动热、口号征集热等明显降温，各种大手笔营销策略的出台及实施也变得格外谨慎。可以说城市营销发展进入到

---

① 唐绪军主编：《中国新媒体发展报告（2016）》，社会科学文献出版社 2016 年版，第 9—11 页。

一个相对平稳的时期。与此同时，城市营销发展却更加精细化，社区营造、旧城更新、公益文化、特色街巷、特色产业、非物质文化遗产、城市色彩、乡村旅游等进入城市营销视野，并作为城市品牌要素进行建设和推广。此外，城市营销传播手段也更加细腻，开始更加注重基于大数据的市场分析和互联网媒体的运用。在营销活动实施上，更加讲求小投入、大产出，营销规划与实施的市民参与明显增多，活动项目更加丰富、创意更接地气、规划也更加可持续化。总体上看，中国城市营销发展可以用"重心下沉、深根细作"来描述，并向着专业化的方向又迈进了一步。

（五）西部城市的营销话语权逆转

"十二五"规划实施以来，中国中西部的经济增速连续多年快于东部，区域发展差距扩大的势头得到遏制，但梯度不平衡的问题仍未从根本上解决。随着重庆两江新区、兰州新区、陕西西咸新区、贵州贵安新区、四川天府新区等国家级新区的建设提速，2015 年又新成立云南滇中新区，西部地区承担国家重大发展和改革开放战略任务的综合功能区不断扩展，新的增长引擎不断增加，成为相关城市的重要吸引力热点。特别是自丝绸之路经济带战略构想和长江经济带战略规划实施以来，西部城市的话语权和城市品牌优势进一步增强。

比如重庆市，作为渝新欧铁路的起点及长江经济带上游的中心城市，重庆的发展将贯通长江经济带整体的城市群，并促成"一带"与"一路"之间的衔接和联动，在优化中国未来发展的经济地理格局进程中扮演着极为重要的角色。2015 年，重庆地区生产总值 15719.72 亿元，同比增长 11%，再次领跑全国。还有贵阳，近年来在建设全国生态文明示范城市的同时，抢抓大数据、互联网时代，形成以大数据为引领的创新驱动发展格局。绿色生态和大数据已成为贵阳乃至贵州的两大响亮品牌。贵阳也相继推出"爽爽的贵阳——中国避暑之都"和"大数据·智贵阳"两大城市品牌口号。兰州的发展也颇为引人注目，特别是依托兰州新区的创新发展和产城融合建设，成绩斐然。作为中国第 5 个国家级新区，兰州新区短短几年完成了中欧及中亚班列开行、保税区封关运营、16 条国际航线开通、世界 500 强企业入驻等一系列建设，成为"一带一路"上重要节点和我国西向开放的重要"窗口。"西安更是积极作为。2014 年，"丝绸之路起点纪念碑"在西安高调落成，被视为是西安抢滩"新丝路"战略高地的象征性举动。2015年9月，以“创新合作模式，共享丝路繁荣”为主题的2015欧亚经济论坛在西安举行，来自全球53个国家和地区的政界官员、经济学家、企业代表等2000余名嘉宾参加了论坛。论坛上西安市发布了《建设丝绸之路经济带新起点战略规划》和《欧亚经济综合园区发展规划》两大规划，标志着西安围绕“一带一路”战略的话语体系已臻于成熟。两大规划明确宣示了西安建设新丝绸之路经济带核心区的总体战略，确立了打造“丝绸之路经济带新起点”和“内陆型改革开放新高地”两大定位，以及建设“世界性的历史人文之都、全国性的欧亚合作之都和全面创新发展之都”的三大目标。此外，昆明、乌鲁木齐、银川等西部重要的区域性中心城市乃至一批中小城市也都纷纷发力“一带一路”战略，汇集成中国改革开放的“西部强音”。

（六）双创成城市形象新亮点

随着“大众创业，万众创新”被上升为国家战略，一系列相关优惠政策相继推出，中国大江南北掀起了“双创”的新浪潮。“双创”政策、载体成为吸引投资者和创业者的城市产品，一大批“双创”孵化基地以及名目繁多的众创空间、创客空间、极客空间等如雨后春笋般生长，点缀成城市活力的空间地标。同时，“双创”热潮也直接反映到城市形象的推广方面，比如北京市政府于2015年10月发布了《关于大力推进“大众创业，万众创新”的实施意见》，提出到2017年北京要成为全国高端创新、创业的核心区和发源地，2020年成为具有全球影响力的创新、创业地区，并且以领军企业创业者、海外创业者、连续创业者、90后创业者为主要吸引目标群。上海市在推动“双创”战略方面也不遗余力。2015年5月，上海发布了《关于加快建设具有全球影响力的科技创新中心的意见》，同时推出一系列配套政策，极大促进了“双创”战略的发展。截至2015年底，上海仅企业名称中含有“众创空间”“创客空间”“创业孵化器”等字样的管理公司即达100余家，在促进城市创业就业和科技创新、推动产业升级和经济增长发挥着重要作用。此外，合肥则提出要打造“中国IC之都”“中国声谷”“全国性产业创新中心”；成都则推出“创业天府”行动计划2.0版，致力于打造“创业之城、圆梦之都，成都创业、创业都成”的城市品牌。“双创”也成为广州的经济社会发展新引擎。2015年，广州创业、创新各项指标均创新高。广州全市高新技术企业达 1919 家，增幅接近过去两年之和，企业创新主体地位日益突出。2016 年，广州高新技术产业开发区科学城园区被列为区域示范基地，纳入国家“双创”战略体系的重点区域。《自然》杂志刊登的新华社特稿《聚焦广州：从贸易枢纽到创新热土》，描述“广州已由一个贸易枢纽发展成为国际科技创新枢纽”，被视为是广州城市形象转型的一个重大风向标。在普华永道与中国发展研究基金会联合发布的《机遇之城 2016》排名中，广州位列第 1 名，城市创业、创新吸引力大幅提升。[①]“双创”战略将成为城市产业转型、发展方式转型乃至城市形象转型的重要驱动力。

（七）全域旅游助推城市品牌化进程

近几年来，全域旅游逐渐成为各地区旅游发展的新趋势，旅游部门作为城市营销者的地位得到进一步提升。2015 年 8 月，国家旅游局发布《关于开展“国家全域旅游示范区”创建工作的通知》，提出了“全域旅游”创建考核指标，进一步将全域旅游的发展推向纵深。2016 年初，国家旅游局正式提出全域旅游发展战略，旅游行业的发展使命和行业定位进一步深度调整。就城市而言，全域旅游战略意味着从城市旅游到旅游城市、从城市旅游推广到整体城市营销的战略转变，发展的着眼点也从旅游经济转向“以人为本”，对于提升城市营销的战略整合力度和营销绩效具有重要的意义。比如汉中近年以塑造“两汉三国，真美汉中”为城市品牌主题，旅游业的发展速度和带动效应得到了显著提升。海口从美丽、幸福、休闲、时尚、品味、旅居六大维度来展示其全域旅游魅力，大大提升了其“现代化热带滨海花园城市”的形象。奉化加大旅游创新力度，着力打造“桃花盛开的地方——奉化”城市品牌，取得了良好的效果。中国著名煤炭城市鄂尔多斯则通过全域旅游来推动城市发展转型。2015 年以来，鄂尔多斯确立了“天朗气清 · 自在养生”和“天骄圣地 · 鄂尔多斯”城市品牌主题，加大旅游景区、服务和品牌建设，游客增速呈现出井喷之势。全年接待中外游客 868.3 万人次，同比增长 21.5%；实现旅游总收入 255.9 亿元人民币，同比增长 29.8%，一度承受转型之痛的高原小城重新焕发出迷人的魅力。

实践表明，全域旅游战略有力地推动了城市品牌化进程，在优化城乡

---

① 《广州驶入“双创”快车道》，《广州日报》2016 年 5 月 27 日。

人居、生态和产业协同及加快旅游、商贸、文化产业融合方面，发挥着举足轻重的作用。

（八）城市营销与城市品牌化的公共外交功能开始凸显

在全球化时代，城市营销的公共外交功能受到城市营销者和研究者的普遍重视，但在中国的城市营销发展进程中，二者却若即若离，融合不够密切。从自贸区战略特别是“一带一路”战略倡议实施以来，中国城市在与国内其他城市的协同意识方面，特别是在城市国际交流与合作的协同意识方面空前提升。城市营销活动和传播在不断强化城市公共外交属性的同时，把增进城市文化经贸往来作为一个重要的营销诉求。而公共外交方面的学者和社会组织也越来越重视城市营销，将城市营销与城市品牌化视为实施公共外交的重要渠道，并且涌现出了很多成功的案例。2015 年 7 月，杭州市旅游局启动了“2015 杭州大使环球行”活动，在为期 11 天的活动中，“杭州大使”们从杭州出发，穿越亚洲、欧洲、美洲的 7 国、10 个城市，宣传推介杭州城市形象。7 月底，杭州市政协、杭州市公共外交协会又举行聘任仪式，特聘市政协委员周震家庭、《杭州日报》记者张海龙，美国加州音乐人 Capaldi 家庭、美国媒体人 Michael Shubic 等“杭州大使”为“杭州公共外交友好使者”，赋予其挖掘杭州文化旅游资源、宣传杭州，促进国际交流和文化融合的职责。此外，“中国 · 青岛号”“21 世纪海上丝绸之路”帆船航行活动，也堪称城市品牌与公共外交的成功案例。2015 年 10 月 21 日至 12 月 19 日，“中国 · 青岛号”帆船先后经停中国上海、中国广州、中国香港、新加坡、斯里兰卡瑞莎、印度孟买、埃及亚历山大、意大利热那亚，最终抵达摩纳哥。沿途每到一处，都受到当地政府、华人华侨和民众的热情欢迎。丰富多彩的体育、人文、旅游、商贸等民间交流活动也随着一场场城市推介会展开，引发了“海上丝路热”和“中国青岛热”。青岛是国内同时涉及“一带”和“一路”的少数城市之一，这一活动，彰显了青岛作为“一带一路”双向桥头堡的城市地位，提升了青岛“帆船之都”的城市品牌知名度和美誉度。

“一带一路”行动规划、自贸区战略以及中国的友好城市事业，已成为中国城市品牌营销的战略载体，发挥着重要的公共外交功能。2015 年，中国对外友好城市数量达 2209 对，已经成为世界上拥有友好城市数量最多的国家之一。可以预见，未来的城市营销将成为更加自觉的公共外交力量，参与到“讲述中国故事”的阵营中来。

二　热点透视

2015 年以来，中国城市营销的发展在相对平稳的表象下，也呈现出诸多热点和趋势。

（一）舆情危机折射城市治理短板

2015 年 10 月 5 日，有网民在一家青岛大排档吃饭，结账的时候发现大虾不是 38 元 1 份而是 38 元 1 只。该消息迅速被媒体、网民围观，在很短的时间内即发酵为网络舆情事件，网上各种吐槽、调侃和评论四起，甚至有官员感叹“一只 38 元虾抵掉山东几个亿广告！”舆情事件演化成为青岛城市形象危机。事实上，自 2015 年以来，涉及城市形象的舆情危机不断。在诸如此类的舆情事件中，相关城市采用危机应对方式大多未能有效地缓解网络关注热度，反而引发更多的争议。在一个个网络舆情事件中，我们看到相关城市的品牌形象在不经意间爆发的舆情危机中是何等的脆弱，并且几乎每一个事件都会引发对行业监管、社会诚信、行政效率、依法治市及城市发展与治理等等问题讨论和追问，表明中国城市治理体系和政府的治理能力正面临日益发展的移动互联网及社交网络的检视和考验。显然，以往单向的城市品牌推广及单一的城市形象的危机应对模式与机制，已无法保障城市形象的安全。任何城市治理的短板都可能在一夜之间引发城市声誉的重挫。一个良好、可持续的城市形象，一定是建立在现代化的城市治理体系和治理能力之上的城市综合能力和品质的体现。

（二）城市全面试水新媒体营销

近几年来，网站、搜索引擎、微博、微信、微电影、手游、微视频及各种社交应用（APP），成为城市营销的新媒体渠道。成都、重庆、杭州、上海、珠海、东莞等城市捷足先登，率先开展城市新媒体营销，取得了良好的效果。随着新媒体应用的日益普及以及城市新媒体运用能力不断提升，“三微一端”矩阵已逐渐成为城市政务服务的标配，同时也是城市营销推广的重要渠道。进入 2015 年以来，中国城市全面试水新媒体营销，内容营销、粉丝互动、网络创意和新媒体技术应用等全面发力——比如

"山东潍坊"微信公众号从"就业潍坊、创业潍坊、投资潍坊、经商潍坊"四个方面进行信息引导，先后组织了21场城市品牌及特色产业推广活动，聚集城市粉丝近50万，进入全国政务类微信公众号10强之列，并通过入驻微信大厅、今日头条等平台以及与其他政务微博互动协同，新媒体营销渐入佳境。同时，有些城市开始尝试新媒体广告投放——比如"世界是嘈杂的，广西是宁静的"一则视频广告，一度引发微信朋友圈火热刷屏，成为中国第一个在新媒体投放的地区品牌广告，这则广告是首个"基于受众情感和传播洞察，以内容创造读点，以读点创造话题亮点，并经由朋友圈渠道，完成了新媒体交互式的传播转化"。[①] 此外，借助名人粉丝效应来提升城市话题的关注度，也是城市新媒体营销活动常见的方式。值得一提的是，北京、上海、天津、深圳、成都、重庆、南京等一线城市甚至开始运用全球社交媒体平台来进行营销推广，向海外受众讲述城市故事——如重庆纪录片《巴渝山城——美丽重庆》于2015年9月在美国电视中首播，并在全球社交网站Facebook、Youtube、Pinterest等同步播出，还制作了30秒、15秒宣传片节目预告，分别投放到纽约地区7900辆出租车24小时滚动播放，收到了满意的成效。此外，引入真人秀电视模式并且与新媒体联动也是城市营销的一个大胆突破——比如2016年上半年的《人说山西好风光》就是国内第一档城市旅游品牌推介竞演节目。节目设置了初赛、复赛、半决赛及决赛9场比赛和1场颁奖晚会，并采用一种全新的比赛方式，由11个地市的书记或市长领衔，亲自登上舞台推介自己的城市，同时特邀社会名人、营销专家助阵，通过多种形式、独特视角，介绍当地的历史文化、特色美景、民俗民风、地方美食以及未来的旅游发展规划。节目由山西卫视播出，并在优酷、搜狐等网络媒体公开播放。在短短1个多月的时间内，各大媒体报道不断，微信朋友圈被刷爆，《人说山西好风光》成为了一档名副其实的"网红"节目。比赛期间，山西11个地市都努力展示了自己最好的一面，城市品牌被赋予了更新的内容，成为新媒体时代城市营销创新的一个经典案例。

可以说，新媒体的发展和演进改变着传媒生态，也在不断催生着城市营销传播的新途径、新策略。

---

① 崔俊超：《广西旅游品牌营销新突破：首次微信广告投放启示》，搜狐旅游频道，2015年8月4日。

（三）城市识别焦虑仍在持续

近年来，名人故里之争时有发生。2010 年理学大师朱熹诞辰 880 周年纪念日，引来两省四地——福建的尤溪、建阳和武夷山以及江西婺源都以“朱熹故里”为名，投入巨资筹办纪念活动和旅游项目开发，总投资量达 40 亿元之巨。有网友调侃说“伏羲东奔西走，黄帝到处安家，女娲遍地开花，诸葛四处显灵”。名人故里之争凸显了在快速城市化之后，中国城市普遍面临的文化断层和文化焦虑。

迄今为止，这种城市文化焦虑症为继续蔓延，突出地表现为改名热——此前，有大庸改名为张家界、襄樊改名为襄阳、思茅改名为普洱等成功案例。近年来城市改名冲动亦有增无减——比如 2016 年安徽黄山想改名为徽州的消息一度引起一场全国性的媒体及网络争议热潮，《人民日报》官方微博甚至发起黄山复名徽州的网络投票，超过七成网友投票支持。[①] 有记者对目前酝酿改名的城市进行了盘点——河北石家庄想改成正定或西柏坡，河南新郑欲改为轩辕，周口欲改为陈州，湖南新晃与贵州水城都想改为夜郎，另外有人建议湖南耒阳改名为蔡伦，西安改名为长安。而河南一个号称“老子故里”的县，拟改为“老子”县等。[②] 除城市名称外，小地名的更名乱象也引起舆论关注。有些地名崇洋，比如“曼哈顿、威尼斯”等洋地名扎堆。有些地名古怪，例如某地把“土桥”和“八公里路”合并后命名为“土八路”。光怪陆离，不一而足。2013 年民政部资料显示，从 1980 年到 2013 年，北京消失的胡同地名几乎达到 40%。空间的历史脉络，由于地名的消失而中断。事实上，近年来城市文化地标旅游热急剧升温，也与城市文化识别焦虑有关。北京的南锣鼓巷由于游客过载、不堪重负，主动申请取消其 AAA 景区资质，其实质也是城市空间文化识别资源稀缺的表现。

总之，在全球化、信息化进程不断加快的今天，城市追问“我是谁”、受众追问城市“你是谁”的城市识别和认同问题会进一步持续。这也是城市品牌不断寻源、不断扩大包容和共享的一个深具意义的再造

① 央广网：《“徽州复名”本是地域事件，为何引起全国舆论关注?》，澎湃新闻网，2016 年 4 月 19 日。

② 彭玉宇：《城市改名潮的推手》，凤凰网，http：//blog. ifeng. com/article/45659595. html。

过程。

（四）“幸福感”成为城市软实力热词

2015年，“最具幸福感城市”之类的排名榜单影响力显著增强。如中央电视台“中国经济生活大调查活动”年度榜单、新华社《瞭望东方周刊》与中国市长协会联合推动的“中国城市幸福感调查活动”年度榜单等等，往往是舆论关注的热点议题。对于榜单中位居前茅的城市来说，“居民幸福感”已成为城市品牌、城市软实力的一张闪亮名片，折射出中国城市从追求城市粗放式增长、追求知名度和曝光度的城市形象意识，正在向注重居民的实际感受转变，标志着城市管理者和营销者对城市价值的诉求正回归到“以人为本”的主题上来。为此，许多城市在使命参与、社区共建等方面，进行了大量的探索和创新。比如上海浦东推出“浦东e家园”的应用程序（APP），市民可以通过这个APP把生活中发现的城市管理问题第一时间上传给有关部门，并得到及时响应和处置，该APP被誉为是浦东市民参与社会共治的“神器”。[①] 追求和促进居民幸福感的努力，正与城市社会治理创新不断融合，成为城市营销的一个积极动向，值得期待。

（五）城市品牌与产业品牌联手

城市品牌的一个重要特征就是其“原产地”（COO，Country of Origin）品牌效应，也就是说，城市品牌和地区产业品牌、企业品牌及产品品牌存在着相互支持的机制。近年来，为进一步营造城市品牌的差异化优势，彰显城市品牌营销实效，各地区更加重视城市品牌与产业品牌的联合互动，不断创造城市品牌内容营销和场景营销的新途径。比如在2015年，自从《嘿！小面》和《舌尖上的中国》两部电视片播出重庆小面后，重庆小面在全国甚至世界上引起了出乎意料的好评和反响。重庆小面于是成为重庆多项城市营销活动的重要元素，成为一张亲民又独特的城市名片。对于广大中小城市来说，城市品牌与产业品牌联手的趋势更加普遍。由于中小城市在城市品牌议题参与方面的机会比大城市、特大城市要少得多，而从产业特色方面寻求突破就成为一个理性的选择——比如2015年，烟台宣称其“烟台苹果”成为果业第一品牌，品牌价值破百亿。作为中国

---

① 《浦东市民参与社会共治有“神器”》，《解放日报》2016年08月05日。

知名的“食品名城”“鲁菜之都”以及“国际葡萄·葡萄酒之城”，烟台在绿色食品产业品牌推广方面不遗余力，定期举办“中国食品博览会”“国际果蔬食品博览会”“中国国际葡萄酒节”“苹果节”“中国食品高层论坛”“国际美食节”等活动，形成特色食品产业品牌与城市品牌发展良性互动的格局。普洱则大力推广绿色生态产业，坚持文化与生态融合发展，努力使“天赐普洱·世界茶源”的城市品牌更有颜值。而更多的城市，则与旅游业推广相联合，通过城市的宜游优势来促进城市其他优势的推广。

（六）体育营销和文化营销走俏

2015 年以来，城市的各种会展和论坛较往年显得低调，但体育营销和文化营销却进入勃兴阶段。一方面，城市体育营销受到追捧——比如深圳在 2015 年举办了 NBA 中国赛、国足“世预赛”、国际冠军杯等顶级赛事，向外界展示了深圳特区的良好风貌以及体育带来的激情与活力；武汉举办了东亚杯足球锦标赛、武汉网球公开赛、国足“世预赛”、女篮“亚锦赛”等活动；长沙举办了男篮“亚锦赛”、国足“世预赛”、长沙马拉松赛；银川主办了 WCA 世界电子竞技大赛；青岛主办了世界休闲体育大会及克利伯环球帆船赛；兰州也成功举办了兰州国际马拉松大赛，等等。体育营销让这些城市聚焦在国内外媒体的聚光灯下，并在网络上广泛传播，对城市品牌的提升作用不可低估。与此同时，随着体育产业化进程提速，一批体育类新媒体也应运而生，如腾讯体育、新浪体育、乐视体育、PPTV 第一体育、虎扑体育、FitTime、竞彩猫、悦跑圈、体育疯、GoSki（去滑雪）、动吧等成为城市体育营销的助推力量。另一方面，城市文化营销向体验营销的深度发展。比如重庆的“在家门口做外宣”活动，受到舆论好评。每年一度的“重庆与世界·文化嘉年华”活动坚持“让世界了解重庆，让重庆走向世界”的宗旨，以领事馆工作人员、外商投资企业雇员、外籍教师、外籍留学生等在重庆工作和生活的外籍人士为主要对象，重庆市民也可以自愿参加。“2015 重庆与世界·文化嘉年华暨临空都市国际文化季”就持续了两个月，期间举办了 12 场主题活动——如穿越“一带一路”综艺节目演出、重庆中央公园草莓音乐节、美国乡村音乐巡演、重庆留学生微信秀大赛、中荷城市智库—城市品牌发展高峰会以及国际户外运动挑战赛、海峡两岸书画名家作品展等，将趣味性和文化体验引入营销创意。举行在地化的城市国际营销，是重庆城市营销的新突破和新经验，值得其他城市学习和借鉴。

（七）“乡村旅游”异军突起

随着城镇化加速发展，交通拥堵、环境污染、“千城一面”等“城市病”愈演愈烈。此外，乡村却在加速消失，人们开始怀念清新自然的乡村生活，寻找“乡愁”、感受“乡情”、体验乡村自然美景成为大众旅游时代的新时尚。一时间，乡村旅游热、古村古镇热火遍全国，到 2015 年，用“井喷式发展”来形容也不为过。据国家旅游局发布的《中国旅游发展报告（2016）》，乡村旅游已成为城乡交流的重要方式和农村富余劳动力就业的重要渠道。2015 年，全国从事乡村旅游经营服务的农民约 2000 万人，带动超过 7000 万农民受益。全年乡村旅游实际完成投资 2612 亿元，同比增长 60%。① 各地纷纷出台加强村镇风貌建设、促进乡村旅游发展的政策，涌现出一批“爆红”的乡村旅游新秀。乡村旅游事实上已经成为城市全域旅游的一个重要抓手，同时也成为城市营销和城市品牌化的一个新的战略支点——比如江西婺源，通过挖掘徽文化来不断拓展乡村休闲体验产品，婺源篁岭发展成为世界级古村样板，“篁岭晒秋”景观符号入选“最美中国符号”。此外通过“梦里老家”实景演出、峡谷运动乐园“石门山峡谷”打造户外旅游新体验，使得婺源“古村旅游”成为地区品牌的重要杠杆。此外，乡村旅游还发挥着旅游扶贫的社会经济功能——如浙江天台的金满坑村②，凭借涂鸦文化这一个创意，在短短一年内成功打造了互动式的乡村特色旅游，让这个曾经贫困落后的小山村变得人气兴旺。该村村委会征得全体村民同意，把村里的墙面、房屋都作为涂鸦的天然画布。很快，各种色彩、风景、花鸟、卡通人物都出现在村里的各个角落，色彩斑斓的奇幻村庄迅速刷爆网络，前来观赏和互动的游客开始络绎不绝。有媒体评论说，“金满坑村变得真正‘金满坑’”。在全域旅游大潮下，城市营销带动乡村发展、乡村品牌回馈城市品牌的良性城乡互动模式正在形成。

① 《乡村旅游已成为投资消费热点领域，每年提供千万岗位》，人民网，2016 年 05 月 19 日。

② 《色彩缤纷的乡村涂鸦世界：艺术让浙江天台“涂鸦村”脱贫》，http：//www. sina. com. cn，2015 年 12 月。

三　中国城市营销发展的挑战与问题

（一）城市营销治理转型进展缓慢

与企业营销相比，城市营销突出的特征就是：多元、多层级的城市产品需要整合、多样化的城市营销行动者和利益相关者需要协同。从表面上看，城市营销推广手段——比如活动创意与策划、媒体推广、品牌设计等，与企业品牌营销似乎并无二致，但城市营销却要通过政府、企业、社会组织和媒体等机构主体的密切互动和协同才能实现营销绩效的最大化。因此，城市营销的多主体协同治理，是城市营销核心能力的关键。

2015 年以来，各地区加大了依法治市、简政放权、网格化社会治理和服务型政府的建设力度，城市建设与基础设施建设的 PPP 模式持续推进，区域协同发展的体制机制创新也加快了步伐，电子政务、网络问政等新技术提升了行政效率、扩大了市民参与。国家“十三五”规划明确提出到 2020 年要基本建成法治政府。许多地区和城市围绕治理体系和治理能力现代化进行了专项规划，并分解为标准化、指标化、项目化的行动计划和考核体系。可以说，城市治理转型正在迈出重要的步伐，有望实现真正的“破题”。

城市营销历来就是城市治理的重要内容，打造有吸引力的城市品牌、实现共赢也是城市利益相关者之间共识最多、阻力最小、兴趣和热情最为集中的议题。城市营销本应是中国推动城市治理转型的先行、先试领域，然而进展却不够理想。部门各自为阵和行政主导的城市营销模式尚未真正改变，甚至有些一度迈出城市营销治理创新步伐的城市，近两年又出现后退的现象。城市营销治理体系建设的迟滞在很大程度上制约着中国城市营销的发展。面对经济下行、产能过剩、民间投资萎缩等压力，以及“一带一路”、全域旅游等重大战略要求的倒逼机制，城市营销应该能够发挥更加重要的战略性作用，城市营销治理转型与创新对于城市发展也具有更加重要的战略意义。因此，城市管理者应进一步增强对城市营销和城市品牌化的重视，将营销城市、打造城市品牌切切实实地纳入城市治理体系和治理能力建设的行动之中。

（二）城市品牌定位仍不够清晰

城市品牌定位是城市营销和品牌化的策略基础。近年来，中国城市营销在探索城市品牌定位方面做了大量的努力。特别是在中国经济发展进入新常态、一系列国家战略顶层设计出台后，地方政府都积极响应和跟进，积极将这一进程与城市品牌定位的调适相结合。

然而，从总体来看，许多城市在区域功能和发展定位方面还存在雷同现象，城市品牌定位中的文化识别还不够鲜明，在城市形象设计中对相关受众——如市民、游客、投资者等等的关联考虑还不够深入。城市品牌定位，包括四个方面——功能定位、发展定位、文化定位和受众关系定位，并构成了城市品牌定位的基本框架。当前，城市品牌定位的准确性、差异化和吸引力仍有待加强。与此同时，城市追求视觉识别（VI）和定位口号的热情仍在持续，甚至有不少城市错将视觉识别和定位口号的设计等同于城市品牌定位。事实上，视觉识别和定位口号更多的是基于定位的推广工具，不能简单取代城市品牌定位的系统研究和发展规划。有学者指出，从国际范围来看城市品牌视觉识别和定位口号，有近80%是失败的，因此，城市品牌更换定位口号和视角识别LOGO的现象较企业显得更加频繁。清晰、准确的城市品牌定位，是一个战略决策体系，并且只有系统化、持续性的努力才能收到实效。

（三）互联网大潮考验营销能力

如前所述，中国城市营销发展得益于智慧城市建设、大数据开发及新媒体运用，并取得了可喜的进展。然而，互联网带给城市的冲击是全方位的，体现在社会结构和话语体系的变化、传统营销思维的转型、城市传播媒体生态的打造等诸多方面。当前，城市营销对于互联网的冲击尚处于被动应对阶段，更多的是学习、探索和尝试。比如，营销大数据平台的建立还远未成熟，主流话语和亚文化的冲突还很突出，新媒体运用特别是城市营销的线上与线下联动（O2O，Online To Offline）模式还在初步的探讨和实验阶段，等等。能否从观念、战略、创意和工具等方面出发，充分运用互联网工具，实现经济增长和社会繁荣的城市营销目标，是当前中国城市所面临的一个突出挑战。

（四）政绩冲动惯性不容忽视

长期以来，地方政府的“GDP 崇拜”和对土地财政的依赖性饱受舆论诟病。“十八大”后情况虽有所好转，但地方的政绩冲动惯性却依然存在。随着官员的更换，“一任领导一套规划”的现象仍较为普遍，常常导致地方发展策略及政策的不连续性。政绩工程、野蛮拆迁、招商引资造假以及“造城热”等现象仍屡禁不绝，一些被曝光的丑闻往往给城市形象蒙上阴影。2015 年以来，每到雨季，暴雨淹城的图片就会刷爆网络，“重地上、轻地下”的城市建设背后也暗含着畸形政绩观。据清华大学公共经济、金融与治理研究中心发布的《2015 年中国市级政府财政透明度研究报告》显示，一些地方官员的政绩冲动使地方政府债务逐年上涨，新债加旧债，规模如同滚雪球般越滚越大，地方债务风险在进一步加大。2015 年，除了北京、广州、上海、天津、宁波和厦门 6 个城市外，其他地级及以上城市都未公布政府债务和举债资金使用情况。2015 年以来，也不断有评论提醒地方政府在智慧城市建设、“双创”、保障房建设、地下管廊建设、海绵城市建设、政务新媒体建设等方面出现的“政绩工程”苗头，值得予以重视。总之，政绩冲动的惯性，不利于确保城市营销决策的科学性和合理性，好大喜功、主观盲目的城市营销及发展决策，很容易偏离追求公共价值的城市营销核心宗旨。

（五）城市营销的包容性亟待加强

长期以来，中国“化地不化人”的城镇化模式造成许多消极后果，城市发展的经济公平、社会正义和空间正义越来越多地遭受质疑。农民工群体、城市低收入群体、其他外来常住居民群体与城市主流文化疏离，他们的城市认同感低。在这一背景下，有关城市文化寻根的努力并不能全面解决城市文化识别的问题。部分城市针对外来人口的融入和认同虽进行了不少探索——如东莞的“新莞人”政策体系、温州的“新温州人”系列活动等，然而，传统的体制机制和观念积弊仍根深蒂固，城市文化中的排斥和焦虑仍非常突出。近年来，在城市营销研究中，社会包容一直是学者们讨论的热点议题之一（Insch，2010，2011；Kavaratzis，2004，2012；Eshuis& Edwards，2012；Zenker & Petersen，2010），特别是在中国推进新型城镇化的进程中，如何从制度设计、文化认同、利益表达、公共生活参与等方面体现农民工和其他外来常住居民的诉求，是城市营销中应予重点考虑的内容。中央城镇化工作会议提出了“三个 1 亿人”的目标——即到 2020 年，约 1 亿进城常住的农业转移人口要落户城镇、约 1 亿人口的城镇棚户区和城中村要进行改造、约 1 亿人口在中西部地区要进行城镇化。城市营销和品牌化设计应体现和支持这一战略目标。中共十八届五中全会通过的《关于制定国民经济和社会发展第十三个五年规划的建议》中强调，要“坚持以人民为中心的发展思想，把增进人民福祉、促进人的全面发展作为发展的出发点和落脚点，发展人民民主，维护社会公平正义，保障人民平等参与、平等发展权利，充分调动人民积极性、主动性、创造性。”市民是城市的主人，其构成既包括城市户籍人口，也包括外来常住人口。城市应贯彻和落实“以人民为中心”的发展思想，让城市品牌真正成为所有城市居民共同珍惜的心灵家园和无形资产。

（六）城市营销的国际视野有待扩展

当前，许多城市都确立了打造国际化城市的目标，特别是随着“一带一路”建设的纵深推进，城市国际化建设和推广的意识得到进一步增强。然而在城市营销和品牌化过程中，国际视野还显得不足。首先，国际化思维存在误区。一些城市拆毁古代建筑和历史街区，代之以不中不洋的建筑。“洋地名”“洋建筑”“洋节事”现象一度泛滥。事实上，国际意识中最基本的一点，就是要从国际眼光出发来审视和发掘本地特色和本地价值。其次，国际化策略存在误区。一些所谓的国际化城市，政府网站都没有外文资料，甚至未经国际市场的分析就盲目向国际媒体投放广告。美国有线新闻网、纽约时代广场一时成为中国城市广告的主战场。在中国全面扩大开放的今天，城市的国际化营销应该更多地从文化融通和经贸交流的角度出发，要运用国际视野来务实规划国际营销活动、更好地利用好国际媒体特别是新媒体工具，通过国际城市品牌互动和对标发展，来不断提升自身的城市形象品质。

四　未来展望与发展建议

（一）进一步对接国家战略决策

城市营销应该植根于地区战略，用地区战略对接国家战略，这是城市营销实现政策联动和规划衔接的基本逻辑。这就要求城市营销应与地区战略、国家战略进行深层次的对接。一方面，城市营销要体现国家战略的要求——如更好地落实“五大发展理念”，从本地出发特别是文化等地域特色优势出发，更精准地对接国家战略规划。另一方面，城市营销还要落实国家的政策要求，努力达成战略协同和整合——如在促进供给侧结构性改革方面，发挥城市营销“引进来、走出去”的职能，将地方“去产能、去库存、去杠杆、降成本、补短板”的目标具体调整为综合性的营销任务，在此基础上，努力将城市营销建设成为旅游发展、产业促进、人居改善和形象提升的整合平台。事实上，部分城市已经率先开始行动，思路和经验值得借鉴——比如烟台自进入 2016 年以来，联合本地多个委办局成立城市综合营销领导小组，依托“一带一路”战略支点及中韩自贸区前沿城市等优势，围绕“宜居、宜游、宜业”理念，在城市营销上打出“组合拳”，计划用 3 年时间面向与烟台关联度较高的 30 个城市进行实地活动推广和广告投放，以促进本地房地产、招商引资和产业发展，打造“仙境海岸”城市品牌。烟台的系列营销项目已经覆盖了华北、东北、西北、鲁西南等地①，进展态势良好，“烟台蓝”的魅力已经受到各界关注。

（二）城市营销与国家营销联动

在新的国家战略格局中，中心或节点城市应该承担起国家营销的使命，同时借力国家营销资源，进一步丰富城市故事的张力和内涵。一是通过大型活动或组织来进行与国家营销的联动，借力国家资源扩大城市舞台。比如 2012 年由西安发起并成立的“丝绸之路旅游城市合作联盟”，主要由沿线国内外城市加盟，以打造“一带一路”旅游产业共同体为使命，在促进城市共享“一带一路”旅游市场、共创旅游产品和共推旅游形象等方面发挥着越来越大作用。合作联盟已经成为西安城市营销的一个战略性平台。又如 2012 年，北京联合柏林、洛杉矶、巴塞罗那等世界著名旅游城市共同发起成立“世界旅游城市联合会”，成为世界上首个以旅游城市为主体的全球性国际旅游组织，会员遍布五大洲，通过组织许多极富影响力的活动，大大提升了北京的城市形象，拓展了北京的话语空间。

① 《3 年 30 城，城市营销叫响烟台品牌》，《烟台日报》2016 年 7 月 14 日。

二是立足本地视角，讲述中国故事，通过创意使本地元素与国家叙事产生更大的共振效应，以达到更好的传播效果——比如从2015年2月起，重庆推出“行进中国·精彩故事——逐梦他乡重庆人”全媒体大型人物故事寻访活动，用一个个鲜活、生动的故事来讲述重庆人的中国梦；截至2016年6月13日，共组织了35批次采访队伍分赴全国各地和12个境外国家和地区，采访了390位逐梦他乡的重庆人。[①] 这一系列活动以生活化的场景和故事，成功地将城市营销和国家营销融合，在媒体、网络上引起了广泛的参与和讨论，获得海内外受众的高度评价，其经验值得借鉴。城市营销与国家营销联动，本质上是地方战略与国家战略对接的生动体现。随着改革、开放的深入，未来的国家营销方阵将会涌现出越来越多的城市生力军。

（三）城市营销与区域营销联动

城市与区域营销联动是近年来中国城市营销的一个积极动向，创新案例不断涌现。一方面，城市集群化发展是城镇化进程的必然趋势。另一方面，国家有关规划也在不断强化区域经济空间整合及城市群的发展，城市营销与区域营销的联动也是大势所趋。在新的国家战略体系和战略格局下，进一步加强这一联动的策略深度和范围，是未来城市营销所要应对的挑战。事实上，城市营销与区域营销联动，包括三个策略维度——即区域与城市之间、城际之间以及城乡之间的营销合作与互动。首先，在区域联动方面，各地区尚处于初步的探索阶段。珠三角、长三角城市群形象塑造比较成功；成渝城市群的区域形象意识明显加强，推广力度也在不断加大；京津冀协同发展在交通、生态、产业等领域加快推进，但区域城市品牌的协同，特别是京津冀城市群品牌形象的合力打造尚显不足。总体来看，区域品牌营销战略自觉性和管理规范化进程有待进一步展开。其次，城际联动方面表现活跃，特别是“一带一路”沿线城市围绕旅游城市品牌塑造这一共同目标，合作热情更是高涨。城际联动营销也开始涌现不拘一格的新形式——如广西北海举办的“一带一路·北海遇见北海”系列推介活动在北京北海公园启动，同名“北海”，一个是古代海上丝绸之路

---

① 匡丽娜：《精彩故事讲述重庆人的中国梦：“逐梦他乡重庆人”全媒体大型人物故事寻访刊播周年回眸》，华龙网，2016年6月15日。

的始发港之一，一个是拥有 800 多年历史的古典皇家园林，二者的相遇引人遐想，并成为互联网时代城市联动营销创意和内容创新的一个成功案例。[①] 最后，城乡的之间的联动营销也出现了新的气象。2015 年以来，与以往“以城带乡”的营销模式不同，随着乡村旅游热的兴起又出现了“以乡促城”的城市营销特殊景象，表明受众的价值取向开始主导城市营销发展的根本规律。

可以说，城市营销的区域联动，是未来中国城市营销发展不断优化城市的战略资源、拓展区域协同及城乡协同发展的重要战略路径，值得予以更多的重视。

（四）推进城市营销治理体系建设

进入 21 世纪以来，城市营销与城市品牌化被公认是促进城市发展、提升城市竞争力的有效手段。然而，在有限的预算条件下，多元主体来共推多样化的城市产品，打造城市品牌，其挑战绝非单纯的企业营销理论和经验所能应对的。鉴于此，城市营销和城市品牌化学科热潮也随之兴起并已取得长足的进展。在发达国家及越来越多的发展中国家，城市营销部门在城市政府职能部门建制及城市治理体系中几乎已成为标配，营销治理体系已成为城市治理体系的重要组成部分。

在中国，城市营销探索和努力也已有 20 多年的历史，地方政府对城市营销和城市品牌的重视程度仍在不断加强。然而，困扰中国城市营销发展的治理体系建设却进展缓慢。政、产、学、研、社、媒等城市主体之间“多对多”的营销体系和能力仍很脆弱。当前，中国城市普遍面临经济下行、产能过剩和社会转型的压力，同时又面临提升城市治理体系和治理能力现代化水平、实现创新驱动发展以及建设全域旅游城市等时代任务，如何更好地营销城市成为城市管理者面对的重大现实命题。

从已有的国际经验及部分中国国内城市——杭州、成都、重庆等城市的探索来看，城市营销发展可以说是“治理进展一小步、营销效果一大步”。事实上，中国城市管理中的诸多问题和误区，绝大多数与治理体系——包括经济治理、社会治理、环境治理、数字治理等的不健全有关，

① 《广西北海遇见北京“北海”：为城市营销树样本榜样》，《广西日报》2016 年 7 月 15 日。

建设多维度、复合化的城市营销治理体系，正是提升中国城市治理体系和治理能力的突破点所在。同时，也只有通过城市营销的创新，才能够实现城市产品界定更加清晰、受众识别更加精准、营销资源乘数放大、创意内容更加丰富、营销生态自我演进的城市营销发展新局面。毫无疑问，建设城市营销治理体系是未来中国城市提高营销能力、提升营销绩效的核心发展路径。

（五）存量开发，文化优先

在过去30多年的城镇化进程中，中国城市大多都走过大拆大建、追求规模的粗放发展之路，引发诸多严重的经济及社会后果。城市热衷于打造各种“形象工程”和“面子工程”，却在城建品质化和管理精益化方面严重滞后。城市面貌缺乏特色、公共设施和服务滞后、宜居度堪忧已经成为城市建设的通病，而且以往城市营销“重传播、轻建设”的模式很难持续。事实上，城市产品要满足城市“顾客”的需求和愿望，更多的是要通过城市品质和体验细节来达成。也就是说，中国城市建设同样需要“工匠精神”，需要更多地着眼于以存量改造来提升城市品质、打造城市形象。城市更新或再造应是未来城市建设的重中之重——比如北京海淀的田村路街道致力于打造品牌化社区，通过专家介入和市民参与积极推动社区再造，重点针对低端产业的腾退用地、辖区内的空白荒地和老化绿地、社区的“脏乱差”死角进行整治。截止2015年11月，田村已建成109个“口袋公园”①，连同陆续兴建的空中草原、山地足球公园、阜玉健身步道、永引文化长廊、西木城市绿岛、上庄彩叶氧吧等绿地，构成了城市一条休闲生态带，极大地改进了社区面貌和居民生活品质，获得当地居民及社会各界好评。值得一提的是，在城市再造过程中，应该更加注重文化的作用，以为地区识别注入新的活力。英国学者埃文斯（Evans，2005）通过案例研究，认为文化在城市再造中的作用主要表现在物资再生、经济再生和社会再生三个维度，并认为文化导向的城市再造对城市可持续发展、经济增长及社会包容有着积极的贡献，很值得中国城市管理者参考（见表9-1）。

---

① 孙卉：海淀田村路新增百余个“口袋公园”。《北京日报》2015年11月10日。

表 9－1　**城市中的文化贡献证明一览表**

物质再生	经济再生	社会再生
	必要的政策：	
可持续发展 土地使用、棕色地带 紧凑型城市 设计质量（CABE，2002 年） 生活质量和宜居 开放空间和文娱设施 多样性（生态、景观） 混合使用/多重目的使用 文物保护 准入和流动性 中心城区振兴	竞争力及增长 失业/就业，就业质量 外来投资 区域发展 创造财富 中小型企业/微型企业 创新和知识 技能和培训 集群 无形贸易（如旅游业） 夜经济	社会包容 社会凝聚力 社区更新 健康和福利 身份认同 社会资本 治理 地方主义/治理 多样性 公共遗产 市民身份
	测试和测量：	
生活质量指标 设计质量指标 减少汽车使用 土地再利用 土地/建筑占地 更高的密度 减少人为破坏 建筑物列表 自然保护区 公共交通/利用率	收入/支出领域 新增和保留工作岗位 雇主落户或迁址 公共—私营杠杆/投资回报率 成本效益分析 输入—输出/流失 附加和替代 文化设施支付愿意/市场估值 乘数效应：就业、支出	表现/参与 犯罪率/对犯罪的恐惧 健康及医疗转诊 新的社会网络 改进休闲选项 减少社会隔离 减少逃学旷职和反社会行为 志愿者服务 人口增长
	文化影响的例证：	
空闲建筑的再利用：博物馆/画廊、工作室、聚会场地 增加公共空间的使用：减少破坏并增加安全感 文化设施与工作区混合使用开发 高密度（职/住），减少环境影响，如运输/交通、污染、健康问题 艺术家在设计和建筑团队中的参与（艺术占比） 公共艺术与建筑改善了环境 将文化因素纳入地方发展规划 可及性（无障碍），公共交通及安全 传统认同、管理能力、当地特色及本地语言	居民和企业物业价值或租金增值 企业参与到当地文化部门（衍生现金或实物的支持） 文化活动带动居民和访客消费（艺术和文化旅游） 创造就业机会（直接、间接、诱导）、企业（新公司/创业公司，营业额 / 增加值） 雇主落户和保留；该地区毕业生（包括艺术家/ 创意人才）的保留 更多样化的劳动力（技能、阶层、性别和种族等） 创新集群和聚落，生产链、地方经济和采购，联合研发 公、私及志愿者部门的伙伴关系（混合经济） 投资（公私部门杠杆）	该地区居民的观念发生积极的变化 通过文化活动减少犯罪和反社会的行为（例如青年活动） 个体或群体想法和需要有了更清晰的表达 本地志愿工作增多、组织能力提高 改变地区或人群的形象或声誉 公、私及志愿者部门更强有力的伙伴关系 获得更多价值赞誉和参加艺术项目的机会 更高的教育程度（艺术和非艺术） 个体更多信心和期望

资料来源：译自 Evans，G.（2005）。

（六）用互联网思维再造城市品牌

目前，运用互联网及新媒体技术营销城市已经成为中国城市营销发展的一个热点，如何运用互联网再造城市品牌已经是迫在眉睫的问题。互联网思维观照下的城市品牌营销出现了许多新特征和新趋势，值得进行深入研究和探讨。首先，城市受众的社会文化形态出现了显著变化。主流文化与亚文化之间的界限开始变得模糊，不同文化群体已经不再受地理属性的约束，多以兴趣、价值观等标签进行动态重组。这使得城市品牌在与受众关系设计方面必须要进行一系列的调适。其次，城市品牌识别的产生模式发生了改变。以往在大众传媒时代形成的品牌识别产生模式由于“把关人”机制的存在而更多地表现为品牌的主观设计，随着移动互联网和社会化媒体的兴起，受众越来越多地通过口碑、创意设计乃至生产定制等方式参与到品牌识别的再造中来，甚至在品牌论域中“受众”一词的被动含义也开始显得不合时宜。品牌识别，包括城市品牌识别的产生已开启了新的共建模式。当然，就城市而言，主流和精英话语仍在发挥着支配性的作用。尽管在旅游及形象推广活动中，亚文化群体的影响力和话语权飙升，但是在文化发展、营商环境、宜居建设和发展战略等重大议题方面，精英话语的支配地位仍难以撼动。然而无论如何，兼顾、包容不同层次、属性的社会群体共建城市品牌识别体系已是大势所趋。再次，大数据让城市品牌建设越来越智慧。现阶段，城市已经开始运用大数据技术进行舆情监测、城市形象评估、危机预警等来辅助城市品牌形象的打造，未来还可望进一步延伸到城市吸引力、城市产品的再造与创新。最后，要着力打造城市数字品牌疆界和数字品牌资产。众所周知，互联网创造了形态万千的虚拟世界，城市间的竞争也开始出现在虚拟空间。经验表明，线上优势能够较快、较容易地转化为线下优势——比如风靡一时的“熊本熊”现象就是经典的案例。一个卡通吉祥物，引发网络狂欢，让本来没有熊而且经济低迷、毫无特色的日本熊本成为网红，并且带来数十亿美元的直接经济效益。“熊本熊”案例是典型的互联网营销案例，值得中国城市特别是中小城市思考和借鉴。总之，在虚拟世界占据更有利的位置、树立更独特的形象，进而打造更富吸引力和竞争力的数字品牌资产，是互联网时代城市品牌建设的一个重大命题。

（七）拓展城市品牌新动能：人人都是营销者

当前，中国城市已开始认识到内部受众的战略性作用——也就是说，市民不仅是城市营销的目标受众，其特质、行为和声誉能够对游客、投资者、企业和新居民产生重大影响，因而是最具可信度的“城市形象大使”。同时，加强内部营销沟通，也是保障城市营销正当性的关键途径（Braun、Kavaratzis、Zenke，2010）。在移动互联网时代，随着自媒体生态及其影响力的形成，市民作为城市营销主体的地位进一步上升。甚至不仅是本地市民，所有关注城市的网民都成为城市潜在的口碑传递者（比如本课题的城市品牌传播指数的数据来源，就有取自博客、论坛、微博、微信等网络媒体的传播数据）。这一方面加大了城市危机预警的难度，要求城市建立更强势的品牌和更科学的管理来增强抵御舆情风险的能力；另一方面也为引导口碑传播效益提供了可以无限扩展的动能。

（八）回归价值本源，促进城市发展

互联网时代，营销与品牌化的方法和路径在不断演变，然而营销与品牌“创造顾客价值”的本质却并未变化，甚至比以往更加鲜明。城市营销的宗旨就是“创造公共价值”、实现公共利益的最大化，坚持这一宗旨是城市营销确立战略主动性、自觉性进而促进城市发展的根本前提。城市营销中的创意、设计、活动、口号、媒体运用等，无一不是围绕着这一宗旨而展开。那种为博取“眼球效应”“粉丝效应”的噱头营销以及见物不见人的各种城市形象宣传片，实有舍本逐末的嫌疑。在“颠覆”一词被滥用的今天，城市营销尤其要坚守价值本位、回归价值本源。城市是为了生活更美好而进行的人类创造，过去、现在和未来都不会颠覆这一基本的价值立场。当前中国城市营销的发展，应更多地立足人本思维，让城市营销和城市品牌体现更多的人性之美和人文力量。

参考文献

［1］Braun，E.，Kavaratzis，M.，&Zenker，S.（2010），*My city-my brand：the role of residents in place branding*，In Fiftieth European Regional Science Association Congress，Joenkoeping，Sweden.

［2］Eshuis，J.，& Edwards，A.（2012），Branding the city：the democratic legitimacy of a new mode of governance, *Urban Studies*, published online 25 September 2012.

[3] Evans, G. (2005), Measure for measure: evaluating the evidence of culture's contribution to regeneration, *Urban studies*, 42 (5 - 6), 959 - 983.

[4] Govers, R. (2013), Why place branding is not about logos and slogans, *Place Branding and Public Diplomacy*, 9 (2), 71 - 75.

[5] Hanna, S. A., & Rowley, J. (2015), Rethinking Strategic Place Branding in the Digital Age, In *Rethinking Place Branding* (pp. 85 - 100), Springer International Publishing.

[6] Herstein, R. (2012), Thin line between country, city, and region branding, *Journal of Vacation Marketing*, 18 (2), 147 - 155.

[7] Insch, A. (2010) Managing resident's expectations and satisfaction with city life: Application of importance satisfaction analysis, *Journal of Town and City Management*1 (2): 164 - 174.

[8] Insch, A. (2011), Ethics of place making (Guest Editorial), *Place Branding and Public Diplomacy*, (2011) 7, 151 - 154.

[9] Lucarelli, A. (2012), Unraveling the complexity of "city brand equity": A three-dimensional framework, *Journal of Place Management and Development*, 5 (3), 231 - 252.

[10] Pasquinelli, C. (2013), Competition, cooperation and co-opetition: unfolding the process of inter-territorial branding, *Urban Research & Practice*, 6 (1), 1 - 18.

[11] Wæraas A, Bjørnå H, Moldenæs T, Place, organization, democracy: Three strategies for municipal branding, *Public Management Review*, 2014 (ahead-of-print): 1 - 23.

[12] Zavattaro, S. M., Daspit, J. J., & Adams, F. G. (2015), Assessing managerial methods for evaluating place brand equity: A qualitative investigation, *Tourism Management*, 47, 11 - 21.

[13] Zenker, S. (2009), Who's your target? The creative class as a target group for place branding, *Journal of Place Management and Development*, 2 (1), 23 - 32.

[14] Zenker, S. , & Martin, N. (2011), Measuring success in place marketing and branding, *Place Branding and Public Diplomacy*, 7 (1), 32 -41.

[15] Zenker, S. , Beckmann S. C. (2013), My place is not your place-different place brand knowledge by different target groups, *Journal of Place Management and Development*, 6 (1), 6 -17.

[16] ZenkerS, Petersen S, Aholt A (2013), The citizen satisfaction index (CSI): evidence for a four basic factor model, *Cites*, 31 (2013) 156 -164.

[17] 陈少霞:《价值共创模式下的顾客赢利性测量》,《当代经济管理》2016 年。

[18] 韩素梅:《第三空间视域下的传媒与城市》, 苏州大学博士论文, 2015 年。

[19] 简予繁:《以关系洞察效果: 社会资本理论在西方数字营销研究的应用述评》,《新闻界》2016 年第 3 期。

[20] 蒋晓丽、梁旭艳:《场景: 移动互联时代的新生力量———场景传播的符号学解读》,《现代传播》2016 年第 3 期。

[21] 李小林:《城市外交——理论与实践》, 社会科学文献出版社 2016 年版。

[22] 刘彦平:《城市营销战略》, 中国人民大学出版社 2005 年版。

[23] 刘彦平、许峰、钱明辉、艾玛、赵峥:《中国城市营销发展报告 (2014—2015): 助力可持续城镇化》, 中国社会科学出版社 2015 年版。

[24] 刘彦平、许峰、钱明辉、李妍嫣:《中国城市营销发展报告 (2009—2010): 通往和谐与繁荣》, 中国社会科学出版社 2009 年版。

[25] 倪鹏飞主编:《中国城市竞争力报告 No14——新引擎: 多总线群网化城市体系》, 中国社会科学出版社 2016 年版。

[26] 唐绪军主编:《中国新媒体发展报告 (2016)》, 社会科学文献出版社 2016 年版。

[27] 谢耘耕主编:《中国城市品牌认知调查报告 (2015)》, 社会科学文献出版社 2015 年 4 月。

[28] 张大钟:《虚拟社区组织公民行为形成与影响研究》, 上海大学博士论文, 2015 年。

第10章　国家战略视野下的节点城市营销突围

庄德林　许基兰*

城市的兴衰繁荣与国家战略息息相关。新中国成立以来，国家层面的区域发展战略思路先后经历了四次明显调整，由“生产力内地重点布局的均衡发展”“效率优先的非均衡发展”“减缓沿海内地发展差距的协调发展”逐渐演进到当前的“多极增长统筹发展”阶段（薄文广，安虎森，2016），在这一过程中，中国的区域空间格局也先后经历了“沿海与内地”的二元时代—“东部、中部、西部”的“三元时代”—“东部、中部、西部与东北部”的“四元时代”（孙久文，2016）—以城市群为主体形态的“多元时代”。伴随着国家区域发展战略的不断演进，中国城市体系也在不断重塑，这期间有很多城市把握住了战略机遇，在崛起的快车道上向具有全球影响力的城市不断迈进——比如北京、上海、深圳与重庆等，但也有不少城市未能有效地把握住发展的机遇而陷入了城市转型的困境中。当前，全球城市体系与本土城市体系均处于变革重塑期，对于节点城市而言，打好城市营销的突围战，已成为它们能否把握住国家战略的历史机遇顺利融入并成为全球城市体系一员的决定因素。

一　“流动空间”时代的城市营销变局

随着全球化、信息化和城市化的互动发展，资本、劳动力、技术、信

* 庄德林，合肥工业大学经济学院博士、副教授、硕士生导师。许基兰，合肥工业大学经济学院硕士研究生。

息和商品等要素的空间流动性不断增强，世界城市体系全面进入在“流动空间”基础上的世界城市网络时代（沈丽珍、顾朝林，2009），这种转变给全球的城市营销来了空前的变革。

（一）战略资源流动量级的跃升将进一步激化全球城市间的营销竞争

在“流动空间”时代，要素流动成为城市间联系的纽带，每个城市都是世界城市网络系统的一个节点。城市节点之间的连接性弱化了传统的物理临近性，使得节点间要素的就近扩散、等级扩散等相对强度减弱，而跳跃性扩散则成为常态。在世界城市网络中，节点之间要素资源流动的规模水平和密集程度决定了它们在全球经济中的地位（马学广、李贵才，2012）。随着交通、通信、能源、政策、贸易、金融等各种战略资源的全球互联互通，各种要素资源的可流动性不断增强。同时，由于各种制约要素资源流动的障碍逐渐被削减甚至被消除，空间距离的远近，先赋资源的多寡，城市物理规模的大小、行政等级的高低等传统因素的重要性急剧下降，战略资源的配置将出现“临近配置”和“跳跃式配置”并存的局面，而这一变化将对城市体系产生深远的影响。随着全球互联互通的深化，战略要素资源在全球城市网络中流动的速度、流动的数量、每个节点城市要素资源集聚与辐射的能级等都将出现量级上的跃升。全球城市之间为了有效吸引、捕获和留住这些流动的战略资源，将展开空前的营销竞争。

（二）城市目标市场的种类与战略价值都将发生结构性调整

全球范围内资源性城市与产业单一化城市的兴衰，以及东京、纽约等综合性城市的持续领跑都证明了多元化是城市可持续发展的必由之路。当前，城市间竞逐的目标还主要停留在投资者、旅游者、本地产品的购买者和潜在的移居者等方面，尤以前三个方面为重。然而，在“流动空间”时代，人力资本、城市社会资本、创新资源和城市发展腹地等新目标市场的战略价值正在日益凸显，并已经成为先发城市间竞逐的战略制高点。

首先，创新资源将成为城市竞逐的制高点。2008 年全球金融危机的爆发，使以金融资本为核心驱动力并且经济结构“虚拟化”和“外向化”的城市发展模式受到严重冲击。后金融危机时代，创新已经成为城市转型发展的新引擎——比如英国于 2010 年启动实施了“英国科技城”的国家战略，美国纽约则在 2010 年提出把纽约打造为新一代科技中心的目标，并凭借“硅巷”的出色表现使其在2014年成为全美第二大科技城市。在全球互联互通、新科技革命和产业变革趋势大背景下，跨国公司作为各种要素资源配置的市场主体，为了保持其国际引领和控制地位，正在全球范围内通过“创新—逆向创新—协同创新”的企业创新资源配置网络间接影响和塑造着全球城市网络。由此，全球城市网络正在经历从“全球生产网络”向“全球创新网络”的升级，以知识、信息和人才为核心的创新网络正在成为新的联系基础，创新资源作为价值链的高端资源将成为城市竞逐的新目标——其中人力资本的竞逐早已在全球范围内上演。美国哈佛大学教授格莱泽认为（2012），无论是美国“铁锈地带”的衰落，还是日本东京、美国波士顿、美国芝加哥、美国明尼阿波利斯、新加坡、印度班加罗尔的成功，都证明了来自各行各业优质人力资本的集聚、沟通与合作是城市繁荣的决定性要素。而现实中，美国纽约、日本东京、新加坡和中国北京等全球城市网络节点城市对人才枢纽中心地位的争夺早已尽进入白热化，普通城市之间的竞争同样惨烈。根据奥斯瓦尔特（2012）的研究，在2000年之前的50年里，全球有370个10万人口以上的城市流失了10%以上的人口。

其次，城市作为全球互联互通过程中不可替代的治理主体，其城市社会资本的积累也越发重要。营销泰斗科特勒等（2015）认为，未来20年，决定全球市场经济走向的必然是跨国公司和大型城市之间的互动。实际上，节点城市与节点城市、节点城市与跨国公司、国际组织和全球性媒体与智库等城市关键利益相关者之间持续而多赢的互动将决定城市在未来全球治理体系中的角色与地位。

最后，腹地资源与战略通道是节点城市持续繁荣的保障。美国纽约、英国伦敦、法国巴黎、日本东京和美国芝加哥等城市崛起与持续繁荣的重要原因之一是它们分别拥有一个世界级的城市群作为各自坚实的城市经济发展腹地——如美国纽约与美国东北部大西洋沿岸城市群、美国芝加哥与北美五大湖城市群。同时，这些城市也受益于其国家对外互联互通形成的战略通道，比如在美国世界级城市崛起的过程中，“依托大西洋面向欧洲”“依托太平洋面向亚太地区”“依托墨西哥湾面向拉美地区”的三大战略通道起到了关键性的作用。美国东部的纽约都市区和中西部地区的芝加哥大都市区依托大西洋面向欧洲；美国西部的洛杉矶都市区、旧金山都市区、西雅图都市区依托太平洋面向亚太地区；美国南部的达拉斯、休斯敦、亚特兰大、奥兰多等 4 个大都市区则依托墨西哥湾面向拉美地区（杨保军等，2015）。

（三）城市目标市场的空间格局将发生重构

对于中国城市而言，欧洲各国和美日等发达国家一直是招商引资、产品出口和旅游推荐的主要国际目标市场。然而，随着全球经济空间格局的重构，城市目标市场也将发生相应的调整。

首先，环印度洋地区将成为全球增长空间最大的地区和新的城市目标市场。根据普华永道等机构对 2050 年前世界经济的预测，太平洋地区仍然将会是世界经济的核心地区，但是，环印度洋地区将成长为与环大西洋同等量级的经济区域，并且成为增量最大的地区（见图 10 - 1）。环印度洋地区恰好与中国政府倡导的"21 世纪海上丝绸之路"战略的区域相互叠加，这无疑将为中国城市的发展提供一个可持续性的近程洲际目标市场。

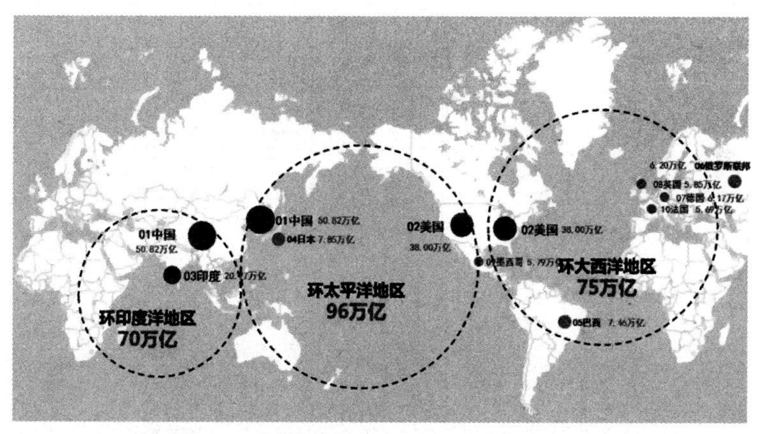

图 10 - 1　面向 2050 的世界十大经济体预测

资料来源：杨保军、陈怡星、吕晓蓓等：《"一带一路"战略的空间响应》，《城市规划学刊》2015 年第 2 期。

其次，新兴经济体的持续崛起将重塑城市目标市场格局。近年来，新兴经济体已经成为全球经济发展的主要动力，未来这一趋势将更加明显。2013 年麦肯锡全球研究院发布的报告《城市世界：变化的全球商业版图》指出，2025 年超过 45% 的财富世界 500 强公司总部将设在新兴经济体。

同时，该报告预测，到2050年，全球将新增7000家全球性大公司，其中有70%将来自于新兴经济体。普华永道发布的报告《2050的世界——金砖国家及其他：展望、挑战与机遇》预测，到2050年，按照购买力平价计算的GDP排名中，E7国家（中国、印度、巴西、俄罗斯、印度尼西亚、墨西哥和土耳其）的GDP总量如果按照市场汇率测算将比G7国家多50%（见表10-1）。新兴经济体持续的经济增长和不断扩大的群体数量将在城市目标市场中占据重要的版图。

表10-1　**基于购买力平价的2050年世界20大经济体**　单位：10亿美元

排序	2011年	2030年	2050年
	国家（GDP）	国家（GDP）	国家（GDP）
1	美国（15094）	中国（30634）	中国（53856）
2	中国（11347）	美国（23376）	美国（37998）
3	印度（4531）	印度（13716）	印度（34704）
4	日本（4381）	日本（5842）	巴西（8825）
5	德国（3221）	俄罗斯（5308）	日本（8065）
6	俄罗斯（3031）	巴西（4685）	俄罗斯（8013）
7	巴西（2305）	德国（4118）	墨西哥（7409）
8	法国（2303）	墨西哥（3662）	印度尼西亚（6346）
9	英国（2287）	英国（3499）	德国（5822）
10	意大利（1979）	法国（3427）	法国（5714）
11	墨西哥（1761）	印度尼西亚（2912）	英国（5598）
12	西班牙（1512）	土耳其（2760）	土耳其（5032）
13	韩国（1504）	意大利（2629）	尼日利亚（3964）
14	加拿大（1398）	韩国（2454）	意大利（3867）
15	土耳其（1243）	西班牙（2327）	西班牙（3612）
16	印度尼西亚（1131）	加拿大（21）	加拿大（3549）
17	澳大利亚（893）	沙特阿拉伯（1582）	韩国（3545）
18	波兰（813）	澳大利亚（1535）	沙特阿拉伯（3090）
19	阿根廷（720）	波兰（1415）	越南（2715）
20	沙特阿拉伯（686）	阿根廷（1407）	阿根廷（2620）

*数值为相应年份各个国家的GDP数值。

资料来源：普华永道：《2050的世界——金砖国家及其他：展望、挑战与机遇》。

二　国家战略视野下的节点城市营销机遇

党的“十八大”之后，中国政府密集出台了一系列与城市经济发展密切相关的国家级战略与规划，比如，《国家新型城镇化规划（2014—2020 年）》《国务院关于依托黄金水道推动长江经济带发展的指导意见》《推动共建丝绸之路经济带和 21 世纪海上丝绸之路的愿景与行动》《京津冀协同发展规划纲要》《中华人民共和国国民经济和社会发展第十三个五年规划纲要》等等。这些国家战略的密集出台为节点城市带来了空前的营销机遇。

（一）区域经济空间格局重塑与节点城市能级跃升

从国家战略规划层面看，中国的区域经济已经形成了以四大板块和三大支撑带为核心骨架，以城市群为主体形态，以节点城市为依托的空间战略格局，区域经济的空间格局和城市体系结构正处于快速演变和重塑过程当中。伴随着西部开发、东北振兴、中部崛起和东部率先的区域发展总体战略的深入实施和“一带一路”、长江经济带、京津冀协同发展三大支撑带战略的全面推进，各城市群发展规划纷纷落地实施，能级跃升与角色重塑的机遇史无前例的摆在中国节点城市面前。首先，从政府层面，节点城市肩负着国家与区域发展战略的重托。无论是陆海国际经济合作通道搭建，还是国内经济支撑带、经济发展轴的建设，都需要以节点城市成为作为战略支撑；同样，伴随着与纽约、伦敦等世界级城市的等量级国际竞争、各种洲际或是跨国门户城市的建设，城市群与城市圈龙头引领功能的发挥都离不开节点城市的战略支撑作用，因此，政府的引导与推动为节点城市能级的跃升提供了政策上的保障。其次，从城市发展模式来看，政府对城市主体功能的有效约束以及传统“三高”型工业化城镇化发展模式的难以为继，为节点城市在发展模式转型过程实现城市体系中角色地位的跃升提供了弯道超车的可能。再次，从市场层面来看，上述国家战略都将推动要素资源的自由流动与集聚作为政策的重心，要素资源流动障碍的消减为节点城市通过有效的城市营销战略吸引、俘获并且集聚更多的战略要素资源提供了无限可能。

（二）互联互通与节点城市营销障碍消减

营销就是不断识别，并克服时空、信息沟通、分销渠道和政策法规等各种交换障碍的过程（晁钢令，2002）。互联互通是近年来一系列与区域相关的国家战略的核心内容——比如《推动共建丝绸之路经济带和21世纪海上丝绸之路的愿景与行动》提出了互联互通的5项重点内容："加强政策沟通是'一带一路'建设的重要保障；基础设施互联互通是'一带一路'建设的优先领域；贸易畅通是'一带一路'建设的重点内容；资金融通是'一带一路'建设的重要支撑；民心相通是'一带一路'建设的社会根基。"对于节点城市而言，以"五通"为核心的互联互通意味着各种影响城市营销交换过程实现的障碍性因素的锐减，这无疑将大大提高中国城市营销的效率和效果；同时相对于国外的竞争性城市而言，中国城市更能享受到国家战略主导的互联互通和大国经济所带来的红利效应。

（三）国家品牌战略导向与城市品牌化升级

品牌是企业、城市、区域和国家竞争力的综合体现，是经济发展由外延扩展型向内涵集约型转变的必由之路。国务院发布的《质量发展纲要(2011—2020年)》明确将形成一批拥有国际知名品牌的优势企业和形成一批品牌形象突出的现代企业和产业集群作为建设质量强国的愿景目标。其后，《"全国知名品牌创建示范区"建设工作指导意见》和国家标准《区域品牌培育与建设指南（征求意见稿)》相继发布，同时涵盖高新技术园区、经济技术开发区、产业聚集区、现代服务区、旅游区等各类区域的国家层面的"全国知名品牌创建示范区"评选和"区域品牌价值评价"也全面推开，这一切都将品牌化工作提升到了更高的战略地位。《中华人民共和国国民经济和社会发展第十三个五年规划纲要》和《国务院办公厅关于发挥品牌引领作用推动供需结构升级的意见》的颁布，则标志着品牌战略已经被中央政府作为解决供给结构优化升级和引领需求结构优化升级的国家战略，涵盖农产品品牌、制造业品牌、服务品牌、出口商品品牌、企业品牌、区域品牌、公益品牌等不同类别和层级品牌的品牌化体系构建已经成为中国经济发展的新常态。对于节点城市而言，城市营销由"城市推销""城市形象塑造"向城市品牌化转向已经箭在弦上，系统构建城市品牌结构的战略窗口期已经来临。

（四）城市转型升级与节点城市形象结构优化

随着中国城镇化发展、国际环境的剧烈变革和外部环境挑战的日趋严峻，以传统“三高”为特色的工业化、城镇化发展模式难以为继；同时，国内长期以来主要依靠廉价劳动力供给、土地等资源的粗放消耗以及依靠非均等化基本公共服务压低成本推动城镇化快速发展的模式也面临空前挑战。因此，“转型升级”已经成为国内所有城市的发展主题。中国经济进入新常态时期之后，无论是党的“十八大”报告对中国特色社会主义事业做出的“经济建设、政治建设、文化建设、社会建设和生态文明建设”的“五位一体”总体布局，还是《中华人民共和国国民经济和社会发展第十三个五年规划纲要》所提出的“创新发展、协调发展、绿色发展、开放发展和共享发展”五大发展理念，都从国家战略的高度为对中国城市的转型升级指明了方向，提供了政策和制度的保障。无论是“五位一体”的总体布局还是“五大发展理念”都是具有国际前瞻性的宏伟蓝图，同时也描绘了更加符合未来发展趋势的城市发展路径，这都为中国的节点城市扭转负面的刻板形象，丰富和优化城市形象结构提供了历史契机和实现路径。

（五）国家战略规划调整与节点城市再定位

随着中国经济的持续崛起以及国家战略目标的不断演进，国家对节点城市的战略定位也在不断调整。“一带一路”建设、京津冀协同发展和长江经济带发展三大国家战略规划以及《中华人民共和国国民经济和社会发展第十三个五年规划纲要》等，从不同的尺度空间和不同的国家使命担当对节点城市及城市群在产业发展、科技创新、交通物流和文化交流等方面进行了国家层面的布局与定位。比如，在“一带一路”建设中，“北京—莫斯科欧亚高速运输走廊”和中国（上海）自由贸易试验区均具有重要战略意义，同时，重庆、成都、郑州、武汉、长沙、南昌、合肥、西安作为内陆开放型经济高地，上海、天津、广州、深圳、青岛、烟台、大连、宁波—舟山、湛江、汕头、福州、厦门、泉州、海口、三亚作为海上丝绸之路的支点作用，上海和广州作为国际枢纽机场的功能定位均得到了进一步明确。《国务院关于依托黄金水道推动长江经济带发展的指导意见》对长江经济带的整体发展愿景定位为“具有全球影响力的内河经济带”“世界级产业集群”“具有国际竞争力的城市群”；上海被定位为具有国际竞争力的世界级城市群的龙头；同时，从城市群、发展轴带、航运、航空、综合交通枢纽、信息基础设施、创新示范区、城市群交通网络等方面对不同能级的节点城市进行了定位，而杭州、南京、合肥、武汉、重庆、成都、长沙、南昌、昆明、贵阳、宁波、徐州、连云港、无锡、绍兴、湖州、舟山、芜湖、马鞍山、安庆、九江、黄石、荆州、宜昌、岳阳、泸州、宜宾、绵阳、乐山、曲靖、楚雄、玉溪、武定等众多节点城市也在这一国家战略规划中找到了自己新的坐标。《京津冀协同规划纲要》明确将京津冀区域的整体发展愿景定位为“以首都为核心的世界级城市群”，将北京定位为“全国政治中心、文化中心、国际交往中心、科技创新中心”，将天津定位为“全国先进制造研发基地、北方国际航运核心区、金融创新运营示范区、改革开放先行区”，而石家庄、唐山、保定、邯郸、张家口、承德、廊坊、秦皇岛、沧州、邢台、衡水等城市的不同节点地位也在规划中被进一步明确。密集出台的国家战略规划从全球、国家、区域、城市群以及发展轴带等不同尺度对节点城市的角色地位和功能担当等进行了优化调整，定位更加的明晰和精准，这为节点城市的发展提供了方向、坐标和成长的空间，有利于它们在应对全球城市竞争的挑战中优化自身的城市定位。

三 中国节点城市的城市营销短板

（一）城市营销资源配置结构严重失衡

伴随着全球城市竞争程度的加深，中国各级城市政府对城市营销的热情愈发高涨，城市营销资源的投入持续攀升。然而，通过对城市营销实践和学术研究的梳理考察可以发现，中国一直存在着严重的城市营销资源配置结构失衡问题，并且始终没有得到学术界和政府部门的充分重视。营销资源配置结构的失衡主要体现在以下两方面。

第一，城市营销资源配置的经贸旅游倾向严重。虽然“经济建设、政治建设、文化建设、社会建设和生态文明建设”“五位一体”布局是“十八大”的新提法，但它是所有成功城市应该提供给目标顾客的基本价值内容。长期以来，中国的城市建设推行的都是经济优先导向的发展路径，因而政府更加关注城市营销对促进城市经济增长和竞争力提升的功能，一味追求投资和旅游促进的绩效（刘彦平，2013），因此城市营销的组织资源、人力资源和财力资源等更多地被配置到了这几个领域。下面分别以城市营销广告和城市注册商标为例进行简要说明。周晶（2010）通过对中央电视台和主要省级卫视城市营销广告的统计发现，城市营销广告的投放主要以旅游形象推广和经贸形象推广为主，其中旅游形象的推广是重中之重。本课题组对中国地级及以上城市申请的城市注册商标进行了全面统计，结果发现 75% 以上的城市注册商标都是由旅游局等旅游领域的相关组织申请的（见表 10 - 2）。

表 10 - 2　**中国城市注册商标（地级及以上城市）**①

城市	商标	申请人	城市	商标	申请人
南京	“博爱之都”	南京旅游业协会	沈阳	“活力之都”	沈阳市旅游协会
大连	“浪漫之都”	大连市旅游协会	深圳	“设计之都”	深圳市商标协会
潍坊	“风筝之都”	国际风筝联合会	商丘	“华商之都”	商丘市旅游协会
株洲	“华夏福城”	株洲市旅游局	揭阳	“岭南水城”	揭阳市旅游局
珠海	“幸福之城”	珠海市旅游协会	西宁	“夏都”	西宁市旅游协会
大庆	“百湖之城” “北国温泉之乡”	大庆市旅游协会	鄂州	“吴王故都” “鄂王故里”	鄂州市旅游协会
贵阳	“避暑之都”	贵阳市旅游行业协会	攀枝花	“阳光花城”	攀枝花市旅游协会
杭州	“东方休闲之都”	杭州市西湖博览会组织委员会	日照	“水上运动之都”	日照市体育总会
郑州	“功夫之都”	郑州市旅游协会	阜新	“玛瑙之都”	阜新市玛瑙协会
铁岭	“和谐之都”	铁岭市旅游协会	唐山	“三亚天涯”	三亚市旅游协会
南平	“绿色武夷” “武夷好伴” “武夷山水”	南平市商标协会	威海	“走遍四海还是威海” “礼尚威海”	威海市旅游行业协会
丽水	“秀山丽水养生福地”	丽水市旅游推广中心	临沂	“沂蒙好客人家”	临沂市旅游行业协会

① 限于篇幅所限，有些城市注册商标的英文部分没有放入表格，具体如下：唐山，“渤海明珠，幸福之都”（Bricht Pearl by the Bohai Sea City of Happiness）；莱芜，“航空运动之城”（Asc Airsports City Laiwu Shandong）；威海，“礼尚威海”（Weihai Ceremony Value）。另外，本表中呈现的都是涵盖多个注册类别的商标，像成都市旅游局注册的“美食之都”和“天府之国”等仅涵盖 1 个类别的商标并没有呈现在本表中。

续表

城市	商标	申请人	城市	商标	申请人
莱芜	“航空运动之城”	莱芜市旅游事业发展中心	许昌	“宜居花城” “曹魏故都”	许昌市旅游协会
肇庆	“千里旅游走廊” “南国旅游休闲之都”	肇庆市旅游服务中心	青岛	“啤酒之都” “帆船之都” “活力之城” “欧韵之城”	青岛市新闻广告传播中心
唐山	“渤海明珠幸福之都”	唐山市新闻工作者协会			

资料来源：中华人民共和国国家工商行政管理总局，http：//sbcx. saic. gov. cn：9080/tmois/wszhcx_ getZhcx. xhtml。

第二，营销资源配置“重外轻内”现象严重。从全方位营销角度来看，内部营销与外部营销具有同等重要的作用，但是，长期以来出于对经济政绩的过度追求和城市建设成就外宣展示的偏爱，城市外部营销一直是营销资源配置的重点，比如，近年来中国大量城市竞相到纽约时代广场投放广告、在美国电视频道播放城市形象宣传片、在伦敦街头进行中国城市形象“营销战”等等。与之形成鲜明对照的是，城市内部营销一直处于被忽视的地位（庄德林等，2014），城市内部利益相关者的需求与它们的城市价值创造能力均没有得到应有重视。

（二）城市营销的战略前瞻性不够

伴随着全球互联互通的不断深化，各种战略要素资源在城市网络中的流速与流量均在发生量级上的变化，城市目标要素资源的种类和价值都处于高速变化之中，城市竞争和城市目标市场的空间范围已经拓展至全球空间尺度。在这种背景下的城市营销战略必须具备足够的前瞻性——即空间上的全球性和时间上的前瞻性。目前，中国仅有北京和上海等个别城市已经从全球竞争的尺度和面向2050年的时间跨度制定了城市的未来发展战略，大部分城市的营销战略明显缺乏前瞻性。

本课题组对中国内地各省省会和直辖市的2016年的《政府工作报告》进行了整理，全面梳理了各城市的定位和发展目标，统计结果表明，很多城市的营销战略与国家战略的契合度不高，对城市目标市场的划分缺乏国际视野，对城市目标顾客群体的需求把握不深入，同质化定位比比皆是。比如，太原的《政府工作报告》中仅将城市定位为“国家历史文化名城”“全国文明城市”“生态宜居城市”“有较强影响力的金融聚集区”，其定位明显缺乏国际视野，也看不出前瞻性的规划；同时在与“一带一路”战略的对接上，仅仅象征性地提到“积极参与国家‘一带一路’建设”，并没有体现出对国际目标市场的研判与需求回应。再比如，长沙将自己定位为“长江经济带中心城市”“‘一带一路’重要节点城市”“中部创新中心”“全国两型社会建设引领区”和“长江经济带内陆开放高地”，这些表述从营销战略角度看，缺乏明显的价值主张，定位点也没有体现出差异化特色，从全球竞争角度看，很难在全球城市竞争中彰显自己的特色。在把握国家战略机遇方面，长沙与太原情况类似，也仅仅是提到“主动对接国家战略，积极建设‘一带一路’重要节点城市、长江经济带中心城市，进一步增强长沙的战略影响力和发展辐射力”，再无实质性的战略规划体现（见表 10－3）。

表 10－3　**中国内地省会及直辖市定位一览**

城市	定位	城市	定位
北京	国际一流的和谐宜居之都，全国政治中心、文化中心、国际交往中心、科技创新中心	广州	国家中心城市，国际航运、物流、贸易中心，现代金融服务体系和国家创新中心城市
上海	国际经济、金融、贸易、航运中心，现代化国际大都市，具有全球影响力的科技创新中心，国际文化大都市	西安	丝绸之路经济带新起点和国际化大都市，具有世界影响力的会展名城、国际服务外包名城、中华古都文化国际旅游目的地
重庆	长江上游地区经济中心，西部大开发战略支点，国家中心城市，国家现代制造业基地，国内重要功能性金融中心，西部创新中心，内陆开放高地，国际知名旅游目的地，国际邮件交换中心	昆明	区域性国际中心城市，西部创新型城市和辐射南亚东南亚的科技创新中心，面向南亚东南亚的区域性国际会展中心，面向西南开放的区域性国际金融服务中心、信息中心、物流中心和外向型特色产业基地
天津	经济发达之都，创新创业之都，绿色宜居之都，魅力人文之都，和谐幸福之都	成都	国际性区域性中心城市，西部经济中心，区域创新创业中心，国家门户城市，幸福城市
福州	21 世纪海上丝绸之路核心区，东南沿海先进制造业重要基地、现代金融中心、文化创意之都、海峡会展之都、总部经济高地、海洋经济强市，全国重要旅游目的地	贵阳	创新型中心城市，区域性电子商务中心城市，西部科技金融创新城市、互联网金融创新城市，全国服务外包示范城市，全国信息交换枢纽和信息存储中心

续表

城市	定位	城市	定位
合肥	长三角世界级城市群副中心，“大湖名城、创新高地”，综合性国家科学中心和全国性产业创新中心，中国IC之都	济南	全国重要的区域性经济、金融、物流、科技创新中心，与山东经济文化强省相适应的现代泉城
呼和浩特	向北开放的“桥头堡”，服务全区、辐射西北、对接京津冀、面向俄蒙两国、民族特色鲜明的区域中心城市	拉萨	藏区稳定“要城”、历史文化“名城”、青藏高原“净城”、改革开放“新城”，面向南亚开放的中心城市、藏中南经济发展的龙头
南京	现代化国际性人文绿都、长江经济带门户城市、长三角区域中心城市和国家创新型城市	郑州	现代田园城市，“全民创业热土、国家创新中心”，国际商都
武汉	国家中心城市，现代化教育名城，文化体育休闲之都；实力之城、创新之城、开放之城、品质之城、幸福之城	长沙	长江经济带中心城市，“一带一路”重要节点城市，中部创新中心，全国两型社会建设引领区，长江经济带内陆开放高地
西宁	丝绸之路经济带特色旅游名城、中国西部区域旅游集散中心和青藏高原国际旅游服务基地，“生活之城、幸福之城”	杭州	世界名城，高技术产业基地、国际旅游休闲中心、全国文化创意中心、电子商务中心、区域性金融服务中心；历史文化名城、创新活力之城、东方品质之城，国际影响力的赛事之城，国际会展之都、中国创新创业之都
银川	中阿合作核心区，最适宜居住、创业的区域中心城市；打造世界电竞之都		
南宁	面向东盟的区域性国际城市，“一带一路”有机衔接的重要门户城市、生态宜居城市	南昌	长江中游城市群核心城市，工业文明、城市文明、生态文明融合发展的现代化城市
海口	“21世纪海上丝绸之路”战略支点城市，大南海开发区域中心城市，面向东盟国家的区域性总部基地	乌鲁木齐	丝绸之路经济带核心区的交通枢纽、商贸物流、金融服务、文化科教、医疗服务中心
太原	国家历史文化名城，全国文明城市，生态宜居城市，有较强影响力的金融聚集区	兰州	中国黄河文化体验之都、丝绸之路文化产业名城，山水城市、宜居城市、活力城市
长春	绿色宜居城市，国家历史文化名城，东北亚区域性金融服务中心，国家安全发展示范城市，国家食品安全城市	哈尔滨	现代化国际化城市，对俄合作中心城市，国家沿边开发开放重要经贸平台、物流枢纽、外向型高端制造业基地和全方位交流合作中心，音乐之都

资料来源：根据各城市2016年《政府工作报告》整理。

（三）城市营销的整合协同性严重不足

长期以来的以高投入博取轰动效应、以各种旗舰型工程换取城市视觉形象提升、以铺天盖地的广告与节会吸引眼球的粗放型城市营销已经难以为继，营销竞争的发展客观上要求中国城市营销向整合性与精细化转型。“营销部门各自为战，缺乏整合协同性，营销绩效低下”一直是中国城市营销实践领域的一大突出问题（范红，2013）。

首先，城市营销内部协同性不够。城市营销的战略规划需要有专业团队进行统驭全城的整合性谋划、协调与组织实施。然而，由于城市营销专职机构的缺失，长期以来中国各级城市的营销职能大都散落于不同的政府部门，相互之间缺乏基本的整合与协调。比如，一般都是由城市宣传部门负责城市形象的宣传——旅游局负责旅游策划与营销，招商局负责城市的招商推广，人力资源和社会保障局负责人才引进等等。专业人员的匮乏更是加重了这种局面。由于负责不同城市营销职能的城市部门同时担负着其他众多的工作内容，城市营销工作仅是兼项，因此营销实践工作在专业性方面就大打折扣，城市营销的整合与协调更是无从谈起。

其次，城市营销战略与战术缺乏协同。在中国的城市营销实践中，各级城市一直存在着“重战术，轻战略”的问题，各城市往往缺乏统驭全城的营销战略规划，各职能部门都是基于部门目标和利益进行营销的推广活动，重复投资、营销定位冲突、营销传播不连续甚至相互干扰等等现象普遍存在。同时，由于城市政府领导人的不断更迭，城市营销战略往往缺乏连续性，“一张蓝图干到底”更多是停留在口号上，这无形中也带来了营销战略与营销战术的频繁更迭。

最后，城市间缺乏营销的整合协同性。中国城市受行政区划分割、官员晋升、政府政绩竞争以及定位同质化等因素的影响，城市之间往往都是竞争导向的，相互之间对投资、游客、人才等战略要素资源的竞逐可以称得上是激烈至极。相邻城市之间往往以“拼政策”“拼价格”甚至相互拆台等简单粗放的手段竞逐相似的战略资源，而以城市群、经济一体化区域或是城市联盟的形式进行整合营销的案例还不多见。

（四）城市营销的品牌化进程缓慢

进入 21 世纪以来，城市营销出现了明显的城市品牌化转向（庄德林等，2014），城市政府需要解决的是“如何有效地进行城市品牌化”，而不是讨论“要不要品牌化”的问题（Hanna、Rowley，2013）。然而，从中国城市营销的实践来看，城市品牌化的进程非常缓慢。除了上文提到的城市营销缺乏战略前瞻性、缺乏整体协调性、缺乏专职管理机构等品牌化工作的应有之义以外，中国城市的品牌化工作还有以下三个方面的明显不足。

首先，城市品牌定位不清晰。品牌定位是城市营销的核心问题，它是指根据竞争性城市或其产品在市场上所处的位置，针对消费者对某种特征、属性等的重视程度，强有力地塑造出本城市或本城市产品与众不同的形象，并把这种形象生动地传递给顾客，从而使本城市或本城市产品在目标市场中占据独特的价值地位。因此，在城市品牌定位过程中，目标顾客、竞争对手、城市与竞争性城市之间的相似性与差异性等方面是4个基本的战略考察点。然而，中国很多城市品牌存在着定位抽象、笼统和以产业品牌替代整体品牌等各种问题（范红，2013）——比如国内很多省会城市将自己定位为“宜居城市”“创新之都”“经济发达之都”“国家历史文化名城”“会展名城”“全国服务外包示范城市”等等（见表10－3）。然而，从竞争性城市和目标顾客角度来看，这些品牌很难在目标市场中占据独特的价值地位。

其次，城市品牌体系不健全。城市产品与服务涉及到政治、经济、社会、文化、生态等各个方面，目标顾客具有明显的多元化和差异化特征，因此城市需要有完整的品牌体系来应对多元化目标顾客的需求。国内很多城市虽然注册了城市商标（见表10－2），但是大部分都是服务于旅游市场的。比如“百湖之城”“避暑之都”“岭南水城”“沂蒙好客人家”“千里旅游走廊”等等；国内也有不少城市在企业品牌和产业集群品牌等的建设上卓有成效，比如青岛和杭州等城市，但是总体而言很少有城市系统地构建整个城市的品牌体系，仅有杭州和成都等个别城市在这方面进行了系统地探索。

最后，城市品牌资产培育与管理滞后。品牌的价值不仅仅体现在其识别性与差异化等方面的传统功能，更重要的是其资产增值性。强势的城市品牌，不仅可以简化目标顾客的决策过程、降低目标顾客的决策风险、增加潜在顾客转换为现实顾客的概率，更为重要的是它所能为城市带来顾客的信任与忠诚，帮助城市有效抵御各种危机，并能够带来城市产品与服务的溢价。从凯勒（2014）所倡导的品牌资产阶梯理论来看，中国大部分的城市营销实践都停留在第一个阶段或是第二阶段——即集中在品牌知名度的提升、品牌功能和情感形象的塑造层面，很少有城市进入到“品牌响应”和“品牌关系”的构建阶段。更有甚者，很多城市在品牌识别这一层面都做得非常不够，城市品牌认知的深度和广度都非常有限——在涉及到不同城市产品服务类别或不同的消费情境下，很多城市很难被消费者回忆起来或是识别出来，更难进入到消费者的决策集合。

四　中国节点城市营销突围战略

在全球经济格局重塑和城市网络化发展的时代，节点城市是中国参与全球竞争最重要的载体和依托，它们自身也面临着在全球城市网络中崛起为中心或是被边缘化成孤点的挑战。对于中国的节点城市而言，本课题组认为应该着重做好以下 5 方面的工作，以实现城市营销的战略突围。

（一）以城市供给侧改革夯实节点城市营销的产品服务根基

超出顾客期望的高质量产品与服务是任何形式营销的首要基础，如果离开了这一基础，出色的营销推广只能加速产品的失败。纵观中国近年来的城市营销实践和理论研究，花样百出的“营销推广”成为重中之重，甚至有城市不惜重金争当“网红城市”，然而城市产品与服务的供给侧改革却在城市营销实践中少有关注。科特勒等（2012）认为营销是选择目标市场，通过探索、创造、交付和传播顾客价值来获得顾客，并与顾客建立长期良好互动关系的过程。正如城市营销专家安霍特（2010）所说，城市只有确保自己在各领域能够提供创新性的、引人注目的产品与服务，才能始终处于被世界关注和赞赏的前沿。显然，对于城市而言，当前中国推行的供给侧改革战略理应是城市营销的应有之义。首先，节点城市必须明确目标市场，界定目标顾客，把握顾客需求的变化，并创造满足顾客需求的产品与服务。从营销角度讲，城市供给侧的改革不仅仅是停留制造业上的改革，而是涉及对城市政治、经济、文化、环境和生态等全领域城市产品与服务的改革，每一领域城市产品与服务的开发都应遵循上述原则。其次，节点城市必须以竞争性城市为参考系提供超出顾客预期的产品与服务。竞争性城市的产品与服务给顾客提供了可供比较的样本，而顾客的满意与口碑来源于超乎其预期的产品服务体验，所以城市产品与服务质量体系的构建必须将竞争对手的质量水准与目标顾客的感知都纳入进来。

（二）以精准定位战略引领节点城市营销发展方向

在全球经济格局和中国区域经济格局不断重塑的战略机遇期，城市定位具有史无前例的重要性。施春来（2014）认为城市品牌的定位应该包括三个层次——即空间定位、产业定位和品类定位。本课题组非常赞同这一观点，并认为还应该增加一个新的层次——价值定位。具体而言，空间定位确定城市参与全球竞争的空间尺度与承担的角色；产业定位（事业定位）确定城市重点发展的主导产业（事业）；品类定位确定城市在选定产业（事业）中的品类选择；价值定位则是城市相对于竞争性城市而言能够提供给目标顾客的独特价值。中国的节点城市目前普遍缺乏空间层面和价值层面的定位，大部分城市的定位都是聚焦于产业和品类。因此，在国家战略视野下，节点城市应该对全球经济格局和中国区域经济格局演变的大趋势进行科学研判，以期能够精准地确定自己的空间定位和未来的主要目标市场。在这方面，北京和上海已经分别对面向2049年和面向2050的全球城市发展格局进行了科学研判，并制定了本城市的发展定位。另外，各节点城市需要摒弃诸如“历史文化名城”“宜居之都”和“创业之都”等宽泛而同质化的定位，应该在对城市优势资源与目标顾客的核心需求综合考察基础上，明确城市的价值主张，形成独特的城市定位。

（三）以战略品牌管理推进节点城市品牌资产增值

处于快速城市化和城市发展转型过程中的中国节点城市需要在其目标顾客心目中塑造出与其城市发展定位相匹配的品牌体系，并以资产增值为导向对城市品牌资产进行培育与管理。然而，中国城市的形象结构普遍具有单调性和刻板性的特征（朱辉煌等，2009），并且很少有城市能够对城市品牌进行持续的管理，更不用说对城市品牌资产进行创建、维护和开发。比如，虽然西安的高新产业及工业等均具备高水准的发展水平，但是多年来“历史古都”“文化名城”等刻板印象成为西安留在人们头脑中的主体形象（岳甜，张博，2015）。本课题组认为，对于节点城市而言需要重点开展两方面的工作。首先，节点城市应该按照品牌阶梯的顺序创建强势的城市品牌。虽然品牌资产有多种纬度的理解和衡量标准，但是唯有基于顾客的品牌资产能够完整地阐述品牌资产的生成过程。因此，本课题组认为，城市品牌资产的培育，应该借鉴凯勒所提出的品牌阶梯模型来实施——城市应该围绕其品牌定位，按照从“品牌识别”经由“品牌含义”和“品牌响应”再到“品牌关系”的阶梯顺序来塑造城市的品牌。具体而言，在“品牌识别”阶段应着力提升城市品牌的知名度，拓展城市品牌认知的广度和深度；在“品牌含义”阶段应着力创造出强劲、独特、受顾客偏好的功能性和情感性城市品牌联想，在消费者心中建立稳固的与其功能性需求和心理需求相关联的城市品牌含义；在“品牌响应”阶段，应引导消费者对城市品牌识别和城市品牌含义做出积极反应；在“品牌关系”阶段，应将消费者对城市品牌的积极反应转化为消费者与城市之间密切而忠诚的关系，实现品牌价值的增值。其次，应该构建完整的城市品牌体系。城市产品线的宽度、长度、深度和复杂度远远超过企业或组织，因此更需要设计完整的城市品牌体系以实现对城市品牌的管理。城市需要围绕城市的品牌定位和品牌精髓，系统规划设计城市整体品牌与城市旅游品牌、城市宜业品牌、城市宜居品牌和城市产业品牌等各类子品牌之间的关系结构，系统整合城市整体品牌与企业产品品牌、企业品牌和城市集群品牌之间关系结构。当前，党中央、国务院“开展质量品牌提升行动”的战略、《国务院办公厅关于发挥品牌引领作用推动供需结构升级的意见》、国家质检总局关于“全国知名品牌创建示范区”创建和“区域品牌价值评价”等系列政策和活动的推进为城市构建系统的品牌体系提供了很好的政策契机。

（四）以整合营销协同提高节点城市的营销绩效

在近年来的粗放的城市营销实践中，各级城市一直对营销绩效讳莫如深，而这也越来越被纳税人所诟病。中国的节点城市要想实现营销战略的突围，通过整合营销提升绩效水平无疑是最佳选择。整合营销强调对顾客价值探索、创造、传播和传递等各营销价值链活动的整合，旨在创造出整体大于部门之和的效果。对于节点城市而言，识别城市营销的价值增值环节并判断价值增值空间是首先需要确定的工作，然后就需要制定整合的营销方案和行动计划。关于城市整合营销需要重点关注三个方面的问题，一是城市对外营销与内部营销的整合。城市内部的企业、组织、居民等各种关键利益相关者既是城市营销的内部顾客，同时也是城市营销实践必不可缺的参与主体，因此必须扭转之前“重外轻内”的城市营销误区。二是城市整体品牌和各子品牌之间的营销协同。当前城市整体品牌和子品牌内部以及相互之间在顾客价值探索、创造、传播和传递等方面的营销互动往往都是散乱而碎片化的，因此重复营销、过度营销以及营销冲突等等各种低绩效行为就非常普遍。三是城市群体层面的整合营销。城市间的竞争形态已经发生了深刻变化，城市群、城市圈、城市带或城市联盟都已经成为新的竞争形态和载体，因此城市需要摒弃“零和博弈”的旧观念，主动谋划与构建城市群体竞争导向的合作，整合城市群体间的营销努力以期实现城市营销绩效最大化。

（五）以营销创新提升节点城市的全球城市网络控制力

人类社会已经见识了互联网给全球经济格局带来的颠覆性影响，而以“政策沟通、设施联通、贸易畅通、资金融通和民心相通”为核心的互联互通将给在“流动空间”基础上的全球城市网络带来更加超乎想像的变革。在全球城市网络中决定城市地位与角色地位的不再是城市的面积与人口，而是城市的网络连通性，即城市与全球其他城市基于各种战略资源建立起的关联联系；因此，对处于城市连通弱势的发展中国家城市而言，唯有创新才能帮助它们融入到全球城市网络中，并占据一席之地。本课题组认为，中国的节点城市应该着重在以下三个方面实现营销的创新突破。首先，城市目标市场的国际拓展。与企业的全球营销一样，城市的全球营销也应该是节点城市政府的重要议程。随着中国“一带一路”战略的推进，以及国家全方位对外开放格局的形成，节点城市不应仅仅停留在旅游市场的国际营销层面，其他城市产品服务也应该主动进行国际市场的拓展，节点城市政府应该跨越国界、跨越洲届，乃至对全球市场进行整合考虑，细分并选择目标市场。尤其需要特别指出的是，腹地资源与战略通道、环印度洋经济圈与新兴经济体等都应该成为城市目标市场国际拓展中的重要考察因素。其次，城市产品的创新发展。除了当前各级政府正努力进行的“创新驱动的城市发展转型”之外，本课题组认为，在“流动空间”时代，城市网络资源构成及其战略价值都在发生结构性变化，人力资本、城市社会资本、创新资源和城市发展腹地等新目标市场的战略价值正在日益凸显，并且相对于传统战略资源而言，当前各城市的起点差距不大。因此，中国的节点城市应该尽早布局，努力抢占未来竞争的战略制高点。最后，全球城市网络参与方式的创新。长期以来，中国城市在全球城市网络中一直都是规则的接受者和网络资源配置的配角。近年来北京、上海等少数城市已经开始注重引入和培育国际性政府组织、非政府组织和有国际影响力的智库等，并主动创设国际城市治理组织，然而大部分的中国节点城市在这方面还没有开始主动的谋划。实际上，无论是各种全球互联互通协议的磋商与签约，还是各种全球互联互通项目的执行；无论是亚洲的继续繁荣，还是新兴经济体的崛起；无论是环印度洋地区的持续增长，还是"一带一路"战略的推进都为城市创新性地参与全球城市治理体系提供了空前的历史机遇。中国的节点城市应该主动作为，并具有国家战略担当的视野，"以先行先试和勇于创新"的精神，在国家"陆海国际经济合作通道""国内经济支撑带""国家级城市群"和"经济发展轴"等系列国家战略谋划与实施、"引进来，走出去"国际水准支撑体系创建、跨境或是全球城市治理体系构建等方面进行突破，最终融入并成长为全球城市网络中资源配置的节点城市。

参考文献

［1］薄文广、安虎森：《我国区域发展思路的演进与未来展望》，《南开学报》（哲学社会科学版）2016 年第 3 期。

［2］孙久文：《重塑中国经济地理的方向与途径研究》，《南京社会科学》2016 年第 6 期。

［3］沈丽珍、顾朝林：《区域流动空间整合与全球城市网络构建》，《地理科学》2009 年第 6 期。

［4］马学广、李贵才：《西方城市网络研究进展和应用实践》，《国际城市规划》2012 年第 4 期。

［5］［美］爱德华·格莱泽著：《城市的胜利》，刘润泉译，上海社会科学院出版社 2012 年版。

［6］［德］菲利普·奥斯瓦尔特著：《收缩的城市》，胡恒、史永高、诸葛净译，同济大学出版社 2012 年版。

［7］［美］菲利普·科特勒、米尔顿·科特勒著：《营销的未来：如何在以大城市为中心的市场中制胜》，毕崇毅译，机械工业出版社 2015 年版。

［8］杨保军、陈怡星、吕晓蓓、朱郁郁：《"一带一路"战略的空间响应》，《城市规划学刊》2015 年第 2 期。

［9］晁钢令：《市场营销学的理论内核——交换障碍的克服》，《市场营销

导刊》2002 年第 6 期。

[10] 刘彦平：《关于我国传统城镇化和城市营销误区的反思》，《商业时代》2013 第 29 期。

[11] 周晶：《中国城市推广电视广告的有关问题研究》，《广告大观》（理论版）2010 年第 3 期。

[12] 庄德林、韩荣、王春燕：《中国城市软实力竞争：动因、瓶颈与营销战略》，《青海社会科学》2014 年第 1 期。

[13] 范红：《谈中国城市品牌营销中的问题》，《国际公关》2013 年第 1 期。

[14] 庄德林、伍翠园、王春燕：《区域品牌化模型与绩效评估研究进展与展望》，《外国经济与管理》2014 年第 9 期。

[15] Hanna S, Rowley J (2013), A practitioner-led strategic place brand-management model, *Journal of marketing management* 29 (15/16).

[16] [美] 凯文·莱恩·凯勒著：《战略品牌管理》（第 4 版），吴水龙、何云译，中国人民大学出版社 2014 年版。

[17] [美] 菲利普·科特勒、凯文·莱恩·凯勒著：《营销管理》（第 14 版），王永贵等译，中国人民大学出版社 2012 年版。

[18] [美] 安霍特著：《如何打造区域品牌》，于正东译，国际行政学院出版社 2010 年版。

[19] 施春来：《基于国际化视野的城市品牌建设的思考——瑞士巴塞尔（Basel）城市品牌运作的启示》，《福建论坛》（人文社会科学版）2014 年第 7 期。

[20] 朱辉煌、蒋廉雄、吴水龙、卢泰宏：《基于消费者心理认知的城市形象属性构面研究》，《城市发展研究》2009 年第 4 期。

[21] 岳甜、张博《西安城市媒介形象传播策略探究——以“丝绸之路经济带”建设为视角》，《西安电子科技大学学报》（社会科学版）2015 年第 3 期。

第11章　中国城市营销：创新发展的导向与路径

赵　峥

从城市发展史上看，城市经济社会发展的驱动力主要来自量的增加和质的改善两个方面。其中，“量的增加”主要体现为人口、土地和资本等传统要素投入量的累积而推动城市经济社会发展，而“质的改善”则强调通过创新优化发展质量，促进城市经济社会发展的过程。在城市经济社会发展的演变过程中两种驱动力的作用力度和地位的不同则形成要素驱动、资本驱动、创新驱动等不同类型的驱动结构。当前，中国城市发展普遍已经进入新常态，不同程度地面临着既要保持经济稳定又要转型发展的双重任务。在新的形势下，要破解城市发展瓶颈制约，引领经济新常态，关键是要加快城市从以要素驱动、投资规模驱动发展为主，向以创新驱动发展为主转变。同样，中国城市营销与品牌建设，不能将城市视为“增长的机器”，只通过城市企业化经营，单纯为增长服务①，而是要更好地把握创新发展理念，以提高城市发展质量和效益为中心，在保护和传承中国城市发展长期积累的物质和精神财富的沉淀基础上，推动产品、技术、制度、理论的全面创新，凸显现代中国城市发展的文化导向、价值理念和治理方式，依靠创新驱动培育城市持续发展动力，提升城市营销能力，形成城市品牌竞争力。

---

① 哈维：《叛逆的城市：从城市权利到城市革命》，商务印书馆2014年版，第100—113页。

一　品质导向的城市产品创新

城市是为人类发展服务的综合栖息地，蕴涵了人类对有质量的城市生活方式的向往与希望。联合国人类居住中心（UNCHS）曾认为，城市将为我们提供以下几个方面的益处：找到维持生存工作的诸多机会；接受良好教育的足够的途径；使用基本交通服务的机会；在经济能力承受范围之内的安全用水供应和健全的卫生设施；在经济能力承受范围之内的充分的医护服务；住房的使用权；良好的空气以及安全、多样、健康的环境；可以使用的公园、社区花园和公共空间；休闲与娱乐的大量机会；踊跃参与当地民主管理的机会；享受自然的机会。[①] 同样，开展城市营销、塑造城市品牌，关键是要有高品质的城市产品。目前，中国城市营销往往具有浓郁的规模增长依赖特征，在依靠投资和规模拉动城市发展的传统思路引导下，主要注重城市营销项目、城市营销活动规模与数量的增长，而在提供持续、稳定、高质量的城市产品和服务方面缺乏足够的重视。从长期看，城市营销和品牌建设不能是“空中楼阁”或“无根之木”，城市营销和城市品牌建设依然取决于城市长期潜在增长率，必须着眼于创造有效城市产品和服务的体制机制改革，充分了解和认识城市内外投资者、消费者对城市发展的现实和潜在需求，通过创新优化供给结构，提升城市综合产品的供给能力和质量，构建富裕繁荣、环境宜居、社会和谐的品质城市。未来，推动品质导向的城市产品创新，关键要在以下五个方面加强建设。

一是城市产业。城市的繁荣并非来源于增长本身，而是取决于城市采取什么样的增长模式。推动品质导向的城市产品创新，需要把物质增长视为一个可考虑使用的工具而不是一个永久的使命，要更多选择那些能满足重要社会目标并能强化可持续性的增长类型。[②] 重点挖掘支撑城市新常态发展创新动力，围绕产业链部署创新链，加快优化产业结构，培育新兴产业增长点，大力发展由网络技术和通信技术的融合而催生的新兴服务业，推动服务业新业态、新产品、新模式发展，提升现代服务业发展水平，同

---

① UNCHS（2001）, *Cities in a Globalizing World*：*Global Report on Human Settlements*, Earthscan, London.

② ［美］德内拉·梅多斯、乔根·兰德斯、丹尼斯·梅多斯：《增长的极限》（珍藏版），机械工业出版社 2013 年版，第 238—245 页。

时用高新技术和先进适用技术改造推动传统产业的升级，并注重城市创新空间结构的优化，打造一批特色鲜明、功能完善、布局合理的创新产业园区，构建城市空间创新体系。

二是城市环境。伴随着全球可持续发展理念的传播，人类发展要尊重和保护自然的观点已在全球范围内达成共识，并形成了《联合国 2030 可持续发展议程》这样的行动纲领。在各国城市发展实践中，越来越多的领导者和公众意识到，城市发展最重要的不再是有利投资的可得性，而是有利投资无限延续的结果，大自然虽然极其慷慨，但也具有很强的脆弱性，自然界存在着不可逾越的界限，如果超过这些界限而出现生态超载现象，自然系统的基本完整性就受到威胁，就会危及城市生存。同时，影响城市发展的人才对自然条件的要求也较高，越是高端人才和产业越需要高质量的生态环境。[①] 推动品质导向的城市产品创新，不能犯上“增长狂热症”而忽视“经济增长的代价”和社会福利损失，应重点强调城市与自然共生、共处、共存、共荣，直面城市资源过度开发、环境严重污染的危机与挑战，实现城市发展与不可再生资源消耗、污染物排放的全面脱钩，减少城市扩张和资源损耗，修复自然生态系统，积累城市生态资本和生态财富，增强城市绿色发展能力，要结合城市自身的气候特征、地理特征、资源禀赋，通过合理的区域资源环境配置和完善的资源环境保护及利用体系，增强城市人口、产业、社会与自然生态系统的适宜性，提升城市生活品质，彰显城市宜居形象。

三是城市文化。从城市发展历史上看，宏伟的建筑物和城市基本的物理属性——沿河、靠海、接近贸易通道，吸引人的绿色空间，或高速公路交叉要道——这些都有助于促成一个伟大城市的产生，或可以帮助城市的发展，但不能够维持城市的长久繁荣，最终必须通过一种共同享有的认同意识将全体城市居民凝聚在一起。无论是在传统的城市中心，还是在新的发展模式下正在扩展中的城市地区，认同意识等问题在很大程度上仍然决定着哪些地方将取得最后的成功。[②] 推动品质导向的城市产品创新，重点应结合城市的历史传承、区域文化、时代要求，打造富有特色的城市精神，在城市规划、空间组织和设施布局上，突出城市特色，强化城市风

---

① 参见 Florida, Richard (2002), *The Rise of the Creative Class*, New York: Basic Books。

② ［美］科特金：《全球城市史》，社会科学文献出版社 2014 年版，第 292—293 页。

格，同时特别重视城市共同文化意识的塑造，增强城市社会接受度，为不同民族、不同文化、不同信仰的人们提供和谐共处的空间，促进城市居民在多样化发展中相互尊重、彼此借鉴、和谐共存，保持城市持久活力和生命力。

四是城市民生。城市是经济、产业和社会活动的中心，也是人们进行文化创造、享受公民权利、追求公平正义的友好之地。推动品质导向的城市产品创新，特别应反思当前西方主导范式所提出的“以市场为基础的经济效率”“民主政府的自我纠错能力”“通过自由贸易和全球化增加的福祉”等基本信念，打造一个在物质和精神上都是长期可持续发展的社会，提升“可持续的福祉水平”。① 应重点在城市教育、住房、医疗、养老等领域，体现人文关怀和人本价值，在城市发展的过程和结果上，体现不同地域、不同性别、不同群体的机会公平和权利公平，弥合制度鸿沟，坚持发展成果共享，关注人的价值、权益和自由，关注居民的生活质量、发展潜能和幸福指数，让所有生活在城市里的居民能够均等地获取公共产品和服务机会，让他们生活得更加幸福、更有尊严。

二　融合导向的城市技术创新

科学技术是一个独立的生产要素并具有溢出效应。② 当前，技术创新的主要成果是以互联网为中心的信息技术的发展与应用，这种资源物理形态的变化，同时带来了其生产、传递、交流、分享等诸多方面的深刻变化，也因此对整个社会产生了深远影响。在日益频繁的城市营销和品牌建设活动中，技术也扮演着愈发重要的角色，特别是移动互联网、大数据、多媒体技术，极大地丰富了城市营销和品牌建设的内容和形式。但同时，我们也应该看到，目前中国城市营销仍然更多的把技术作为手段，更多突出技术创新的工具价值，对技术创新对城市营销和城市品牌建设的作用和意义存在低估。我们应更加注重结合城市宜业宜居品牌建设，推动融合导向的城市技术创新。

① ［美］乔根·兰德斯：《2052：未来四十年的中国与世界》，译林出版社 2013 年版，第 7—14 页。

② Romer, P. M (1990), Endogenous technological change, *Journal of Political Economy* 98: pp. 71 - 102.

一是以宜业为目标，推动融合导向的城市技术创新。重点促进技术创新与城市创新、创业相融合，围绕城市经济和产业发展需要，加速城市创新要素聚合、裂变与知识外溢，推进科技创新同商业模式创新和服务流程创新相结合，推动创新与产业、城市互动融合发展。同时推动城市科技创新平台与城市营销和品牌建设平台融合发展，立足城市整体营销和品牌塑造，营造开放、公平和创新导向的城市创新创业环境，为城市企业或个人提供创新发展的稳定规则和预期良好的生产生活环境，有针对性地破除科学家、科技人员、企业家、创业者创新的制度障碍，推动产学研深度融合，实现创新成果同产业对接、创新项目同现实生产力对接、研发人员创新劳动同其利益收入对接，形成有利于出创新成果、有利于创新成果产业化的新机制，打造城市创新、创业形象。

二是以宜居为目标，推动融合导向的城市技术创新。要重点依靠技术创新，优化城市宜居品牌的内涵，着力推动解决食品安全、农业科技、医疗卫生与健康、科技交通、城市安全与应急保障等“城市病”领域的技术研发与集成示范，围绕城市居民最关心的民生和社会发展重大需求，减少“限购”“限行”“涨价”“收费”等纯政府或纯市场的手段，推广和应用一批新技术、新产品、新工艺，大力拓展智慧健康、智慧教育、智慧养老、智慧文化建设，建设医疗信息服务平台、智能交通信息服务平台、养老公共服务信息平台等应用体系，创造智能、便捷的城市生活。

三　多元导向的城市治理创新

一个富有竞争力的城市是集聚性、多样性、不稳定性和良好声望的结合体。[①] 目前，中国城市营销和品牌建设在组织和管理方面已经取得了积极进展——或依托某一部门或单独组建机构，很多地方政府的对外宣传、投资促进、旅游文化部门都成为了城市营销和品牌建设的积极推动者。但总的来看，中国城市营销与品牌建设仍然普遍以政府主导为主——现实中尽管容易推动项目落实和动员组织资源，但这种单纯政府导向的城市营销和品牌塑造过程，往往受城市政府自身利益的影响，往往不能充分体现多

① Hospers, G-J. (2003), Creative Cities in Europe: Urban competitiveness in the knowledge economy, *Intereconomics*, Vol. 38, No. 5: pp. 260 – 269.

元化的诉求，缺乏自我改进的动力，也在预防、应对各种公关危机中普遍存在滞后、失灵现象。长远来看，开展城市营销、塑造城市品牌，需要创新治理方式，在治理目标上积极应对现实城市公共事务越来越突出的复杂性、多样性和动态性，更好地兼顾各方，维护整个社会的共同利益和协调发展，在治理主体上，应破除“政府单一中心论”思维，统筹政府、社会、市民三大主体，强调各主体之间相互联系与依赖，强调公民和非公组织的广泛参与。在治理方式上，强调现代信息技术的应用与普及；在治理效果上，从效率和效益导向转为社会和公民导向，更加注重治理结果的公平正义，通过“好的治理”真正实现城市共治共管、共建共享。而从治理的概念与理论来看，相关方面共同参与，是治理相对于传统统治或管理最重要的突破，也是其他目标实现的前提条件。突破政府单一主体、实现多元化是现代城市治理的首要特征，也是推动城市营销和城市品牌建设的关键环节。

一是要形成良好稳定的制度基础。城市发展和营销效果取决于社会的创新能力，具有自由、民主、平等、法治等特征的包容性制度会产生创新型社会，而威权型的制度会产生榨取型体制，影响创新从而导致经济社会难以持续增长。要塑造现代化的城市形象，需要进一步推动改革，不断革除权力腐败、决策失误、封闭保守、低能低效等公共管理弊端，激发社会创新活力，夯实现代城市治理的制度基础。

二是要促进城市政府治理能力现代化。城市政府在城市营销中发挥着不可替代的作用，贡献于城市经济福利的发展政策、分配城市资源的分配政策、为城市贫困群体提供服务的再分配政策，也都依赖于政府的治理能力。[①] 推动多元导向的城市治理创新，促进城市政府治理能力的现代化，首先，要推进城市政府治理的有效性。即城市政府应主动通过体制和组织转型，使得机构设置合理、程序科学、管理灵活，决策水平、执行能力与工作效率大幅提升，并对市民的各项发展需求能够做出及时和负责的反应。其次，城市政府治理要具有透明性。要能够在保护隐私权的基础上，尽可能的做到信息及时公开，要能够让市民更好地了解信息，并能够实际利用信息。最后，要能够长远规划和设计。要在城市营销和品牌建设过程中，在当下行动与未来目标之间做出公平合理的权衡取舍，长远规划各类

---

① ［美］彼得森：《城市极限》，上海人民出版社 2012 年版，第 42—47 页。

城市物质和精神资源开发、利用的边界和尺度。

三是要尊重市民权益。要推动多元导向的城市治理创新，开放城市发展决策的知情权、参与权、监督权，拓宽市民参与城市营销和品牌设计、规划、执行、反馈全过程的范围和途径，在各项城市营销和品牌建设的活动中倾听普通居民的利益诉求，调动全体市民的积极性、主动性、创造性，使市民能够积极融入、平等协商和合作共赢。

四是要重视社会组织培养。治理，意味着办好事情的能力并不能限于政府的权力，不能限于政府的发号施令或运用权威。[①] 随着市场经济的深入推行，城市公民意识广泛觉醒、民间力量迅速壮大，代表各类群体利益的社会组织开始大量涌现。这些社会组织具有贴近弱势群体、专业性强、善于沟通、勇于创新、良好社会形象等优势，在城市公共事务的决策、处理中，能积极发挥作用，为城市治理的实施提供新的主体力量和经验积累。推动多元导向的城市治理创新，开展城市营销和城市品牌建设，也特别需要发展社会组织来承担社会治理的部分责任。要大力扶持各类城市社会组织发育成长，鼓励社会组织就恢复、保护和改进城市营销的措施和方法提供咨询、建议和指导，对城市品牌发展变化情况进行定期的监测、评价和报告，对影响城市品牌的重要问题进行科学研究，对政府和企业的相关人员进行教育和培训，对城市营销和品牌建设的具体行动和活动进行组织和开展。

五是要推动便捷、分享、互动、高效的电子治理。随着信息技术特别是互联网技术的深入发展和广泛应用，21 世纪的新的城市发展更多地受到信息技术革命的影响。信息网络技术不仅在一定程度上改变了城市发展的空间和经济形态，更改变了城市生活和社会组织方式。推动多元导向的城市治理创新，开展城市营销和品牌建设，也需要城市治理适应分散化、透明化、便捷化、电子化的趋势，改变治理理念和模式，创新治理手段，以公开、分享、共建为主线，更好的利用大数据、互联网、新媒体等现代信息技术工具，贯彻公共服务和“以市民为中心”的理念，建设标准统一、功能完善、安全可靠的信息网络基础设施，建设高效快捷、功能完善、便民利民、覆盖面广、安全可靠的构建智慧型城市运行系统，构建政

---

① ［英］格里·斯托克：《作为理论的治理：五个论点》，《国际社会科学杂志》1999 年第 2 期。

府、企业、公众互联互通的网络，对城市发展过程中遇到的问题进行智慧的感知、分析和应对，使信息能够在政府部门之间、政府部门与公众之间自动流转、便捷反馈、有效共享，进而走上电子治理之路。

四 开放导向的城市协同创新

长期来看，城市最终发展仍然需要建立在良好的城市网络关系基础之上，需要不同规模、层次、功能的城市通过彼此合作与支撑，共同为城市整体的福利作出贡献。① 各城市主体单打独斗、各自为政的传统城市封闭发展方式不仅要耗费高额的资金投入和时间成本，陷入“孤掌难鸣”的困境，而且往往进行了大量的投入也收效甚微。城市营销与品牌建设不是一城一地的事，在都市圈、城市群快速发展的今天，更应在开放中整合区域资源，开展协同创新，实现城市营销的单点突破向协同发展、体系化推进转变。

一是群体协同。在城市营销和品牌建设中推动开放导向的城市协同创新，应以城市群、都市圈为重点，以现有和潜在资源链、产业链、价值链和创新链为依托，推动城市群、都市圈那些不同区域、不同能级的城市实现分工协作、错位协同，在城市营销和品牌建设中联合行动、共同发展。

二是战略协同。推动开放导向的城市协同创新，应充分考虑国家“一带一路”、长江经济带、京津冀协同发展等重点区域战略的影响，城市营销和品牌建设要在规划设计和实施机制上做出统一安排，以城市为核心，打破行政区划限制和经济、文化、旅游等资源相互切割、管理标准不一、政策机制不一的体制弊端，统一区域准入和管理标准，实施区域信息共享，在国家区域重大战略框架下共同推进城市营销和品牌建设。

三是城乡协同。农村地区和城市不是两块磁铁，还有第三种选择“城市—乡村磁铁”，可以把一切最生动活泼的城市生活的优点、美丽同愉快的乡村环境和谐地组合在一起，这种愉快的结合将迸发出新的希望、新的生活、新的文明。② 城市营销和品牌建设不能加剧城乡分割而应该加

---

① Taylor, P. J. (2012), On city cooperation and city competition in B. Derudder, M. Hoyler, P. J. Taylor and F. Witlox (eds), *International Handbook of Globalization and World Cities*, Cheltenham, UK: Edward Elgar, 56-63.

② ［英］埃比尼泽·霍华德：《明日的田园城市》，商务印书馆2010年版，第6—9页。

速城乡一体化。应加强城乡规划统筹，促进城乡之间经济、文化等方面的交流融合，推进城乡品牌建设一体化进程。

四是国际协同。开展城市营销和品牌建设，要充分把握全球城市发展的方向，通过学习交流、共同合作、联合推广等多种形式，凝聚、整合和利用全球人才、资本、技术资源，“走出去”与“引进来”相结合，促进一批中国城市成为全球城市经济、文化、技术发展网络的枢纽和节点城市，在世界城市营销和品牌建设标准方面走在前列，在推广的创新城市营销和品牌政策和执行机制方面率先突破，凸显中国城市的国际影响力。

五　问题导向的城市理论创新

当前，越来越多的城市开始运用品牌化的理念、技术和方法谋求竞争优势，以提升市民对城市的自豪感、认同感，吸引企业、投资、游客、高素质的居民、公共机构、重要活动以及开拓出口市场等。① 但从世界范围来看，城市营销仍然缺乏相应的理论支持，特别对于中国城市而言，尤其缺乏大国城市发展转型的城市营销与品牌建设的系统理论支撑。具体来看，城市营销理论不足主要体现在以下三个方面：一是理论基础薄弱。目前城市营销和品牌建设理论主要依据市场营销、产品品牌理论而来，缺乏相对独立的理论解释，同时在理论内容方面往往倾向于简单套用市场营销相关理论作为基础而进行一般性衍生，忽视了城市学科的综合性和城市发展的人本价值，不仅学科特色相对模糊，也在一定程度上强化了城市政府经济利益至上的行为。二是在研究方法上往往用案例和现象进行描述，缺乏足够而完整的理论分析。例如，从“首尔，你好!”（Hi Seoul）到“非常新加坡”（Uniquely Singapore），从英国爱丁堡“激动人心之都”（Inspiring Capital）到加拿大“无限多伦多”（Toronto unlimited），这些城市品牌建设的成功案例往往被广泛引用并加以分析，但大多数案例和现象解释仅仅停留在学习借鉴层面，或更多重视城市营销和品牌建设的战术层面，并未从城市营销和品牌建设的概念内涵、作用机制等方面形成完整系

① P. Kotler, D. Haider & I. Rein. （1993）, *Marketing Places, Attracting Investment, Industry and Tourism to Cities, States, and Nations*, New York: Maxwell Macmillan Int; R. Paddison. 1993. City Marketing, Image Reconstruction and Urban Regeneration, *Urban Studies*, 2: pp. 339 - 350.

统的理论体系。三是缺乏本土化理论解释。城市营销和品牌建设具有普遍性，但同时更具有实践的本土化特点，这就要求城市营销和品牌建设理论体系不能一般性的套用国外概念和案例，而要根据中国城市发展面临的重大问题和历史现实情况进行丰富和认识。未来，开展城市营销和品牌建设，关键是要推动问题导向的城市理论创新，在中国城市化发展的背景下，围绕中国城市营销和品牌建设的理论和重大现实问题，开展文献研究和田野调查，发现、总结、归纳城市营销和品牌建设的发展规律，形成自己的理论和方法论基础，提出系统性的解决方案，创新城市营销和品牌建设理论体系。

第 12 章　冬奥会语境下的北京城市品牌重塑

黄江松*

2008 年，北京奥运会的成功举办堪称北京城市品牌建设史上的里程碑，北京的品牌吸引力、影响力在国际社会得到了显著的提升，成为城市品牌建设的经典案例之一。2015 年 7 月 31 日，北京又获得了 2022 年冬奥会举办权，届时将成为世界上首个既举行过夏季奥运会又举行过冬季奥运会的城市。仅时隔 7 年，北京再次开启了城市品牌建设的新的征程，可以说既有挑战，也是机遇。本文拟从北京城市功能定位演变、产业重塑、沟通强化、市民参与和宜居城市品牌再造等方面，来探讨冬奥会语境下的北京城市品牌重塑。

一　新中国成立以来北京城市功能定位的变迁

新中国成立以来，北京城市功能定位发生了 4 次较大的变化。

（一）1953—1980 年：北京要成为全国的政治、经济和文化中心，大力发展重工业

1953 年至 1957 年，中共北京市委和北京市人民委员会，开始研究北京城市功能定位，在《北京城市建设总体规划初步方案》中，提出“首都应该成为中国的政治、经济和文化的中心，特别是要成为中国强大的工业基地和科学技术中心”的目标。这是第一次对北京城市性质和

* 博士、首都社会经济发展研究所研究员。

功能定位作了比较完整的阐述。其后，随着第一个五年计划时期的到来，北京确立了工业化发展的经济思路，并开始实施工业化的宏伟计划。“一五”结束后，全市工业总产值达到46亿元，初步实现了由消费城市向生产城市的转变。随后，北京市委提出，要大力发展冶金工业和重化学工业。到1979年，北京重工业总产值占全部工业总产值的比例上升到63.7%，仅次于辽宁而居全国第2名，北京因而成为重工业占主导地位的首都。

（二）1980—2004年：北京是全国的政治中心、文化中心，不再强调成为经济中心，要发展适合首都特点的工业和适合首都特点的经济

1980年，中共中央书记处对首都的建设方针作出了四项指示，对首都性质的定位有两条：第一是全国的政治中心，是神经中枢，是维系党心、民心的中心，不一定要成为经济中心；第二是中国对国外的橱窗，全世界就通过北京看中国。要求北京达到“七个最”和“两个一流”，即：全中国、全世界社会秩序、社会治安、社会风气和道德风尚最好的城市；全国环境最清洁、最卫生、最优美的第一流的城市；全国科学、文化、技术最发达，教育程度最高的第一流的城市，并且在世界上也是文化最发达的城市之一。下决心基本上不发展重工业。

1983年，中共中央、国务院的《关于对〈北京城市建设总体规划方案〉的十条批复》，开宗明义第一条就是“北京是我们伟大社会主义祖国的首都，是全国的政治中心和文化中心，北京的城市建设和各项事业的发展都必须服从和充分体现这一城市性质的要求。要为党中央、国务院领导全国工作和开展国际交往，为全市人民的工作和生活创造日益良好的条件，要在社会主义物质文明和精神文明建设中，为全国城市作出榜样”。第三条还特别规定：“北京城乡经济的繁荣和发展，要服从和服务于北京作为全国政治中心和文化中心的要求……今后北京不要再发展重工业，而应着重发展高精尖的、技术密集型的工业。当前，尤其要迅速发展食品加工工业、电子工业和适合首都特点的其他轻工业。”

1993年，国务院《关于〈北京城市总体规划〉的批复》将北京城市性质和功能确定为：“北京是我们伟大社会主义祖国的首都，是全国的政治中心和文化中心。城市的规划、建设和发展，要保证党中央、国务院在新形势下领导全国工作和开展国际交往的需要；要不断改善居民工作和生活条件，促进经济、社会协调发展，成为全国文化教育和科学技术最发达、道德风尚和民主法制建设最好的城市。在城市总体规划的指导下，通过不懈的努力，将北京建成经济繁荣、社会安定和各项公共服务设施、基础设施及生态环境达到世界第一流水平的历史文化名城和现代化国际城市。”要求“突出首都的特点，发挥首都的优势，积极调整产业结构和用地布局，促进高新技术和第三产业的发展”。

1997 年 12 月 12 日召开的中共北京市第八次代表大会首次提出要大力发展首都经济。“首都经济具有丰富而深刻的内涵，它应当是立足首都、服务全国、走向世界的经济；是充分体现北京城市的性质和功能，充分发挥首都比较优势，充分反映社会主义市场经济规律的经济；是向结构优化、布局合理、技术密集、高度开放、资源节约、环境洁净方向发展的经济；是既保持较高增长速度，又体现较好效益的经济。”首都经济的核心是：以知识经济为方向，发展高新技术产业并用高新技术优化和提升第二产业，同时大力发展第三产业。

（三）2005—2014 年：推动中国特色设世界城市建设

《北京城市总体规划（2004—2020 年）》于 2005 年 1 月得到了国务院的批复，根据该规划，未来北京的发展目标定位于：国家首都、世界城市、文化名城、宜居城市。北京在全国率先提出了“宜居城市”的发展目标，当时在社会各界引起了广泛争议。在这个规划中，北京城市发展分三个阶段：第一步是构建现代国际城市的基本框架；第二阶段，到 2020 年确立具有鲜明特色的现代国际城市的地位；第三阶段，到 2050 年，进入世界城市行列。

2008 年，北京奥运会、残奥会的圆满成功，标志着首都的经济社会发展已经站在一个新的起点上。丹麦城市品牌专家卡恩—森・奥里在《城市品牌化和社会变迁的矛盾》一文中写道：“2008 年北京奥运会向世界展示了中国首都的形象。长久以来，人们一直认为北京是一个污染严重、落后的专制国家的政治中心，而奥运会的开幕式向世界展示了中国的四大发明——造纸术、指南针、印刷术和火药。随着奥运会的成功举办，世人眼中的北京已经成为了一座现代高效又不失中国传统的城市。世界对北京的看法是否已经改变尚存争议，但不可否认的是，北京奥运会及其盛大的开、闭幕式博得了中外的一致好评。”

另以经济发展水平为例，在北京筹办奥运会的7年间，北京的人均GDP增长了3倍。2001年，奥运会成功申办，当年人均GDP刚突破3000美元，达到世界中等发达国家的水平；2008年，人均GDP突破9000美元，处于从中等发达城市向发达城市迈进的阶段。

在北京奥运会、残奥会成功举办后，北京市委、市政府就在谋划推动首都新一轮科学发展。在认真总结在北京奥运会成功举办的经验基础上，进一步提出了要不断丰富、升华、发展“绿色奥运、科技奥运、人文奥运”三大奥运理念，建设人文北京、科技北京、绿色北京。应该说，人文北京、科技北京、绿色北京属于指导思想和发展理念的范畴，即回答了怎样发展的问题，但在新的国际国内形势下，北京的奋斗目标是什么，还不确切。2009年，在庆祝中华人民共和国成立60周年活动圆满结束后，10月下旬，时任北京市委书记刘淇率团赴长江三角洲地区对江苏、浙江、上海进行考察学习，11月中旬，时任北京市市长郭金龙率团赴广东、福建考察学习。考察回来后，刘淇书记在考察学习总结会上提出：要以国际眼光，把北京建设成为世界城市。2009年12月，北京市委、市政府召开工作务虚会，刘淇书记强调，要准确把握首都发展的规律性特点，提升城市发展的内在活力和动力，瞄准高端，主动发展，着力推动中国特色世界城市建设。在2010年的《北京市政府工作报告》中提出，“我们必须立足当前，着眼建设世界城市”。

2012年7月，北京市委第十一次党代会召开，党代会报告指出：“以北京奥运会圆满成功为标志，首都发展进入了新的阶段，推动中国特色世界城市建设，已经历史性地摆在了全市人民面前。建设中国特色世界城市，是《北京城市总体规划》的战略部署，是新世纪中央对北京工作的要求，也是首都人民的新期盼。建设中国特色世界城市，最重要的就是提升发展质量，完善城市功能，提高群众生活水平，在世界城市体系中发挥更加重要的作用，更好地服务国家的发展。”

（四）2014年至今：坚持“四个中心”功能定位，建设国际一流的和谐宜居之都

2014年2月26日，习近平总书记视察北京，在谈到北京的发展时，习近平总书记说：“北京的问题是人口过多带来的，其实深层次上是功能太多带来的。北京既有作为首都的政治中心、文化中心功能，又有经济

中心、金融中心、科研中心、教育中心、医疗中心等诸多功能，必然吸引大量人口流入，使北京的功能、人口数量与资源环境承载能力的矛盾日益尖锐。”习近平总书记就推进北京发展和管理工作提出了要求，他指出，北京发展必须先有一个科学合理的战略定位；城市定位，越简洁越有特点，越容易落实。他明确了北京城市战略定位，就是要坚持和强化全国政治中心、文化中心、国际交往中心、科技创新中心的核心功能，深入实施人文北京、科技北京、绿色北京战略，努力把北京建设成为国际一流的和谐宜居之都。可以说，自“2.26 讲话”后，北京就开启了城市功能定位重塑之旅。

根据城市功能理论，城市功能可分为外部功能和内部功能。外部功能是指城市为本市以外的区域提供服务的功能；内部功能是指城市为本市市民、企业、社会组织提供服务的功能，目的是保证城市的正常运转。内部功能是任何城市都具备的，具有相似性和不可或缺性。外部功能也叫做城市的基本功能，城市的功能定位主要是就城市的外部功能而言。全国政治中心、文化中心、国际交往中心、科技创新中心“四个中心”的功能定位是从城市的外部功能角度对北京的功能定位，而和谐宜居之都是从城市的内部功能角度对城市的功能定位，两者构成北京城市功能的整体。

二　冬奥会语境下城市产业定位重塑

为确保把北京冬奥会、冬季残奥会办成一届精彩、非凡、卓越的奥运盛会，为实现“三亿人参与冰雪运动”的宏伟目标、北京应大力发展体育产业，尤其是冰雪体育产业。在“十三五”期间，北京体育服务业增加值每年将以 15% 左右速度增长，总量实现翻一番，由现在的 70 亿元增加到 140 亿元，占体育产业增加值的比重将达到 65% 以上，从业人员占体育产业从业人员总量的 85%、人均实现增加值达到 20 万元以上，体育服务业将成为北京新兴服务业的重点行业。到 2022 年，北京参与冰雪运动人口将达到 800 万，冬奥会、观赛礼仪和冰雪运动知识进校园覆盖率将达到 100%。全市冰雪体育产业收入规模将达到 400 亿元左右，实现增加值 80 亿元左右。

更重要的是，围绕“四个中心”的功能定位实现，北京要有序疏解四类“非首都功能”。一是一般性产业，特别是高能耗产业。坚决退出一般性制造业，就地淘汰一批钢铁、有色金属、建材、化工、纺织印染、机械、印刷、造纸等污染大、耗能耗水较高的行业和生产工艺；引导和推动非科技创新型企业转出。二是区域性物流基地、区域性专业市场等部分第三产业。重点引导和推动农副产品、基础原料等大宗产品的仓储物流功能外迁，促进服装、小商品、建材等区域性专业市场向北京周边地区整体迁出，引导金融机构的电子银行、数据中心、呼叫中心等劳动力密集的后台服务功能从三环内整体迁出，鼓励服务外包、健康养老等部分新兴服务业向北京周边地区转移。三是部分教育、医疗、培训机构等社会公共服务功能。推动部分在京普通高等学校本科教育有序迁出，老校区向研究生培养基地、研发创新基地和重要智库转型，支持有条件的北京普通高等学校、中等职业学校通过部分院系搬迁、办分校、联合办学等方式向外疏解。推动在京优质医疗卫生资源通过对口支援、共建共管、办分院、整体搬迁等方式向京外发展。有序推动以面向全国招生为主的一般性培训机构和具备条件的文化团体迁出北京城区。四是部分行政性、事业性服务机构和企业总部。主要疏解为核心行政职能提供支撑、服务及辅助作用的职能。有序推动北京市属行政事业单位整体或部分向通州疏解。推动部分具备条件、具有明显地域特色的中央企业总部转移到相关产业集中区。

三　强化北京城市营销沟通策略

城市营销沟通的目标和实质是实现与城市现有目标顾客、潜在目标顾客的有效沟通，树立城市良好形象，吸引各种优势资源向本城市的集中。自申办2008年奥运会起，北京在城市营销沟通方面做出了巨大的努力，也取得了公认的成绩。本文认为，进一步优化城市营销沟通策略、提升营销沟通效果，应是北京冬奥会营销沟通的一个基本策略取向。为此，本文基于SHARP模型，提出强化北京城市营销沟通的建议(见图12－1)。

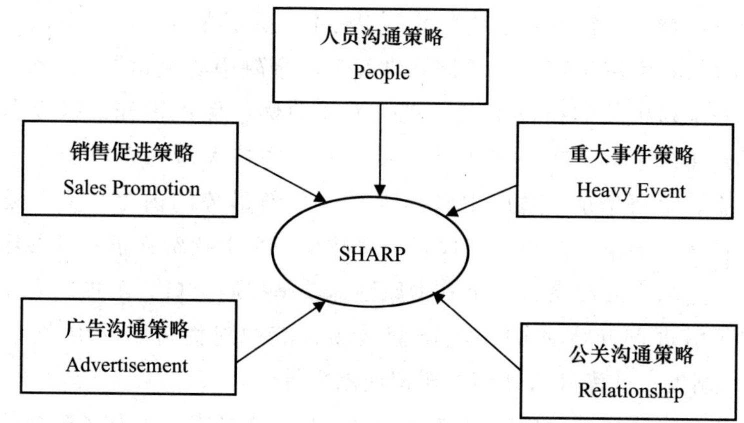

图 12－1　城市沟通策略的 SHARP 模型

资料来源：黄江松（2007）。

（一）城市营销沟通的 SHARP 模型及其内涵

所谓 SHARP 模型，是指城市营销沟通中的 5 个基本要素或策略，即销售促进策略（Sales Promotion）、重大事件沟通策略（Heavy Event）、广告沟通策略（Advertisement）、公共关系沟通（Relationship）和人员沟通策略（People）。

1. 销售促进策略（Sales Promotion）

城市营销的销售促进策略主要是指政府所采取的针对各类参与主体的激励措施和政策手段，按对象划分可以分为：第一，针对投资商的销售促进——即针对来本地区投资办企业、扩大在本地区的投资规模或帮助本地区进行招商引资的客商，所制定和给予的激励措施和优惠政策；第二，针对城市政府的销售促进——即为了调动城市政府经营和营销城市的积极性，引发部门之间、县区之间良性竞争而制定和采取的激励措施；第三，针对城市企业和市民的销售促进——即为了鼓励和引导本地企业和市民积极参与城市经营和宣传活动所采取的激励政策、教育发动、理论诱导等措施。

城市营销的销售促进策略要围绕城市定位来展开。如果城市促进传递的信息杂乱，缺乏核心，或者与城市定位冲突，宣传就会是无用的，只有进一步集中强化城市在目标顾客心中的个性形象，才是成功的。比如上海的传统定位就是中国轻工业经济中心，那个时候提起上海的轻工业产品，人们交口称赞。但在改革开放新的历史时期，尤其是在 APEC 会议召开之后，上海的城市定位转向了“国际性经济、金融中心城市”，为此，上海出台了一系列相关的招商引资、吸引人才的优惠促进措施，以资本求发展、以人才兴城市。在《关于进一步服务全国扩大对内开放的若干政策意见》中，上海增加了适应中国“入世”后新形势的内容，努力吸引各地投资者——如来上海投资工作者买房减少一半手续费、子女可参加上海高考等。上海人才政策有一个基本原则，就是控制人口，不控制人才，上海推出了引进创新人才的 5 项配套政策，其中对海外人才建立上海的“绿卡”制度，即海外人才上海居留证制度等。

自从京津冀协同发展战略提出以来，尤其是在成功申办冬奥会后，北京为“确保办成一届精彩、非凡、卓越的奥运盛会”，在促进冰雪运动及体育产业发展、招商引资、人才引进、鼓励创新、创业方面，制定和推出了一系列有针对性的创新举措和优惠政策，将加大政策宣传力度作为冬奥营销的一个策略任务。

2. 重大事件沟通策略（Heavy Event）

从 20 世纪末到 21 世纪初，重大事件越来越受到人们的重视。以奥运会为例，早期的奥运会对于举办城市来说并非是一件受益的事情，相反，它还会带来沉重的经济负担。这就导致了几乎没有一个城市愿意承办 1984 年奥运会的现象，事情的转折恰恰发生在这次奥运会，奥运会从此成为可以“挣钱”的重大赛事，此后，积极申办奥运会的城市数量不断增加。历时 20 年，人们对重大事件的态度发生了巨大的改变。重大事件有 5 个特点：第一，事件具有独特性；第二，需要大量投资；第三，影响城市持续的转变；第四，可吸引大量游客；第五，可吸引国际媒体报道。如此看来，尽管重大事件本身的“大”很重要，但其“重大性”更体现在事件对城市的深远影响方面。相对于城市发展历史来说，任何重大事件发生的时间都较短，“世博会”也仅为半年左右，奥运会、亚运会则为期两周，如果包括前面的准备过程，大约也就 5 年时间。由此可见，重大事件可在短时间内起到提升城市竞争力等诸多因子的作用。对于整个城市系统来说，重大事件将成为“鲶鱼效应”中的“鲶鱼”，因此，重大事件已经成为短时间内提升城市竞争力的一条捷径，重大事件甚至被喻为“可与 19 世纪工业革命相比的发动机”。

2006 年，德国足球世界杯改变了德国人严肃、刻板、墨守成规的一贯形象。为配合足球世界杯的准备工作，德国政界和商界联合发起了一场声势浩大的“正名运动”，为德国贴上了一个新的标签——“创意之域”(Land of Ideas)。德国内政部长沃尔福冈．朔伊布勒写道：“‘德国，创意之域。’这是我们国家、我们德国人民希望给全世界的印象。我们希望展示给世界一个进取的、开放的、充满创意的德国。”

足球世界杯让德国人重拾民族自豪感。德国人民对国旗保持着高度的警惕，在平常的日子里，除了国会大厦四个角飘扬着的四面国旗，黑红黄三色的德国国旗在其他地方几乎绝迹。这种现实源于德国的纳粹执政历史和第二次世界大战后基于这段历史的教育。第二次世界大战后成长起来的几代人在学校里被教育，不要为自己的德国人身份而自豪，对国家、民族等词语要保持警觉。如果你问一个德国人，“你身为德国人感到自豪吗?”回答十有八九是否定的。在国外的时候被问到来自何处，他们大多倾向于回答来自欧洲。德国的政治家们希望抓住足球世界杯这个机会，让德国从纳粹历史的罪恶感中摆脱出来，让民族自豪感回归。在足球世界杯开幕前的一个星期，一个德国历史展在德国历史博物馆开幕，德国总理默克尔第一时间到场。选择这样一个时间为这样一个展览揭幕，绝对不是偶然的。英国《泰晤士报》评论说：“展览的意图是告诉德国人，德国历史不只有希特勒，纳粹并非德国历史发展的逻辑结果，它只是个变异。换句话说，为身为德国人感到自豪同时讨厌希特勒是没问题的。”纽伦堡市市长说：“足球世界杯对我们来说是一个机会，一个我们必须利用的机会，可借此甩掉偏见。”足球世界杯期间，德国的大街小巷随处可见国旗飘扬，尤其是在有德国队比赛的时候，黑红黄三色国旗可以用遮天蔽日来形容。德国媒体称，德国的爱国主义情绪达到了第二次世界大战后的顶峰。

北京的冬奥会的申办宣传片，通过长城、中国春节等元素展现了浓浓的中国味。当时，还有不少国际奥委会委员没有来到过北京，虽然世界上滑雪的地方很多，但五千年的中国历史和中国文化让大家对这次冬奥会有了很大的期待，长城和春节等中国文化是吸引奥林匹克大家庭的一个重要原因。2022 年冬奥会选择在中国的传统佳节——春节举办，必将以冬奥会营销为契机，进一步提升北京城市品牌乃至中国传统文化在世界的影响力。

3. 广告沟通策略（Advertisement)

广告是一种具有高度公共性的信息交流形式，是一种具有广泛性的信息媒介，其公共性、广泛性决定了广告是重要的城市沟通手段。

城市广告促销的媒体种类很多，各种媒体有利有弊，媒体的选择要综合考虑受众的习惯以及广告费用、广告效果等因素。如户外广告，只可能对本市居民和到本地经商、旅游的目标顾客产生影响。当前，随着新媒体的异军突起，数字广告与数字营销已经逐渐成为城市营销的重要选项。根据城市受众的类型和特点，合理规划传统广告媒体和新媒体投放已经成为趋势。

4. 公共关系沟通（Relationship）

公共关系是一种通过获取有利的公众舆论，建立良好的公众形象，处理或阻止不利谣言、消息和事件的传播，与公众建立良好关系的营销努力。它是一种以长期目标为主的间接的沟通手段。

城市公共关系沟通包括：第一，宣传性公关。即利用报纸、杂志、广播、电视、互联网等各种传播媒介，采取撰写新闻稿、制作新闻片和专题片、建立政府网站等形式，向社会各界传播信息，以形成对城市有利的社会舆论。宣传性公关不是广告，与广告比较，它的成本低、可信度高。第二，征询性公关。通过开通市长电话、市长信箱、各政府部门的热线电话，举办信息交流会等活动，进行民意调查，逐步建立起可直接与消费者沟通的信息网络，收集消费者的意见、建议。第三，互动性公关。即运用社交媒体、视频网站、微电影以及其他互联网 APP，与受众进行实时互动。让市民和网民参与到城市议题的讨论中来，共同提升公关关系沟通的价值。

5. 人员沟通策略（People）

一个城市的人员沟通策略可以分为以下类型。一是城市影视界、体育界、企业界、科技界、政界等社会各界的知名人士。焦裕禄，这一领导干部的模范形象提高了兰考这个不起眼的小县城的知名度；张瑞敏，海尔董事局主席、CEO 促销了青岛；美国 NBA 达拉斯（Dallas）小牛队让人们知道了达拉斯城。二是城市政府部门的领导和工作人员，他们在接见客商，服务于各类企业家、旅游者的过程中，在用自己的语言和行为促销城市。三是城市电视、报纸、杂志、广播等媒体的工作人员，他们的工作就是加强政府与城市目标顾客的沟通。四是城市服务业从业人员。他们的服务态度、服务质量极大地影响了目标顾客对城市的印象。五是城市或社区的新媒体上的意见领袖或网络红人。他们拥有大量的粉丝，在特定人群中特别是青年群体中具有很大的话语影响力，其城市营销沟通的价值正受到越来越多的重视。

当然，从更广泛的角度来看，一个城市的“促销员”包括城市各行各业的人员和全体市民，树立“市民就是城市营销大使”的理念更具战略意义。比如，在 2011 年，瑞典在推特上创建了自己的国家账号，由所有瑞典国民进行管理，成为社交媒体上国家营销的一道靓丽风景线。2016 年 4 月，瑞典又创建了一个国家电话号码。他们向全世界公布了一个电话号码，鼓励其他国家的人们通过热线电话的方式了解瑞典。电话接通后将被随机转接到一名志愿接线员的手机上。任何拥有本地号码的瑞典人都可以通过一款手机应用注册成为志愿接线员。瑞典“国家热线”这一服务，一经推出反响热烈。不到 10 天时间，就有来自 173 个国家的近 6 万人拨打，超过 3000 名瑞典人注册成为志愿接线员，甚至瑞典首相也成为其中一员。瑞典“国家热线”如此具有吸引力并迅速走红，首创性与趣味性是关键因素。瑞典旅游协会的此举是对原有旅游推广模式的创新。这种志愿者随机接听模式为致电者提供了新奇的体验，电话中收听到的不是重复播放的旅游信息介绍，而是同当地人进行的鲜活的直接交流。这一方式激发了人们对瑞典大自然和文化的好奇心。一位来自纽约的年轻人在社交网站上分享了拨打经历。起初，他怀着忐忑不安的心情拨打了热线电话，接电话的是一位生活在哥德堡的年轻人。在略微尴尬的寒暄后，两人很快找到了共同语言——后现代摇滚乐与电子竞技，接着话题自然转到了各自生活的城市，两人相谈甚欢，彼此说好日后旅游时互相接待。在互联网十分发达的今天，打电话这种传统沟通方式意外地捕获了人心——以国家形象为“担保”，让陌生人之间迅速建立起信任感，交流话题远不止于旅游咨询，每一个国民都是独具特色的国家形象代言人，创意和诚意大大增强了国家的温度和吸引力。

（二）城市营销沟通策略的运用

第一，城市沟通策略要从城市发展与建设的现状出发，不能做夸大和不实宣传。否则，不仅起不到提升城市竞争力的作用，反而容易将城市的缺点迅速曝光。比如，南方某大学的一位毕业生曾一度因某地的电视广告，梦想到该地去发展，但实地考察后却发现，那里严重缺水，离宜居城市的宣传相差甚远。

第二，城市沟通要围绕城市定位。沟通策略最直接的作用在于传递信息，目标顾客只有在对城市产品知晓的基础上才能购买、感到满意进而忠诚于产品。沟通策略是将城市定位的信息传递给目标顾客的一种最有效、最直观的营销手段，并且沟通将进一步强化城市在目标顾客心目中的个性形象。如果城市沟通策略传递的信息杂乱、缺乏核心，或者与城市定位冲突，都是无效的宣传。

第三，针对不同的目标市场制定沟通策略。目标市场不同，获取信息的手段、追求的利益不同，所以，沟通策略要借助不同的手段来传播不同的诉求点。以北京为例，对本市居民，要重点宣传北京的历史、文化、风俗等，增进居民对北京的了解，实现北京特色在人与人之间的传承。对国内外商人，要重点宣传北京的人居环境和优惠政策，吸引他们到北京居住、工作。对企业，要重点宣传北京的产业环境和产业政策，吸引他们到北京投资。对国内外游客，要重点宣传北京的旅游景观、服务和设施，吸引他们到北京观光旅游。

第四，注意各种沟通策略的组合运用。上述各种沟通策略各有特点，需要结合城市营销的产品、顾客、目标等因素，采取不同的组合策略，对其灵活运用、科学搭配，方能在费用一定的前提下达到最佳沟通效果。

四　再造宜居城市品牌：冬奥会机遇下的北京城市品牌突围

近年来，受雾霾污染、交通拥堵、房价居高不下等因素的影响，北京的城市形象特别是宜居形象面临着较大的压力和考验。2015 年 6 月，当时的北京市市长王安顺在国际奥委会总部瑞士洛桑向国际奥委会委员进行申奥陈述时说："一届成功的赛事和一座宜居的城市都需要清新的空气。到 2022 年，北京的天更蓝、水更清、环境更宜居。"随着冬奥会筹备工作的有序展开，能否借冬奥会机遇，实现北京对国际奥委会的承诺，重塑并展示北京的宜居新形象，成为了国内外舆论关注的热点。

事实上，自北京提出建设宜居城市目标以来，社会各界的争议就很大。不少人认为，北京人口多、城市规模大、城市功能集聚、资源承载力有限，北京不可能建成宜居城市。北京是特大城市（联合国有关部门把 800 万人口以上的城市定为特大城市），而全球最宜居的城市都不是特大城市，而是人口少于 800 万的城市，如墨尔本 440 多万、多伦多 250 万、温哥华210万、维也纳人口170万、慕尼黑130万。东京、纽约、伦敦三大世界城市的GDP在全球城市中分别排第1名、第2名、第4名，人口总量都在800万以上或接近800万，人口密度在每平方公里5000人以上。北京有2000多万人口，与东京、纽约、伦敦同属特大型城市之列，北京与人口较少、规模较小的城市比较宜居水平，显然有失公平。因此，北京要建设的宜居城市，应瞄准东京、纽约、伦敦等国际性、特大型城市的宜居水平。

根据英国《经济学人》（简称EIU）于2015年的调查和评价，东京、纽约、伦敦、香港、新加坡都已进入宜居城市之列，他们的得分分别是95.87、87、89、89，北京得分76，没有进入宜居城市之列，而且与他们存在很大差距（EIU将总分在80分以上的城市认定为宜居城市）。

北京宜居城市建设的短板主要体现在生态环境、城市基础设施、对外开放程度等方面。第一，城区轨道交通密度低。北京五环内的轨道交通密度是0.58公里/平方公里，东京市区为（23区部，面积621平方公里）1.23公里/平方公里，纽约（5个区）为0.71公里/平方公里，伦敦为（内伦敦）1.2公里/平方公里。第二，空气污染。2015年北京PM2.5年平均浓度为80.6微克/立方米，而伦敦、巴黎PM2.5年平均浓度在每立方米20微克左右，低于35微克/立方米的国际标准。第三，水资源匮乏，饮用水质差。北京人均水资源量占国际缺水警戒线水平不到15%；所以大量存在瓶装水。第四，垃圾处理和污水处理状况不乐观。第五，开放程度低。以入境旅游人数为例，2015年北京市为420万人次，东京、巴黎、伦敦分别是808万人次、1606万人次、1882万人次，而且，北京近年来还出现了持续下降趋势。再从常住的外籍人口来看，目前，常住北京的外籍人员总量为14万，占全市人口比重不到1%。一个真正意义上的国际性大都市，其常住人口中外籍人员的比例应达到10%以上——如伦敦约为30%、纽约约为15.6%、东京约为2.4%。

习近平总书记在中央城市工作会议上的讲话精神可以概括为“尊重城市发展规律，实现五个统筹”。他指出：“城市发展是一个自然历史过程，有其自身规律。改革开放以来，我们对经济规律的认识有了很大提升，但我们对城市发展规律的认识还不够深入。城市工作中出现这样那样问题，归根到底是没有充分认识和自觉顺应城市发展规律。”北京在城市发展过程中违背城市发展规律的现象屡见不鲜。有专家评价：“中国的城市很不幸，1949 年后的前 30 年采用苏联式的现代化，后 30 年采用美国式的现代化，而且保留了两者最糟糕的部分。”北京要提高城市宜居水平，必须少一些折腾，多一些对城市发展规律的尊重。

（一）依托大都市圈解决城市功能集聚与城市发展空间有限的矛盾

从 20 世纪初到 20 世纪 40 年代，一些富有见识的规划思想家终于认识到：有效的城市规划必须从超越城市的范围着手——从城市及其周围农村腹地的范围着手。

盖迪斯是近代西方建立系统区域规划思想的第一人，他在 1915 年出版的专著中就提出：“人们不能再以孤立的眼光来对待每一座城市，必须认真进行区域调查，以统一的眼光来对待它们。”著名城市学家刘易斯·芒福德在 1938 年出版的《城市文化》一书中说：“真正的城市规划，必须首先是区域规划。”但是，一直到 1929 年至 1932 年的西方经济大衰退后，人们才完全意识到必须要把城市与其影响、依托的区域联系起来进行系统规划。

1937 年，英国政府为了研究、解决伦敦人口过于密集的问题，成立了以巴罗爵士为首的巴罗委员会。1940 年提出的《巴罗报告》建议：要通过疏散工业和人口来解决大伦敦的环境与效率问题。阿伯克隆比制定的“大伦敦规划”在 1944 年被伦敦国土委员会采纳，他对西方城市规划理论与实践最大的贡献就是在一个比较广阔的范围进行特大城市的规划，他吸收了霍华德田园城市理论中分散主义的思想以及盖迪斯的区域规划思想，采纳了恩温的卫星城建设模式，将伦敦城市周围较大的区域作为整体规划考虑的范围。该规划体现了《巴罗报告》中提出的分散工业和人口的中心思想，提出从伦敦密集地区迁出工业，同时也迁出 100 万人口。从今天的现实发展情况看，伦敦由 1951 年的 820 万人口减少到目前的 660 万人口，“大伦敦规划”的思想及其提出的措施，使其成为成功舒缓现代城市压力的最典型案例之一。“大伦敦规划”吸收了 20 世纪初期以来西方规划思想中的许多精髓，提出的方案对当时控制伦敦的蔓延、改善混乱的城市环境起到了一定的作用，所以后来为东京、首尔等城市效仿。

（二）确保城市产生丰富的多样性，避免城市功能单一

《美国大城市的死与生》的作者雅各布斯认为，大城市的“死与生”

完全是由城市的多样性主宰的。单调、缺乏活力的城市只能是孕育自我毁灭的种子。但是，充满活力、多样化和用途集中的城市孕育的则是自我再生的种子，即使有些问题和需求超出了城市的限度，这些城市也有足够的力量延续这种再生能力并最终解决那些问题和需求。城市要产生丰富的多样性，4 个条件不可缺少。第一，城市的功能必须多元，以确保在不同的时间段城市某区域都有大量的人流。第二，街道必须要短，也就是说，在街道上能够很容易拐弯。街道频繁出现和街段短小都是非常有价值的。商店太多，从街头排到街尾，而且是同一商业格式，会给人产生很压抑的感觉。第三，一个地区的建筑物必须各式各样，年代和状况各不相同，保留适当比例的老建筑。第四，人流的密度必须要达到足够高的程度。这 4 个条件必须共同作用才能产生出城市的多样性，缺少任何一个都会阻碍一个地区多样性的产生。

《雅典宪章》和《马丘比丘宪章》是现代城市规划的两大代表性文件。1933 年 8 月制定的《雅典宪章》最突出的内容是提出了城市的“功能分区”思想，其认为，城市的诸多活动可以被划分为居住、工作、游憩、交通四大基本类型，居住、工作、娱乐三大活动在空间上分区设置，同时建立一个联系三者的交通网。44 年后即 1977 年，国际建筑师协会在秘鲁的马丘比丘召开会议，并制定了著名的《马丘比丘宪章》。该宪章对城市功能分区进行了反思，提出不要为了追求清楚的功能分区而牺牲了城市的有机构成和活力。“功能分区这一错误的后果在许多新城市中都可看到，这些新城市没有考虑到城市居民人与人之间的关系，结果使城市生活患了贫血症。”

纽约曼哈顿地区最有名的两个商务区是华尔街金融区和中城商业区，这两个商务区由于承担的城市功能不同而出现了截然不同的情况。华尔街金融区汇聚了近 3000 家大大小小的金融机构以及成千上万个贸易公司和律师事务所。华尔街最大的问题是晚上像座“鬼城”，周末像座“死城”。中城商业区既是许多著名大公司的总部所在地，也是一个以洛克菲勒中心为主要区域的商业区，第五大道聚集了名声赫赫的大型百货公司和世界一流品牌的旗舰店，中城是个“不夜城”。两个商务区都在曼哈顿地区，为什么会出现这样两种截然不同的情况呢？究其原因，华尔街金融区仅仅发挥了城市的单项功能：办公；而中城商业区不仅发挥了办公功能，还使商业发展与城市生活——娱乐、休闲完美结合在一起，将城市综合功能发挥到了极致。

（三）充分开发和利用城市地下空间，实现城市精明增长

由于城市开发密度高，土地和空间资源有限，把地下空间做为地上空间的必要补充，统一规划、协调，合理开发，是世界城市实现城市精明增长的一条有效路径。同时，世界城市的现代化绝不仅体现在地上空间的现代化，每一个世界城市的地下空间，无不进行着有序、综合、多功能的开发与利用。世界城市地下空间开发、利用呈现有以下趋势：

1. 地下空间开发形式的多元化

根据城市发展的需要，在地下建有各种商业设施、市政基础设施、防灾设施、交通设施、文化体育娱乐设施，极大地拓展了城市发展的空间潜力。

2. 地下空间开发的网络化

地铁网络与地下商业街、地下通道、地下停车场相连接，形成了以地铁车站为节点、由交通空间和商业设施组成的新型地下城市空间单位，这些单位又通过地铁网络形成了一个庞大的地下城市。同样，市政管线、共同沟系统、地铁系统隧道空间等各种类型地下基础设施在经过严密细致的规划之后，可以有序、协调地进行开发利用，并逐渐形成网络化布局。

3. 地下空间开发的深层化与分层化

随着地下浅层部分已基本利用完毕，深层地下空间资源的开发利用已成为未来城市现代化建设的主要课题。东京地下开发已经计划深入到地下100米。在地下空间深层化的同时，各空间层面分化趋势越来越强。这种分层面的地下空间，以人和为其服务的功能区为中心，人、车分流，市政管线、污水和垃圾的处理分置于不同的层次，各种地下交通也分层设置，以减少相互干扰，保证了地下空间利用的充分性和完整性。

总之，城市品牌的塑造，是从城市规划、建设、沟通到管理的一项系统工程，也是关系到城市治理体系和治理能力建设的重要内容。作为中国首都，以筹备和举办冬奥会为契机全面升级和重塑北京的城市品牌形象，不仅符合北京市民的利益，也是全国人民的期望。

参考文献

[1] 谭维克、高起祥：《首都经济研究》，中国人事出版社1999年版。

［2］黄景清：《城市营销 100》，海天出版社 2003 年版。
［3］［美］科特勒等：《科特勒看中国与亚洲》，海南出版社 2002 年版。
［4］［美］凯文·莱恩·凯勒：《战略品牌管理》，中国人民大学出版社 2003 年版。
［5］孙志刚：《城市功能论》，经济管理出版社 1998 年版。
［6］黄江松、鹿春江：《北京要建设什么样的宜居城市》，《前线》2007 年第 1 期。
［7］孙逊、杨剑龙：《全球化进城中的上海与东京》，上海三联出版社 2007 年版。
［8］王郁：《城市管理创新：世界城市东京的发展战略》，同济大学出版社 2004 年版。
［9］张暄：《聚焦东京》，中国城市出版社 2004 年版。
［10］［英］基思·丹尼：《城市品牌理论与案例》，东北财经大学出版社 2014 年版。
［11］张文忠等：《和谐宜居城市建设的理论与实践》，科学出版社 2016 年版。
［12］黄江松：《城市营销：提升城市竞争力》，同心出版社 2007 年版。
［13］［美］简·雅各布斯：《美国大城市的死与生》，译林出版社 2006 年版。
［14］王军：《采访本上的城市》，生活·读书·新知三联书店 2008 年版。

第13章　重塑旅游目的地思维：城市旅游营销创新

马聪玲

旅游目的地一般与旅游客源地相对应，是一个边界相对模糊的概念，它既可以是一个村庄、景点，也可以是城市或者跨越行政边界的区域。随着20世纪90年代地区和城市营销观念的流行，中国的旅游目的地营销通常以各级城市为载体，成为城市营销中最重要的部分。在地区发展中，旅游作为地区对外开放、招商引资、经贸洽谈的重要平台，以旅游促进地区形象的提升和地区品牌的建立成为惯常的手段。各类旅游和城市推介会、交易会、宣传活动、旅游节庆活动、国际大型赛事风起云涌。节、会、展、演、赛成为旅游目的地推介的重要手段。近10年来，随着全球化融合加速和互联网技术的飞速发展，社会营销、新媒体营销等开始崛起，旅游目的地营销理念、内容、手段都有了显著的变化，呈现出一系列新的特点。

一　当前中国旅游目的地营销的特点和问题

（一）旅游目的地营销的重点和特点

1. 旅游目的地网络营销风起云涌

在线旅游企业的迅速崛起和壮大对传统的旅游产业体系和旅游价值链构成了强力冲击。新业态、新模式推动了旅游产业链的重构。2015年，中国在线旅游市场交易规模达到4326.3亿元，同比增长39.9%。2016年，中国在线旅游市场交易规模达到了5420.9亿元。[①] 在线旅游企业之

① 根据艾瑞咨询的监测数据，http：//report.iresearch.cn。

间的竞争也日趋白热化，旅游电商营销剑拔弩张，电商同电视的结合（T2O）模式成为近年来的热点。

第一，各大旅游网站和电商带动旅游目的地营销。新浪、携程、百度、阿里、途牛、乐途等门户网站和电商深化了同旅游目的地的合作，开创了旅游目的地营销的新模式。特别是，旅游电商在发展过程中，客观上也需要通过线上线下的融合发展实现资源的重整，因此加强同主要旅游目的地的合作成为其重要的战略，通过对特定目的地的包装、推介、销售，使得一些新兴的旅游目的地迅速崛起。

第二，立体化的在线传播平台建立。当前国内主要旅游目的地城市、景区的官方网页、微博、微信公众号、APP 应用等网络宣传平台和电子商务平台相继建立。这些平台集中了线路查询、旅游预定、娱乐信息、网上支付等多种功能，定期发布目的地旅游相关信息、快讯，提供旅游目的地服务商家信息，有的还实现了网上预订和支付。这些平台之间正在探索资源共享、内容互推的新方法，力求发挥更大的联动效应，未来有可能成为目的地旅游营销的重要阵地。

第三，借助专业爱好者的影响力形成网络传播。面对散客化的旅游市场，在社会化营销时代，借助专业爱好者作为意见领袖的个人魅力，通过个人博客、QQ 空间、论坛、微信朋友圈等方式进行传播，日益成为旅游目的地营销中活跃、生动、有效的方式，使得以前不为人知的旅游目的地被广泛传播。

与传统的交易会、博览会、推介会、广告等推广方式相比，网络营销具有实时、直观、生动、互动等特点，特别是随着移动互联网的快速发展，网络营销比传统营销具有更大的覆盖率、精准度和更低廉的成本。

2. 电影、电视节目成为旅游目的地营销新兴阵地

电影对旅游目的地的推介作用不容忽视。例如，《罗马假日》对罗马旅游的推广、《美食、祈祷、爱情》对意大利的推介等。进入 21 世纪，影视旅游在韩国迅猛发展，各类韩剧对韩国美食、文化、服饰、旅游目的地的推介不遗余力。近年来，中国国内影视作品同旅游目的地营销的融合趋势也在不断加速，一些影片、真人秀电视节目迅速成为旅游目的地营销的新兴阵地。例如《非诚勿扰》对海南三亚的推介、《爸爸去哪儿》对亲子旅游目的地的推广、《舌尖上的中国》对美食目的地的推广等。这开辟了旅游目的地营销的新阵地——例如随着《舌尖上的中国》第一集的热

播，携程、途牛、同程等OTA纷纷推出美食线路，带动了成都、长白山等旅游目的地的火热，又如《爸爸去哪儿》第三期指定同程旅游网为其指定旅游网站，重点推介陕西榆林、西双版纳亲子游线路。

3. 生态环境和生活方式成为旅游目的地营销的新卖点

城市化和工业化进程使得中国国内绝大多数大中城市面临着严重的空气、水质、噪音污染。雾霾、水污染、食品不安全、交通堵塞、生活压力大、居住条件拥挤等问题已经成为大城市居住者的首要担忧。面对这一态势，同以往以名山大川为重点的旅游目的地营销不同，清新的空气、优良的水质、优美的生态环境、绿色食品、简单的人际关系都成为旅游目的地营销的新卖点。例如福建提出了“清新福建”品牌战略，推出了表示空气质量的“清新指数”，还在全省范围内，围绕“清新福建”品牌推出了二级、三级子品牌，开发了一系列具有地方特色的旅游线路和产品，并在2015年合福、赣瑞龙等高铁开通之际，开展了“清新福建号”动车冠名、“清新福建、欢乐闽台”活动推广。又如，广西西北部巴马瑶族自治县凭借丰富的自然资源和长寿老人多的特点，旗帜鲜明地提出了“中国长寿之乡”的宣传口号，在国内众多旅游目的地宣传中，可谓别具一格，吸人眼球。

4. 旅游目的地营销助推国家战略实施

近年来，旅游与外交、旅游与国家形象和国家品牌的关系进一步强化。具体表现在以下三点。第一，“美丽中国”助推国家品牌和形象提升。党的“十八大”报告提出了“五位一体”的发展方向，在论述生态文明建设时，明确提出了“推进绿色发展、循环发展、低碳发展”，建设“美丽中国”的方针。围绕这一定位，国家旅游局启动了“美丽中国”系列宣传活动。国家旅游局把2015年定为“美丽中国——丝绸之路旅游年”，并拍摄了“美丽中国”中国国家旅游形象广告片，通过CNBC电视台的美国、欧洲、亚洲、韩国、日本、印度、澳大利亚7个频道，在韩国、日本、印度等20个主要客源地播出，以旅游目的地营销助推国家形象和国家品牌的传播。第二，重点城市营销助推“一带一路”战略落实。在区域上，围绕国家“一带一路”战略，在国家层面把发展丝绸之路特色旅游作为最近一个时期的重点，把2016年确定为“丝绸之路旅游年”，推出“漫漫丝绸路，悠悠中国行”“游丝绸之路，品魅力中国”“神奇丝绸路，美丽中国梦”“Explore Beautiful China Along the silk Road”等中英文宣传口号。围绕丝绸之路展开多项论坛、会议、推介活动。特别是以“一带一路”沿线城市为重点，展开了系列推介活动，并探索同类城市的目的地营销合作。第三，大型赛事旅游营销推动区域一体化。无论是2008 年北京奥运会、2010 年上海“世博会”，还是即将在北京和河北张家口举办的冬季奥运会，围绕这些国际大型赛事的旅游推介活动，密切了长三角地区、京津冀地区城市群间的互动和支撑，推动了国家区域一体化的快速形成。

5. 多部门参与的旅游目的地营销组织渐趋形成

一直以来，以城市、景区为重点，以各级旅游局为主导的旅游目的地营销组织结构是中国通行的结构。这种“小马拉大车”的情形，不利于整个旅游目的地的形象树立和品牌形成。进入 21 世纪后，随着各地会展和大型赛事的举办，多个城市成立了会展办、博览局、大型活动办等，这些部门成为对外推介旅游目的地的各类文化、体育赛事和展览的主要机构。同时，在近年的机构改革中，各地旅游局纷纷升格为旅游委，综合协调的管理体制逐渐形成。以宣传部门、旅游局、会展办、大型活动办等多部门为依托的综合化、多元化的旅游目的地营销组织架构日渐形成。多部门的参与，可以统筹各方力量，在更高层次上形成旅游目的地的品牌形象；可以使旅游目的地的营销更加丰富、立体、多元；可以各司其职、各有侧重、互相配合、提升营销绩效；同时还可以多管齐下，强化营销实施和执行层面。当前，旅游目的地营销的组织架构正在形成中，各部门协同方面仍有待努力。

（二）存在的主要问题

1. 旅游目的地营销重传播而轻治理

当前，中国各个城市对旅游目的地营销的认识，仍然停留在重传播而轻治理的阶段，这就导致在实际操作中，各城市把主要的人力、资金和资源配置在营销传播阶段——它们纷纷制作宣传片、确立城市宣传口号、建立各类营销平台、不惜花费重金在主流媒体和门户网站打出旅游广告，通过这些做法，也取得了一定的知名度；但从另一个方面看，旅游目的地营销是一个统筹协调不同部门、不同利益相关者的过程，城市作为旅游目的地也是一个投资、居住、旅游等各项功能兼具的综合体，因此，如何平衡不同利益相关者的利益诉求、如何融合不同区域的功能定位，就成为制约城市营销实施的主要方面。如果对城市旅游目的地的利益相关方协同不够，与城市其他功能融合不够，城市各个功能相互掣肘，那么，一次恶性事件的发生就会毁掉城市旅游营销的长期努力。近年来频频爆出的天价海鲜宰客事件、导游强制游客购物事件等，均被新媒体快速传播，让城市旅游目的地的整体品牌受损，长期营销努力毁于一旦。

2. 旅游目的地营销内容刻板化、恶俗化

在当前的旅游目的地营销过程中，旅游产品存在雷同现象，对城市特点和文化内涵挖掘不够，导致旅游营销内容缺乏创意，“千城一面”、千篇一律，缺乏个性化的城市品牌定位。常见的宣传口号如“某某城市欢迎您”“大美某某”“魅力某某”等，内容空洞无物，缺乏个性特征和感情色彩，不能给旅游者带来好的品牌联想。更有甚者，在资讯爆炸的时代，为了博取眼球，达到传播效果，城市营销传播内容恶俗化倾向严重。一是多个城市争做名人故里。不惜为此大搞各种大型活动，甚至对一些子虚乌有的人物故里展开争夺，牵强附会，混淆视听。二是创意立意不高，毫无美感。例如前些年流传甚广的“一座叫春的城市”“所谓伊人，她也叫春”，挑战道德底线。这些旅游目的地营销在短时间内达到了恶意传播的效果，但长期来看并不能提升旅游目的地的美誉度，对树立旅游目的地独特的品牌百害而无一利。

3. 传播主体和渠道的单一化

当前旅游目的地营销的另一个突出问题在于传播主体仍然只是城市旅游部门和各大景区。虽然各级旅游部门和各大景区纷纷建立起自己的官方网站、微博、微信公众号等，但这些平台信息相对滞后，更新速度慢，发布的信息多为旅游景点或城市概况，对旅游者出游、组织线路、消费等有帮助的实质信息较少。在传播途径上仍然是一对多、几对多的权威机构发布模式。而在散客化时代，旅游者对旅游相关的交通、治安、卫生、天气、购物、娱乐、汽车租赁、营地设置、文化活动等综合信息要求较高，而这一点却恰是当前旅游目的地营销传播的短板，不利于完整的城市旅游目的地品牌形成，也限制了旅游目的地形象的丰富和延展。此外，权威式的信息传播方式通常更为强调旅游目的地的客观事实——例如资源等级、数量、种类、荣誉等，更为理性，不能完全满足当前体验式、度假式的旅游需求。当前的旅游目的地营销传播也更依赖电视广告、户外广告、官方网站等渠道，缺乏精准定位的分类营销、生动活泼的社会营销、新颖别致的事件营销等，无法激发旅游者内心的情感响应，因而不能在旅游目的地和潜在旅游者之间建立起情感的纽带，旅游目的地品牌的认知和忠诚度难以确立。

二　全域旅游视野下的城市旅游营销创新

（一）旅游发展理念和模式的转变

2009 年以来，国家大力促进旅游业的快速发展，《国务院关于加快发展旅游业的意见》（国发〔2009〕41 号）、《国务院关于促进旅游业改革发展的若干意见》（国发〔2014〕31 号）、《国务院办公厅关于进一步促进旅游投资和消费的若干意见》（国办〔2015〕62 号）、《国民旅游休闲纲要》和《旅游法》等各项政策法规密集出台。同时，面对新的发展形势，旅游部门提出旅游发展的“515 战略”“旅游 +”战略，在全国范围内展开“厕所革命”。这些举措加快了旅游业的综合服务能力提升。2016 年是“十三五”的开局之年，为了应对国民旅游、自助游、自驾游快速增长的需求，国家旅游局提出了从景点旅游向全域旅游的转变。

全域旅游是指“在一定的区域内，以旅游业为优势产业，通过对区域内经济社会资源尤其是旅游资源、相关产业、生态环境、公共服务、体制机制、政策法规、文明素质等进行全方位、系统化的优化提升，实现区域资源有机整合、产业融合发展、社会共建共享，以旅游业带动和促进经济社会协调发展的一种新的区域协调发展理念和模式”。[①] 全域旅游发展模式不仅是对“创新、协调、绿色、开放、共享”五大发展理念在旅游领域的落实和深化，更是顺应当今国民旅游、散客化旅游、自驾车旅游为主流的消费市场需求，促进供需协调发展的重要举措。全域旅游模式要求在全域范围内配置资源和要素，统筹条块分割的规划、建设，建立起综合协调的旅游管理体制，同时在全域范围内促进产业的深度融合，合理布局，促进旅游开发的共建、共享。随后，在 2016 年春节前夕，国家旅游局发布了首批“国家全域旅游示范区”名单，全国有 262 个行政区入选。

---

① 李金早：《全域旅游大有可为》，中国国家旅游局网站，2016 年 2 月 14 日。

（二）旅游目的地营销战略创新

随着全域旅游发展理念和模式在各地的推进和落实，这一转变必然会对旅游目的地建设产生深远影响。当今，旅游发展理念和模式、旅游信息传播方式、旅游产品格局、旅游消费行为、旅游企业的商业模式都发生了巨大变化，需要重塑旅游目的地思维，构建新的旅游目的地营销战略。

1. 旅游目的地营销视角转变：从景点营销到整合营销

以往的旅游目的地营销多以重点景区为依托，采用在电视、户外、网络打广告的方式进行推广，这种方式成本高、时间短，特别是针对当今越来越个性化的自助旅游市场，营销绩效较差。在全域旅游时代，由于游客的需求已经远远超越了传统景点能够覆盖的范围，景点消费在旅游总消费中的比例进一步下降，为了提升旅游者体验，旅游目的地建设和营销已经成为一项系统工程，特别是应该兼顾景区内外发展的平衡，促进景区管理者和周边社会的利益共享。因此，在旅游目的地营销上，应该从以往突出重点景区的模式转向旅游目的地整体的形象和品牌塑造，以整体品牌带动目的地各子品牌的建立，形成完善的品牌结构，把旅游目的地作为一个整体进行开发、建设、推广、传播，构建旅游目的地营销的治理机制，最大限度地容纳旅游目的地营销的相关利益各方，同时整合线上线下资源，从以景点为主的旅游营销转向旅游目的地整体旅游营销。例如，随着国内自驾游的兴起，318 国道被誉为“中国人的景观大道”，318 国道沿线主要城市联合开展的各项营销活动，无论在规格上、影响力上都远远超过一个景区或单个城市的影响。这条线路也因其自然风光、文化特色、历史传承而有望成为具有国际影响力的自驾线路。这种整体宣传，带动了沿线冷点、热点景区的均衡发展，也在主要热点景区之间，产生了 1 + 1 > 2 的效果。

2. 旅游目的地营销传播方式的转变：从权威式传播到个性化传播

以往的旅游目的地营销传播方式多采用官方网站、官方微信、电视、门户网站等渠道进行推广，信息发送主体为权威旅游管理部门或景区经营部门，这种权威式的信息发布方式在自助游占据绝大部分市场的情况下已经难以适应旅游者的基本需要。一方面，自助游客的信息需求、出游方式、消费行为、支付能力、兴趣爱好等有很大的不同，个性化程度越来越强，因此，旅游营销传播要想跟上这个变化，把握这种大众消费潮流，就需要针对不同人群，采取不同的传播策略。另一方面，移动互联网的快速发展，已经造成了旅游目的地评价的多元化，权威部门的信息越来越受到市场的质疑，消费者更倾向于相信游客体验后的真实评价，因此目的地传播方式亟须转变。第一，从大众传播到分众传播。在渠道选择上，应根据旅游目的地的特征和优势，以细分产品应对细分市场，选择特定渠道、特定媒介，进行精准营销。第二，从权威发布到口碑传播。在信息传播的主体上，不仅要关注信息的权威发布方，更应该对公众的评价进行及时的了解、处理和反馈，构建信息网络化、交互式传播的社区，关注口碑传播的力量。第三，从传统媒体到社交媒体。当前，社交媒体高度发达，旅行见闻和旅游信息也成为社交媒体中最常见的分享内容，潜在旅游者更倾向于相信熟人、朋友、同好者分享的个性化信息，使用者创造信息变得十分重要。因此在渠道上要更多选择全球、全国具有影响力的社交媒体进行营销——例如，美国著名设社交网站 Facebook 就为旅游营销商开辟了专用的广告平台：动态产品广告平台（Dynamic Product Ads）。第四，从硬性广告到柔性广告。通过筛选旅游达人、冒险家、美食家、摄影师等意见领袖和专业人士，通过社交媒体、推介文章、纪录片或书籍等推介旅游目的地，一方面意见领袖、专业人士的看法更具影响力，另一方面，他们通过文章、分享营造的氛围更具情感性，传播效果更好。

3. 旅游目的地营销内容的转变：从重点产品到全程体验

在全域旅游时代，为了更好地协调好供给和需求的矛盾，旅游供给侧改革也正在展开，基础设施改造和服务提升是重点内容。以往，在各地旅游发展中非常重视对世界遗产、A 级景区等重点产品的打造，但一些设施短板和服务细节缺失往往会毁掉游客的整体体验。因此，旅游目的地营销在内容上需要从打造重点产品向构建全程优质体验过渡。第一，要整合资源，构建全域体验。在全域旅游和“旅游 +”战略的背景下，在行业上，旅游产业不仅同一二产业的融合加速，也同包括服务业内的其他行业融合加速，诞生了很多新的业态。在地域上，全域旅游为旅游投资、人才安排等在地域上的合理分布提供了可能，旅游城市、休闲度假区、旅游观光带、文化创意街区等不断兴起，大大突破了以往景区的界限。因此，在旅游目的地营销过程中，要根据这些需求变化，构建地域涵盖范围更广的全域性旅游产品，并在推广中关注多业态、多热点的传播。第二，要关注细节，优化全程体验。在自助游背景下，旅游者的完整体验基本是自主安排，完整的旅游体验包括了食、住、行、游、购、娱、康体、疗养、教育等多元化的旅游元素，还包括安全、交通、医疗等多个辅助性模块。这对旅游目的地的设施和服务提出了很高的要求，要求旅游目的地能够提供多模块的、可以随意拼接组合的、无缝化衔接的各项设施和服务。这些元素要能够覆盖旅游全过程，并且要更为关注旅游设施的人性化和便捷性以及不同交通工具之间的转换衔接、服务质量等细节因素，这样才能构建优质的全程旅游体验。第三，要诉诸情感，构建温情体验。旅游属于精神文化消费，旅游者作为一个外来者，对旅游目的地的价值观、文化氛围、社会包容程度等都有很敏感的感受，因此旅游目的地营销要想深入人心，需要从旅游目的地对旅游者的细微的情感因素入手，注重旅游目的地文化内涵挖掘和个性品牌塑造，要传递一种生活方式、价值观和态度，使旅游者找到认同感和归属感。

4. 旅游目的地营销组织方式的转变：从单一到综合

以往旅游目的地营销的实施主体以各级旅游局、各旅游景区管理部门为依托。在传统旅游管理体制中，存在条块分割现象。旅游部门的职能限于行业管理，而旅游资源大都归属于多个行业主管部门，使得部门职能出现不协调、不衔接、不匹配等问题。在旅游目的地营销实践中，条块分割、多头领导、各成体系，旅游目的地发展缺乏统一规划和统筹安排，与当前旅游产业深度融合、旅游需求全域流动的现实严重不符。对旅游目的地的形象和品牌缺乏整体设计、规划、沟通、管理。在未来，需要建立综合协调的旅游管理体制和综合管理的旅游执法体制，保障在全域范围内旅游体验的完整性。在此基础上，以旅游目的地品牌为承载，形成城市总体品牌，在旅游管理部门的综合协调功能之上，进一步整合城市内部的文化、宗教、林业、农业等多行业，整合广电、网络等宣传平台，建立综合化的城市营销组织机构。

5. 旅游目的地营销的绩效评估：从经济收益到综合效益

过去对旅游目的地营销的效果缺乏详细的评估。一般来说，通常会采用营销对投资的贡献、营销对旅游收入和城市关注度的贡献来衡量旅游目的地营销的绩效。实际上，由于旅游目的地的综合性特征，城市旅游营销不仅给旅游产业带来了实质性的收入，还可以大大改善地方营商环境，吸引外来投资，提升地方形象，树立地方品牌。这些直接的贡献具有强大的外溢效应，可以使得旅游目的地的多个产业从中受益。同时，通过旅游目的地营销的协同，更会增强城市居民的认同感，凝聚城市精神，提升城市居住质量和幸福程度，这些综合性的社会效益因此也越来越受到关注。对城市旅游营销的绩效评估，亟待走出只计算经济收益和投资拉动的产业思维，而应该站在城市总体发展的角度，计算政治、经济、社会、文化、生态等综合效益的大账。

三　构建全新的城市营销格局

（一）转变发展理念，重塑城市营销战略

2015 年，党的十八届五中全会提出了“创新、协调、绿色、开放、共享”五大发展理念。“十三五”时期是中国全面建成小康社会的决胜阶段，在这一阶段的发展思路、发展方向和发展重点同以往有所不同。在中国新型城镇化背景下，亟须重塑城市发展战略。要紧紧围绕五大发展理念，推动城市的创新发展、协调发展、绿色发展、对外开放和共享发展。城市营销战略作为城市发展战略的重要组成部分，要以构建城市战略品牌、促进城乡协调发展和价值增值、推动城市可持续发展为主要任务。要在此基础上，规划和调整城市定位、城市功能分区、培育城市核心产品、构建城市营销治理体系，并选择城市营销竞争策略，实现城市的总体可持续发展。不同城市还应该根据具体情况，采取不同的城市营销战略。第一，资源枯竭型城市要进行转型。传统的资源依赖型的城市，在资源面临枯竭的时候，要依托以往的工业基础和优势条件，在服务业快速发展的环境中，做好产品创新，在城市形象上实现转型。第二，超大型城市要进行功能疏解。对于超大型城市来说，产业、人口的过度集聚，也引发了一系列的生态环境问题，需要增强辐射带动作用，推动周边一体化发展，推动非核心功能的转移，疏解城区压力。在城市营销上更应该制定带动区域一体化的营销战略。第三，中小城市特色化发展。中小城市是中国新型城镇化发展的重点，要依托自然环境的优势，打造特色产品，营造良好的营商环境，吸引外部投资、产业人口、旅游者，凝聚内部居民，树立鲜明的特色，在各类城市竞争中脱颖而出。

（二）重建城市品牌

城市品牌建设应该以吸引外部投资和旅游者、促进本地投资和消费为

主要目标。在城市经济发展的不同阶段，应根据城市发展目标和发展战略的不同，对城市品牌建设的内容也各有侧重。在以往城市发展中，用主要景点品牌、旅游目的地品牌代替城市品牌的做法已经不适应当前城市发展的需要，城市竞争已经进入综合实力的竞争，景点品牌、旅游目的地品牌如果局限于旅游、文化等维度，并不能反映城市的综合性特征。全域旅游发展理念的转变也说明，单一品牌已经不能适应当前的旅游发展。中国各级城市需要通过转变发展理念、制定适宜的城市发展战略，来谋划城市品牌重建战略。在城市品牌的总体架构下，发展相互支撑、相互补充的旅游目的地品牌、城市投资品牌、城市人居品牌、城市文化品牌等。

（三）构建结构化的城市产品体系

城市品牌应以具体的产品为依托，在城市品牌构建过程中，要注重城市各类特色产品的形成。在旅游、文化、人居、营商等子品牌下，拓展一系列的知名产品品牌、老字号、原产地品牌等。例如，在旅游子品牌下，可以形成旅游景点、景区品牌，旅游商品品牌，旅游服务品牌等。在文化子品牌下，可以形成宗教、演艺、出版等著名企业和产品品牌。通过城市产品开发，可以形成工业品、农副产品、旅游休闲产品、文化娱乐产品等多维度的内涵丰富的城市产品体系。总之，以城市品牌为统领，可以形成城市品牌—城市子品牌—知名产品的城市品牌散状结构。在传播和推广中，强化这些知名产品之间的联系，以旅游等带动作用强的产业为突破口，带动商贸、农业、工业等产品的快速发展，形成城市产品齐头并进的发展态势。

（四）搭建立体化的传播平台

在城市网络营销迅猛发展的背景下，城市管理部门要统筹线上和线下资源，以当地的出版、广播、电视、网络等多元渠道为基础，整合大型活动、公共资源、社会事件等传播方式，搭建长短互补、相互支撑、层次丰富的立体化传播平台。通过电视广告、出版物、微电影、节事活动、推介文章、自媒体等方式，对外传播。例如，通过门户网站、电视台、户外广告牌等方式投放广告；通过手机 APP 应用、微电影等方式展开精准营销；通过同电商合作，立足大数据进行精准的客户定位和信息投放；通过社交媒体和意见领袖的微博等进行口碑营销；通过同电影公司、电视台合作拍摄纪录片、电视片等进行全方位推介。同时，应推动新科技成果在旅游营销领域的应用。例如，一些地区已经开始把虚拟现实技术（VR）用于旅游目的地营销。前不久，水木动画股份有限公司与三亚市旅游发展委员会签订了《三亚市虚拟现实（VR）合作开发框架合作协议》，将为三亚搭建 VR 体感综合系统；贵州也正在展开 VR 产业的应用项目。这些都将有助于建立起立体化的旅游目的地营销平台。

（五）协同化的城市营销组织实施

城市营销的实施需要协同城市内外多方力量才能达成，城市内部各个部门之间、公共部门同私人机构之间、城市管理部门同城市居民之间、城市内外部机构之间只有相互助力，聚焦一个目标，才能够作为一个整体进行城市产品的开发、进行城市品牌的传播。第一，城市内部各部门协同。城市营销是城市发展战略的重要组成部分，与多个城市管理部门相关，城市规划、建设、招商、宣传、文化、旅游、会展等多个部门都肩负城市营销的责任，同时公安、物价、卫生等多个部门也是城市营销实施的保障机构。因此，在城市营销实施过程中建立起城市内部各部门协同尤为关键。第二，公私协力。在城市营销实施中，吸引私人机构参加可以提升营销实施的专业性、时效性，节约开支，可以大大提升城市营销的绩效。城市公共部门在制定政策、规划和评估标准之后，把营销服务委托给专业的私人机构是城市营销的方向。第三，内外协力。城市发展要融入区域的大发展中，因此，城市营销也是一个开放的系统。要善于统筹内外部资源，融入地区发展的潮流，由此进行联合营销。例如，当前国内围绕“一带一路”战略、“京津冀一体化发展”、长江经济带等营销活动，在主要节点城市之间积极构建跨区的营销协调机制，形成联合营销的组织机构，联合推广，各自受益。

（六）和谐化的内外部营销

城市营销不仅包括城市对外营销，同时也包括城市对内营销。城市营销对外可以树立品牌，吸引外部投资者和旅游者，对内可以增强凝聚力和向心力。但对内部营销的忽视往往引发一系列问题，降低了城市的包容力。例如，投资者同当地社区的利益冲突、旅游者同当地人的关系紧张等。要提高城市营销的有效性，推动城市的可持续发展，需要和谐化的内外部营销。

第一，要构建当地人的决策参与、利益表达、营销协同、利益共享等机制。在城市建设之初就应该广泛征求当地人的意见，吸纳其参与决策过程，通畅意见表达渠道，把当地人作为重要主体纳入营销协同机制。在发展中，构建利益共享机制，保证当地人的合理诉求能够得到实现。

第二，在营销实施过程中，要立足民生，保护当地人的合理权益，保护当地人的生活空间，提升当地人生活质量。唯有如此，城市营销战略才能得到当地的认同和自觉执行。

参考文献

[1] 刘彦平主编：《中国城市营销发展报告（2014—2015）：助力可持续城镇化》，中国社会科学出版社 2015 年版。

[2] 李金早：《全域旅游大有可为》，中国国家旅游局网站，2016 年 2 月 14 日。

[3] 刘汉奇、吴金梅、马聪玲：《中国自驾游发展报告 2015—2016》，中国旅游出版社 2016 年版。

[4] 魏宝祥、欧阳正宇，《影视旅游：旅游目的地营销推广新方式》，《旅游学刊》2007 年第 12 期。

[5] 《旅游 T2O 模式即将迎来机遇》，中国产业投资网，2015 年 9 月 9 日。

第14章 经济新常态背景下的城市智慧化品牌建设策略

徐振强*

在经济新常态、新型城镇化、去产能和供给侧改革等复合背景下，城市营销的理念、思维、策略在城市治理中突显生命力。城市营销的核心是努力提高城市的品牌建设水平，促进城市“标签”富含张力、魅力和吸引力等，进而保障城市在要素的竞争与合作中，处于优势地位；特别是要围绕城市品牌的要素，在政府和市场等作用下，实现最优配置。《国家新型城镇化规划》明确提出，2020年城市发展的三大目标之一是要建设智慧城市。智慧城市，是中国城市转型升级、提质增效的必由之路，是融合新型城镇化、工业化、信息化、农业现代化和绿色化的有效载体。智慧城市实现程度的高低，直接关系到城市文明的延续和复兴的效率、水平和范围。本文认为，智慧城市同时也是城市营销的新理念。当前，在引入该理念时，多数城市都在尝试将其品牌化，但因创新性和实效性等欠佳，成功实现城市品牌化的城市较为有限。智慧城市品牌化，是高于智慧城市顶层设计、规划和实施的城市战略，应规避低效的品牌设计，强化跨界的创新融合，突出比较性的优势亮点；应致力于将智慧融入城市发展的核心，并成为基因，突出聚焦行业创新，并以此为着力点，做大、做实、做强相应的宣传推广，促进智慧城市成为城市新动能的主要力量。

* 中国城市科学研究会数字城市工程研究中心。

一 城市治理、城市营销与城市品牌

伴随着新型城镇化、工业化、信息化、农业现代化和绿色化（简化为“五化”）的协同进程，以城市管理等为标志的城市治理已经成为城市领域的核心主题之一（徐振强，2016a）。在经济新常态下，城市治理之中的发展主题被赋予了新的内涵，其中城市营销的理念和思维，正在深刻影响城市管理者和全体市民（郭国庆、刘彦平，2005；刘彦平等，2015）。从主体角度出发，城市营销涵盖城市所有的参与者，是权益、责任、目标和使命等的共同体。城市营销的核心之一是致力于实现城市内外各个主体的共赢、社会治理的和谐和产业经济的持续繁荣（徐振强，2016b）。依托城市营销，不断促进城市基因和精神的凝集，核心的标志是城市印象的沉淀与品牌的实现（何国平，2010）。国内学者逐步认识到在城镇化进程中城市品牌建设的必要性，并且在城市形象、定位和营销等方面重点聚焦，但对于城市品牌形成过程和动因等研究尚处于起步阶段（张燚、张锐，2006）。从实践角度出发，中国城市政府开始日益重视各类城市品牌的建设——如“放心农场”（山东德州）、“品质厦门”（福建厦门）和“荷美贵港·祈福之旅”（广西贵港）等。

二 智慧城市的品牌内涵与价值

智慧城市的品牌内涵在实践当中不断被丰富和完善，它是中国城市转型升级、提质增效的必由之路，是融合新型城镇化、工业化、信息化、农业现代化和绿色化的有效载体。其实现程度的高低，直接关系城市文明延续和复兴的效率、水平、范围。自2011年以来，中国从学习、了解国外的概念，到逐步从国家政策高度引导、推进智慧城市创建工作，并写入《国家新型城镇化规划》和历年的《政府工作报告》，说明在全国范围内探索智慧城市的有效模式方兴未艾。智慧城市，这一名词快速被绝大多数城市管理者所了解，并成为城市品牌化的重要对象。特别是在信息产业的积极参与和广泛推动下，这一名词与“互联网+”、大数据、云计算和政务改革等相结合，一举成为全行业的热词，被广泛传播和使用。中国智慧城市事业经历了近5年的探索，以277个智慧城市试点为代表的地方城市，正在致力于让新理念落地，开始编制与智慧城市相关的顶层设计、实施方案和若干意见等；陆续成立了由城市政府主要领导同志牵头的智慧城市领导小组和智慧城市办公室；设立了专项经费支持智慧城市工程建设。在“十二五”期间，智慧城市的定义、内涵、标准和实施路径等在全行业得到广泛探讨和界定。据不完全统计，有超过 27 个中央部、委、局、办等单位已经将智慧城市的治理理念融入到了行政工作之中，这有效地促进了地方城市政府相应机构关于智慧城市的思考和行动。

2015 年 11 月，习近平总书记在中央财经领导小组第十一次会议上指出：“做好城市工作，首先要认识、尊重、顺应城市发展规律，端正城市发展指导思想。”智慧城市这一概念，首先应当是城市，再是智慧。要把握住城市规律、因地制宜架构智慧应用。因此，建设智慧城市，应坚持不断的基础创新、跨界创新和适用性创新，不能故步自封，止步于概念和说辞创新。只有面向城市真需求，智慧城市才有生命力。截至 2016 年 6 月，全国已经有 95% 的副省级以上城市、超过 76% 的地级城市、总计超过 500 座城市（占世界智慧城市创建总数的一半以上），在年度《政府工作报告》中明确提出要努力建设智慧城市。不到 3 年时间，依托国家智慧城市试点，中国从学习了解国外智慧城市的理念和实践，快速进入吸收借鉴、融合创新、推进中国特色智慧城市的新范式。中国已经成为世界创建智慧城市的主试验场。中国的最新实践得到了美国、新加坡、欧盟各国和金砖四国等的高度关注。2016 年伊始，中国新型智慧城市的探索业已启动。

智慧城市品牌化价值能够促进城市要素的高效整合和成效放大。2016 年 5 月，李克强总理在贵阳大数据峰会上指出，当前中国经济正处于转型升级的关键阶段。大数据、云计算等前沿技术和分享经济的蓬勃发展，有利于发展新经济、培育新动能。信息与通信技术（Information Communication Technology，ICT）是推动信息化社会、智慧城市和数据经济的关键性动力。世界已进入大数据经济时代，据国际数据公司（IDC）预计，数据量在 2020 年之前会增长 50 倍。大数据经济与“五化”融合，将可以通过智慧城市的建设，而催生出“智慧经济”。

习近平总书记在网络安全和信息化工作座谈会上的讲话指出，要分级、分类推进智慧城市建设，要注重感知社会、畅通沟通和辅助决策等要素。中共中央政治局在召开会议研究部署规划建设北京城市副中心和进一步推动京津冀协同发展有关工作时指出，北京城市副中心要建成智慧城市，这对于中国城市新区开发具有广泛的借鉴价值。北京城市副中心的建设，体现了高度的政治保障条件和优势，这为中国智慧城市事业取得突破、实现样板性案例和稳步实现品牌化提供了最根本的保障。李克强总理在多个国内政务工作会议（国务院常务会议）和外交、外事场合（“世界城市日”“中欧城镇化伙伴关系论坛”“达沃斯论坛”和“中印地方合作论坛”等），对智慧城市试点工作提出了要求，鼓励和支持中外各机构在智慧城市领域展开交流合作。“十三五”期间，智慧城市事业继续得到肯定和支持。2015 年 10 月，《中共中央关于制定国民经济和社会发展第十三个五年规划的建议》提出，支持绿色城市、智慧城市、森林城市建设和城际基础设施互联、互通。下一个五年，中国智慧城市的市场规模约为 4 万亿元。因此，加快新兴技术手段支撑智慧城市建设，缓解城市问题，进而挖潜智慧城市动能，是实现智慧城市转型的关键。

三　国家智慧城市试点概况

目前，国家智慧城市试点总数已经超过 300 个。这些试点城市陆续签订了智慧城市创建任务书，标志着这项工作进入了实质创建期。截至 2013 年 8 月，中国已有 320 多个城市、地区投入 3000 多亿元建设智慧城市。根据赛迪方略这一机构统计，2015 年，国内智慧城市的 IT 投资达到 2480 亿元，拉动经济总产值超过 1 万亿。截至 2015 年 5 月，全国 95% 的副省级以上城市、76% 的地级以上城市、总计约 500 多个城市（占世界智慧城市创建总数的一半以上）开始创建智慧城市，总计划投资规模近万亿元。中国智慧城市建设总体市场规模估计有 4 万亿元，该市场从“十二五”中后期开始，将在“十三五”集中释放。当前，住房和城乡建设部、科技部等在全国推进了三个批次共计约 277 个智慧城市（区、县、镇）的试点工作（见表 14 - 1）。2015 年智慧城市投资规模预计为 2303 亿元，增速约为 20%，达到近 5 年的最高水平，其中社会资本投入超过 50%。从建设内容出发，试点城市公共信息平台和公共基础库建设进度过半，地下管线与空间综合管理、绿色建筑、数字化城市管理、无线网络、智慧社区、政务服务体系、智慧安全、智慧环保和智慧交通等其他重点项目完成度也在 50% 左右。

表 14－1　**国家智慧城市试点逐年获批数量**　（单位：个）

	2012 年	2013 年	2014 年	小计
总数	90	103	84	277
省份	28	30	31	89
省会城市	1	4	1	6
地 级 市	30	38	28	96
县、县级市	18	31	32	81
区、新区	38	46	20	104
乡镇、街道	3	6	3	12

四　智慧城市品牌建设的路径建议

智慧城市，在本质上是城市开发和运营模式的创新，是实现城市自我纠错和不断自主完善的持续性状态。从广义上讲，如果城市规划、建设、管理和运营等全流程的政策、方法、方案和实施是科学、高效、公平的，就达到了智慧城市的标准。形象地讲，一个能够实现空间和时间上不断自我感知、自我纠错、自我学习和自我完善的城市，就是智慧城市。智慧城市，能够自我感知、进行学习，并解决感知过程中发现的问题。因此，智慧城市品牌的建设要尊重这一规律。

（一）深刻认知问题，规避失败的品牌设计

智慧城市品牌的建设，一定要建立在对智慧城市现阶段发展问题的准确认知基础之上，保障品牌具有先进性、创新性和生命力。目前，中国智慧城市建设存在 9 大核心问题：第一，只重视软硬件投入，市民沟通、参与不够。第二，将关联性不强的建设项目归入智慧城市，增加了社会对智慧城市建设的疑问。第三，对优化城市发展环境，增强城镇功能和培育智慧产业的顶层设计、实施部署力度有待加强。第四，智慧城市行业协同创新体系建设处于初级阶段，尚未形成引领性的智库体系，在公共角度思考、规划以及提供智慧城市知识的创新能力较薄弱。第五，跨界思考、有效整合和成效导向不充分，个别甚至存在理念背离和局部技术应用放大等问题。第六，建设模式多样性不强，实际问题的针对性欠紧密，对经济成

本和后期商业模式探索有待加强。第七，少数城市存在“大而全、落地难、运营难”等情况，方案宏大但作用微弱。第八，与生态城市、人文城市等以人为本的历史传承和生态文明衔接互动不足。第九，部门间信息孤岛局面的改善不够，社会资本参与建设和运营的渠道、机制和水平有待提高。总之，国内对智慧城市的定义、目标以及对现阶段的真形势、真问题和真任务，还缺乏全面系统的剖析、理解和陈述。以上问题将直接导致智慧城市顶层设计的指导性、操作性、预见性、科学性不强和执行效力欠佳等现象的出现。

（二）坚持跨界融合，传播有效的品牌内涵

跨界创新，将其作为今后智慧城市发展的核心思维之一，已经具备条件。在智慧城市基础研究当中，要注重多学科的跨界融合，特别是公共管理、法学、信息科学、环境科学与工程、建筑学、城市规划、产业经济学、交通与车辆工程等学科的整合；在智慧城市落地建设当中，要注重各委、局、办等政府职能部门之间的协作、协同和杠杆机制的形成，特别是要强调“庖丁解牛”的策略；在智慧城市实际运营当中，应注重从交叉需求导向出发，促进新型互联网和通信产业应用的有效创新，从基础理论研究之中提炼出智慧城市顶层设计的精华，从落地建设政府职能的交联地带培育出面向刚性需求的有效应用。应注重研究和尊重城市自身的规律，构建有效的城市模型，依托智慧城市思维、技术、方法和手段，更好地促进现有城市“工具”效率和科学性的提升。例如，对于城市总体规划，以往的做法是，经过有限的资料和实地调研，就开始空间规划。而现在，可基于海量大数据的分析、云计算等，构建城市模型，对编制的规划进行情景分析和预评估（比如发现路网等设置不够合理），可快速在规划环节全面优化调整，趋近科学理想化；可以有效解决传统调研中无法掌握足够样本量、无法将跨界大数据整合分析、无法量化计算、无法呈现和分析规划后的场景等缺陷。

从顶层设计出发，智慧城市必须是融合了“五化”的智慧创新复合体——不是单项技术、管理和政策创新，而是系统性、多学科和综合性的集成解决方案。在行业不断细分的背景下，智慧城市表现出了全面、统筹和集成等特征。因此，开展智慧城市顶层设计，应当具备如下素质：懂城市（规律）、懂政府（职能）、懂信息化（技术）、懂产业经济（动力），并且要勇于和善于跨界创新（促进有效落地和长效运营）（于涛，张京祥，2007）。

（三）善用传播策略，实现品牌差异化接地气

智慧是未来城市发展的新常态，中国智慧城市事业的推进，应坚持三个传播策略。第一，国际新视角。在实施智慧城市创新的同时，应动态把握国外智慧城市建设的最新动向、开发思维、产业生态和协同创新策略等，充分借鉴和吸收经验、规避问题。与此同时，应促进在非数据敏感领域的有效合作，促进中国智慧城市应用领域的策略和技术创新。第二，真问题导向。要扭转产能驱动的粗放思维，精准针对城市问题和服务城市决策，逐步实现用编制城市总体规划和经济、社会发展规划的科学态度来提升智慧城市顶层设计和规划实施的质量与权重。要围绕城市问题开展智慧治理创新，提振智慧城市战略的治理魅力与作用。第三，智慧微应用。要突出“智慧城市 +”的思维，对单项领域实施智慧创新，努力在跨界的交接点、接触面上创新，逐步促进“信息孤岛”内核之间的互动融合，审慎、积极地推进智慧应用，补充城市空间思维短板，高效率地实现智慧城市在城市决策治理和城市“四生”（生命、生产、生活和生态）应用当中不可或缺的价值。

（四）聚焦创新软肋，做大做实做强宣传推广

当前，智慧城市建设存在部分共性问题与不足。为了促进智慧城市建设，应当在充分认识行业软肋的基础上，做好创新。应当坚持平台思维先行，微智慧落地，跨委、局、办谋划，扶持单项实践的总体战略，构建智慧城市跨界创新与产城融合示范区。要结合对智慧城市当前困局的剖析，围绕城市总体战略，识别 9 条应做大、做实和做强的宣传单元：第一，应从城市细胞入手，着力发展智慧建筑与小区，为智慧社区建设奠定基础。第二，应在城市核心区（重点开发区域）设置智慧城，推广产城融合概念，重点建设智慧城市孵化器，营造“双创”基地。第三，应培育智慧城市综合服务商，整合落地力量，共同参与，缓解智慧城市协同创新力度不足的问题。第四，应加大人才创新力度，构建创业之城，建设“智城”，创新人才引进与居住配套的重大策略。第五，应与建设进度相配套，加快编制一批技术规则、纲要和指南等，全面统筹城市的智慧化建设。第六，

应充分考虑城市边界、人口、产业等的复杂性，充分用好有效资源，加快构建城市建设管理的智慧化平台，并根据建设进度，逐步升级为城市运营综合平台。第七，应对城市功能进行诊断并予以完善，实现规划信息化创新。第八，应率先构建服务于城市决策的动态、可视化、可量化的城市决策支持平台。第九，应充分挖掘当地现有的资源优势与条件，构建全社会能够访问、查询、下载、调用和二次开发的智慧应用创新平台。

五　智慧实践与品牌化建设案例

自2010年以来，已有多个城市将智慧作为品牌的重要“标签”、把“智慧”作为城市的定语。例如，北京朝阳区的移动电子政务（全区各单位开发政务应用并安装APP，建设“智慧朝阳”）、房山区长阳镇的“微服务中心”、重庆两江的智慧总部基地、浙江嘉兴乌镇的“互联网智慧小镇”，等等。这些智慧应用和智慧战略快速改变了市民的生活与工作，为城市巨系统的结构完善和功能升级提供了基础。以上都是智慧城市试点对城市改变的例证（见表14-2）。

表14-2　**典型城市与建设特点**

典型城市	建设特点
北京、上海、广州、南京、宁波	交通、医疗、环境、教育等民生相关的垂直行业的数据交换平台；社会治安差——平安城市；交通拥堵——指挥交通
太仓高科技园区、沈阳新民园区、深圳前海园区	以提升经济社会发展的支撑能力、增强城市综合竞争力为动机；高科技园区、物流园区；基础网络、数据中心、业务流程
港口城市：海口 资源城市：大同，焦作 食品城市：烟台，漯河 旅游城市：桂林，黄山	结合城市发展现状，先解决信息基础设施建设，再研究智慧化的措施，提供从网络到城市平台的一揽子解决方案；在旅游城市推广智慧旅游

自2011年起，“智慧地球”和“智慧城市”等概念被逐步引入国内，中央政府、相关部委和地方城市等开始思考如何将概念与城市发展理念相结合，理念—顶层设计—规划—实施等路径在逐步展开。湖北武汉快速将理念与规划相结合，编制智慧城市总体规划，推动了全国智慧城市规划创新的思考。此后，一些城市开始将简政放权、改革行政体制等与智慧城市

相结合，北京海淀、宁夏银川和天津滨海新区等已经实施智慧政务建设。通过国家智慧城市试点探索，特别是行业围绕数据共享的积累，地方省市已经成立大数据的专门行业管理机构——如广东等省、广州和沈阳等市。与大数据管理的行政性创新相对应，大数据市场化交易创新同期也在国内落地——标志之一就是贵阳大数据交易所的成立（见表 14 －3）。

表 14 －3　**将智慧进行品牌化创新的典型城市**

城市	启动年份	品牌化特色	品牌化内涵
武汉	2011 年 8 月	规划创新	在全国率先开展智慧城市总体规划探索，提出在 2012—2015 年进行试点示范，2016—2020 年全面推广的工作部署。总体规划提出，建设全面创新的信息基础设施，包括应用、产业和运行方面，并配套编制 15 个专项智慧规划（旅游、城管、公共安全、交通、文化、教育、医疗卫生、环保、水务、食品药品监管、社会综合管理服务、国土规划、市政设施、社区和物流等）。该规划通过了武汉市政府常务会议的审议
银川	2014 年 10 月	银川市行政审批服务局成立（智慧政务）	将深化行政审批制度改革与网络信息技术深度结合。建立了 26 个部门、156 大类行政审批事项合一的银川市行政审批服务局，“一局一章管审批”。开发“银川市行政审批服务局审批系统”，形成“一窗口受理”“一站式审批”“一条龙服务”等审批服务模式，为企业和群众提供规范、便捷、智能、高效的服务
贵阳	2015 年 4 月	大数据交易	以大数据为切入口，经贵州省政府批准成立全国第一家以大数据命名的交易所，企业化运作，率先探索数据互联共享，重点聚焦大数据清洗、挖掘和应用等产业应用。成为贵阳智慧城市建设的亮点与特色
广州	2015 年 5 月	大数据管理	成立大数据管理局（隶属工信委，正处级，下设规划标准科、数据资源科/视频资源管理科、信息系统建设科），研究拟订并组织实施大数据战略、规划和政策措施，引导和推动大数据研究和应用工作；组织制定大数据收集、管理、开放、应用等标准规范；负责统筹规划建设工业大数据库，建立企业能耗、环保、安全生产监测指标等数据库，支撑“两化”融合公共信息平台的运行；组织建设“两化”融合公共信息平台和工业大数据平台，统筹协调城市管理智能化视频系统建设，推进视频资源整合共享和综合应用；承担市超算和云计算技术平台的推广应用等职责。广东省经济和信息化委员会于同期成立了广东省大数据管理局
沈阳	2015 年 6 月	大数据管理	成立大数据管理局（隶属经信委，正局级，下设大数据产业处、标准与应用处和数据资源处），负责“智慧沈阳”的规划和实施，协调政务信息资源共享，打破政府机构现存的数据共享壁垒。

六　结语

城市的智慧化与智慧城市的品牌化是辩证统一的协同体，智慧城市的创建是实现品牌化的基础（徐振强，2016c）。“十三五”期间，智慧城市继续得到国家和相关部门的支持，为各地政府实践提供了政治保障。与此同时，城市营销应当重视和加强智慧城市的品牌化——既实现对阶段性成果的肯定，又促进智慧化城市建设要素的集聚和进程的加速。如果成功实现城市智慧品牌的建立，将势必为城市发展营造良好的品质优势，形成“正磁力”效应，可以有效整合城市内部并吸取外部与智慧城市相关的要素资源，进而促进城市的高效运行（徐振强，2016d；张燚、张锐，2006）。

参考文献

[1] 徐振强：《“十三五”以五大理念统筹中国智慧城市科学发展》，《建设科技》2016 年第 10 期。

[2] 郭国庆、刘彦平：《城市营销理论研究的最新进展及其启示》，《当代经济管理》2006 年第 2 期。

[3] 刘彦平主编：《中国城市营销发展报告（2014—2015）》，中国社会科学出版社 2015 年版。

[4] 徐振强：《智慧城市与城市规划、生态文明协同创新关键路径的思考》，《城市住宅》2016 年第 3 期。

[5] 何国平：《城市形象传播：框架与策略》，《现代传播》（中国传媒大学学报）2010 年第 8 期。

[6] 张燚、张锐：《城市品牌论》，《管理学报》2006 年第 4 期。

[7] 于涛、张京祥：《城市营销的发展历程、研究进展及思考》，《城市问题》2007 年第 9 期。

[8] 徐振强：《基于 28 个关键场景思维助推建设特色鲜明的智慧城市》，《中国名城》2016 年第 4 期。

[9] 徐振强：《新型智慧城市的服务城市管理、服务社会治理的关键路径》，《上海城市管理》2016 年第 2 期。

[10] 张燚、张锐：《城市品牌论》，《管理学报》2006 年第 4 期。

第15章　城市色彩与中国城市品牌塑造

王京红*

城市色彩一词在城市营销文献中由来已久，但研究和实践的自觉及其进展却不容乐观。本章拟探讨城市色彩在城市营销中的作用、概念界定、城市色彩规划与塑造方法及展望，以期对中国城市营销、城市品牌化的研究和实践提供新的视角。

一　色彩作为视觉识别和有效治理手段

城市营销是当代城市治理的新方式，是通过吸引投资者、旅游者、就业居住者来实现让城市充满活力的目的。因此，城市营销的举措要与城市的特质以及受众感知城市的规律相符。其中，城市品牌塑造无疑是城市营销的重要任务。品牌塑造需要视觉识别，现在常规的做法是直接按照产品、企业的视觉识别系统（VI）思路来研发、设计城市的VI系统，有时甚至简化到一个标识。另外的做法是将城市容器中的视觉焦点，即吸引眼球的事物作为城市品牌的视觉识别——如标志性建筑、景观、广告、公共设施、大型活动等。但是对于城市来说，这些做法都远不能达到视觉识别的目的，更不能满足城市品牌塑造的要求。

首先，城市体量巨大。它好似一个用磁石雕琢的巨型容器，不断吸纳着时空中的事物。只要是人类有记载的时间和认识所及的空间，都会被城市所容纳。我们只需要在城市中行走便能感知到一个城市，而VI标识、

* 中央美术学院博士、留法色彩学者、国家一级注册建筑师。

地标建筑、广告等等只是视觉所及的局部，不能反映城市的整体，因此不能担当城市视觉识别的重任。城市色彩源自天地，承载了时空中的海量信息，是人们感知的城市整体，是城市品牌最直接的视觉识别。

其次，产品、企业的同质性很强，只有通过贴标签、标志，才能达到视觉识别的目的。而城市生长在大地上，每个城市都应该个性鲜明。不需贴标签，整体的城市本身就是最好的视觉识别。当然，前提是城市的整体视觉个性鲜明，亦即城市色彩的特征一定要鲜明。

再次，城市色彩能表述城市内在的精神气质。城市色彩对于城市品牌塑造的意义是超越视觉识别的，它能表达出城市品牌的精神内涵。

最后，城市色彩也是治理城市的最有效工具。运用好城市色彩，城市风貌就能好看不乱，就能提升环境质量，就能塑造城市旅游形象；无需大拆大建，不用废水耗电，便能使城市治理人性化、品质化、精细化，能以最高的性价比来实现城市品牌塑造，达到城市营销的目的。可以说，城市色彩是最有效的城市治理手段。

二　超越外在美的广义色彩

（一）何为城市色彩

色彩的内涵非常宽广。一般来说，视力正常的人观察周围世界而产生的所有视觉印象都能被称为色彩，本文称为广义色彩。而通常人们所谈及的色彩是高纯度的鲜艳色，本文称为狭义色彩。

广义色彩包括狭义色彩，更包含光影、距离感、质感、干湿感等诸多感知和体验。城市色彩是存在于城市外部空间中的广义色彩，包括在场与不在场的存在，是视觉所见之整体。换句话说，城市色彩不但包括我们看到的城市，也包括我们联想到的、体验到的城市。物质与精神缺一不可，由此构成了城市色彩的整体。

如果把狭义的色彩比作食品，那么广义的色彩就是空气。眼前的食品很容易被发现，视野中的狭义色彩更吸睛。因为视觉具有选择性，鲜艳的色彩更吸引人们的目光，人们只有看到鲜艳的高纯度色时才发现色彩的存在，很自然地认为色彩就是狭义色彩，甚至将色彩与彩色同义。城市外部空间的色彩多数呈现出复色，所以城市色彩在感知上存在更多的模糊性。有人甚至质疑，城市有色彩吗？毕竟城市外部空间中的狭义色彩并不多见。可是，城市中的人每时每刻都“浸泡”在城市色彩之中。城市色彩好似空气，人们离不开空气，空气质量的好坏时时刻刻影响着人的身心，但人们一般却意识不到空气的存在（见图 15－1）。

（二）城市色彩能够带我们回到现实，重拾真实

城市的现实生活鲜活多样、具体丰富，具有最大的多元性。而我们规划设计城市的语言却来自抽象、冰冷的科学王国，从容积率、密度、限高等指标的数字到建筑体块、天际线的形状，都是普遍的、匀质的理性概念，远离现实生活。色彩才是现实生活，它表达了最大的多样性。我们在日常生活中所见的都是色彩，它随时间改变，随人的位置、运动而不同。现实的世界中没有纯粹的、无色彩的形状；而有色彩无形状的事物却毫无疑问地存在着，比如天空、大海。可以说，只谈形状没有色彩的世界是“僵化（或麻痹）的世界”，“只是一个无法触摸的高度普遍性的虚构物”。①

很多经岁月涤荡的欧洲中世纪小镇很具有人情味，这是因为那里的色彩表达了生动而具体的现实生活。用当地建材修建的每幢建筑，粗看统一、细看却各不相同，恰如时间长河中的每一个日子，更似周遭的芸芸众生。而当代城市的新开发区如“凸版复印机复印出的建筑”群体②，只能让人想像到大工业生产以及冰冷的机器。

真实的世界不只是现实的、表面的存在，更包括内涵和精神气质。只有把在场的现实和不在场的事物联系起来，才能把握真实面目。作为广义色彩的城市色彩能够做到，因为它的“表情、述意是象征性的、暗示性的”。在旧迹斑驳的建筑面前，是那色彩使我们浮想联翩，追忆往昔主人的生活；而建筑的形状、体量、尺度却只能导向理性思维和逻辑推理。林徽因笔下的“建筑意”以及所谓“氛围”“意境”都是在广义色彩的暗示下产生的体验。

忽视色彩强大的隐喻作用会出现问题。2000 年，中国北京出台城市色彩整治规定，饱读西方色彩科学的专家们认为北京是灰色调，遭到很多人反对。“灰”字在中国民间与“晦”字同音，具有较多负面的象征。中

---

① 李建盛：《艺术科学真理》，北京大学出版社 2009 年版，第 195 页。

② ［加］简·雅各布斯著：《美国大城市的死与生》，金衡山译，译林出版社 2006 年版。

国北京民居四合院向来是青砖、青瓦。“青”在中国五行、五色中象征“青春、生命、昌盛”。虽然同是一种“颜色”，反射同一种电磁波，但不同的命名却产生了不同的“色彩”。因为“色彩”从来都是主客观交融的产物。因此，北京市民不愿接受“灰”色调是很正常的。从广义色彩角度看，也许命名为“青砖”色调会更好。

可见，作为广义色彩的城市色彩，其价值是超越外在美的。城市色彩能站在艺术的高度，从文化的视角整合当代城市，弥补城市规划和设计带来的孤立隔膜、冰冷无情。因此，城市色彩不是一个次要部分，它是由视觉感知的城市的整体。

在城市营销和品牌化建设过程中，城市品牌不仅需要视觉识别，更需要能表述其精神内涵的手段。城市色彩作为人类视觉中的整体，通过使人类体验周遭整体的氛围和意境，用象征与暗示的方式，清晰、强烈地表述了城市品牌的精神气质。同时，城市色彩可以与具体的规划、设计实践相结合，比如遵循一定规律选择材料（尤其是建筑材料）的色彩，最终实现物质操作。所以，城市色彩不是抽象概念，它既虚又实，不只是城市品牌的视觉识别，更是以物质手段表述精神、使城市品牌精神落地的重要途径。

三　昔日青砖托金顶红墙，今朝噪色加“千城一面”

（一）中国传统文化语境中的色彩概念

在中国的学术领域，色彩没有独立的地位，它只是哲学会晤的一个环节，一个支撑更高哲学概念——阴阳、五行的中间概念。[①] 色彩甚至被中国古人认为是浮华的表象，是欲望的载体。上述“色彩”是指狭义色彩，约等于彩色。无论中外都认为狭义色彩的价值有限，甚至不值得一提。

然而，广义色彩在中国却得到了最大限度的重视和应用。甚至可以说，中国的视觉形象特征离不开广义色彩，然而这一点却常常被人们所忽略。广义色彩首先被表现在中国的绘画中。虽然“唐宋前以彩色胜，唐宋后以水墨胜”，但从广义色彩的角度来看，中国画的色彩外延更大，内涵也更多。以墨为主的中国画色彩能表达出光影变幻、空间感、体量感等诸

① 姜澄清：《中国色彩论》，甘肃人民美术出版社 2007 年版，第 151—167 页。

多视觉信息。在日常的衣食住行中，广义色彩的应用更渗透到方方面面。

中国历来重视广义色彩的根本原因是中国的色彩观是哲学的。当“色彩”指广义色彩时，它已不再是哲学会晤的中间概念，而直指会晤的根本，即色彩暗示的精神。“孔子的色彩观是使色彩受‘礼’的节制，以服务并服从于伦理秩序”。“老子庄子的色彩观是使精神‘逍遥’无碍的‘道’路”。[①] 古人们说着色彩，心却不在色彩，意在“明礼”和“证道”。因为“内心体悟，是……精神把获的特点”。广义色彩正是最符合此特点的手段。所以，自古以来，中国“举凡不便说、不能说，说亦不佳的事、理，古人便以色证、明之”。[②]

为帝王统治服务的城市精神更离不开广义色彩手段的塑造和表述。中国应该是最早进行城市色彩规划的国家。

（二）中国明清北京城之实证

虽然完整的中国明清北京城已不复存在，但现存的紫禁城用色就足以让世人惊叹（见图 15－2）。我们不妨从五行、五色的角度粗略概括其以色营城的规律（见图 15－3）。首先，紫禁城的色彩空间布局与色彩象征和建筑功能互相匹配。按照五行色彩观，中—土—黄，即黄色代表中央，所以紫禁城的屋顶多数使用黄琉璃瓦，以示帝王之中。南—火—红，火生土，遂单体建筑都以红墙托着黄屋顶，南面的午门连檐下彩画也被涂成红色。北—水—黑，北面的御花园广植树木，水生木，并在文渊阁等处使用黑砖墙、黑瓦顶。东—木—青，中轴线东侧布置了皇子读书的殿堂，屋顶使用绿琉璃瓦。西—金—白，金水河从西侧引入，栏杆用白色的汉白玉。其次，代表五行的五色穿插运用到单体建筑不同的部位（屋顶、墙、栏杆、彩画、雕塑）。最后，紫禁城的不同区域既区别又联系。按五行规律，不同区域有不同的主题色，代表“中—帝王”的黄色和“火—防卫”的红色是线索色，用来联系全城；每个单体建筑又都可见“五色”，只是不同区域面积不同，如青色在东部宫殿的屋顶上也运用，其余地方只用于檐下彩画。[③] 这些色彩的规划、设计的目的都是为塑造皇权至上的精神

---

① 姜澄清：《中国色彩论》，甘肃人民美术出版社 2007 年版，第 15—29 页。

② 同上书，自序。

③ 本文笔者参考北京故宫官网资料整理。

气质。

同时，明清北京城的色彩也符合当时北京的自然特征。当时，北京地区是光亮且干燥的环境，由此形成了明度强对比和纯度强对比的城市色彩特征。北京城低纯度青瓦民居与高纯度黄瓦红墙紫禁城形成了最典型的纯度强对比。而明度强对比则是在灰地砖和白汉白玉栏杆之间。其实，这些对比关系不只存在于城市的宏观尺度，在民居或宫殿的单体建筑更是随处可见。四合院的朱红大门与灰砖墙之间形成纯度强对比；太和殿白色的须弥座与檐下阴影中的红墙、红柱之间也形成了明度强对比和纯度强对比。

（三）当代中国城市的色彩渴望

随着时代的发展，人们对城市的深层精神追求日益增多。在城市营销和品牌塑造的过程中，更不断出现对城市色彩进行管理的期望。从2000年北京出台《北京市建筑物外立面保持整洁的管理规定》开始，杭州、盘锦、温州、武汉、哈尔滨、宁波、镇海、重庆、大同、广州、天津、长沙等城市相继进行了城市色彩规划。[①] 有数据表明，已有300多个城市进行了城市色彩规划和相关设计。

然而，当代中国城市的面貌却不容乐观。近30多年的中国城市的快速发展，使得城市色彩看起来雷同、混乱。如噪音般的色彩污染几乎随处可见，“千城一面”的局面已经形成。城市色彩的价值不是被忽视就是被降格到美化城市的一种手段，甚至仅用于整治户外广告和选择建筑材料。很多从事城市色彩研究的专业人士也只把城市色彩归于城市景观、城市风貌的一部分，而忽视了城市色彩表达精神的价值。随着人们对城市精神需求的不断提高，城市色彩应成为提升城市人本价值、文化品位和品牌形象的重要内容。

四　融自然山水，显人文精神

宏观层面——城市色彩的大背景，是由自然色彩和人文色彩决定的。两者好像古人形容“笔、墨”的关系，是骨肉相连的。自然色彩是骨，

① 安平：《城市色彩景观规划研究——以中国天津中心城区为例》，博士学位论文，天津大学建筑学院，2010年。

给城市色彩提出了前提限制条件；人文色彩是肉，是在大自然赋予的骨骼上增添人类的意愿。这些意愿包括传统经验和时代精神。最终，自然色彩和人文色彩共同形成了丰富多样的城市色彩大背景，它们融合了自然山水，能够彰显人文精神。以下我们按照自然色彩、人文色彩的规律，归纳出不同的城市色彩类型。

（一）光亮、中等光亮和阴影的城市

光是色之父。笔者根据各地气象资料、自然光分布数据绘制了中国理想天空色彩分布示意图（见图 15－4）。不同的自然光，决定了城市色彩具有不同的明度框架，分属光亮、中等光亮和阴影的城市。

第一，光亮的城市。光亮的城市，自然光照射时间长、强度大，光赋予城市的总能量大。于是，各种反射、散射效果都很强烈，物体的色彩能被清晰地呈现出来。同时，在强烈的阳光下，各种物体的受光面都被光冲刷，稍微浅淡的色彩就被冲掉了——一部分原因是眩光，另一部分原因是历经时间过程的褪色。自然光的短波部分被空气中的水滴、尘埃散射，使天空呈现出蓝色。光的能量越大，被散射的就越多，天空看起来就越湛蓝，其蓝色就越纯。物体阴影部分很黑，有清晰的明暗交界。因此，光亮城市的明度差异强烈，变化节奏是大阶梯的，属于黑白分明的强对比。在浓黑影子的强化作用下，空间结构虽是三维的，却只有黑白两个层次。比如光亮的城市中国新疆昌吉，就显得“黑白分明”（见图 15－5）。

第二，阴影中的城市。阴影中的城市阳光较弱，一般表现为漫反射，均匀地照亮物体，几乎没有阴影，即使见到阴影也是浅浅的灰色。这样“平面”的光很适合表达色相本身，色相不会被冲淡或罩在阴影里。摄影家们认为，“色彩通常在半柔和光线下最为生动丰富”。[①] 阴影中的城市天空并不蓝，因为光的总能量低，被散射的短波部分就少，所以天空呈现柔和而微妙的亮灰色。城市色彩的明度关系属于弱对比，明度的骨架作用较弱。在这类城市，城市色彩明度的节奏不鲜明，视觉感知的空间结构是二维的，明度几乎只有一个层次，导致轮廓的区分、线条的描写平淡，影响

① ［英］汤姆·安编著：《摄影圣经：大师教您拍好万事万物》，王刘蕊等译，中国青年出版社 2008 年版，第 34 页。

清晰度。① 把阴影中的城市称为“平面的城市”并不太夸张。比如，阴影中的荷兰阿姆斯特丹，擅长“勾边”。在阴影中的荷兰阿姆斯特丹外部空间中，几乎各种位置关系的色彩都被人为增大了明度对比。沿街立面是典型的邻接位置关系，浅色立面一般都和深色立面相邻，极端的是黑白色立面相邻。在同一立面的上下部分、局部窗和整体立面之间所形成的半包含、包含位置关系中，也运用了明度强对比。简单地说，使用了一般建筑师不屑使用的“勾边”手法。总之，无论是荷兰阿姆斯特丹的公共建筑还是民用建筑的立面，都很注重结合色彩的位置关系来强化明度对比——即在平面上制造三维层次，使这个阴影中的港口城市不但没有面目模糊，反而醒目且别具韵味（见图 15 – 6）。

阴影中的城市也是色相发挥作用、显现魅力的好舞台。阴影中的城市由于自然光能量低，物体反射的光能量就更低，因此人感知到的色彩不会很鲜艳。所有色相都能出现在某个阴影城市的城市色彩中，只是它们都处于中低纯度的范围。虽然色相被限制了范围，但在阴影城市柔和的光照下，各色彩细节都均匀呈现，并不影响城市品牌精神气质的塑造。

单纯由地理因素决定的阴影中的城市并不很多。目前，由于大气污染严重，阴影中的城市越来越普遍。由于色相对于阴影城市的独特作用，狭义色彩的思维惯性使得人们意识到这属于色彩问题。这也是导致当前城市色彩规划需求越来越多的原因之一。

第三，中等光亮的城市。中等光亮的城市通常水汽较多，比如法国巴黎。穿城而过的赛纳河水升腾而起并化作朵朵云团，使阳光明暗变幻。所以，城市色彩的明度从亮到暗呈均匀变化的阶梯，间隔节奏是一组自然过渡的秩序等级。在这种明暗节奏中，视觉感知的空间具有黑、白、灰三种丰富的层次，细致微妙地刻画了三维空间的每个细节。材料的细微结构——表面质感，在这种节奏的光线下能表现得非常充分，成为这类城市色彩中不容忽视的要素。无论城市有无主导色相，主导色相是什么，中等光亮的城市色彩都有至少三个明度层次，并且均匀地从容地过渡。在这里，城市色彩有明度的框架限定，但也不压抑色相、纯度等要素发挥作用。

① ［英］汤姆·安编著：《摄影圣经：大师教您拍好万事万物》，王刘蕊等译，中国青年出版社 2008 年版，第 34 页。

意大利罗马、法国巴黎和美国纽约，同属中等光亮的城市，虽然城市色彩面貌截然不同，但都能感知到在明度均匀变换的旋律中色相与纯度的共鸣，城市色彩的三个要素都充分发挥了各自的积极作用（见图 15－7）。

总之，中等光亮的城市是大多数，其城市色彩在一般规律统领下的变化也最多，是最需要色彩规划和设计的。

（二）暖色、冷色的城市

人对色彩的感知通常是从色相开始的。每个城市中总有些色相出现的面积大且频率高；或面积不大但频率却高。这些色相便构成了城市色彩的典型色相，简称典型色。城市色彩的明度关系是由苍穹的光决定的，其典型色则来自大地。笔者根据中国全国地质普查的数据和实物样本绘制了中国土壤色彩示意图（见图 15－8）。虽然当代城市的地面大都经过了人工硬化，已难觅大面积真实土壤。但各地土壤的区别还是给城市色彩的独特性奠定了基础。不同土壤上生长的植被之色彩特征不同，由这些土壤烧制出的建筑材料之色彩特征亦不同。典型色来自大地，大地的色彩与此地的天光最匹配，是长期生活在此地的人们最熟悉的组合。所以运用典型色的城市色彩能呈现出与当地自然色彩相和谐的面貌。

图 15－8 是作者根据“中国土壤概图”① 以及中国农业大学农业数字博物馆土壤分馆的“中国土壤标本库”的标本色彩绘制而成的。这些标本是 20 世纪 50—80 年代两次全国土壤普查收集和整理的，反映了改革开放之前城市化进程较慢时期的土壤色彩状况，是比较原生态的土壤色彩。

通常，城市建筑作为遮风避雨的掩蔽所，人们会希望其色彩温暖一些，而且来自大地的色彩多数也在暖色范围内（当然水面的色彩有所不同）。从黄到红的暖色是多数城市的典型色范围。但每个城市典型色的精确范围是有差异的，它们在当地特殊的明度、纯度关系中，通过人文色彩的演绎，会呈现出各不相同的色彩面貌。

很多城市的典型色是暖黄色的，但此城市的黄与彼城市的黄又极不相同，它们创造了截然不同的精神气质，形成了不同的城市品牌——比如黄色的中国河南平顶山和意大利佛罗伦萨。平顶山是中国中原一个煤矿城市，空气污染严重，是典型的阴影中的城市。它的典型色是来自平顶山岩

① 张俊民等：《中国的土壤》，商务印书馆 1996 年版，第 14 页。

石的黄色系列和烧制黏土砖的红色。在该城市的不少建筑上使用了典型色——黄—红组合（见图 15－9）。虽然设计手法并没有多少高妙之处，但这些色彩与当地因污染而较弱的自然光匹配，它们驱走了阴郁，给城市增加了阳光感。意大利佛罗伦萨的典型色也在黄色区域（见图 15－10）。传统建筑多采用石材，黄色暗沉；现代建筑使用涂料，仍沿用黄色，只是明度提高了。城市色彩的色相是邻近关系的弱对比，它创造了较强的整体感。

低纬度地区由于气候炎热，人们比较接受稍微偏冷的色彩范围。炎热的沙漠地区，由于干燥的缘故，人们也喜欢用冷色作为典型色。以现代高层建筑为主的中国香港，其城市色彩的色相是覆盖全色的。有一种绿色，是其典型色。这种来自维多利亚湾水面的绿色在其他城市鲜见，但在中国香港城市外部空间中却频繁出现（见图 15－11）。在同样低纬度的中国深圳，人们也会发现一种冷粉红色很独特，并且频繁出现。

可见，城市色彩的整体性实现，途径可以是多样的。主色调只是其中一种，频繁出现的典型色也可以如线索般把城市联系起来。

（三）高纯度的城市、中等纯度的城市、低纯度的城市

人们习惯从色相角度谈论城市色彩，实际上很多时候是纯度问题。从纯度的维度可以把城市分为高纯度的城市、中等纯度的城市、低纯度的城市。高纯度的城市是指城市外部空间的界面有大面积高纯度鲜艳色，无论城市宏观尺度还是中观、微观尺度，高纯度色都在面积上占据主导地位。这样的城市有利于色相的感知，城市色彩的色相关系更多地使用中差、互补等中强对比，给人印象深刻。高纯度的城市一般有独特的自然、人文大背景。在光照充足的热带地区，植被四季新鲜艳丽，大自然的教育使人们天生喜爱高纯度鲜艳色。在阳光灿烂的滨水或高原、沙漠地区，蓝色的水面和天空、金色的大漠也是人们关于高纯度色的灵感源泉。大草原和蓝天白云也导致了牧民对高纯度色的偏爱。在大自然的骨骼中，人文色彩的演绎使各地城市色彩的面貌更加丰满多样。

比如意大利威尼斯所辖的一个小岛布拉诺（Burano）是典型的高纯度城市（见图 15－12）。相邻建筑外墙大面积的色彩冷暖相间，不是互补关系就是中差关系。据说，当地政府要求居民每隔几年就要重新粉刷一次自己的房屋，并且相邻两幢房子的颜色不许相同。这个政策保证了布拉诺成

为常开不败的鲜艳花朵。

再比如，高纯度的意大利爱琴海小镇圣托里尼。其色彩鲜明，阳光和碧海蓝天是最好的色彩艺术家。小镇除白色之外还包括多个高纯度色相，在黄色、红色、蓝色等范围内尽情变幻，最大限度地诠释了色彩的多样性。处于邻接位置的高纯度色相之间是中差、甚至是互补关系，对比强烈（见图 15 - 13）。其中一种鲜明的蓝色反复出现，成为小镇的标志色。

高纯度的光亮地区——中国西藏也是典型的案例。中国西藏是高原上的高纯度地区，稀薄的空气使得自然光的能量很大，被反射的可见光短波部分也更多。因此，中国西藏的蓝天更蓝，其纯度之高是其他城市不能比的。在强烈的阳光下，唯有鲜艳的高纯度色才能显现自身，浅淡色早被光冲刷干净了。对于当地居民来说，喜爱高纯度色是理所当然的。经过中国西藏的人文演绎，呈现在人们面前的便是高纯度色的互补对比和中差对比。中国西藏的城市是典型的光亮城市，明度强对比关系给城市色彩建立了框架，在每个单体建筑中都能看到这个框架。布达拉宫高纯度的暗红色与白色墙面不但是色相强对比，也是明度强对比。在扎什伦布寺甚至能看到黑白的极端明度对比。其墙面是暗红—橙黄的色相中差对比，同时也是明度的强对比（见图 15 - 14）。

自然界的大背景决定了城市色彩的纯度总体水平——即纯度范围；也揭示了产生纯度对比的可能性。城市色彩的纯度范围既取决于天空也取决于大地——它最微妙，也最有魅力。由于多数地域的城市色彩更多地处于纯度较低的范围，每个色彩的成分复杂，包含多种色相，因此它们更容易与附近的色彩发生相互影响和相互作用。这些互动的微妙效果是色彩展现魅力和表达精神气质的源泉。所以，一个城市色彩纯度的鲜、灰被规划设计得好，对塑造城市品牌精神将会起到很大作用。

纯度范围与气候关系密切。潮湿多雨的气候更能显现色彩的纯度，雨后的世界色彩异常鲜明就是这个原因。在热带地区，植被的色彩鲜艳缤纷，纯度很高。同样是绿叶，在冷热地区其色彩很不相同（见图 15 - 15）。热带的植物阔叶多，叶大而多汁，视觉上更鲜艳，偏暖黄倾向。寒带的植物针叶多，叶小而厚，视觉上绿色暗沉而偏冷，纯度也降低了。比如中国香港的绿色植被看起来比中国承德的要鲜绿很多，其纯度更高。干燥、多风的气候最易使物体蒙尘，从而降低色彩的纯度。

由“中国植被典型色示意图”（见图 15 - 16）可见，中国从南到北，植被色彩明度、纯度逐渐降低，色相逐渐朝冷调偏移；从东向西，植被色彩纯度降低的趋势明显。因为西部多干旱、半干旱的荒漠，植被稀疏，整体视觉感知的景观绿色减少较多。如前文所述，中国各地土壤的纯度也不同。东南地区的红土纯度较高，西北地区的黄土就纯度低些。

一般来说，地处湿、热地区的城市色彩纯度通常较高，而干、冷地区的城市色彩纯度通常较低。前文所述高纯度的城市基本遵循这个规律。当然还要同时结合高原、草原等地理特征。但是，当事物的特征走向极端时，就会向相反的方向转化——比如在常年冰雪覆盖的极冷地区，若城市色彩呈现较高纯度的暖色，人们的感受会更愉悦。俄罗斯莫斯科红场便是个典型例子。

需要特别注意的是，当色彩的纯度高时，人类感知的色相特征便突出了。除非是在高纯度类型的城市可以运用典型色，在其他类型的城市外部空间要慎用大面积的高纯度色——因为在多数地方，在人们所熟悉的自然环境中，大面积色彩的纯度都不高。

中等纯度的城市是最多的，城市外部空间的色彩纯度不高也不低。似乎中等光亮的城市也是中等纯度的，比如意大利罗马、法国巴黎等。因为自然光的能量决定了城市外部空间物体反射光的能量，能量低纯度就低。但实际的情况非常复杂，光照情况与城市色彩的纯度范围不能构成必要关系。

日本的城市是典型的低纯度阴影中的城市（见图 15－17）。微妙、含混的低纯度自然色彩是那里城市色彩的前提。① 于是，在日本，使人愉悦的城市色彩也在低纯度的范围内。很多从日本回来的色彩专家都强调使用低纯度色彩，应该源于此。但低纯度色彩并不是城市色彩和谐的唯一出路。

在法国南锡，城市色彩使用了多色相强对比，但这些色相都在纯度比较低的范围内，整体上城市色彩还是柔和的，与阴影中的城市柔和的自然光相匹配。德国柏林是个典型的低纯度城市，它一直以“高级灰”闻名。因为纬度比较高，自然光较弱，德国柏林冬季只有半天多的时间属于白天。城市的自然色彩前提是柔和的、较低纯度的。德国柏林城市建筑以各

① ［美］洛伊丝·斯文诺芙著：《城市色彩：一个国际化视角》，屠苏南、黄勇忠译，中国水利水电出版社、知识产权出版社 2007 年版，第 99—114 页。

种微妙的低纯度色彩为主，让人把注意力集中在严谨的设计和精巧的节点上。作为阴影中的寒冷城市，德国柏林居民喜欢暖色。但当这些色相被用在城市外部空间的大面积界面上时，多数被控制在了低纯度范围。近年开发完成的波斯坦广场属于个例，出现了一些纯度较高的暖色单体建筑。波斯坦广场是德国柏林的一个重要节点，做一些变化能为德国柏林增添不少活力。

城市色彩的纯度问题比较复杂，既表现为上文描述的纯度范围，又表现为纯度对比关系。更多的城市色彩纯度范围不好概括，但纯度对比关系非常清晰。按照程度的不同，纯度关系分为鲜灰强对比、弱对比。通常在干燥的光亮城市，纯度关系属于鲜灰强对比。

（四）人文型城市、自然型城市和人文—自然型城市

自然环境的色彩给城市居民提供了“基础的建筑材料”①，成为人们用以判断人工色彩好坏的标准。在此基础上，各地居民结合自己的历史人文背景创造出多样的城市色彩面貌，这是城市品牌塑造的关键一步。

目前，中国“千城一面”，很难找到正面的典型例证。我们对历史长河做个剖面，截取中国明清时期的城镇作为研究对象。为找到色彩的载体，不妨先解读一下“人文”。在中国古文中，人文的“文”是“纹”意，即多种多样的意思。人文，就是各地人们多种多样的生活。生活无非衣、食、住、行，它们都是色彩的物质载体。将中国明清时期城镇居民的衣、食、住、行的视觉形象放在中国地图上宏观地考察，就会发现有明显的规律存在（见图 15 - 18），把它们归类，就能得到由人文特质决定的城市色彩类型了。它们大致可分为三类：即人文型城市、自然型城市、人文—自然型城市（见图 15 - 19）。

第一，人文型城市。人文型城市的城市色彩，多以人的意志为主导，由此决定了城市色彩的面貌。中国明清时期经济较发达的东部、东南部属于此类。由图 15 - 18 可见，中国明清时期南北方人文色彩明显不同，其分界线和地方语言的分野一致。中国明清时期南北方的人们不属于同一语系，当然衣、食、住、行的色彩也就不同了。因视野中民用建筑的面积最

① ［美］罗伯特・路威著：《文明与野蛮》，张庆博译，陕西人民出版社 2012 年版，第 26 页。

大，所以其色彩决定主色调。

中国明清时期北方的人文型城市以青砖灰为主调，点缀有高纯度的暖色。当时严格的等级制度使得大面积的民用建筑只能用青砖，高纯度暖色只属于少数的皇帝阶层。中国明清时期南方的人文型城市色彩明亮轻快，在泉州、广州甚至出现大面积的高纯度色。天高皇帝远，等级制度已经不能束缚当地人们采用美丽的红砖、红石材，更不能制约舶来色彩的新鲜绽放（见图 15 - 20）。虽然南北方色彩很不相同，但人文型城市的色彩始终是人的意愿主导的。

第二，自然型城市。自然型的城市多位于经济不甚发达地区，生产力水平决定了人类必须臣服在自然面前。其具体又可分为人文顺应自然、人文模仿自然两个类型。中国明清时期的东北、陕甘宁、四川盆地等地区自然条件恶劣，人们必须顺应自然的规律。这个选择呈现在衣、食、住、行上，以广义色彩表现出来，决定了其城镇人文色彩。

如图 15 - 18，中国明清时期的东北民居以土夯筑，人多穿兽皮；黄土高原的人们则住在窑洞；四川盆地多利用茂密的植被树木建房，这些都是人文顺应自然的典型例证。

在中国西北游牧地区，城镇色彩则是人文模仿自然的类型。中国的游牧地区土地广袤，中国明清时期的生产力水平下，人的生存几乎都是由大自然决定。人对大自然的敬畏体现在下意识地模仿自然，在城镇色彩上表现突出。如图 15 - 18，蒙古包和哈萨克毡房虽然不同，但都能看到模仿草原上白云、羊群的痕迹；维吾尔清真寺则是绿洲的人文诠释。

中国明清时期，西南少数民族地区的城镇色彩也呈现出人文模仿自然的特征。各民族的居所由当地茂盛的植被搭建而成，与自然融为一体。服装、食品鲜艳地夺目“跳”出画面。人模仿自然界的美丽花果，把它们穿在身上、吃进嘴中。同时，鲜艳的色彩又是在模仿毒蛇、猛兽，能驱敌防身（又见图 15 - 18）。

第三，自然—人文型城市。未来理想的城市色彩应属于自然—人文型城市色彩。现代科技空前发展，建筑越来越高、体量越来越大，城市已成为钢筋混凝土或者玻璃的森林。由高度、容积率等等科学指标决定的城市，其城市色彩必须由自然而来，符合自然规律。只有尊重自然的视觉特征才能减少科学的苍白冷漠，给现代城市居民带来抚慰和愉悦。人文色彩成为点缀，以标示传统和时代的精神。这便是自然—人文型的理想城市了。

五　色彩力

为了揭示城市色彩如何影响人的感知和体验，我们有必要从中观层面——即以“人视点”看城市，这就需要引进色彩力的概念，即色彩对人的影响力。如何化解消极色彩力，加大积极色彩力，这会决定城市色彩对城市品牌塑造的贡献。简单地说，纯度高、对比强、面积大的色彩，其色彩力就大。城市色彩的色彩力还和观察者与目标间的距离、观察者的速度等因素密切相关，这也充分说明了城市色彩是处于时空关系之中的。

（一）规划设计指标决定色彩力

城市色彩与城市规划、建筑设计指标联系密切。这些指标主要包括区域容积率、建筑覆盖率、建筑限高等。通常情况下，指标高，色彩力就大。

区域容积率大，视野中的人工色彩相对面积就大，色彩力就大。极大的色彩力会产生消极作用，人会感到渺小、压抑，会想要逃脱。因此在区域容积率大时，人工色彩的诸要素和关系就应该符合该城市色彩类型的规律，主要是符合自然色彩的限制条件。因为这些规律是人们判断色彩力的母本，遵循它们就能减少色彩力的消极影响，令当地居民愉悦——具体办法如：提高人工界面色彩的明度，并增加人文色彩的点缀趣味性。

区域容积率小，视野中的人工色彩相对面积就小，色彩力也小。同其他动物一样，人类需要给大自然中的居所留下自己的痕迹，标示出属于自己的隐蔽所。在空旷的大自然中这种标示越清晰，人的安全感就越强。人文色彩的功效大致属于这类标示活动。所以，一般的，随着色彩力的减小，人文色彩的影响程度逐渐增大。

具体来说，区域容积率 1 和 3 是两个分水岭。当容积率小于 1 时，要重视人文色彩的应用；当容积率大于 3 时，必须符合自然色彩的规律。比如，深圳某科技园项目容积率为 6.89，一半单体的建筑高度都在 70 米以上，最高的达到 280 米。在如此高密度的人造环境中，如何能让人的感知愉悦成为项目成功的关键。虽然建筑师们仍习惯于如巨人般俯瞰，但效果图仍能让人感受到极大的包被感。若以真实的“人视点”作图，狭窄、幽闭之感将会更强烈。在这种极端的情况下，建筑界面的色彩首先要提高明度，注意人文色彩点缀，并符合深圳当地自然色彩的限制。应该以人的尺度模拟自然色彩的特征，精心推敲色彩位置关系和面积关系，增加人文色彩点缀并创造视觉焦点，才能使人“忘记”身处“玻璃森林”之中。

（二）道路色彩力的节奏

在道路上步行是感知城市色彩的重要途径。中国传统建筑追求“步移景异”，很多宫殿、寺庙、村落等建筑群中出现了典型的空间序列，人们在运动中感知色彩力节奏，获得对空间的情感体验。中国北京的紫禁城中轴线就堪称典范（见图 15 - 21）。

沿着紫禁城中轴线行进，笔者粗略划分了 13 个节点，并将每个节点归纳成色彩图谱。由此图谱可见，所有节点的人工色彩相对面积都在一半以上，色彩力都很大。因此，中轴线空间序列的色彩对人的影响很大。在序列内部，通过分析每个图谱可以发现，它们都包括建筑、天空和地面三个层次的色彩。如果说前景的建筑色彩是主旋律，那么天空和地面色彩则是伴奏声部及低声部。三个层次的色彩交织在一起。虽然主旋律建筑色彩的明度、色相、纯度都没有变化，但随着人在空间中的行进，三个层次色彩的面积关系、位置关系都在不断变化，它们相互配合形成序列的节奏和韵律。整个序列先是人工色彩力由弱渐强达到高潮，然后逐渐减弱，顺利转换为自然色彩，最终以强大的自然色彩力结束。无论人造环境多么精彩，人类的家园仍离不开大自然。中国古代帝王给自己建造了如此辉煌精美的居所，最后的愿望还是要回归自然。在这里，中国哲学“天人合一”的精神被物质载体上的色彩关系表述得非常清晰。

（三）地标、节点、边界的色彩力

一般来说，色彩力大才能成为城市地标。中国北京某大厦由于建筑色彩不当，特别是幕墙玻璃色彩、窗框色彩不当，甚至与天空色彩的关系也不当，导致色彩力减小。虽为百米高层，却未给人鲜明的印象，没成为区域的标志物（见图 15 - 22）。

大体量的城市地标要控制其色彩力。大体量的建筑在现代城市很常见，它们不一定很高，但绵延得很长，视野中人工色彩的水平连续面积大；从人感知的角度就是时间轴上的色彩积累多，因而色彩力大。这种色彩力是大体量携带的，即使不做专门色彩设计也存在。这些不得不看的色彩，要控制其色彩力，要谨慎地选择恰当的色彩关系，在不影响标志性的前提下，尽量减少对环境的影响。北京某购物中心东西长约 570 米，南北宽约 110 米[①]，高 6 层，其体量巨大，高纯度的人工色彩面积很大，充满视野，给人带来不适之感。大体量的城市标志物色彩让人不得不看，因此要控制其色彩力，小心选择色彩范围，精心设计色彩关系。

此外，交叉路口的城市色彩设计要兼顾道路辨识与审美功能。广场也是城市的重要节点，积极的色彩力大才能聚拢人气，进而发挥节点的作用。限于篇幅，笔者不再展开叙述。

值得一提的是，城市设计中通常研究的天际线只是远距离观察边界线时的大体状况，而吸引人的边界线不仅轮廓起伏多变，内部色彩层次丰富也同样让人难忘。美国纽约曼哈顿岛的边界线同时具有上述两个优势，所以令世人印象深刻（见图 15－23）。

六　夜城市色彩：品牌塑造魔法师

对于城市夜景，人们多从照明的角度阐释。夜景要有光，有光就有色。按照广义色彩理论，我们在夜晚看到的城市，以及由此联想到、体验到的城市整体就是夜城市色彩。可以说，城市夜景实际上就是夜城市色彩。

（一）中国夜城市色彩的不足

中国城市夜景照明始自 1989 年上海外滩的景观照明工程，之后逐步发展起来，经历了从“亮起来、美起来”到节能环保的发展阶段。随着众多城市夜景照明的实施，夜城市色彩的问题也凸显出来。同昼城市色彩一致的是，夜城市色彩也表现出或趋同或混乱的面貌，夜晚的“千城一面”已经形成；不同的是，由于设计不到位所导致夜城市色彩的问题更突出。

首先，城市在夜间的个性缺失。好的城市可以做到“一城双面”。夜晚的城市希望给人怎样的另一面，这样的问题需要在规划层面解决。也就是说，怎样从另一个角度诠释城市的定位，使得城市面貌更丰满，是城市夜景照明规划首先要解决的。

其次，夜城市色彩混乱。由于学术界缺少对夜城市色彩在宏观、中观

---

① 资料来自谷歌地图。

层面的规律研究，更未认真区分规划和设计的异同，使得夜景照明大都有规划、没效果。作为专项规划，其成果与总体规划的区别不能只包括定位、空间结构，更要有“人尺度”的中观控制引导，以及对单体照明的具体要求。照明规划对城市标志物等单体的要求，与照明设计的区别在于：不需要有灯具选型的标准，但要有效果的规定。

最后，也是最重要的，夜城市色彩的标准不清晰，使得设计问题频出。“亮”不是唯一的标准。宏观层面需要“亮”起来，它代表了城市的发展水平和文明程度；中观层面就要“亮”得恰当，要控制总光量，以利环保、节能——要规划好哪里亮、哪里不要太亮；微观层面要“亮”得美，体现出城市个性。人们往往从局部感知城市——一个设计独特的地标，往往是城市特色的美好记忆。“色”“动”也不是体现特色的唯一手段。色光、光的运动如果用得合适是好手段，否则会起反作用。

（二）夜城市色彩的标准与特征

按照马斯洛需求金字塔理论，人们对夜城市色彩的需求是“可居可游、如画似诗”。“可居”要求有安全、方便的功能照明；“可游”要求景点有景观照明；“如画”要求照明的效果美观；“似诗”则希望照明能渲染氛围，使得夜城市色彩具有独特的意境。

要解决上述问题，实现好的效果，就应从夜城市色彩的特征研究开始。夜城市色彩同时兼具“简单”与“复杂”的特征。

首先，夜城市色彩的决定者简单。人是唯一决定夜城市色彩的因素。昼城市色彩要从自然色彩的母体脱胎而来，然后加上传统及当代人的意志。而夜城市色彩纯粹反映着时代精神。地域特质也被翻译成人的意象表达出来。简单地说，“人多的地方光多”。人决定这“多”的光是怎样的面貌。需要强调的是，光多不等于光亮，“多”是丰富多样的意思。

同时，夜城市色彩的感知结构简单，几乎等于二维的绘画。夜城市色彩是在城市外部空间感知的，除个别情况（如外廊等有顶空间），人们如观赏绘画一样在外部看。昼城市色彩虽然也是在没有天花板的城市外部空间中体验，但人们多数时候是被街道、建筑等墙面环绕的，是“浸泡”在城市色彩之中体验它的。夜城市色彩的这种外部的、二维的特性，使得我们可以从绘画中借鉴很多手法用于规划设计。

其次，夜城市色彩的形成复杂。光、物、人均形成色彩。夜城市色彩的光可分为自然光、生活光和塑造光。月光、星光等属于自然光。万家灯火的居室光、道路的照明光、车灯等移动光，属于生活光。这些光都是夜景照明需要巧加利用的光，是设计不可忽视的前提。塑造光是夜景照明的重要手段，包括明暗、色相、饱和度、角度等基本要素，以及组合生成的光质、光影、光束等。形成夜城市色彩的物也很复杂，不但包括硬的建筑物、构筑物等，而且包括软的植物、水面、烟雾等。不同性质的物在光线下的表现很不同，显色、染色、变色的规律十分复杂。

夜城市色彩的体验链长，模式复杂。昼城市色彩的体验由光开始，物体界面反射光至人眼，人体验到色彩。夜城市色彩则从人的意愿出发，人的规划设计了光，物体界面反射光至人眼，人体验到色彩。这个链是闭合的，也再次证明了人是夜城市色彩的决定者。

（三）夜城市色彩规划

在宏观层面，夜城市色彩可以分为动、静两个类型。动型的城市总光量大、对比强、色光多、光运动频繁，但动中有静，动型的城市在居住区也是宁静的。美国拉斯维加斯就是典型的例子（见图 15－24）。静型的城市总光量偏小，对比弱，光很少运动，但色光的应用不一定少，静型城市中的动区更喜欢用色光在宁静中增加趣味。法国布列塔尼地区圣马罗小城（见图 15－25）就很典型。

在中观层面，夜城市色彩同样遵循色彩力原理。此时，区域的色彩力由生活光决定，不是规划的重点。道路、边界、节点和标志物则需要重点打造，要设计线的（指道路、边界的）色彩力，增大点的（指标志物、节点的）色彩力。设计者可以借鉴中国园林的空间序列安排、中国画的构图、油画的光色处理手法等，提升照明规划的艺术水准。

夜城市色彩规划的成果也是分层面的。

在宏观层面，要“排除不美、彰显个性”，要提出禁用色，明确排除与城市定位不符的光（亮度、色相、饱和度、运动、面积等），以便政府未来的精准控制、管理。要调研居民对城市自然人文特征的色彩意象，形成城市特征色，以此作为彰显城市个性的重要手段。而此特征色完全来自居民的主观意象。昼城市色彩的特征色则首先来自客观的自然人文实物样本，然后才加上主观意象。

在中观层面，要以“人多的地方光多”为原则，重点打造点（标志物、节点）和线（道路、边界）。

在微观层面，要在设计方向和方法上保持正确。要按照对某个单体的定位，来决定采取“呈现、塑造、创造”等不同的设计方向。“呈现”的方向可细分为“实事求是”“整合”“修正”。“塑造”的方向可细分为“锦上添花”“断章取义”“凸显”“提升”。“创造”的方向可细分为“无中生有”“改变”等等。具体方法上要以多层次、多角度展开，这样才能产生多个性的好效果。

七　排除不美，公众参与

当代城市的规模都比较大，它的物质容器体量更是巨大。如此庞大的物质容器体量应该能包括所有的色彩，这样才能使人的视觉及心理得到平衡。欧洲中世纪小城镇的主色调显然不能直接拿来规定某个当代城市的城市色彩。

首先，城市色彩规划要排除不美，要设定管理的底线。哪些色彩、哪些色彩关系、哪些材料不符合这个城市自然、人文大背景的规律，产生不美的视觉感受，影响城市品牌塑造，色彩规划就应该明确禁用。禁用是强制规定，城市管理者要严格实施。这种负的方法一直在中国哲学中占重要地位，符合国人的思维习惯，具有实施的思想基础。

其次，城市色彩规划要提出推荐做法，即实施建议。推荐做法不只是色谱，而是一系列成果，我们把它命名为“地域模式语言”。这套语言是来自城市所在地域的，能令城市生长在这块土地上。具体地讲，“地域模式语言”包括色谱、色彩关系图谱、地方材料、建筑物、景观物。它们以“好词好句”的形式出现，是一些分类的要素（见图 15 - 26）。在具体项目的实施中，建设设计师可根据情况选用——或抽象的色彩（可发挥的余地大），或具体的建筑要素（如门、窗）和景观要素。当然，推荐做法不会限制建筑设计师的发挥，最后的成果必然是地域特质和时代精神的完整体现。

第三，实施操作的更重要的环节是公众参与。色彩反映空间中的生活，可以统一规划但不能统一设计，因为它与每个人的日常生活有关。公众参与是必经的途径。1800 年，意大利都灵的色彩规划，就把 20 种城市标准色做成样板在广场上公示，由建筑设计师根据单体建筑的具体情况选用。法国巴黎临街的广告牌色彩也是如此控制的（见图 15－27）。商户可以有自己的特色，但大面积的色彩都是从城市色彩规划的色谱中选择的，一般只限一种，其余色彩使用中性色。

城市色彩不仅可以规划，也是能够实施的。要始终明确规划与设计的异同。规划要指明方向、划定合理范围，最后实施的设计方案则来自公众和使用者。

八　结语：创新的手段，有效的语言

当前，中国城市的发展面临转型，城市营销也发展到了新的阶段。如何焕发城市内在的生机，挖掘、培育其独特的品牌精神，这是新时期城市营销要完成的任务。城市色彩被忽视已久，造成了今天的“千城一面”现象。但是，它如空气一般每时、每刻影响着每一个人。我们的先人早已认识到这点，古代帝王用色彩塑造宫殿、庙宇和城市，在无言中把“礼”的等级、“道”的内涵都说得清清楚楚，实施得落地有声。这是因为，城市色彩是源自天地、直指人心的。它能融自然山水，显人文精神。它对人心灵能产生巨大影响——色彩力已成为城市的竞争力。它甚至能利用昼夜的时空转换，塑造出“一城双面”。城市色彩规划可以实施，它要排除不美，更需要公众参与。我们可以说，城市色彩是城市营销、城市品牌塑造的一种创新手段，也是城市治理的有效“语言”。

参考文献

[1]［丹麦］S. E·拉斯姆森著：《建筑体验》，刘亚芬译，知识产权出版社 2003 年版。

[2]［德］爱娃·海勒著：《色彩的文化》，吴彤译，中央编译出版社 2004 年版。

[3]［德］梅尔文、罗德克、曼克著：《建筑空间中的色彩与交流》（原著第四版），马琴、万志斌译，中国建筑工业出版社 2009 年版。

[4]［德］约翰内斯·伊顿著：《色彩艺术》，杜定宇译，上海世界图书出版公司 1999 年版。

[5]［俄］康定斯基著：《艺术中的精神》，李政文、魏大海译，中国人民大学出版社 2003 年版。

[6] [法] 莫里斯·梅洛—庞帝著：《知觉现象学》，姜志辉译，商务印书馆 2005 年版。

[7] [法] 薛杰（Serge Salat）主编：《可持续发展设计指南：高环境质量的建筑》，清华大学出版社 2006 年版。

[8] [加] 贝淡宁、[以] 艾维纳著：《城市的精神》，吴万伟译，重庆出版集团、重庆出版社 2012 年版。

[9] [加] 维斯著：《光和时间的神话：先锋电影视觉美学》，胡继华等译，四川人民出版社 2006 年版。

[10] [加] 简·雅各布斯著：《美国大城市的死与生》（纪念版），金衡山译，译林出版社 2006 年版。

[11] [美] 埃德蒙·N. 培根著：《城市设计》（修订版），黄富厢、朱琪译，中国建筑工业出版社 2003 年版。

[12] [美] 爱德华·格莱泽著：《城市的胜利》，刘润泉译，上海社会科学出版社 2012 年版。

[13] [美] 房龙著：《人类的艺术》，衣成信译，中国和平出版社 1996 年版。

[14] [美] 格朗特·希尔德布兰德著：《建筑愉悦的起源》，马琴、万志斌译，中国建筑工业出版社 2007 年版。

[15] [美] 凯文·林奇：《城市意象》，华夏出版社 2001 年版。

[16] [美] 琳达·霍茨舒著：《设计色彩导论》，李慧娟译，上海人民美术出版社 2006 年版。

[17] [美] 刘易斯·芒福德著：《城市发展史》，宋俊岭、倪文彦译，中国建筑工业出版社 2005 年版。

[18] [美] 鲁道夫·阿恩海姆著：《艺术与视知觉》，滕守尧、朱疆源译，四川人民出版社 1998 年版。

[19] [美] 罗伯特·路威著：《文明与野蛮》，张庆博译，陕西人民出版社 2012 年版。

[20] [美] 洛伊丝·斯文诺芙著：《城市色彩——一个国际化视角》，屠苏南、黄勇忠译，中国水利水电出版社、知识产权出版社 2007 年版。

[21] [日] 卢原义信著：《街道的美学》，尹培桐译，百花文艺出版社 2006 年版。

[22] [英] B. K. 里德雷著：《时间、空间和万物》，李泳译，湖南科学

用。法国巴黎临街的广告牌色彩也是如此控制的（见图 15－27）。商户可以有自己的特色，但大面积的色彩都是从城市色彩规划的色谱中选择的，一般只限一种，其余色彩使用中性色。

城市色彩不仅可以规划，也是能够实施的。要始终明确规划与设计的异同。规划要指明方向、划定合理范围，最后实施的设计方案则来自公众和使用者。

八　结语：创新的手段，有效的语言

当前，中国城市的发展面临转型，城市营销也发展到了新的阶段。如何焕发城市内在的生机，挖掘、培育其独特的品牌精神，这是新时期城市营销要完成的任务。城市色彩被忽视已久，造成了今天的“千城一面”现象。但是，它如空气一般每时、每刻影响着每一个人。我们的先人早已认识到这点，古代帝王用色彩塑造宫殿、庙宇和城市，在无言中把“礼”的等级、“道”的内涵都说得清清楚楚，实施得落地有声。这是因为，城市色彩是源自天地、直指人心的。它能融自然山水，显人文精神。它对人心灵能产生巨大影响——色彩力已成为城市的竞争力。它甚至能利用昼夜的时空转换，塑造出“一城双面”。城市色彩规划可以实施，它要排除不美，更需要公众参与。我们可以说，城市色彩是城市营销、城市品牌塑造的一种创新手段，也是城市治理的有效“语言”。

参考文献

[1]［丹麦］S. E·拉斯姆森著：《建筑体验》，刘亚芬译，知识产权出版社 2003 年版。

[2]［德］爱娃·海勒著：《色彩的文化》，吴彤译，中央编译出版社 2004 年版。

[3]［德］梅尔文、罗德克、曼克著：《建筑空间中的色彩与交流》（原著第四版），马琴、万志斌译，中国建筑工业出版社 2009 年版。

[4]［德］约翰内斯·伊顿著：《色彩艺术》，杜定宇译，上海世界图书出版公司 1999 年版。

[5]［俄］康定斯基著：《艺术中的精神》，李政文、魏大海译，中国人民大学出版社 2003 年版。

[6] [法] 莫里斯·梅洛—庞帝著：《知觉现象学》，姜志辉译，商务印书馆 2005 年版。
[7] [法] 薛杰（Serge Salat）主编：《可持续发展设计指南：高环境质量的建筑》，清华大学出版社 2006 年版。
[8] [加] 贝淡宁、[以] 艾维纳著：《城市的精神》，吴万伟译，重庆出版集团、重庆出版社 2012 年版。
[9] [加] 维斯著：《光和时间的神话：先锋电影视觉美学》，胡继华等译，四川人民出版社 2006 年版。
[10] [加] 简·雅各布斯著：《美国大城市的死与生》（纪念版），金衡山译，译林出版社 2006 年版。
[11] [美] 埃德蒙·N. 培根著：《城市设计》（修订版），黄富厢、朱琪译，中国建筑工业出版社 2003 年版。
[12] [美] 爱德华·格莱泽著：《城市的胜利》，刘润泉译，上海社会科学出版社 2012 年版。
[13] [美] 房龙著：《人类的艺术》，衣成信译，中国和平出版社 1996 年版。
[14] [美] 格朗特·希尔德布兰德著：《建筑愉悦的起源》，马琴、万志斌译，中国建筑工业出版社 2007 年版。
[15] [美] 凯文·林奇：《城市意象》，华夏出版社 2001 年版。
[16] [美] 琳达·霍茨舒著：《设计色彩导论》，李慧娟译，上海人民美术出版社 2006 年版。
[17] [美] 刘易斯·芒福德著：《城市发展史》，宋俊岭、倪文彦译，中国建筑工业出版社 2005 年版。
[18] [美] 鲁道夫·阿恩海姆著：《艺术与视知觉》，滕守尧、朱疆源译，四川人民出版社 1998 年版。
[19] [美] 罗伯特·路威著：《文明与野蛮》，张庆博译，陕西人民出版社 2012 年版。
[20] [美] 洛伊丝·斯文诺芙著：《城市色彩——一个国际化视角》，屠苏南、黄勇忠译，中国水利水电出版社、知识产权出版社 2007 年版。
[21] [日] 卢原义信著：《街道的美学》，尹培桐译，百花文艺出版社 2006 年版。
[22] [英] B. K. 里德雷著：《时间、空间和万物》，李泳译，湖南科学

技术出版社 2007 年版。
[23] [英] 贡布里希著:《艺术与错觉》, 杨成凯、李本正、范景中译, 广西美术出版社 2012 年版。
[24] [英] 罗杰·斯克鲁顿著:《建筑美学》, 刘先觉译, 中国建筑工业出版社 2003 年版。
[25] 陈志华:《外国建筑史》, 中国建筑工业出版社 1979 年版。
[26] 崔唯:《城市环境色彩规划与设计》, 中国建筑工业出版社 2006 年版。
[27] 戴俭、刑耀匀编著:《中西方传统建筑外部空间构成比较研究》, 中国建筑工业出版社 2012 年版。
[28] 费孝通:《乡土中国》, 江苏文艺出版社 2007 年版。
[29] 费孝通:《乡土中国·生育制度·乡土重建》, 商务印书馆 2011 年版。
[30] 冯友兰:《中国哲学简史》, 天津社会科学院出版社 2005 年版。
[31] 李学勤:《〈史记·五帝本纪〉讲稿》, 生活·读书·新知三联书店 2012 年版。
[32] 李泽厚:《美的历程》, 凤凰出版传媒集团、江苏文艺出版社 2010 年版。
[33] 梁思成:《图像中国建筑史》, 生活·读书·新知三联书店 2011 年版。
[34] 罗文媛编著:《建筑的色彩造型》, 中国建筑工业出版社 1995 年版。
[35] 王京红:《城市色彩: 表述城市精神》, 中国建筑工业出版社 2014 年版。
[36] 王其钧:《中国传统建筑色彩》, 中国电力出版社 2009 年版。
[37] 吴良镛等编著:《城市环境美学》, 地景企业股份有限公司 1993 年版。
[38] 尹思瑾:《城市色彩景观规划设计》, 东南大学出版社 2004 年版。
[39] 张俊民等:《中国的土壤》, 商务印书馆 1995 年版。
[40] 张长江:《城市环境色彩管理与规划设计》, 中国建筑工业出版社 2009 年版。
[41] 周至禹编著:《设计色彩》, 高等教育出版社 2011 年版。
[42] 宗白华:《空间的语言》, 河南文艺出版社 2009 年版。

图 15－1　城市色彩像空气，我们浸泡在其中

图 15－2　中国北京紫禁城

图片来源：百度图片。

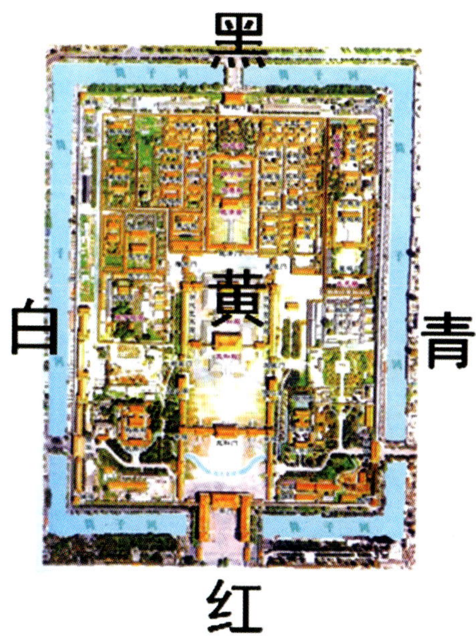

图 15－3　以色营城的中国北京紫禁城平面示意图

图片来源：作者在百度图片上加工。

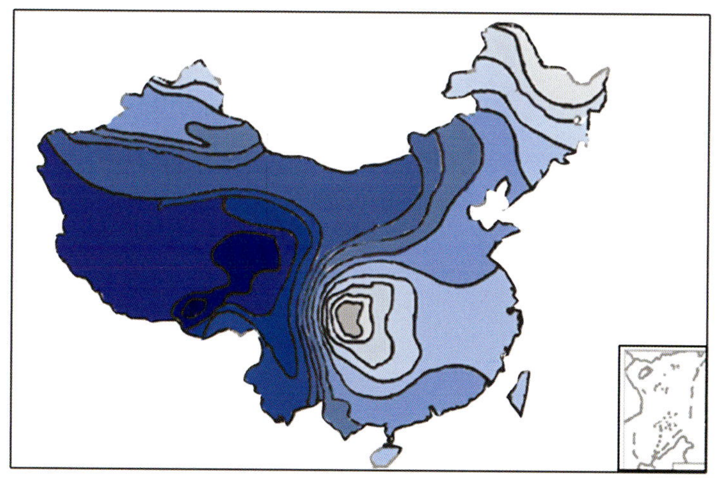

图 15－4　中国理想天空色彩分布示意图

图片来源：作者根据各地年日照小时数和日照强度数据绘制。

图 15－5　中国新疆昌吉

图 15－6　阴影中的荷兰阿姆斯特丹

图片来源：作者自摄。

图 15 －7　中等光亮的法国巴黎、意大利罗马、美国纽约

图片来源：作者自摄，美国纽约的图片来自图片网。

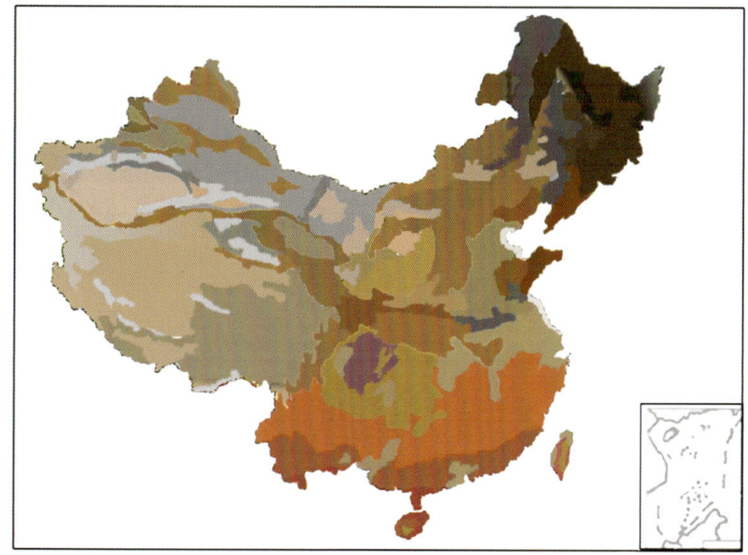

图 15 －8　中国土壤色彩示意图

图片来源：作者根据相关资料与数据自绘。

图 15 －9　中国河南平顶山的典型色

图片来源：作者自摄。

图 15－14　中国西藏扎什伦布寺

图片来源：百度图片。

图 15－15　冷热地区的绿植色彩不同

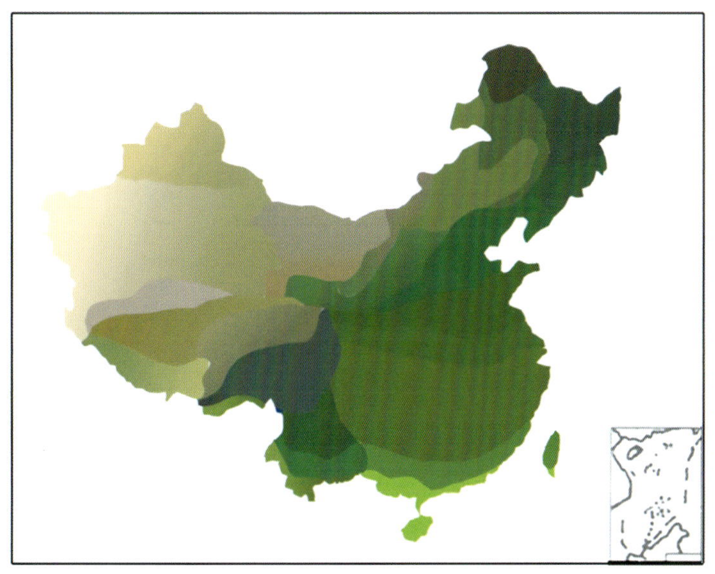

图 15 – 16　中国植被典型色示意图

图片来源：作者根据相关资料与数据自绘。

图 15 – 17　阴影中的日本城市

图片来源：百度图片。

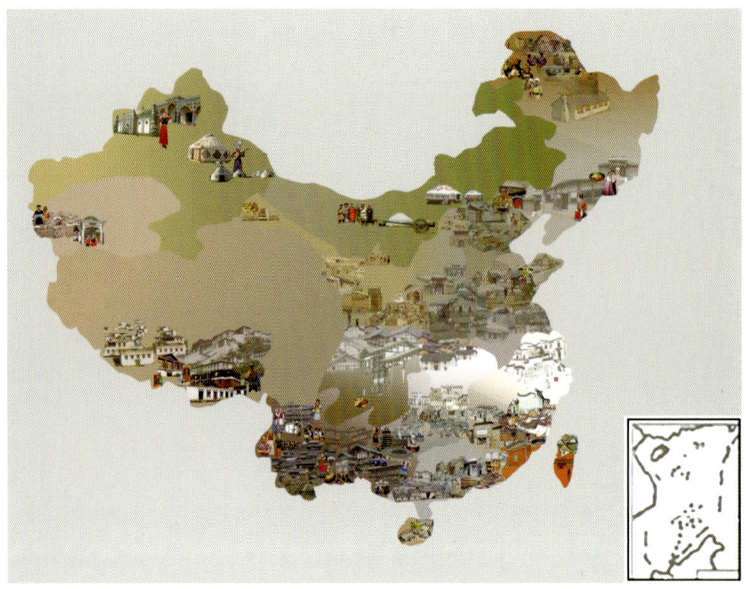

图 15－18　中国人文色彩分布示意图

图片来源：作者自绘。

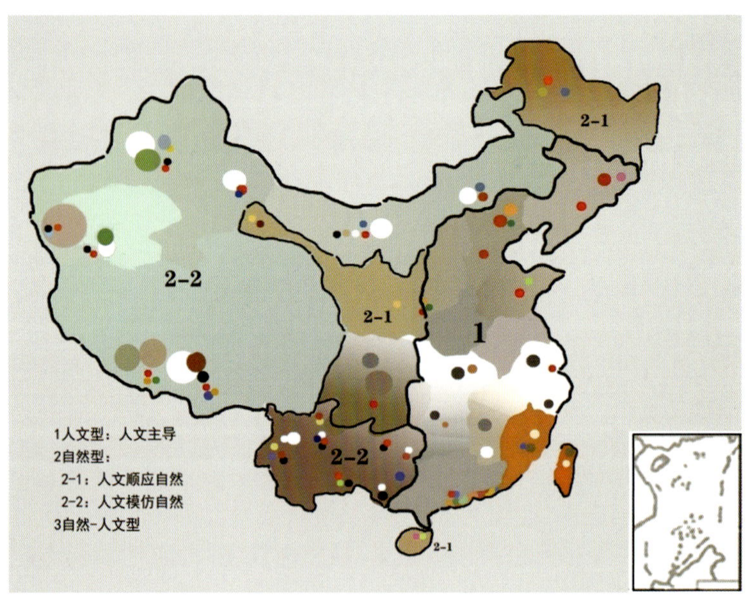

图 15－19　中国城市人文色彩类型分布示意图

图片来源：作者自绘。

图 15－20　中国各地民用建筑与人文色彩分布

图片来源：作者自绘和百度图片。

图 15－21　中国北京紫禁城中轴线空间序列节点色彩力分析

图片来源：百度图片和作者自绘。

图 15－22　中国北京世纪科贸大厦

图片来源：作者自摄。

图 15－23　在运动中感知美国纽约曼哈顿岛的边界线色彩

图片来源：作者自摄。

图 15－24　美国拉斯维加斯夜景

图片来源：百度图片。

图 15－25　法国布列塔尼地区圣马罗小镇夜景

图片来源：顾薇摄制。

建筑物

院门

院门通常高大，门前有坡道与道路相连。

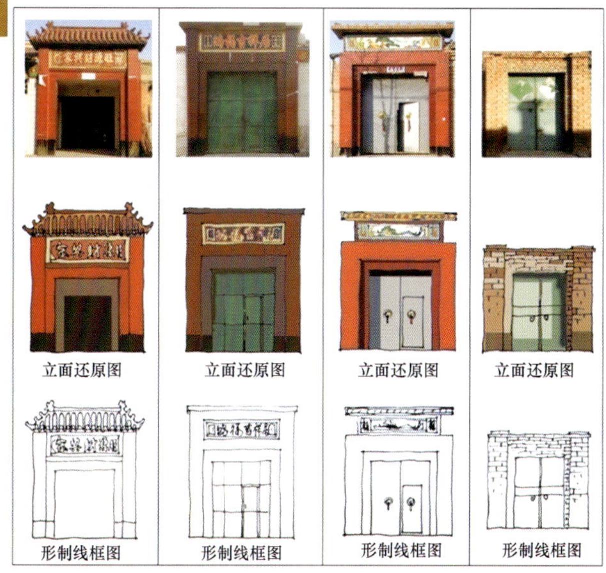

图 15－26　地域模式语言之院门

图片来源：作者自绘。

图 15－27　法国巴黎圣米歇尔大街广告牌是规划控制下公众参与的结果

图片来源：作者自摄。

第16章　文化创意产业与城市文化品牌的活化推广

周　凯　陈卫微*

本章拟梳理文化创意产业和城市文化品牌的概念以及二者之间的辩证关系，聚焦文化创意产业与城市文化品牌的互动，以此来阐明：如何通过依托于地方文化资源的文化创意产业来塑造城市文化品牌，如何有效利用各种资源来活化城市文化品牌。结合理论与案例分析，本章还拟从文化创意产业塑造和推广城市文化品牌的内在逻辑，提出多维角度的策略建议和相关建议。

一　概念界定

（一）文化创意产业

众所周知，文化创意产业为英国首倡，其后，许多国家和地区也纷纷提出相关概念。它主要包括版权产业、文化产业、休闲产业、体验经济、注意力经济等。目前，世界主要国家和地区对文化创意产业的理解可分为三种：以美国为代表的“版权型”，以英国为代表的“创意性”，以中国、韩国为代表的“文化型”。中国对文化创意产业的形态和业态进行了界定，明确提出了发展文化创意产业的主要任务，这标志着中国已经将文化创意产业放在文化创新的高度进行了整体布局。

所谓文化创意产业（Cultural and Creative Industries），比较公认的定

* 周凯，南京大学创意产业研究中心主任、南京大学新闻传播学院教授、博士。陈卫微，南京大学新闻传播学院2015级硕士研究生。

义是：它是一种在经济全球化背景下产生的以创造力为核心的新兴产业，它是一种主体文化或文化因素依靠个人或团队通过技术、创意和产业化的方式开发、营销知识产权的行业。联合国教科文组织认为，文化创意产业包含文化产品、文化服务与智能产权三项内容。文化创意产业、文化创意经济或被译成"创造性产业"，是一种在全球化的消费社会的背景中发展起来的，推崇创新、个人创造力、强调文化艺术对经济的支持与推动的新兴的理念、思潮和经济实践。

简单地讲，文化创意产业是以创意为内容的生产方式，"文化"是一种生活形态，"产业"是一种生产营销模式，用"创意"将两者连接起来，就形成了"文化创意产业"（见图 16－1）。[1]

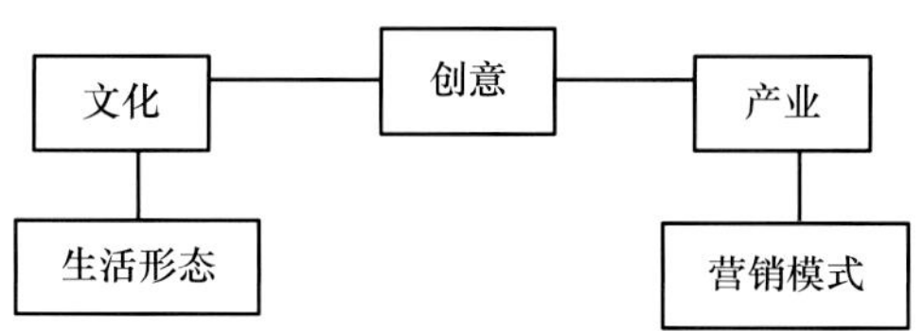

图 16－1　文化创意产业的概念逻辑

文化创意产业是在当今知识经济时代背景下发展起来的一种创新型的产业，它是强调文化与经济相互融合、相互促进的实践活动。文化创意产业自从产生之后，对各国的政治、经济、文化都产生了很大的影响，这种影响体现在其产业比重的增加和增加速度的惊人方面。在全球化竞争的今天，许多城市争相树立自己的城市品牌，而其中一个重要的依托点便是文化创意产业。

（二）城市文化品牌（City Cultural Brand）

美国品牌专家凯文·莱恩·凯勒在《战略品牌管理》一书中指出，地理位置或某个空间区域像产品和服务一样，也可以成为品牌。要想使城市萌生鲜活的生命和焕发独特的魅力，要想在未来的城市商业化竞争中取胜，一个城市就必须提炼出与众不同的核心价值，给予人们一种独特体

① 张国治：《从艺术设计、文化创意产业到城市文化品牌形象营销》，《福建师范大学学报》（哲学社会科学版）2014 年第 4 期。

验，否则城市之间将缺乏本质上的差异性，甚至失去吸引力，流于平凡。

一提到威尼斯，人们就知道它是“水上之城”。而“时装之都”当属巴黎。维也纳则更是人们眼中的“音乐之都”。不得不说，当今城市之间的竞争已进入品牌竞争的时代。

以杭州为例，它在国内众多追求“国际化都市”目标的城市中突显了与众不同的核心价值——“人间天堂，快乐杭州”，并以此来增强世人的注意力和吸引力。休闲旅游一直是杭州发展的主攻方向，杭州也正在全力打造新名片——“世界休闲之都”。

的确，城市品牌是最宝贵的、最有价值的城市财富，是城市竞争力的制高点，一座城市的真正价值实际上存在于城市投资者和消费者的头脑之中。城市竞争说到底是品牌的竞争，它包括知名度、美誉度、忠诚度和联想度。知名度就是对品牌认识的程度，即品牌对社会公众影响的广度，它包括城市的国内和国际知名度、市长的国内和国际知名度。美誉度是指消费者对城市品牌价值的认可——对城市有好的印象，有好的评价。忠诚度表示该品牌在消费者心中不可替代的程度，是指人们对城市有一种依恋感，建立了持久的感情。联想度是指通过品牌而产生的所有联想——比如想到“人间天堂”就想到中国杭州。

城市可以将文化创意产业加诸于特定品牌形象，由此产生较高的品牌价值，并不断地向外界强化其品牌形象（Brand Image），增强外界和一般社会大众的品牌认同（Brand Identity），创造品牌价值（Brand Value）。因此，在当前全球化竞争的环境中，强调发挥本土文化与资源，发挥城市品牌优势，也是现代城市形象发展的重点。

得品牌者得市场，而包含在品牌中的一半是文化，文化是城市品牌的灵魂，文化资源是城市发展和城市竞争的重要资源，人们可以通过文化管理来塑造城市形象，提高城市无形资产的价值，也就是说，城市品牌说到底就是城市文化品牌，文化资源、文化底蕴、文化符号才是城市品牌的立足点和不竭的源泉。

（三）文化创意产业与城市文化品牌之间的关系

1. 文化创意产业是传播城市文化品牌的有效载体

随着城市竞争的日趋激烈，城市品牌传播也受到国内外各大城市的普遍关注，而文化创意产业作为城市品牌传播的重要载体和核心竞争力，两者相互支持、相互促进、共同发展。通过文化创意产业传播城市品牌是一个城市发展和提高竞争力的重要手段，对内能增加城市的凝聚力，对外能扩大城市的吸引力和影响力。

2. 文化创意产业可以提升城市文化品牌形象

文化创意产业以“创新”为核心因素，是一种新兴、独立的经济形态，它不仅可成为城市经济发展的新的增长点，更为城市的复兴和城市品牌的建构提供了契机。文化创意产业的城市经济模型首先来源于英国，伦敦以“伦敦城市复兴创意计划”巩固了其世界级城市的地位。从《伦敦市长文化战略草案》资料分析，伦敦拥有英国三分之一的演艺公司、46%的广告从业人员、90%的音乐活动、75%的广告与电影收入、85%的时尚和服装设计师，不得不说伦敦确实是英国首屈一指的文化创意业产城市，文化创意产业已成为伦敦的主要经济支柱，所创造的财富仅次于金融服务行业，是增长最快的产业。

3. 文化创意产业与城市文化品牌协同发展

发展城市的文化创意产业，加强文化创意产业实力建设，有利于优化城市人文环境，树立独特城市形象，传播城市文化品牌，增强城市综合实力和区域竞争力。在依托文化创意产业来塑造城市文化品牌的同时，也能够促进整体城市形象的提升，进而也能够为城市的文化创意产业吸引更多的资金和人才，促进整个城市文化创意产业链的良性循环发展。两者的协同发展关系主要体现在以下两个方面：一方面，文化创意产业能够把城市现存的文化资源转化为社会服务资源，将创意元素融入到社会相关行业中，推动城市经济发展和文化提升，并且也是城市品牌传播的主要手段和灵感来源；另一方面，良好的城市品牌形象也给文化创意产业的进一步全面发展提供了好的口碑和美誉度。①

4. 文化创意产业和城市文化品牌的辩证共生的关系

文化创意产业的发展依附在城市品牌的架构下，文化创意产业作为城市经济格局的重要一极，一直受到城市品牌传播整体规划的制约，同时，它又以自身的发展促进着城市品牌的传播。两者的关系是一种系统与元素的关系，是辩证共生的关系。文化创意产业也为城市品牌传播提供了手段

① 胡俊、王丹、隋晓莹：《文化创意产业与城市形象塑造协同发展研究——以大连为例》，《城市建筑》2015 年 11 月。

和技术。文化创意产业本身对于多媒体和高科技的依赖度较高，很多创意产品甚至要完全依靠科学技术才能得以实现，而城市品牌推广的本质也是一种传播，同样离不开传播媒介和技术。

二　文化创意产业与城市文化品牌的互动

（一）城市文化品牌依托地方文化资源

1. 历史文化遗产与文化创意产业相结合

一般来讲，历史文化遗产催生了多元化的城市身份。因此，城市身份的定位要求对历史文化遗产进行保护。保护是以传承为载体的，而创新是文化创意产业的关键点，怎样处理好“传承”和“创新”的关系是历史文化遗产保护和文化创意产业相互契合的重点所在，同时还是城市身份定位的核心。

“南京青年文化周”活动以中国“非遗”传统手工艺为核心，向参与其中的中外青年宣传中国传统文化的传承与创新，以轻松、互动的方式让观众认知“非遗”技艺及文化的价值，引发人们对于传统文化传承与创新的思考并激发了全社会保护“非遗”传统文化的社会使命感。

2015年9月28日，“‘守艺新生，乐享非遗’——南京中外青年非遗文化交流营”在南京民俗馆举办，活动由“非遗传承人展演”“非遗曲艺演出”“非遗创新展览”“互动游戏”4个部分组成。其中，“非遗传承人展演”邀请了10余位优秀传承人通过现场展示与观众互动，诠释了“非遗”技艺的独特魅力。“非遗曲艺演出”邀请南京白局、昆曲、戏班乐队通过不同的艺术表现形式为现场领导与观众带来了精彩的表演。“非遗创新展览”的参展作品基于“非遗”工艺，以适应现代生活美学及价值观的方式进行“非遗”再创新，引发观众对“非遗”传承与创新的思考。“互动游戏”则让参与活动的中外青年在游艺中了解中国传统文化，分享合作、传承、交流的快乐。

审视中国的文化遗产开发现状，可以发现，“小散乱”的问题相当严重，亟须整合资源、形成产业链，以实现价值增值。比如，中国的旅游业目前由100多个相关行业构成，应当把这些行业整合起来带动周边经济——如酒店、餐饮、交通、艺术品等，形成产业价值链。唯有如此，才可能真正走出“门票经济”的怪圈。

2. 工业遗存与文化创意产业相结合

文化创意产业园可由旧厂房、旧仓库改造而来，这不仅可以促进城市的地区性经济发展，同时也是城市旅游观光地的创新应用，可以宣传城市文化的驱动力、创新力。比如，南京“晨光 1865 科技·创意产业园”是由江苏南京秦淮区政府和晨光集团创办的，于 2007 年 9 月 19 日开园并面向全球招商。产业园所在地为李鸿章于 1865 年兴建工厂的旧址，园区内有 9 幢清代建筑、19 幢民国建筑，它如同一座中国近代工业博物馆，记录着中国民族工业发展的历史轨迹。园区分为时尚生活休闲、科技创意研发、工艺美术创作、酒店商务服务、科技创意博览等 5 个功能区，致力于建造成国内知名的融科技、文化、旅游、商业等为一体的综合性生活地标和创意产业中心（见图 16－2）。

图 16－2　“晨光 1865 科技·创意产业园”部分建筑

再如北京的“798 艺术区”，它已经成为北京城市形象的一张名片。

以798工厂为主的厂区，建筑风格简练朴实。这组厂房是20世纪50年代初由苏联援助、民主德国负责设计建造的重点工业项目，几十年来经历了无数的风雨沧桑，伴随着北京都市文化定位和人民生活方式的转型，798工厂等企业也面临着再定义和再发展的任务。自从艺术家和文化机构进驻后，他们成规模地租用和改造空置厂房，逐渐将其发展成为画廊、艺术中心、艺术家工作室、设计公司、餐饮酒吧等多种空间的聚合，形成了具有国际化色彩的“SOHO式艺术聚落”和“LOFT①生活方式”，再经由当代艺术、文化创意产业与历史文脉和城市生活环境的有机结合，“798艺术区”已经演化成为一个文化概念，给想要建立第一流国际化大都市的北京添加了独特的“文化试剂”。占地10平方公里的北京“798艺术区”，由一个荒废的厂区摇身变成时尚地标，如今，该地聚集着近两百家画廊、艺术家工作室、策展人办公间以及咖啡馆、酒吧等，甚至在国际许多旅游刊物中，它也被列为北京三大旅游胜地之一——与故宫、长城并列。

3. 地方民俗文化与文化创意产业结合

地方民俗文化与文化创意产业结合的典型案例莫过于将地方服饰发展成为民俗服饰的设计产业；或将原生态的生活方式与旅游产业融合起来开发成民俗风情观光地，以特色化的“卖点”来宣传自身的品牌形象。

根据汉网②调查，前两年，全国汉服生产业总销售额达1000多万元，而这仅仅是传统小作坊所创造的成果。根据汉网、天汉民族文化论坛（http：//www.tianhan.com）的注册数据，全国相关潜在客户可达10万人以上。全国各地所有的汉服制造商不过20余家，包括业余的汉服制造者在内也不过100多家，对于众多的汉服爱好者来说其不过是杯水车薪。随着汉服复兴运动的发展，汉服爱好者的数量必将迅速增加。其客户群不仅仅是汉服爱好者，更多的将是追求现代时尚和健康的年轻人，他们是将这种创意服饰文化变成潮流的主要力量。

另据调查显示，在现今的“汉服同袍”（汉服复兴支持者相互之间的称呼）中，女性占总数的71.9%，男性占总数的28.1%（见图16-3），这说明女性是现今汉服市场的主力军。

---

① LOFT作为建筑学名词，是指那些拥有开放空间的，被改造用于工作、居住的废旧工业建筑，还包括由此发展起来的旧建筑再利用模式。发展到现在，LOFT成为了一种时尚生活方式的代名词，并演绎成为了一种前沿文化。

② 参见汉网，http：//www.hanminzu.com。

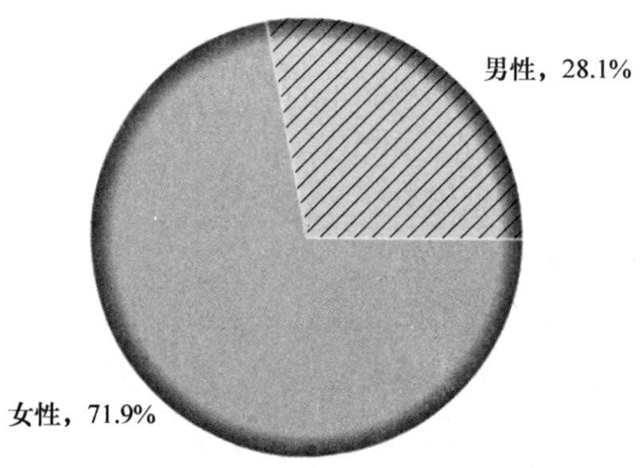

图 16－3　汉服爱好者男女比例

资料来源："汉服资讯"调查数据。

根据统计（见图 16－4），青年人是民俗文化的最大推动者。现今"汉服同袍"的平均年龄为 22.1 岁，16—18 岁的占总数的 21.98%，19—24 岁的占总数的 48.2%，25—35 岁的占总数的 19.04%。25 岁以内的学生及大学刚毕业的人数，占到了总数的 78.55%，35 岁以内的人数占总人数的 97.59%，36 岁以上的人只占总人数的 2.41%。前三者的比例是如此之高，这说明"汉服同袍"中未成年人和在读学生人员的比例非常高，学生、青年人是汉服产业的主力军。

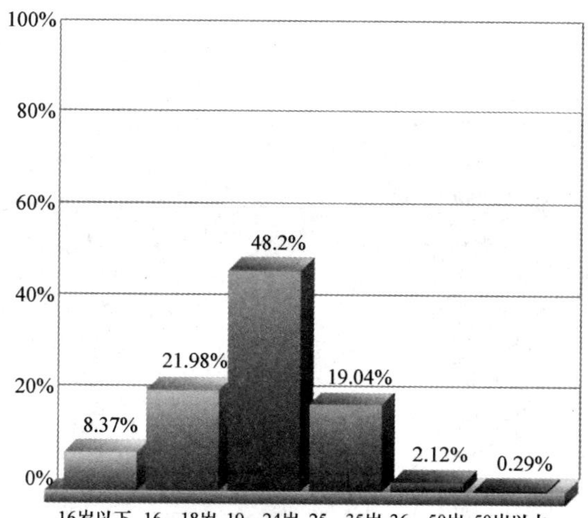

图 16－4　汉服爱好者年龄分布统计结果

资料来源：百度"汉服吧"。

又比如，丽江古城是国家级历史文化名城，有着800余年历史，是中国保存最为完整，最具纳西族风格的古城。1997年被联合国教科文组织列入“世界文化遗产”名录。丽江孕育了丰富多彩、神奇灿烂的民族文化。有众多的独特节日（见图16-5和图16-6）——如纳西族的正月十五棒棒节、三朵节，彝族的火把节，傈僳族的阔时节，普米族的吾昔节，摩梭人的转山节和他留人的粑粑节等。各民族在语言文字、神话传说等方面都保留了自己独特的个性和多姿的风格，被誉为国际精品旅游胜地。一

图16-5　丽江少数民族节庆之一

图16-6　丽江少数民族节庆之二

提到丽江，人们联想到的特有的文化品牌符号便是“古城”“旅游胜地”“原生态”，而这离不开对原生态生活方式的保护和传承。

（二）有效利用各种资源活化城市文化品牌

1. 媒介资源

城市品牌形象传播可采用专题会展、地方性的人文历史文化节等多元化措施，来展示主题内容并和受众进行当面交流，这对宣传城市品牌形象能起到促进作用。此外，随着移动互联网的发展，通过社交媒体进行城市品牌宣传更受青睐。比如，2015 年，南京“青年文化周”活动就充分利用了社交媒体这一传播形式，实现了精准的内容推送，达到了很好的传播效果。据统计，推送给南京 Facebook 主页的定向传播和贴文带来了积极效果，其中主页的曝光量高达 756353 次，贴文定向推送的曝光量高达 537122 次（见表 16－1），定向推送使得南京 Facebook 的主页和贴文在短期内到达大量用户的视野中，同时，也使得南京 Facebook 平台的粉丝人数大幅上涨，在短短一个月内为南京 Facebook 主页带来了超过 20213 人的粉丝增加量。该推广方式的成功之处在于用本地化的语言向目标区域的受众定向推送活动信息，让更多的目标受众参与到互动中，增加了活动的曝光量，吸引了更多人的参与。

表 16－1　　**2015 年南京“青年文化周”定向推送效果总结**

	定向推送总结			
	曝光量（次）	点击量（次）	互动（次）	粉丝增加量（人）
专页赞好推广	756353	22179	20347	19605
贴文定向推广	537122	112391	116805	608
总数	1293475	134570	137152	20213

2. 旅游资源

在对城市现有旅游资源、旅游环境和旅游条件分析的基础上，利用独特的旅游资源来传播城市品牌形象也是重要的方法之一。将旅游资源融合于影视、动漫等文化创意产业的发展中，能够更好地体现城市旅游及其内在文化的创新性、特殊性。

比如，上海的城市品牌定位一向就是“国际化的大都市”，因此“迪士尼”概念的引进契合了这一城市文化品牌的传播效应，强化了上海的城市品牌形象。上海抓住上海迪士尼乐园等重大项目契机，发挥品牌效应，以文化创意促进旅游休闲消费水平的提升。除此之外，在推进以文化创意产业为载体的多层次城市品牌体系建设方面，上海也把握住加入联合国“创意城市网络”的契机，通过打造品牌园区、品牌地标、品牌企业、品牌活动、品牌产品、品牌人物等，充实“创意上海”的品牌内涵，展示上海的创意城市的国际形象。为此，上海提出要塑造张江、“世博”、迪士尼、临港、虹桥等区域性的品牌来促进上海“品牌之都”的建设。这一系列的规划建设，使上海在“国际化的大都市”的标签之上，又加入了“创意城市”这一时尚化的文化品牌符号。

3. 公共文化设施资源

可以充分利用城市公共文化基础设施——如图书馆、艺术广场等文化资源和平台，展示整个城市人文历史文化和当代社会文化，对外形成整体宣传影响力，对内形成一致性的向心力，促进城市品牌传播有效性的提升。

比如，加拿大魁北克的蒙特利尔艺术广场，广场内有许多艺术回廊，可容纳 3000 人，还有最新的音响设备等；另外，附近还有可容纳 13000 人的 Maisonneuve 剧院及拥有 8000 个座位的 Port Royale 剧院，经常有歌剧、芭蕾舞剧等表演以及各种音乐会和戏剧演出。夏季的爵士乐节、嬉笑节等节日也常在此地举办，因此这里也成了代表加拿大的艺术品牌地标。在吸引游客的同时，也传播了蒙特利尔艺术文化城市这一品牌形象（见图 16 -7）。

图 16 -7　加拿大魁北克蒙特利尔艺术广场

（三）文化创意产业作用于城市文化品牌的方式

1. 文化创意产业通过产业模式提升城市文化品牌的传播

城市文化品牌的传播是否成功，归根结底在于它是否具有足够的实力，而一个强势的城市文化品牌必然拥有一些具有竞争优势的产业。文化创意产业作为城市产业结构的一极，通过自身在产业结构中的比重、发展前景和经济拉动力影响着城市经济的发展，反映到城市文化品牌传播中，是一种“元素优化系统”的表现。也就是说，文化创意产业的发展会增强城市文化品牌实力，并以自身促进城市文化品牌的传播。

2. 文化创意产业自身产业元素作用于城市文化品牌的传播

文化创意产业为城市文化品牌传播提供了养料，北京“798 艺术区”的案例彰显的就是文化创意产业作用于城市文化品牌的一种方式。具体来说，城市文化品牌可以利用文化创意产业的媒介组合、文化创意元素以及产业传播模式来实现自身的传播，而文化创意产业也可以充分地发掘城市文化品牌的优势，通过文化创意产业内部的“加工”和创造，把发掘之后的元素转化为文化创意产品进行传播。

三　城市文化品牌活化与推广的典型案例分析

（一）“南京青年文化周”与南京城市形象塑造

自 2014 年承办青年奥林匹克运动会之后，“青春”和“活力”已经成为南京城市形象的突出元素，此后，南京通过举办大型“青年文化周”活动将“青春之城”“活力之城”打造成为南京的独特城市品牌。南京提出传承“青奥”遗产、塑造南京“青春之城、活力之城、和平之城”的国际目标（见图 16－8）。

1. “读城活动” + “我们正青春”励志演出迎合青年人的玩法

2015 年 9 月 27 日，南京“青年文化周”系列活动之“读城活动”拉开了序幕，本次“读城活动”以“穿越六朝、徒步南京”为主题，围绕运动与文化，用青年人喜欢的线上、线下相结合的方法，进行城市人文地理活动，用脚步去丈量、用眼睛去发现、用味觉去感受、用耳朵去聆听这个城市。活动从石头城出发，经过颐和路、长江路、老门东、最后在中华门集结，500 名青年徒步南京，穿梭在现代都市中，在历史遗迹中感受南

图 16－8　2015 南京“青年文化周”论坛

京的六朝风情。

2015 年 9 月 26 日，“我们正青春”的励志演出开始，活动采取演讲＋演出的形式，围绕体育、文化、公益、和平等主题，以别致的舞美设计、励志的演讲内容和炫目的表演，展示南京青年人的情怀，赢得了广泛好评。南京“青奥会”曾提出“青年人满意不满意，高兴不高兴，惊喜不惊喜”的办会原则，这样的标准在策划南京“青年文化周”活动中也依然被贯彻。

2. “和平之声音乐会”加固南京青春、体育、和平、文化、活力的城市文化形象

2015 年 9 月 28 日，“和平之声音乐会”在中山陵举行。顶着一轮明月，在微风中聆听这样的音乐会，引来了市民的如潮好评。加上南京体育部门正在竭力推进的各项群众性体育赛事（2015 年 11 月 29 日南京国际马拉松正式推出，2016 年承办速度轮滑世界锦标赛），南京的城市文化形象大为提升。

当前，南京正通过顶层设计，以政府推动、群众参与的形式，将文化、体育、和平三个主题，通过持续的活动在南京深化、加强，这也全面提升了南京的城市形象和国际影响力。

（二）杭州打造“休闲之都”城市文化品牌

作为“国际风景旅游城市”“国家历史文化名城”，杭州准确把握时代特征，依托独特的区位优势、资源优势和文化积淀，形成了适合杭州特点、独具杭州特色的“和谐创业”模式，正在努力“构筑大都市，建设新天堂”。

杭州是一座被国内外权威机构青睐的荣誉之城，先后赢得了“联合国人居奖”“国际花园城市”“中国最具经济活力城市”等荣誉。近年来，杭州从实际出发，着力实施“经济强市、文化名城、旅游胜地、天堂硅谷”的城市品牌战略。从“西湖论剑”到“钱江弄潮”，杭州在生活与创业、保护环境与发展经济、人与自然的和谐中，找准了“天堂硅谷”“休闲之都”两大奋斗目标，探索出城市的独特性、差异性发展道路，一步步迈向“生活居住的天堂”“旅游休闲的天堂”和“求知创业的天堂”。

对于杭州来说，休闲文化和西湖文化是两个基调，杭州城市文化品牌的打造就围绕这两点进行。在城市文化品牌的打造过程中，杭州既要继承传统人文精神，又要根据时代特点和现实需要，不断创新和拓展。

在今天这个信息时代，杭州将向世人出售环境、出售文化、出售休闲，力争成为最适宜人类居住的城市之一。杭州提出打造“世界休闲之都”，既是对人类社会发展规律的正确认识，也是对杭州城市性质、特征、功能的科学定位。国外学者都认为，在2015年左右，发达国家开始陆续进入“休闲时代”，发展中国家也会紧随其后，休闲产业将取代信息产业成为推动全球经济增长的重要引擎。休闲产业包括旅游娱乐、体育健身、文化传播等方面。2006年，杭州在“西博会”的基础上，举办了“世界休闲博览会”，使观光、会展、休闲游“三位一体”发展。具体地做法还有：第一，以研究休闲经济等为宗旨的中国休闲研究会在杭州成立。第二，总投资20亿元、占地数千亩的世界休闲博览园也在杭州奠基。第三，民间资本对于投资杭州旅游休闲事业的热情也空前高涨，涌现出一批像三江国家旅游度假区、杭州乐园、未来世界等一大批休闲、娱乐主题公园。这些做法均是值得借鉴的有效方式（见图 16－9 到图 16－11）。

图 16－9　杭州的推广海报

打造国际文化旅游名城特刊

杭州是如何打造“东方休闲之都”的(下)

提升国际竞争力

做大做强　优质服务

“借梯登高”打好“四张牌”

图 16－10　关于杭州打造“世界休闲之都”的媒体报道

图 16－11　杭州旅游指南

2015 年，“中国文化发展指数暨中国文化发展论坛”在武汉举行，论坛上首次发布了中国文化城市 100 强榜单，杭州排名第 4 名。在全国 288 个地级以上城市中，排名中国文化城市前 10 名的城市依次为：北京、上海、深圳、杭州、广州、南京、宁波、嘉兴、苏州和珠海。

四　以文化创意产业塑造推广城市文化品牌的策略

根据对上述情况的具体分析以及本课题组在实地调研过程中发现的问题，我们得出以文化创意产业塑造、推广城市文化品牌的发展策略。

（一）工业资源再利用开发策略

将工业资源再利用，与文化产业相结合，不仅有利于工业遗产的保护，而且可以节约成本，是第二产业与第三产业以及经济与文化的完美融合。同时，工业资源的再利用也有利于推广城市品牌文化这一“软实力”。

要引导金融资本、民间资本，使之与工业资源再利用项目对接，鼓励企业与跨文化集团合作，设立专项扶持基金，对于符合城市文化创意产业发展方向且规划合理的工业资源再利用项目，应采取贴息贷款、补贴、奖励等多种方式予以支持。

（二）吸纳多学科背景的创意人才策略

汉堡国际传媒艺术与新媒体学院院长认为：文化创意出自人，培养文化创意产业的真正人才，是解决文化创意产业发展瓶颈的关键。而中国这方面的人才相当匮乏。文化创意人才应该具备较强的创新意识和创意能力，兼通知识、技术和艺术，同时还要具有较高的人文素养和团队协作能力以及较强的实际运用能力，是具有个人创造力、技能、才华的复合型人才。

文化创意产业的核心是“创意”，创意是以人类学科交叉为前提的，孤立的学科知识是不可能产生持续的文化创意的。文化创意产业的根本观念是通过“越界”促成不同行业、不同领域的重组和合作。只有具备了扎实的专业功底又兼具多专业、多学科、多视域的人才能成为真正的文化创意人才。

（三）“服务+管理”创新特色模式策略

加快文化创意产业领域的公共服务和管理创新、畅通文化创意产业发展公共服务通道，需要通过文化创意产业链的三个主要环节来构建产业服务体系。文化创意产业链的三个环节对服务的需求重点不同：在创意萌芽的阶段主要是对研发服务的需求，在创意产品化的阶段主要是对产品孵化服务的需求，在产品品牌化的阶段主要是对营销传播服务的需求。

因此，我们根据这三个环节服务需求的重点，构建出三大服务子系统。我们认为，应该构建相关的公共服务平台，为文化创意产业提供全方位的产业发展服务。同时，还要借鉴国内外成功的管理经验和做法，逐步完善文化创意产业公共服务的组织管理体系。

（四）知识产权保护策略

以知识创新为典型特征的文化创意产业应当受到知识产权法律的保护，但现行中国的知识产权法律针对“创意”的保护十分不够，在著作权、专利权、商标法等方面有诸多局限。

一个好的创意具有巨大的经济和文化价值。文化创意产业的著名专家约翰·霍金斯在他的《创意经济》中指出：“资本时代已经过去，创意时代已经到来。”创意产业的迅速发展与创意保护的滞后这一矛盾亟待我们去克服。

（五）产业园区实施“走出去”和“引进来”相结合策略

产业园区实施“走出去”策略是以文化产业园区为主体，在政府推动和商会协调机制下，通过管理、资本、人才等多种合作模式，建立以产业园区为载体的国际化合作平台，推动产业园区形成产业化生态、社会生态、自然生态的持续发展模式。产业园区的“引进来”策略是在目前的城市现代化过程中，大胆利用国外的资金、技术、人才和先进管理经验以加快城市文化产业园区现代化的步伐。

产业园区“走出去”策略在总体上有三种实现模式，一是在国外自建自用园区，一般规模较小；二是在国外建立面向社会招商的园区；三是在国外综合开发独立园区，一般规模较大。无论哪种模式，“走出去”的产业园区都要重视提升其持续发展能力，形成重视制度环境、合作理念、园区治理、发展模式与持续发展的系统方式。

（六）创新新媒体传播形式以盘活文创产业策略

新媒体的传播，带来了受众的数量激增，创造了更多的文化消费需求，使文化具备了成为一个产业并保持盈利的必要条件。新媒体是文化艺术传播的重要载体，是文化创意产业的重要技术手段，是提升文化创意产业竞争优势的重要砝码。

因其自身的特点，新媒体在传播文化创意产业成果时，往往能带给接受者独特的娱乐体验、情绪体验、审美体验和情感体验。特别是通过虚拟现实技术，可以使“受众”得到沉浸感，并提高交互性和构想性。

（七）利用城市“大事件”传播城市文化品牌策略

今天，“注意力”资源已经成为最抢手的资源，越来越多的城市打算通过组织、利用具有广泛影响力和巨大新闻价值的重大事件来吸引广大受众，以提高城市的知名度和美誉度，树立起良好的城市品牌形象。

例如，南京先后举办过名城会、世界城市论坛、中欧领导人会晤和中欧工商峰会等重大活动，又承办过亚运会、“青奥会”等重大赛事，这些国际性的“大事件”让南京吸引了世界的目光，大幅度提升了南京的国际化水平和国际形象。这就是南京的城市影响力和国际化程度大幅度提升的重要原因。

第四编

研究案例

第 17 章　促进外国直接投资的城市区域战略：托斯卡纳地区的城市营销

塞西莉亚·帕斯奎内利*
翻译：胡　纯　刘彦平

一　引言

本文以意大利中部的托斯卡纳为研究案例，旨在探索错综复杂的潜在的城市和经济发展政策交织下的城市区域营销的一种可行路径。

托斯卡纳地区是国际著名的旅游胜地。长期以来，其农村、城镇和城市，尤其是后两者，一直处于快速扩张的状态。佛罗伦萨因为自身卓越的城市艺术文化，已经成为意大利重要的旅游目的地。如今，佛罗伦萨已经逐渐成为一个值得瞩目的旅游消费目的地。区域权威的设计和规划增强了旅游营销和品牌营销，托斯卡纳地区的品牌声誉如日中天。与此同时，外国直接投资（FDI）的作用获得越来越多的关注，被视为区域经济国际化的基础性指标之一。在过去的 10 多年中，很多城市都在提高投资流入上做了大量工作。特别是在 2012 到 2014 年间，城市营销在欧洲凝聚力结构资金支出的框架内，开始聚焦城市规模战略，托斯卡纳地区的重要城市、城镇已经成为促进外国直接投资（FDI）的节点城市。本文着重分析佛罗伦萨、比萨和利伏诺三个城市，剖析它们在区域营销中的“城市极”作用，阐述三个城市及其周边占据托斯卡纳区域外国投资储备 55% 的成果

* 塞西莉亚·帕斯奎内利（Cecilia Pasquinelli），意大利格兰萨索科学研究院（GSSI）副研究员。cecilia. pasquinelli@ gssi. infn. it。

实现方式。

在新区域规划开始执行和区域国际化治理转型的时期，本文研究了托斯卡纳地区促进外国直接投资（FDI）和加强战略、领域和功能表达的多层次安排的重要经验和要素，也深入分析了该区域营销所采用的城市规划工具的一致性及各种工具之间的联系。

二　案例背景

托斯卡纳地区，位于意大利中部，拥有370万居民（占意大利总人口的6.2%），在意大利国内是一个中等规模的区域，聚集了国际知名的时尚品牌和意大利的代表性产品——包括食品和葡萄酒、南欧生活方式、历史遗迹和文化传承等，赋予了托斯卡纳地区如佛罗伦萨、比萨、西耶那和卢卡等主要城市、城镇的独特的西西里风情（见图17-1）。

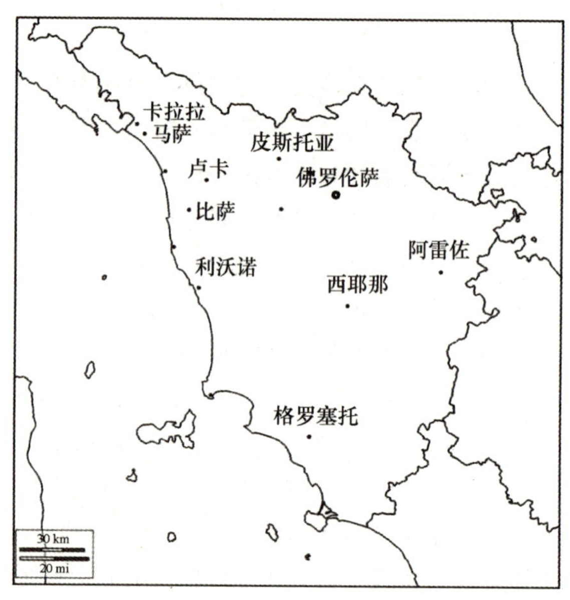

图17-1　托斯卡纳的主要市镇

2015年，托斯卡纳人均GDP为28800欧元，高于意大利全国平均水平（见图17-2和图17-3）。

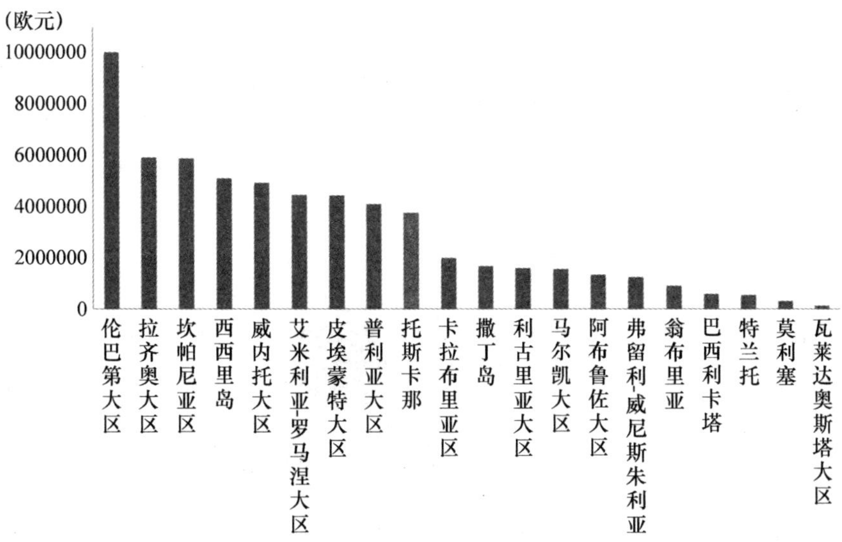

图 17－2　意大利各地区人口数量

数据来源：*EUROSTAT* 上的个人统计。

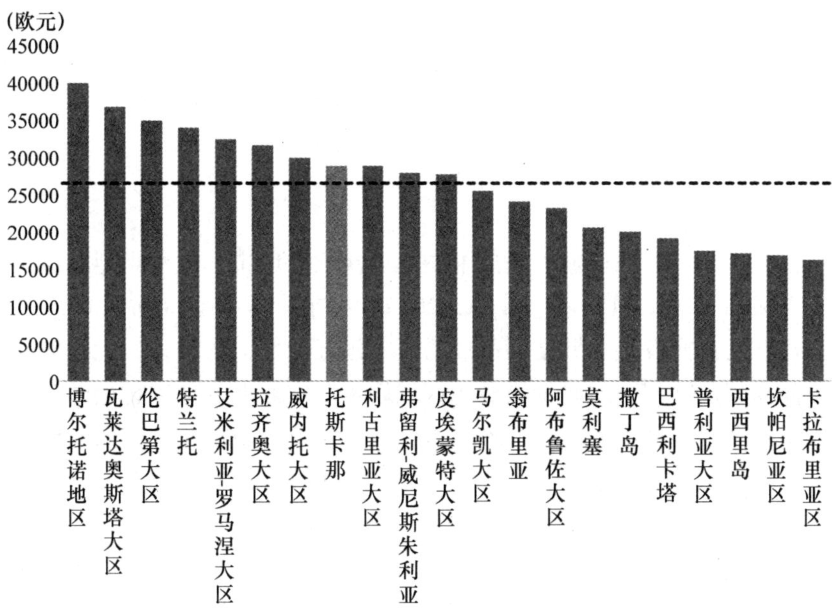

图 17－3　基于 2014 年市场价格的意大利各地区人均 GDP 情况

从商业的角度来看，托斯卡纳地区在 2013 年包含 329495 个活跃公司，商业人口数量和企业注册量（21714）在意大利排第 7 名。托斯卡纳地区的商业人口类似于罗马和米兰——这两者都是意大利的商业中心。而该地区的主要城市——佛罗伦萨，是意大利全国范围内中等体量的商业中心。此外，佛罗伦萨还是托斯卡纳地区的行政中心，也是区域经济中心，有 28% 的公司集中在佛罗伦萨城区（见图 17－4）。

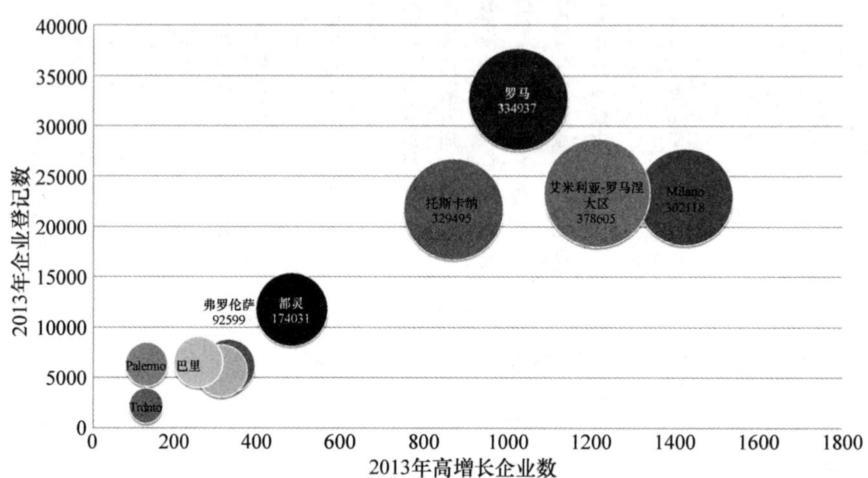

图 17－4　根据 2013 年商业人口、高增长率和企业注册量的意大利城市和地区排名

数据来源：*EUROSTAT* 上的个人统计。

作为一个多中心区域，托斯卡纳地区缺乏大城市，但中小型城市形成了节点城市网络。有学者（Irpet，2010）提出，这些空间布局可能产生网络经济的协同发展，并使网络成为具有国际竞争力的系统。现行框架激励了同样遵循欧洲凝聚政策指导的区域政策。实际上，基于讨论的中等规模城市提高了区域竞争力，假设城市网络上的节点城市侧重不同的城市功能，节点城市之间将建立多元的紧密联系（Iommi 2010）。要在区域范围内实现聚集经济，城市网络上节点城市之间的合作和互补的基本理论是必要的（Irpet，2010），同时也能避免了大城市的拥堵成本。这些都是托斯卡纳地区系统实现区域和城市竞争力的前提。托斯卡纳区域性经济规划研究所（IRPET）证明了托斯卡纳城市网络上节点城市之间的多元联系水平，如表 17－1 所示。

表 17－1　**托斯卡纳节点城市之间的联系**

联系紧密度	测量：N. 每日交流量	城市与城市连接
强	> 2500	佛罗伦萨—普拉托—皮斯托亚—恩波利； 比萨—利伏诺
中	>500 <2500	阿雷佐—佛罗伦萨； 比萨—卢卡； 比萨—利伏诺—佛罗伦萨
弱	<500	西耶那—佛罗伦萨； 马萨—卡拉拉—比萨； 卢卡—佛罗伦萨； 格罗塞托—西耶那

然后，本文在表 17－2 中主要分析了比萨、利伏诺和佛罗伦萨三座城市。所示矩阵说明了节点城市之间不同联系紧密度下的关键功能的特殊化指数。比萨—利伏诺和佛罗伦萨—比萨与利伏诺轴心都出现了形式的互补。

表 17－2　**特殊化指数（托斯卡纳＝1），2006**

	比萨	利伏诺	佛罗伦萨
高科技产业	3.5		1.8
中高端科技产业		1.5	
信息、通信和技术制造业			2.3
信息、通信和技术服务业	2.5		
金融服务业			1.4
物流服务业		3.2	1.4
科研与教育	6.4		2.1

数据来源：采用 *Irpet 2010* 数据。

从全球化的角度来看，托斯卡纳地区经济已经取得了积极进展（Regione Toscana，2016）。尽管 GDP 持续低迷，但出口常年稳定（2014 年增长 4.5%，2015 年增长 3%），尤其是意大利本土传统行业的出口（98% 制造业产品；2015 年托斯卡纳地区的投资）——包括所谓的“托斯卡纳生活”（房产和家具、时尚和游艇）和先进技术的出口。此外，旅游创造了整个地区6.5%的生产总值和10%的就业岗位，在2009—2014年期间，新增工作岗位6500个。2015年，旅游业吸引了1280万游客和4440万个住宿登记，相对2014年分别增长2.3%和2.1%（Regione Toscana，2016）。

外国直接投资（FDI）是区域商业环境的一个重要组成部分。跨国企业在托斯卡纳地区的数量占区域公司的0.32%，创造了5.4%的就业、13.1%的增加值和23.7%的出口量（Regione Toscana，2016）。从2010到2015年的5年间，有20亿欧元的投资资本流入该地区，远高于同一时期全国70%投资增长率（Regione Toscana，2016）。目前，该地区有500家跨国企业，其中420家在海外有总部，并有80家在意大利有总部（Colom，2014）。这些跨国公司隶属于不同的国家，大多数是美国、法国和德国公司（见图17－5）。值得注意的是，30%的区域性外国直接投资（FDI）储备集中于机械制造业（见图17－5）。

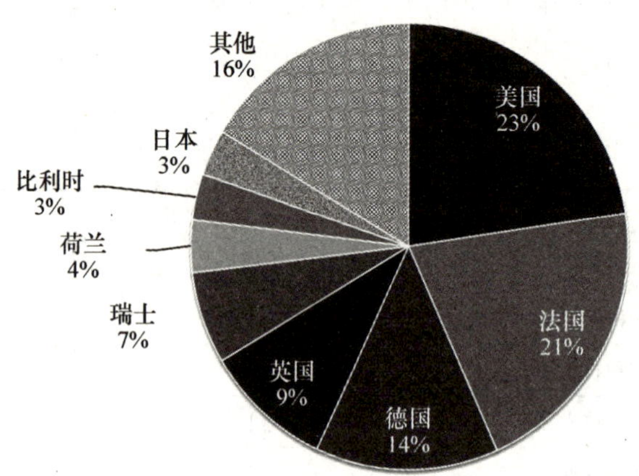

图17－5　托斯卡纳地区跨国公司所属国家示意图

数据来源：*Colom 2014* 上的个人统计。

在这个区域环境中，对外国直接投资（FDI）的注意是从21世纪开始不断增加的，外国直接投资（FDI）流入相对增长了四分之一（Toscana Notizie，2016）。其中，德国投资增长37.4%，法国增长52.5%，西班牙增长59.7%，而意大利在招商引资方面则较为势颓（Regione Toscana，2016）。

外国直接投资（FDI）智库，是《金融时报》旗下专门从事外国直接投资研究和投资促进研究的一个领域。2014 年，外国直接投资（FDI）智库根据托斯卡纳地的外国直接投资（FDI）战略，将其评为南欧地区的顶级外国直接投资（FDI）吸引地区（Toscana Notizie，2016）。在 2016 年外国直接投资（FDI）的排名中，托斯卡纳地区在欧洲中等规模区域中排第 2 名（见表 17－3）。根据“外国直接投资（FDI）欧洲城市和区域的未来排名”——这样的定位是基于托斯卡纳地区网站的区域数字产品投资数量来制作的，可以为潜在投资者在该地区做生意、控制建立公司成本以及推广视频和材料提供指导［外国直接投资（FDI）智库，2016］。根据这份报告，提伦巴第和艾米利亚—罗马涅是意大利最佳的外国直接投资（FDI）策略地区——属于欧洲大型区域——其次，就是托斯卡纳地区（中型区域）。

表 17－3　**欧洲中等区域发展潜力排名（2016—2017 年）**

排名 2016/17	中型区域	国家	人均 GDP（*NUTS* 2，2014）	人口（*NUTS* 2，2015）
1	大哥本哈根	丹麦	58100	1768125
2	托斯卡纳	意大利	28800	3752654
3	北爱尔兰	英国	26100	1847088
4	小波兰省	波兰	9500	3324579
5	布拉班特	荷兰	40400	2488751
6	巴斯克自治区	西班牙	29300	2165100
7	伏伊伏丁那	塞尔维亚	—	—
8	瓦隆	比利时	26200	3603439
9	加那利群岛	西班牙	19200	2126144
10	斯德哥尔摩地区	瑞典	62200	2198044

数据来源：《外国直接投资（FDI）智库（2016）》，第 34 页；*EUROSTAT*，2016。

下一节将主要介绍托斯卡纳地区节点城市网络的目的地营销策略的发展和改善的过程。

三　案例描述

本节根据所处的不同阶段，对城市区域营销战略的设计和实施过程进行阐述。第一阶段涉及托斯卡纳地区城市再生和发展的整体计划及以此为基础的城市维度的区域营销战略。第二阶段着重解释城市区域促进外国直接投资（FDI）方法的可操作性；第三阶段主要分析新的项目框架下的现行发展。

（一）2009—2011：城市可持续发展整体规划（PIUSS）的发展

这一阶段是《欧盟凝聚政策计划（2007—2013)》的一个部分，其目标和资金旨在推进区域和地方政策的一体化。欧洲对强调设计和改善区域政策必要性的城市议程的推崇，影响了整个规划期，也导致了对城市政府积极作为的强调。正如2015年《里加宣言》中所陈述的，中小城市是欧洲经济的不可分割的一部分，在实现均衡区域发展中发挥着重要作用。2007—2013年，“城市维度”首次进入常规欧洲规划，城市政策开始注重更广泛的竞争力和凝聚力的欧洲政策框架。这种情况，是通过社会包容主题和地方发展的结合而导致的（Saccomani，2009)。

在这一阶段，托斯卡纳地区的城市焦点，成型于2007—2013年的区域运行方案（ROP)，题为“区域竞争力和就业”，指的是受生产活动和居住规划集聚作用影响的那些区域（Romagnoli，2011)。上述是托斯卡纳地区的多中心主义，是区域政策的一部分，也是克服城市政策和经济发展政策二分的一种尝试（Caporale，2009)。城镇被描述为高级功能聚集的地方，是知识经济的实验室、贸易和信息节点、商业吸引极以及移民的引力场（Romagnoli，2011)。

城市可持续发展整体规划（PIUSS）在这个框架中得以定义，旨在增强区域可持续发展的内生资源。[①] 城市可持续发展整体规划计划采取一系列协调措施，这些措施基于公共和私人对社会经济发展的追求，可以通过城市和环境质量的提高来实现。人居数量超过20000人的自治区可以获得2000—5000万欧元的融资，由区域政府和当地管理单位共同承担，据此，区域管理局开通了一条公众热线。可行的投资规模是指足够影响城市规划、但不足以导致欧洲资金大举集中的资金数量（Romagnoli，2011)。这一政策手段是垂直集成的，是像各城市当局一样多层次的。一方面，它必须符合区域政府设定的投资体系和要求，从自身角度贯彻欧盟和国家标

① http：//www. regione. toscana. it/por-creo/piani-urbani-piuss，Last access 2016 July 22.

准；另一方面，它必须适合城市发展战略以及当局采用的区域规划工具。自治市在项目中被赋予物流和管理的自主权（Cosimi，2011）。区域管理局规定的适当的市政干预金融流活动如下所示：

- 经济发展的基础设施，包括商业服务中心，特别是中小型企业中心，以及在城市地区形成制造业和先进服务设备的基础设施。
- 城市地区集体成果的更新，包括旅游和零售发展的基础设施。
- 推进公民和社会权利设定的建设和再确认。
- 幼儿园与社会关联服务的建设。

2009 年，有 36 个城市提出了 17 项城市可持续发展整体规划，拨出了 6 亿欧元并在未来几年中开展 323 个项目，其中 3 亿 5000 万欧元来自于 ROP 基金（基于欧盟体系的当地共同融资的基金），可利用资源达到了之前的 2.6 倍（Pingitore，2009）。此外，城市可持续发展整体规划（PIUSS）还圈定了 184 个重点项目，地区政府计划拨款 1.87 亿欧元（ROP 基金出资 1.225 亿，国家和地区基金负责剩余部分）（Bressan，2011）。

从城市可持续发展整体规划（PIUSS）可以明显看出，新兴空间模型并不是基于吸引省际区域网络线上的城市极的（Pingitore，2009）。本文主要关注这些线中的两条，一条是比萨—利伏诺，另一条是佛罗伦萨及其都市区。以下案例简要分析了佛罗伦萨、比萨和利伏诺三个城市的城市可持续发展整体规划。

案例 1

佛罗伦萨城市可持续发展整体规划的定位是知识之城，包含佛罗伦萨都市区的两个自治市，不仅旨在恢复特定都市区，而且更力求构建佛罗伦萨大都市的竞争力体系。佛罗伦萨城市可持续发展整体规划的计划总投资额为 5000 万欧元，囊括一系列建设项目：第一，在城市中心建设工艺活动中心、商业服务中心和城市孵化网络。第二，在斯坎迪奇中心建设高等教育与研究机构、企业创新园区基础设施，通过城铁与佛罗伦萨城市极相连。第三，城市质量、休闲和文化消费的完善。第四，贫困社区的社会整合服务。第五，交通基础设施。一个标志性的项目是位于佛罗伦萨市中心的村田都市科技园，它是贯穿佛罗伦萨城市可持续发展整体规划的一个长期重建项目。整个规划对城市空间也会有较大的影响。佛罗伦萨将会新增文化设施和展览区、商业孵化区和商业服务中心区，尤其是科技创新领域和企业创业的战略支持领域（见图 17－6）。

图 17－6　佛罗伦萨城市可持续发展整体规划标识（“知识之城”）

案例 2

比萨城市可持续发展整体规划计划总投资额为 4300 万欧元。作为城市的吸引力因素，比萨的旅游发展（物质和非物质基础设施）和文化建设，以及改进建筑和环境质量、提升居民生活质量，尤其是缩小贫富差距，受到广泛关注。在各个项目中，对 Cittadella Galileiana——著名人物伽利略的当年生活的地方——的定位进行了调整，着力于推进科技发展、企业孵化、企业成长，也与当地大学和研究中心不断加强合作（见图 17－7）。

图 17－7　比萨城市可持续发展整体规划标识
（“比萨 2015，构建价值未来”）

案例 3

利伏诺城市可持续发展整体规划的定位是“机遇之城”，总投资额预计为 2750 万欧元。利伏诺的重新构建开始于几年前，最先提上议程的是一些建筑和城市的设定。在目前的建设中，“流通集散地”以及海洋机器人和海洋生物学校际交流中心获得了资金支持，以实现研究和商业孵化的功能。

在这个阶段，提高外国直接投资（FDI）是区域营销战略的一部分，由区域政府在 2000 年设立的经济促进机构执行。该机构被命名为托斯卡纳经济促进局，是意大利第一个以促进区域竞争力为使命的社会组织。经济促进机构的服务面对包括农业、中小企业、工艺和旅游业在内的众多领域，一直致力于促进外国直接投资（FDI），并通过提供信息和商业规划援助来帮助投资者在区域内建立和扩大商业活动。2010 年，托斯卡纳投资模式得到了进一步加强，实现了提供快速反馈、解决问题的功能，这些信息对想在托斯卡纳投资的投资者而言具有很高的参考价值和可信度（Toscana Notizie，2016）。托斯卡纳投资，现在的工作重点是发展联通托斯卡纳地区自治市的公共伙伴网络，其旨在将整个地区打造为重要的投资目的地，吸引、促进并维持该地区的投资。①

（二）2012—2014 年：城市区域营销策略

托斯卡纳经济促进局设计并完善了整体营销方案（Progetto di Marketing Unitario，PUM）。据此，区域政府于 2012 年设定了模式，根据实施方案来完善 ROP 基金在 2007—2013 年间的投资。这与“市场自主促进内生资源，并在先进领域吸引外国直接投资（FDI）工作的进一步激活”息息相关（Regione Toscana，2012）。根据地区法规，托斯卡纳经济促进局需要制定并向区域政府公布整体营销方案，之后政府再对方案进行协调、审批，并对营销行动给予资金支持。此外，托斯卡纳经济促进局还负责协调和整合两年间当地和区域自主创新的规模（2012—2014 年）。

整体营销方案旨在使托斯卡纳经济促进局的实际操作和城市可持续发展整体规划的要求趋于一致。事实上，整体营销方案包含以下项目：

- 通过加强当地的网络，活跃本地要素，并提高要素运用能力。

① http：//www.investintuscany.com/about-as/ Last access 22 July 2016.

- 通过对城市可持续发展整体规划自治市的市场行为和新工业区定位的鉴定，推进城市重建计划，协调信息上报组织，把握本地化机遇。
- 将城市可持续发展整体规划的区域发展成为优质商业园区，尤其注重对高科技产业的吸引。
- 侦察和瞄准规划地区的潜在投资者。
- 协助投资者。

这些行动需要从区域和地方两个层面来执行，因此要求规划地区直辖市要发挥自身的积极作用。据此，托斯卡纳经济促进局需要对自治市进行支持：

- 对本地营销项目进行制定。
- 对本地营销活动和整体营销方案进行协调和整合。

在整体营销方案的框架下，凡符合条件的地方政府（例如作为规划区域的一个部分），需提交营销项目计划书，按区域融资的要求，资助投资者、举办商业研讨会或商贸博览会、设计和印发营销材料的开支（Regione Toscana，2012）。当地政府的计划书必须包括：

- 详细的目标和本地可行的战略，包括初步目标领域的识别。
- 分析当地情况，参照定位初步研究 PIUSS 地区推广和资助。
- 推进 PIUSS 再生项目。

这个过程，主要是开始并收敛整体营销方案，主要是由城市区域营销战略认定的优先领域和商业活动、区域当局为实现目标而设定的目标因素和工具组成。其中，工具包括直接营销、潜在顾客挖掘及所需的营销材料。外国直接投资促进领域则根据规划地区自治市的地理区位条件的特异性，而采用不同的设立形式。表 17 – 4 呈现了本文讨论的三座城市各自的战略领域。

表 17－4　**城市层面的实际操作营销策略，城市区域框架（领域、功能目标）**

城市	关键信息	领域	功能
佛罗伦萨	“全球知识之城”	高等教育	海外校园
		先进科技 包括： 光子学 生化设备 能源与环境机械学 信息、通信和技术 文化资产科技	研究与开发 制造业
		时尚和生活方式	设计 工艺和制造 教育 大事记和营销
比萨	“传统与现代并济”	信息、通信和技术：软件、数字内容、电信、电子、机器人 工程和信息、通信和技术服务	研究与发展 商业服务 呼叫中心和技术支持中心 销售和营销
		农产品 游艇制造	制造业
利伏诺	“构建利伏诺商业革新和发展”	绿色经济：生物燃料、可持续交通	制造业 研究与发展 储备
		信息、通信和技术	商业服务 研究与发展
		海洋经济：物流、机器人、环境、航海服务中心	研究与发展 服务
		农产品	制造业

数据来源：*Comune di Firenze*，2014；*Sansoucy*，2014；*Comune di Livorno*，2014；*Colom*，2014；*Comune di Pisa*，2015。

这个阶段，要求托斯卡纳经济促进局和区域政府下属的一个旨在促进与跨国公司和投资者之间联系的单位，都要具备促进外国直接投资（FDI）的能力和专业技能（Colom，2014）。地区营销成了地方政府的一个战略领域，与潜在投资者的交流和沟通的直接渠道不断增加、拓宽，使双边关系和后续服务都能得以更好地延续。

根据地方政府在区域运行方案和外国直接投资（FDI）促进策略指导方针的框架下提出的市场政策，地方建立起了多层次的组织结构，为地方政府的实际操作提供指导。另外，托斯卡纳经济促进局致力于促进外国直接投资（其工作注重促进旅游开发和营销），负责制定详细的整体营销方案，并稳步实施。与此同时，托斯卡纳经济促进局还要支持区域政府对投资者进行支持。地市级政府则主要负责识别投资机会、突出地方优势、明确重点发展领域继而将本地打造成为该领域的投资目的地，并对投资者进行本地支持（Colom，2014）。此外，地方政府在发展包括投资者支持的营销过程中，需要充分利用本地网络，如商会和就业中心，打造形成水平和垂直的外国直接投资（FDI）促进网络。

规划和重新认定合适的商业空间成为区域吸引投资者不可或缺的一部分。比如在利沃诺，“Scoglio dela Regina”（海洋机器人、物流中心、海洋生物校际交流中心和应用生态学的研发园区）和“Dogana d'Acqua”根据规划转型成为知识和技术开发中心。佛罗伦萨 Le Murate 科技园也是致力于文化遗产和可持续城市的科技开发园区。作为一个城市的主要园区，致力于发展文化遗产保护、技术开发创新解决方案和“可持续发展城市”。比萨的“Cittadella Galileana”（伽利略的故乡）定位为朝阳产业的聚集地，为 21 个品牌提供场所（Comune di Pisa，2015）。

（三）2015—2016 年：新规划期

欧洲新的规划期始于 2014 年，延续至 2020 年。这段时期主要推进新的区域自主发展。2014—2020 年的区域运行方案计划投入 4600 万欧元来进一步推动城市发展（其中包含区域运行方案中 6% 的欧洲地区发展基金投资），对比前一时期，城市维度的资金分配变少了。这些资源将根据资源集中和功能整合的原则，通过区域和地方政府的协商与项目合作，投资于城市创新项目（PIU）。① 只有在划定的 14 个功能区内，且人口超过 1 万的自治市才能够申请区域运行方案的资金支持。“智慧城市”模式需要资金来推动经济效率提高、都市照明智能化和流动可持续化；另外，鼓励

① http：//www. regione. toscana. it/porcreo-fesr - 2014 - 2020 - asseurbano，Last access：25 July，2016.

社会服务配套的完善，如幼儿园、医疗服务以及社交、体育和体验活动所需建筑和设施的功能性重建。企业和生产者要想申请，则必须在符合规定要求的区域内，要能够与其他项目一起构建社会创业、创新氛围。

2016 年，托斯卡纳发布了经济和旅游推广的年度规划（Regione Toscana，2016）。规划提出了一系列目标，包括提高托斯卡纳地区声誉、强化区域定位、加深国际联系等，包括增加商品和服务出口、扩大入境游客和直接投资数量等。具体项目内容如下：

- “产品”项目——在特定行业提升托斯卡纳地区供应链；
- “市场”项目——在目标区域突出本地定位；
- “区位”项目——通过在本地公共和私人要素间推进合作，关注创业、创新和国际化，重新定位本地形象，提升并支持本地网络。

该年度规划旨在整合推进经济、旅游和外国直接投资（FDI）的升级，从而通过金融资源的高效利用来加强区域体系声望的提升。区域营销战略的重点是促进当前国际贸易、推动意大利本土公司“走出去”，因为区域出口自金融危机以来的近几年中逐年稳定增长，已经成为重振区域制造业的重要支柱。包括家居、家具设计，时尚、奢侈品（尤其是皮具产品）和技术设备等在内的意大利制造业与托斯卡纳生活类产品制造业是规划圈定的重点发展产业。

政府为了促进经济，专门成立了一个部门，来致力于吸引外国直接投资（FDI）。该部门的目标如下：

- 发展制造业，发展包括农产品在内的意大利境内生产的先进科技产品，特别是智能创新特别战略认定的托斯卡纳地区的重点科技产业，如 2014—2020 年欧洲结构基金规划中包含的信息、通信技术，以及自动化、机电一体化、化学和纳米技术的智能工厂等（Regione Toscana，2015）；
- 提升商业服务，包括金融服务、共享服务中心和呼叫中心；
- 形成物流集散地；
- 打造房地产旗舰项目和旅游业首要市场。

行动还包括区域形象的塑造和推广、潜在顾客开发、投资者定位、投资者援助以及后期服务。政府将根据先前经验对这些领域提供资金支持。关于后期服务，在《区域运行方案（2014—2020）》中也对主要任务进行了规划，如完善地方网络、提升商业环境、拓展与当前托斯卡纳地区跨国公司的沟通渠道等（Regione Toscana，2016）。

从促进外国直接投资（FDI）的角度来看，地区营销战略有两个衡量标杆：其一是行业标杆，重点发展与区域创新战略密切相关的先进智能科技领域；另一个是地域标杆，即密切关注特定的“危机区域”和托斯卡纳海岸工业区，如皮翁比诺、利沃诺、科莱萨尔韦蒂和滨海罗西尼亚诺等以传统重工业为主的地区，这些地区生态较为脆弱，会影响制造业振兴和外国直接投资（FDI）的促进效应。也就是说，促进外国直接投资（FDI）的集聚区从城市重点政策规划区域转向“工业危机区”。

2016年，托斯卡纳地方政府将经济促进组织的改革纳入地方营销治理革新的相关法律法规中。由此，经济促进可以被看作是旨在建立区域形象、发展区域经济、拓展能够提升地区竞争力的一系列活动。

2016年3月，托斯卡纳重新定义了经济促进能力（Regione Toscana，2016）：

· 旅游推广。由地区旅行社（Toscana Promozione Turistica）在地区政府提出的年度计划框架内执行；

· 行业和区域整体的形象建设。由地区政府于2015年组建的非盈利性基金（Fondazione Sistema Toscana）负责，主要通过在地区政府建立的政策框架内整合媒体沟通来推进区域形象体系建设；

· 开展有利于提高本地区公司竞争力和外商直接投资（FDI）的国际化活动。

因此，托斯卡纳经济促进局目前的主要工作是旅游推广，而其之前核心业务的一部分（如国际化、外国直接投资）则由区域政府直接负责。[①]

① http：//www. toscana24. ilsole24ore. com/art/oggi/2016 - 03 - 01/approvata-riforma-toscana-promozione - 184413. php? uuid = gSLAP7tkYB，Last access，25 July，2016.

新的监管机构提出了被认为有必要性的“合理的区域预算”，托斯卡纳经济促进局对金融资源的预算由之前的每年 1500 万欧元削减到每年 350 万欧元。[①] 这是因为意大利省级行政单位已经被撤除，其旅游管理职能通过托斯卡纳旅游促进机构分散到各个区域和地方政府。[②] 另外，托斯卡纳投资局有效地利用区域和地方关键要素网络，部署潜在顾客开发、提高区域和行业优惠开发，因而成为了区域政府吸引外国直接投资的重要工具。

通过建立投资者可及的公共和私人房地产数据库，地区营销就与房地产行业建立了合理的联系，佛罗伦萨就采用了这种措施。通过主动命名“佛罗伦萨投资”，城市营销行动已经与更广泛的重建项目融为一体。特别是根据新近批准的城市规划文件，引导人口流失区域的居民回流。一些建筑物，如旧工厂和曾经的军营，被遗弃或未充分利用的总面积超过 80 万平方米，招商引资带来的企业能够弥补这些城市地区的人口缺失。[③] 根据公共和私有房产的业主们提供给佛罗伦萨房地产数据库的信息，至少有 2000 平方米的房产外立面需要维修、保护或重新装修，还有许多已被废弃、未使用或未充分利用。据估计，如果这 80 万平方米的房地产更新项目开始动工，将在佛罗伦萨产生 15 亿欧元的投资和 1 万个工作岗位。

四　经验和启示

通过案例，本文分析了多层级的地方营销活动及其与城市战略规划的整合，克服了城市规划政策与经济发展政策的疏离。此外，从外国直接投资促进的地方整体营销角度看，托斯卡纳区域规划是第 3 代政策的典型案例（Rota and Salone，2013）。托斯卡纳地区在目标投资者筛选和区域营销的过程中，只选择符合本地质量要求的资本，而不是以数量论成败。本文从区域和地方两个层面，分析了案例城市如何设定投资类型、各种投资之间的联系、本地供应链和空间规划。目前，在发展过程中亦出现了向第

---

① http：//www. toscana24. ilsole24ore. com/art/oggi/2016 - 03 - 01/approvata-riforma-toscana-promozione - 184413. php? uuid = gSLAP7tkYB，Last access，25 July，2016.

② http：//www. toscanapromozione. it/magazine/turismo-toscana-cosa-cambia-nellera-post-province/，Last access，25 July，2016.

③ http：//press. comune. fi. it/hcm/hcm5353 - 10_ 1_ 1 - Invest + in + Florence，+ al + via + la + seconda + fase + di + mark. html? cm_ id_ details = 77253&id_ padre = 4472，Last access，25 July，2016.

4代政策转变的迹象，就是对区域形象建设更加重视，把整个区域作为整体加以推广，包括在外国直接投资、出口和旅游业等不同营销领域中建立联系并进行整合。此外，该地区对关系营销和公共关系的重视程度也在不断加深，以尝试预见并处理快速变化的市场。

本文阐述的三个城市的多层次性与欧盟凝聚政策（超国家层面）在区域层面创造的融资机遇息息相关。除了提供金融资源，欧洲的框架还给地区营销战略提供了基于区域竞争力的政策。重建某些区域，与正在更新的区域的推广活动和组织有着必然的联系，这种联系就是区域营销，特别是外国直接投资促进的依据。经济发展的有形层面（物理）和无形层面（如组织或企业家精神）之间的联系，形成了可持续发展规划的整个周期，从欧洲战略影响到全国战略，继而渗透到区域战略中，其动力主要来源于自治市的参与。

一些合适的下行机制（从区域层面到地方层面，如从区域运行方案到城市可持续发展整体规划、从整体营销方案到城市营销项目）和上行机制（从本地到区域的城市可持续发展整体规划设计和执行、投资者定位和本地优惠）在2007—2013年区域规划过程中发展起来，并贯穿整个区域政府和地方政府的战略制定和分享过程。区域政府定义了基金的运作规则因而影响了本地决策；地方政府则根据当地实际设定了不同的优先级和解决方案。

地方政府在城市可持续发展整体规划中的作用无疑是显著的，即基于本地实际进行城市规划。但在整体营销方案的规划和执行过程中，面临着如何设计恰当的外国直接投资促进活动的挑战，因为地方政府往往忽视了本地产业。区域层面提供的对地方政府的技术支持，旨在促进本地的营销能力和外国直接投资促进能力的建设。

本文分析了一个城市区域营销战略7年中的发展状况。在城市规划过程中潜在的营销干预是营销战略本身不可或缺的一部分。城市可持续发展整体规划项目所着眼的城市质量是所有城市营销工作的前提。本文选取的城市采纳了区域多中心的营销战略，可以说非常有特色。优质的节点城市路线，是城市营销的重要驱动（Pingitore，2009），因为在区域协同背景下，不同区域城市网络上的节点有不同的产业发展侧重。2007—2013年，对城市可持续发展整体规划的设定区域而言，是托斯卡纳区域环境中资源地域聚集的一个重要时期。新的规划期体现了产业或功能的聚集，地域聚集则转移到所谓“危机区域”，深度工业危机是这些地区城市维度的第二关联身份。

2007—2013 年期间的很多安排已经发生了改变，经济和金融状况也在发生变化。这种情况表明，鉴于更大范围内的制度和环境变化，分析地方和区域营销与营销管理的重要性，不仅关系到营销活动的实施，也会对地方营销战略中使用的框架、方法和内容产生影响。

对外国直接投资促进战略的分析表明，托斯卡纳区域政府最近取得了两个关键领域的直接管理权，分别是外国直接投资促进管理权和出口促进管理权。本文描述的经验可能引发“政策学习”效应，即在地区营销领域和外国直接投资促进领域不断加强市镇的区域中心度，特别是突出经济活力和规模，将有助于申请拨款或提升促进外国直接投资的技巧和能力。这应是未来可以进一步探讨的领域，也有待于进行进一步的实证研究。

参考文献

[1] Bressan, M. (2011), Lo stato di realizzazione dei PIUSS in Toscana, *Autonomia & Autonomie*, XIX.

[2] Caporale, A. (2009), *I motori dello sviluppo urbano. Urbanistica*, 113: 8 –9.

[3] Invest in Tuscany (2014), *Le politiche regionali per l'attrazione degli invest-imenti*, *Livorno*, 21/03/2014, available at http://build. comune. livorno. it/wp-content/uploads/2014/03/colom. pdf Last access 26 July 2016.

[4] Comune di Firenze (2014), *Dossier informativo per investitori: Alta Formaz-ione*, *Florence*, availbale at http://www. investintuscany. com/invest_ in_ tuscany_ view_ news/161/high-tech-culture-fashion-and-training –4 –reasons-to-invest-in-florence Last access 6 August 2014.

[5] Comune di Livorno (2014), *Investing in Leghorn. Marine Economy Infor-ma-tion Dossier*, *Leghorn*, available at http://build. comune. livorno. it/wp-content/uploads/2015/02/dossierMARE_ eng_ low. pdf Last access 26 July 2016.

[6] Comune di Pisa (2015), *Why invest in Pisa? Invest in intelligence*, *Pisa*, available at http://www. comune. pisa. it/uploads/2015_ 04_ 14_ 15_

07_ 57. pdf Last access 26 July 2016.

[7] Cosimi, A. (2011), Le Città motori di sviluppo e l'Europa, *Autonomia & Autonomie*, XIX.

[8] FDI Intelligence (2016), *Europe's leading lights*, London: The Financial Times.

[9] Invest in Tuscany (2015), *Doing Business in Tuscany*, Florence: Regione Toscana.

[10] Iommi, S. (2010), *Dal policentrismo alle reti di città*? Florence: IRPET.

[11] IRPET (2010), *Urbanizzazione e reti di città in Toscana.*, Florence: IRPET.

[12] Pingitore, L. (2009), *I PIUSS in rassegna*, Urbanistica, 113: 10 –46.

[13] Regione Toscana (2012), *Manifestazione di interesse per la presentazione di progetti di iniziative di marketing territoriale a livello locale*, *Avviso Pubblico*, Regione Toscana.

[14] Regione Toscana (2015), Programma Operativo Regionale FESR 2014 –2020, *Obiettivo Investimenti infavore della crescita e dell'occupazione*, Florence: Regione Toscana.

[15] Romagnoli, M. (2011), Le città motori dello sviluppo negli orientamenti comunitari, *Autonomia & Autonomie*, XIX.

[16] Rota, F. and Salone, C. (2013), Aims, functions and structures of European investment promotion agencies: a comparative analysis, In Bellini, N., Danson, M. and Halkier, H., eds., *Regional Development Agencies: The Next Generation*? London: Routledge.

[17] Saccomani, S. (2009), Nuove politiche urbane in Italia e in Europa, *Urbanistica*, 113: 6 –7.

[18] Sansoucy, L. (2014), *Una politica di attrattività per Pisa. Perchè? Come? P-isa: OCO Global*, *available* at http://www.comune.pisa.it/uploads/2015_05_7_15_00_05.pdf, Last access, 26 July, 2016.

[19] Toscana Notizie (2016), *Attrazione investimenti esteri*, *la Toscana sul podio delle migliori regioni europee*, 14 March, 2016, available at http://

www. toscana-notizie. it/ – /attrazione-investimenti-esteri-la-toscana-sul-podio-delle-migliori-regioni-europee, Last access, 25 July, 2016.

[20] Regione Toscana (2016), *Primo Stalcio. Piano Annuale della Attività di Promozione Economica e Turistica della Regione Toscana*, Florence: Toscana Promozione.

第18章　河滨之城哥德堡：从区域港口到“向世界开放”*

萨拉·勃朗斯特姆（Sara Brorström）**

翻译：胡　纯　译文审校：刘彦平

一　背景

哥德堡位于瑞典西海岸，人口约50万，是瑞典的第二大城市，与首都斯德哥尔摩毗邻。在人们的印象中，哥德堡是一个传统的工业城市，最大的公司是汽车生产商沃尔沃公司。在过去的几十年里，哥德堡的城市形象发生了很大变化，从传统的工业城市逐渐转变为“盛事之都”（或译作“节事城市”，Event City）。在经历了一些危机后，人们开始进一步发掘这一新形象资源，通过两年的努力来构建哥德堡新的愿景，并制定了新的战略规划，打造城市新形象。作为规划工作的成果，哥德堡提出了新的形象口号“哥德堡——向世界开放（Gothenburg—open for the world）”，同时提出三项主题战略规划，分别为“疗愈城市”“对接海洋”和“加强区域中心”，这三个战略主题也反映了城市可持续发展的三个维度。

本文拟介绍哥德堡城市新形象和发展战略的启动原因、构建过程和实际操作之利弊。哥德堡重点要解决的问题是明晰城市形象，或者说是减少同质化竞争。这种定位不清晰也被看作是组织问题，因为如果有人想在城

* 本章的部分内容在《城市》杂志发表，参见 Brorström, Sara (2014), Strategizing Sustainability—The case of River City Gothenburg, *Cities* 42, Part A: Pages 25 – 30。

** 作者为哥德堡研究所，哥德堡大学商业、经济和法律学院副教授。作者联系方式：brorstrom@ gri. gu. se。

市组织中考察某一特定的形象功能，往往并不知道跟哪个部门联系。实际上，有很多问题有待解决，很多人也想解决这些问题，但都苦于没有明确的路径。其中，饱受批评的是城市高层的腐败丑闻，而城市的管理者近来也想要扭转城市不断传播的负面形象。这一切都可以归结为如何在城市内创造一个让居民、政府官员和其他利益相关者都认可的共同识别（Identity）。这可以说是一个挑战，因为城市营销的受众常常难以判定（Dobers & Hallin，2009）。哥德堡的城市新形象建设，最初是想通过两年规划，扩大中心区，焕发城市活力。因为该区域有潜力增加新功能、打造摩登外观，并吸引更多居民。尽管城市中心区域是重点，但构建新形象对整个城市都会产生影响。中心城区不仅关系到居住在那里的居民，也涉及到整个城市的居民。因此，城市建设各个领域的工作者都被涵盖在新形象的战略之中。城市新形象战略，一方面最大化地囊括了城市公众，另一方面也在监管层中产生了一些问题，因为有些人不明白为什么他们也被涵盖在战略（而不是其他问题）之中。可持续发展的概念早前就被确定为战略的基础——即使该项工作的起因之一是城市管理者希望扩大城市，并在社会和经济维度能够有所突破。接下来，本文将主要讨论可持续性和城市形象营销，之后会更详细地介绍哥德堡的新形象构建过程（见图 18－1 和图 18－2）。

图 18－1　从水上航拍哥德堡

图 18－2　哥德堡的新口号

资料来源：哥德堡市议会。

二　城市的可持续发展与形象构建

在城市或城市区域里，可持续发展在很长一段时间里都一直是一个时髦的术语（Nijkamp andPepping，1998；Metzger and Rader Olsson，2013）。也有人认为，现在的城市采取了新的方式以积极适应社会的变化（MacLeod，2011）。这意味着城市政府的首要关注点不仅是提供服务，而且还要更好地吸引投资、吸引游客和新的居民。这也意味着公共部门组织会越来越多地参与到营销和企业化的行动之中（Hubbard，1996）。城市政府已经根据这些发展要求开始制定战略（Kornberger and Clegg，2011），传统的规划被批评为是城市的一个管理工具，有人认为基于结构和理性的规划，与不断改变、动态繁复的城市越来越不匹配（Jacobs，1961）。有学者认为规划关乎科学而不是政治，“规划者极少或根本没有政治思维”（Kornberger，2012），因此战略应该是在由政治、权力和多元利益影响下的解决方案，这就是战略概念在城市层面变得有吸引力的原因。战略和愿景并不常以打造一个城市形象为宗旨——比如哥德堡阐述城市的现状、设定未来的发展（Metzger and Rader Olsson，2013）。然而，城市管理者面临着改变城市形象以提升吸引力和维护城市识别的困境，这表现为城市稳定与变化之间的挣扎（Jansson，2003）。可持续发展代表着长期存在的事物而成为稳定性和改革的一种对接方式。然而，最近如布伦特兰委员会（Brundtland commission，1987）的描述，出现了在三个维度即经济、生态和社会在城市可持续发展之间达成平衡的关注（MacLaren，1996）。这种发展的原因之一是，虽然城市是自然资源的消费大户，他们同样需要塑造社会和经济层面的吸引力（Girardet，1999）。同时，可持续发展本身已经成为了一个成功城市的重要形象和品牌，悉尼“可持续 2030 战略”（Sustainable Sydney 2030 strategy）就是这样一个案例（Kornberger and Clegg，2011）。尼茨坎普和佩平（Nijkamp and Pepping，1998）提出的可持续城市的概念已经在许多国家开始流行（同见 Selman，1996）。作者描述了可持续发展战略如何提供方法，以用来更普遍地解决城市问题。梵·登博格（Van Denberg，2003）等人认为，社会两极分化是当前城市的一个问题，社会经济分布底层和顶层的人数在增加，而低收入群体和高收入群体规模的增加会影响城市的总体吸引力。因此，城市建设的关注重点也在不断转变，从区位、劳动力和基础设施等硬件建设日益向安全、环境、生活质量和所谓的“组织件”（Orgware）等软件建设转型。其中，所谓的“组织件”是指处理硬件和软件的组织协调能力。然而，在实践中，人们一般并不认为城市能够非常有效地处理社会问题。有一个解释认为，准确衡量这些问题的存在，意味着无法判定某个解决方案是否有效。这就导致政治家们对社会问题不感兴趣，因为他们不能确定努力能否获得成功，也不能成为他们仕途上升的砝码。研究表明，社会发展常常由此在可持续性项目的建设中迷失方向（Vifell and Soneryd，2012）。哥德堡为城市可持续发展构建新形象和城市识别的努力，包括上述三个维度的战略规划，应该可以成为一个可靠的基础（见图 18－3）。

图 18－3　哥德堡城市战略规划国际研讨会的一角

资料来源：哥德堡市议会。

三　河滨之城哥德堡的规划过程

哥德堡的愿景和战略规划直接由市议会负责实施，这也就明确了愿景和战略规划的优先地位。它不仅是城市规划局的一个项目，更是整个城市的规划。规划组织由战略组和项目组构成，战略组对市议会负责，而项目组处理日常任务。愿景和战略规划基于可持续发展的三个维度即经济、生态和社会展开。因此，战略组和项目组最初对不同的成员进行任务分配，在项目实施过程中负责某一个维度。但是，在小组建立后，项目负责人意识到，关键的部门和公务员也应该加入战略组，城市公众随后也应成为纳入到愿景和战略规划的城市组织中的行动者，否则这项工作可能无法顺利通过制定阶段。因此，规划的策划总监与文化部门、城市规划管理局及交通部门的负责人受邀加入战略组。总之，这个组由 12 个人组成，其中有 2 个人在哥德堡城市管理处工作，还有 2 个人分别来自西瑞典商务局（代表经济维度）和查莫斯（Chalmers）技术大学（代表生态维度）。战略组每月举行一次约 3 个小时的会议，交流和讨论制定愿景和战略的工作。项目组则由全职或兼职的员工组成，负责对外公示、计划和管理以及起草文件。起草的文件会提交给项目指导委员会的官员以及市议会中能作出最后决定的代表。

2011 年春天，项目又分为四个部门开始实施，其中三个部门分别负责上文所说的三个维度之一，不同领域的专家被邀请到各个相应的部门中。第四个部门是北欧合作局，通过邀请其他城市参与来对该项目提出建议。季末的时候，哥德堡举办了一次大型的国际研讨会，来自世界各地的近百名建筑师和城市规划师参加了关于哥德堡未来发展的讨论。最终，明确的愿景和战略文件尚未决定，因为不同的参与者提出了不同意见，分歧甚大。

相关研究紧随其后，2011 年和 2012 年，研究项目开始推进到实施过程中。当一个项目进展到实施阶段，愿景和战略也就即将实现了。早前的经验是，关于什么应该囊括其中、什么不应该，不同的愿景和战略规划参与者有许多不同的意见。总之，这些意见尚未达到战略集团或政治家的要求。

四　研究路径

笔者花了两年时间，收集了有关哥德堡愿景和战略规划的大量数据和资料。哥德堡愿景和战略规划项目于 2010 年底开始，到 2012 年结束，本文中关于愿景和战略规划的很多资料来源于市议会公示与修订的官方材料。研究项目始于 2011 年 1 月并于 2012 年 12 月结束。本文所采用的研究方法受益于人类学传统（Van Maanen，2011）的启发和“阴影”（Shadowing）概念（Czarniawska，2007）的影响。笔者密切关注、跟踪愿景和战略规划的制定过程以及参与其中的人员，考察战略组的月度会议，考察各种利益相关者的研讨会，对政治家进行访谈，还受邀参与了一些实际考察和社会活动。密切的接触和交流，使笔者能够了解实实操作人员的真实想法，继而对相关咨询和进一步会晤有所裨益。所有实地考察的讨论都被记录下来——包括讨论内容、参与讨论人员、讨论气氛以及其他相关信息等。然而在某种意义上，实地的接触也会成为研究者了解项目成员和推动项目实现的障碍。研究者有时候需要知道详细的信息，但这些信息却难以处理。当然，好处也显而易见，就是研究者可以通过不断接近研究对象，走到城市管理实践的幕后，从独特的后台视角来进行考察。

除了观察，笔者对战略组的所有成员、政治家以及其他人员都进行了采访。总的来说，笔者进行了约 250 小时的观察和 32 次的访谈。每次访谈的时间从 30 分钟到 3 小时不等，所有内容都进行了记载。访谈采用对话的形式，全部都没有事先安排的问题和流程，是基于受访者的视角和他们在实践过程中的角色来进行的。观察和访谈相辅相成，共同构成了一个全面的愿景和战略规划项目进展的数据语料库。

五　构建哥德堡新形象

如前所述，哥德堡经历了数次危机，从港口城市到汽车制造城市，再向“节事城市”不断转型。年长者对哥德堡的印象主要还停留在港口城市阶段，在公开研讨会上，居民仍然认为这一形象值得重视和保留。哥德堡的汽车工业最近也遇到了问题，当地的汽车生产商沃尔沃公司现已被卖给了中国的吉利公司。此外，项目相关人员认为“节事城市”这一形象恰逢其时，因为现在许多城市都致力于举办节日、特殊事件和音乐会，而这并非哥德堡所特有。

在所有的变化中，2010 年的一档瑞典电视节目揭露了哥德堡在进入 21 世纪后最大的腐败丑闻（C. F. AMNå et al.，2013），结果导致在哥德堡生活和工作的人们失去了对城市管理者的信任。有些受访者说，即便此事跟他们并无直接联系，但丑闻被爆光后，他们很难继续在哥德堡工作了。接受采访的人还表示，因为媒体总是试图寻找城市管理者的错处，导致现在没有人敢在城市管理中做任何尝试。这种消极的情形可以看作是哥德堡需要新的积极、正面形象的原因之一，这也是愿景和战略规划过程要尽可能公开和透明的原因。无论是城市管理者、居民还是城市其他利益相关者，都认为哥德堡亟待抹去“腐败”的负面城市形象。①

愿景和战略规划以及城市新形象的另一个问题是应该解决或至少改善某些战略组成员所说的与欧洲其他城市相疏离的状况。这个问题亟待处理，否则哥德堡将面临更大的问题。某位城区的管理者在采访时说道：“我们需要做出不同的决定……并不是有人故意要建立一个与世隔绝的城市，但政治家们在决策时，不能统筹规划，而是每次只考虑一个问题。可能在某个时间点上，这个决策是最好的解决办法，但是从长远来看却不是这样。城市愿景和战略规划可以帮助那些政客们做出正确的决定——对整个城市来说最合适的决定”。

但是，在住房问题上，每个街区的情况各不相同，从整个城市的角度来做出决策就变得非常困难。前城市规划管理局主任、战略组成员之一，在采访中表示：战略规划的问题是在建立新住宅区的同时不产生经济隔离。“我目前尚未发现瑞典的哪个城市能够权衡好区域新建设和经济隔离的问题。我们总是说（要建设）种族混居的城市，但我们怎么建设新住房才能创造这样的城市？是否我们同时应该建设所有这些新的住房？怎么才能使各类人群都能住得起？”

这就是受访者认为未来哥德堡需要处理的最大的问题。这是一个难以解决的问题，需要决策者的深思熟虑。这种背景下的可持续性是指社会的可持续发展，是构建一个适合所有人、让人们能够超越国家界限和文化界限的、消除种族隔离的城市能力。

六　构建社会、经济和生态的可持续城市

第一次战略组会议提到愿景和战略规划的目标是找出三个可持续发展维度之间可能存在的冲突，“把他们摆在台面上”，然后再讨论这些潜在的冲突，并根据其紧要程度来进行时间安排。关于社会可持续发展，与会者提出，在区域内应至少有50%的住房提供给低收入群体；关于经济可持续发展，成员们更关注如何吸引企业，并强调应通过给予企业家支持性的住房安排来吸引企业家聚集到哥德堡。社会和经济两个部门的侧重各不

① 参见 http：//www. thelocal. se/32934/20110331/。

相同，前者主要关注已经居住在哥德堡的居民以及他们所面临的问题，后者则强调城市希望吸引的群体，强调城市的未来。经济部门的人认为，只要商业环境改善了，就会产生更多的就业岗位，社会问题也自然也会随之减少。社会部门的人对此表示怀疑，他们认为，当地徘徊在就业市场之外的劳动力可能并不符合雇佣需求，而过分强调所谓的“创意阶层”，会导致本地一些劳动力进一步被边缘化。他们还指出，哥德堡的很多方面都很好，“画蛇添足，实无裨益”。城市应该关心居民所需要的，这样才能减缓城市的绅士化（Gentrification），并提高社会参与度。经济部门则强调商业交流的重要性，强调城市需要向商界领袖取经，了解吸引企业进驻的城市功能因素。

生态部门则采取了另一种方法。他们认为，哥德堡需要更多的绿色空间；如果城市中心区允许驾驶汽车，那么车速应受到限制。生态组还讨论了免费公共交通、供热节能替代品和生态可持续的其他例子。相比于社会和经济部门，生态部门更强调科技及其解决方案，举行的讨论也比其他两组要少。

三个部门就建设更好的哥德堡提出了一些有趣的建议，但究竟应该从“现有的城市”还是从“未来的城市”开始着手尚未形成一致的意见。参与研讨的与会者一致认为，社会、经济和生态三个维度必须融合贯通，作为一个整体来进行考虑，三个部门不能用孤立的眼光来看待问题，应该相互促进。讨论组也向战略组提出了建议，但讨论组没有具体阐述先前所说的部门边界以及潜在的冲突。

当时，所有受访者都对 2011 年 6 月举行的国际研讨会抱有很高的期待。之后，来自世界各地的专家聚集在哥德堡，进行了为期 3 天的讨论，研讨城市如何发展以及在发展中的最重要的工作。战略组的一些成员表示，政客们对这次研讨会的兴趣不足让他们感到很失望。但受访者也表示，这次研讨会迸发出了许多有价值的想法，因此研讨会还是非常成功的。被采纳的建议包括：强调需要立即启动的临时措施和项目；向公众表明改变一定会发生；领导向公众告知愿景和战略规划已经进入实施阶段。项目负责人常常在引用建议时说“这是专家提出的”或“这是公众要求的”。通过这种方式，三个部门将战略组的决定合法化。此外，三个部门还组织当地居民关注城市的未来发展。就在此之前，战略组成员还曾表示这项组织活动具有较大的难度，有人说：“谁有时间参与这项活动呢？我们会动员退休人员和其他有时间的居民。我在这里说的好像很挑剔，但实际上如果出去说，‘来参加这个会议吧，共同塑造哥德堡的未来’，又有谁会来呢？太困难了，我们都不知道我们想要什么，怎样才能让他们知道？”

公众参与的结果与战略组设想的基本一致。事后来看，公众的代表性问题以及所征询的问题显示出了不少质疑。然而，项目管理者把公众参与以及公众咨询当作研讨结果的合法化手段，并成为与政治家们谈判的一个重要砝码。很多受访者都表示，愿景和战略规划的行动者需要被囊括在城市的未来之中，要让他们知道他们的工作并不是漫长人生之中的一段，而是城市未来长期发展需要保持的基础，让他们明白自身角色和工作是一个很大的挑战，一旦失败，哥德堡的居民将会对城市的未来失望，并失去信任。总之，就城市未来发展与市民所进行的对话被认为是最重要的成果之一。现行的对话机制，可以说是一个很好的起点，也是有益的经验（见图 18－4）。

图 18－4　与公众的对话活动

资料来源：哥德堡市议会。

七　下一步的行动

愿景和战略规划实施中的三个部门以及相应机构也提出了好的想法。

战略组下一步将参与到城市的实际工作中。他们认为，制定愿景和战略规划的任务应包括调整与愿景和战略规划有冲突的项目，市长的工作计划也要基于愿景和战略规划思路。如果有项目对规划工作产生了干扰，他们就要回到市议会的协调或表决程序中去。这很有趣，因为在他们对愿景和战略规划都毫无设想的时候，又怎么能够跟有些项目产生冲突呢？但是，战略组对如何行动达成了共识。而关于可持续发展的复杂定义以及社会、经济和生态三个维度的融合贯通的方案，则暂时被搁置。

在整个愿景和战略规划刚起步时，哥德堡正在实施的某座新桥的建设规划就是冲突的一个例子。这座桥非造不可，因为它连接河流两岸的中心城区。战略组同意把这座桥打造成为新城的地标，认为新桥应造得尽可能低，这样才更人性化，人们也更愿意选择从桥上走，而桥坝也不会占用宝贵的城市空间。战略组开始在各种场合推荐低桥方案，并在与政客们的会晤中通过陈述利弊来游说他们。

下一步需要解决的问题就是战略组得让政治家们同意这些必须的项目。事实表明，让政治家们改变其过去的决策是非常困难的，城市管理人员如交通委员会，抱怨战略组试图干预与他们无关的的问题。政治习惯表明，整个过程需要时间，即使战略组聚在一起讨论交通和桥梁问题——而非愿景和战略规划，也需要耗费很长时间。

关于社会的可持续发展，房屋管理局展开了一项研究，就是怎样给各种类型的人群建造住房。其他国家的城市住房解决方案，如荷兰阿姆斯特丹的社会住房方案，由于瑞典的法律和法规限制根本不可能实现。在一次战略组会议的讨论中，负责社会可持续发展的一个代表提出了以下问题：“我们说这个城市应该是为每一个人服务的，这句话的真实含义是什么？那些无家可归的人是否要涵盖在内呢？”

其他组员也赞同这种观点。有人强调：如果我们说每个人，那就必须包含每个人，甚至是无家可归的人。然而，最后的愿景和战略规划文件中并不包括为无家可归的人提供的庇护场所，或者给无家可归的人腾出住房空间的做法。这凸显了城市吸引居民和服务全部居民之间的有趣矛盾。这两项工作，城市必须都得做，但这并不容易。口头上说“每个人”是远远不够的，但这可能会对未来愿景与战略规划的实施和进一步的讨论产生一定影响。通过这种方式，战略组就这些问题展开了讨论，甚至到现在还没有找到对策。

讨论中的争议和分歧仍然存在，然而，愿景和战略规划的制定过程却越来越接近它的最后期限。战略组不得不改变战术，让决策者不再拖延，尽快步入正轨。他们转而开始设计一个有吸引力的未来城市形象，因为这是每个人都会同意的项目，而且事实上一夜之间每个人都同意了。提交给市议会的图表、文件，包含了城市发展愿景和可持续发展的三个战略：发展愿景就是“哥德堡——向世界开放”，三个战略则分别是“疗愈城市”“对接海洋”和“加强区域中心”。发展愿景虽然已经启动，但仍有一定的问题：未来的建设采取什么样的行动尚未明确，工作的先后顺序也没有划定，愿景文件中也未提到三个部门之间可能存在的冲突。但是战略组成员强调，三个部门的问题应放在一起考虑，而不是分开，各自为政。发展愿景是“预见性的”，是以未来为导向的，决策者对此并无异议，这本身就是成功。然而，这给下一步的行动造成了压力，比如，哥德堡需要成为一个开放的、可持续的城市。

八　可持续的行动

在最初的访谈中，受访者表示，最重要的事情是愿景和战略规划的后续维护和激发人们的这种意识。如果可持续发展的愿景和战略规划不能持续，那么他们的工作将失去意义。其中一个成员表示，有人应该时时“强调这个文件”，防止它被搁置于书架，从此不管不问。这引起了谁负责“强调这个文件”的讨论，在这方面要达成一致也有困难。

执政党认为，一些协调委员会能发挥合适的作用，但反对党并不认同。他们认为，只有正式的组织才能够像处理其他问题一样处理这些问题。这给战略组造成了困扰。战略组成员认为，引导管理战略的工作需要临时的协调组织，从而保障规划得以实现。有趣的是，战略组在愿景和战略规划完成后，一直在忙于讨论和协商其实施的未来会发生什么问题。战略组还提出了有趣的一点，就是城市建设不能只有形象建设，如果想要将愿景和战略规划落到实处，迟早还需采取一致的行动。如果支持性的行动不能开展，那么愿景和战略规划就没有意义和用途了。但是怎么样做才能算是“向世界开放”呢？

九　讨论——成为“向世界开放”的过程

愿景和战略规划制定之初就认定，社会、经济和生态三个部门应结合在一起考虑。可要在这三个部门中排出优先顺序非常困难，但是迟早要排，必须要排。社会和经济，哪个应该放在最前面呢？三个部门各有侧重，其间的冲突很明显。在研讨会之后，相关人士又开始把重点转移到现存问题和未来形象选择的矛盾中。首先要处理与愿景和战略规划不一致的项目，解决它与实践之间的矛盾。如果我们不在意实践，那么我们是否能够形成对未来的一个预见？这为战略组创造了解决问题的机制，但在处理三个部门之间的冲突时导致了时间拖延（Brunsson，1989）。在愿景和战略实施前周全考虑实践者的情绪是必要的，而且战略组也是按照共识来采取行动的。落实到实践中，能够为今后工作减少操作困难。但在某些方面，前文所述的各种潜在冲突都可能会再次出现。政治家们和战略组成员无法就实际操作形成一致的意见，但这不属于哥德堡“向世界开放”的最重要愿景。这证明，某些方面的讨论要更开放，比如说，新桥建设并不解决阶层疏离的问题（Allmendinger and Haugton，2012）。在其他方面，达成目标比实际上说的更重要，共识本身就是目标（Metzger and Rader Olsson，2013；Swyngedouw，2007）。现在，至少具体的问题仍在台面之下：城市该如何解决阶层疏离问题？

有学者（Gunnarsson-Östling et al.，2013）提出了一个问题，他们认为，可持续发展的概念可能会绑架实践行动。愿景和战略规划囊括了多元可持续城市的概念，是整个过程的第一步。因此，这会以愿景和战略规划的名义为“本地企业家”让路。如果愿景和战略规划太抽象会引发“上层建筑”缺乏针对性的风险。当然这也有优点——事情可以着手、行动将会展开。即使会让三个部门之间的潜在冲突明晰化，但愿景和战略规划能够形成瑞典的共识文化（Metzger and Rader Olsson，2013）。这也是战略组在桥梁规划项目中同意加入的原因之一。如何解决阶层疏离当然是一个问题，战略组成员都认为这是要解决的问题，但对于如何解决却没有办法形成一致的意见。整个项目不断接近最后期限，这迫使战略组将他们达成共识的项目确定下来，展开行动。哥德堡的新形象，还需在城市后续的“开放”中进一步塑造。从这个意义上说，愿景和战略规划的构建过程是一个新的起点，是向市民和其他利益相关者对城市更美好未来的一个承诺，然而如何实现则取决于当下。

在某种程度上，哥德堡的愿景和战略规划制定者对城市内部问题的认识相差不大，但他们对怎么处理问题、先处理哪个问题的看法却大不相同。然而，不管是接下来的行动还是愿景和战略规划的完善，都是重要的学习工具。实施的过程让实践者认识到可持续发展城市的定义可能有很多种，各不相同。生态组强调科技，社会组关注城市现存的问题，而经济组则讲究对更多居民和投资的吸引。最大的问题不是把三个部门的关注放在一起，而是决定哪项工作最重要、应该从什么地方着手。之后，战略组转而开始处理他们能够达成一致意见的问题，试图在可持续城市的定义上统一看法。战略组转向实践操作，使得项目继续向前推进，表明可持续建设实践的全面开展。项目不能陷入停滞，问题和失败都应该被纳入未来的考量中（Shaw，2013）。通过讨论未来，能够明晰现在的问题。不仅如此，城市还要从未来如何采取行动的层面来解决阶层隔离的问题。然而，在如何行动和采取什么行动的问题上达成一致的可能并不大，从中学到的经验和过程本身面临的问题也变得更加突出，这与悉尼的规划和建设过程非常相似（参见 Kornberger and Clegg，2011）。

有人担心建设过程会暂停，导致没有人对哥德堡的未来真正负责，没有人继续“强调这个文件”。但也有人认为，已经构建的愿景很可能实现，而对很快展开规划抱有信心和希望。哥德堡的这个案例可以被视为是城市应对挑战、不断更新城市形象的一个代表性案例，为此，本文突出了后台工作和可持续发展的相关工作。研究表明，即使有建立开放、可持续城市的雄心壮志，但在如何行动方面依然存在形成统一行动共识的障碍。一个问题就是争取建立共识或许不可能，甚至不应该可能（参见 Swyngedouw，2007）。相反，风险在于工作卡在关键性议题，可能直到截止日期也没能取得进展。未来我们要讨论的是，政治家们在决策和程序节点之外会不会发挥别的建设性作用。本文还想指出，当建立共识成为城市的目标时，更重要的议题和项目却可能被排除。哥德堡城市战略规划，尽可能多地囊括了不同的想法和意见，从而保障最终的文件能够达成尽可能广泛的共识。然而，越多人参与，愿景和战略规划就会有越多不同的意见，整个过程就越难掌控。想法很好，但是在现实中却很难操作。哥德堡的案例表明，以城市愿景和战略规划为基础来转变形象的路径有利也有弊。

参考文献

[1] Allmendinger, P., & Haughton, G. (2012), Post-political spatial planning in England: a crisis of consensus? *Transactions of the Institute of British Geographers*, 37 (1), 89 - 103. doi: 10.1111/j.1475 - 5661.2011.00468.x.

[2] Amnå, E., Czarniawska, B., & Marcusson, L. (2013), *Tillitens gränser. Granskningskommissionens slutbetänkande*, Göteborg: Göteborgs stads granskningskommission.

[3] Brunsson, N. (2002), *The Organization of Hypocrisy: Talk, Decision and Actions in Organizations*, Copenhagen Business School Press.

[4] Czarniawska, B. (2007), *Shadowing and other techniques for doing fieldwork in modern societies*, Liber.

[5] Dobers, Peter och Annette Hallin (2009), The Use of Internet and Partnerships in Building the Brand of 'Stockholm: The Capital of Scandinavia', I Gascó-Hernández, Mila och Theresa Torres-Coronas (red), *Information Communication Technology and City Marketing: Digital Opportunities for Cities around the World*, Hershey Pennsylvania: Idea Group Publishing.

[6] Girardet, H. (1999), *Creating sustainable cities*, Green Books.

[7] Hubbard, P. (1996), Urban Design and City Regeneration: Social Representations of Entrepreneurial Landscapes, *Urban Studies*, 33 (8), 1441 - 1461.

[8] Jacobs, J. (1961/2011), *The Death and Life of Great American Cities*, Random House Publishing Group.

[9] Jansson, A. (2003), The Negotiated City Image: Symbolic Reproduction and Change through Urban Consumption, *Urban Studies*, 40 (3), 463 - 479.

[10] Kornberger, M., & Clegg, S. (2011), Strategy as performative practice: The case of Sydney 2030, *Strategic Organization*, 9 (2), 136 - 162.

[11] Kornberger, M. (2012), Governing the City. *Theory, Culture & Society*,

29 (2), 84 - 106.

[12] Maclaren, V. W. (1996), Urban Sustainability Reporting, *Journal of the American Planning Association*, 62 (2), 184 - 202.

[13] MacLeod, G. (2011), Urban Politics Reconsidered, *Urban Studies*, 48 (12), 2629 - 2660.

[14] Metzger, J., & Rader Olsson, A. (2013b), *Sustainable Stockholm Exploring urban sustainablity in Europes greenest city*, Cornwall: Routledge.

[15] Nijkamp, P., & Pepping, G. (1998), A Meta-analytical Evaluation of Sustainable City Initiatives, *Urban Studies*, 35 (9), 1481 - 1500.

[16] Selman, P. H. (1996), *Local Sustainability: Managing and Planning Ecologically Sound Places*, P. Chapman.

[17] Shaw, K. (2013), Docklands Dreamings: Illusions of Sustainability in the Melbourne DocksRedevelopment, *Urban Studies*, 50 (11), 2158 - 2177.

[18] Swyngedouw, E. (2007), Impossible "sustainability" and the post-political condition. I: R. Krueger & D. Gibbs (red.), *The sustainable development paradox* (s. 13 - 40), New York: The Guilford Press.

[19] van den Berg, L., van der Meer, J., & Pol, P. M. J. (2003), Organising Capacity and Social Policies in European Cities, *Urban Studies*, 40 (10), 1959 - 1978.

[20] Van Maanen, J. (2011), *Tales of the Field: On Writing Ethnography*, University of Chicago Press.

[21] Vifell, Å. C., & Soneryd, L. (2012), Organizing matters: how "the social dimension" gets lost in sustainability projects, *Sustainable Development*, 20 (1), 18 - 27. doi: 10.1002/sd.461.

第19章　麦德林：基于多元利益主体实现城市重建和城市品牌转型

诺韦尔托·穆尼斯·马丁内斯*

翻译：罗苑晴　石　俊**

一　背景

麦德林（Medellin）是世界范围内在城市重建以及城市形象和区域品牌创新方面取得瞩目成效的城市之一。20世纪中期，对于麦德林来说是一个不幸的时代，这座城市不仅遭受全国武装冲突的威胁，还饱受毒品交易和犯罪所导致的暴力猖獗的困扰。这一时代结束后，麦德林着手进行城市转型，并成为南美洲和整个拉丁美洲地区城市转型的典范。因此，麦德林被美国《华尔街日报》评为2013年度世界最具创新精神的城市。

麦德林前市长塞尔希奥·发哈多（Sergio Fajardo）在该城市的这一积极改革进程中发挥了关键的作用。发哈多在教育和文化方面推行了改革政策，旨在解决最贫困社区中存在的社会不公和青少年犯罪率较高的问题。为此，发哈多通过富有创意的解决方案建立了一系列市民文娱活动中心、城市规划中心和交通系统来改善城市的公共服务。虽然，如市政府这样的机构可以引领实施城市发展战略，但要完成整个区域的转型不能仅遵照由一个机构或者一个单位的规划来实现。由此，区域管理和区域品牌建设应顺应需求不断发展，并重点研究、制定针对不同机构和利益相关者的管理

* 诺韦尔托·穆尼斯·马丁内斯，西班牙莱昂大学副教授。

** 罗苑晴，中国传媒大学外国语学院西班牙语专业学生。石俊，中国人民大学创意产业技术研究院助理研究员。

机制。就本文而言，作者完全认同这一研究重点，并采取多元利益主体的研究方法进行分析，旨在理解该城市主体间的多样化交流。

另外，本文还将分析文化在区域品牌建设中的角色（Ashworth and Kavaratzis，2015）。在本研究中，文化指的并不是用于旅游业中的文化，而是由文艺活动和大众活动组成的活态文化。在这个意义上，麦德林是一座在医疗集群、时尚设计集群、营销集群方面充满文化活力的城市，其常年拥有观光游客和商务游客。

二　城市转型战略：麦德林的城市重建和地域感

麦德林是一座拥有将近 4 百万居民的城市，是继哥伦比亚首都波哥大之后的国内第二大城市，同时也是该国具有强烈历史认同感区域（安提奥基亚省）的首府。这一地域感，让麦德林的居民和各机构组织对自己所在的城市产生依恋般的认同感（Campelo，2015）。实际上，除了与物理层面的城市规划维度相关的可感知进程、地理位置和空间以外，地域感在社会互动和情感活动过程中也常常被涉及。上述与祖先有着历史联系的社区归属感代表着城市重要的情感承诺（Florek，2010）。前市长发哈多独具远见，在社会本能发挥作用时，重在激发麦德林民间社会充沛的人文力量和机制力量。

城市都市圈是一个复杂的社会系统，不同的机构和众多的利益相关者在这一系统中通过动态进程来实现互动，塑造区域内的物理环境，促进区域内的社会经济交流。城市重建是这些机构和利益相关者相互作用的结果，也是对特定区域内的城市重建所引发的机遇与挑战的回应。

西方国家（即北美洲和欧洲各国）城市发展的政治、经济作用已被广泛讨论。在这一领域，萨维斯和坎特（Savith and Kantor，2002）没有采取案例分析来研究城市，而是探索出一套系统的对比法来解释政府间治理、当地机构和文化价值观三者之间的相互作用。萨默斯等人（Summers et al.，1999）的研究也显示出了美国和欧洲各国城市的鲜明对比。欧洲各国城市倾向于在市中心展示充满活力的城市及居民的生活状态以及社会中的部分富裕人群。然而这一现象并没有在美国出现。相反，美国城市中越来越多的人特别是富裕人群，集中在郊区的“边缘城市”。

在拉丁美洲，瓜亚基尔（厄瓜多尔）实施的城市重建和由库里蒂巴

（巴西）前市长倡导、执行的创新性城镇化改革案例广为人知。库里蒂巴交通系统建设案例已经被默西埃等人（Mercier et al.，2015）重点强调。卡纳尔和奥尔特加·阿尔卡拉斯（Kanal and Ortega-Alcáraz，2009）通过研究拉丁美洲中两个重要大都市（墨西哥的墨西哥城和阿根廷的布宜诺斯艾利斯）的案例来分析先进文化导向的城市重建前景。事实上，拉丁美洲内多个国家首都的变化尤为突出，如哥伦比亚的波哥大、墨西哥的墨西哥城、秘鲁的利马、乌拉圭的蒙得维的亚和智利的圣地亚哥等。这些城市变化也可在非首都城市中有所呈现，如巴西的圣保罗、里约热内卢（特别是 2016 年奥运会举办之际）、阿雷格里港；墨西哥的瓜达拉哈拉、蒙特雷、普埃布拉、韦拉克鲁斯或梅里达；哥伦比亚的麦德林、卡利、巴兰基亚或卡塔赫纳。这样的城市更新或城市重建是以民众参与其中的公共交通网络建设、历史街区修复和社区提升项目为基础而展开的。在这一改革进程中，大多数项目由美洲开发银行（全称为 Inter-American Development Bank，缩写为 IDB）资助。城市重建和投资机构作用之间的关系在阿代尔等人的研究中（Adair et al.，1999）已有论述。

从其他大洲的视角来看，北京（中国）和芝加哥（美国）在城市形态、近郊地区的汽车拥有量和活动空间方面的比较在塔纳和沙伊（Tana and Chai，2016）的研究中进行了探讨。雅各布（Jakob，2013）在城市发展和体验消费框架下分析了柏林和纽约的重要活动事件。关于欧洲，莫拉能（Molainen，2015）进行了对比研究，通过调查 10 个欧洲城市在城市品牌建设进程中所面临的挑战，找出了主要挑战和主要利益相关者对品牌的有限理解，其中部分挑战与参与其中的利益相关者有关。拉穆尔（Lamour，2014）提到，一些坐落于行政区域边界的欧洲城市最近已经发展出跨界都市品牌战略。恰尔尼亚瓦斯卡（Czarniawska，2002）研究了作为该大洲的东欧、北欧和南欧的城市代表，即华沙、斯德歌尔摩和罗马等三个首都城市。这一研究是在城市网络视角框架下展开的，包括市政组织、公共组织、民间组织、志愿组织和非组织性质的个人。因此，城市并不能视为一个大型组织，而应被理解为一个复杂的行为网络。诺比利（Nobili，2005）关于热那亚和利物浦的文章分析了重大事件所起的作用，如欧洲文化之都在品牌和定位中的努力和尝试等。

关于大洋洲，瑟尔（Searle，2014）对澳大利亚的布里斯班、墨尔本和悉尼之间的交通进行了对比研究。在毕尔巴鄂（西班牙巴斯克地区首府)，随着城市重建和港口污染修复的实施，具有标志性意义的古根海姆博物馆在城市中发挥巨大的影响力。如同格雷戈里（Gregory，2016）通过对南非约翰内斯堡城市复兴中的创新性产业的分析一样，文化机构（如安蒂奥基亚省博物馆和麦德林现代艺术博物馆）和最受欢迎的文化运动甚至是反文化运动，都可以在城市复兴中产生重要的作用。

城市管理中的一个焦点来自于智慧城市（Smart Cities），即不断增加对信息传播技术基础设施以及更高效能源与交通的运用，旨在通过参与度更高的治理来促进生活质量的提高和经济环境的可持续发展。赫斯顿等人（Huston et al.，2015）提出一个可持续智能方案——“智能南方”（smart-SUR），通过各机构间合作来在英国和荷兰探索巨型城市再生计划。这一战略计划涉及当地政府与民众的参与、制度建设的加强和创新性再融资。在这一层面上，麦德林凭借对能源的合理利用成为哥伦比亚国内和拉丁美洲在这一领域的开拓者。麦德林国有企业财团（Empresas Públicas de Medellín，简称为 EPM）在这一城市综合体中发展起来，并将该城市和区域的主要机构总部进行聚合。热能特区（La Alpujarra）等成了生产蒸汽、热水和冷水的能源系统，总工厂负责生产，随后将产品通过地下管网输送到系统的各个大楼，来给空间和水加热，或产生空调冷气。因此，各独立建筑无需拥有自己的锅炉、烤箱或制冷设备，因为该能源系统已经配备这样的功能。在使用这一系统的情况下，预计温室气体排放量可减少 30%，能源消耗量可减少 31%，二氧化碳排放量可减少 22%。

三　从冲突和暴力问题中重生：麦德林城市和社会重建的综合进程

麦德林是哥伦比亚的一座城市，它与卡利一样是贩毒和暴力非常严重的地区。贩毒团伙猖獗的行径在很长一段时期内给麦德林的社会状态和城市形象造成了负面影响。尽管在 20 世纪 90 年代，麦德林发生了实质性的变化，但其城市形象仍然被赋予消极的色彩。因此，推行综合治理和城市营销以促进城市形象向积极的方向转变是十分必要的。

为什么麦德林需要开展城市营销？因为在城市形象和城市现状之间存在巨大的差异（见图 19－1 到图 19－4）。

城市形象　　　　城市现状

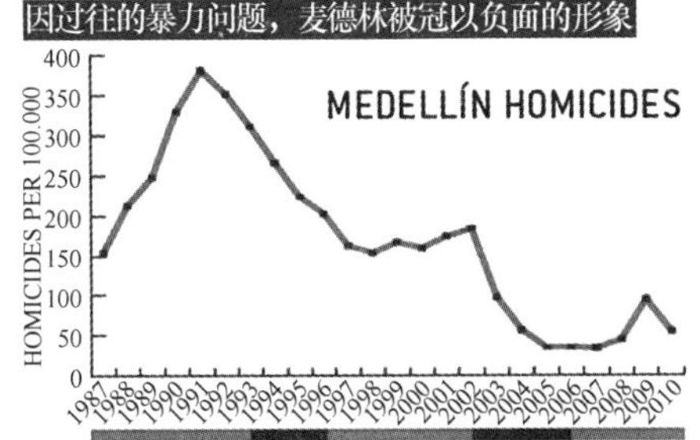

动态和积极向上的城市
· 展会和会议：哥伦比亚时尚交易会，未来农业博览会，家居装饰博览会，健康、交通和牙科博览会
· 体育和文化事件
高校、诗歌节、艺术（费尔南多·波多罗）；音乐：卡洛斯·加德尔，胡安内斯
得天独厚的天气：常春城
乡村旅游的路线潜力、经济旅游、历史城镇（安提奥基亚省圣达菲）；加勒比—乌拉瓦和太平洋—乔科海湾和沙滩旅游

贩毒集团　游击队　准军事组织　军事遣散　犯罪集团

图 19－1　麦德林城市形象和城市现状差异对比

图片来源：http：//healthymedellin. weebly. com/history. html。

图 2　赤脚公园（受“禅”启发的开放区）

图 19－3　费尔南多·波特罗的城市雕塑

图 19－4　麦德林市植物园

世界上有许多城市遭遇过不同程度的战争和冲突。在拉丁美洲，特别

是中美洲的城市，例如危地马拉城、圣佩德罗苏拉（洪都拉斯）和加拉加斯（委内瑞拉）或者是在几年前的华雷斯城（墨西哥），其谋杀案和犯罪率都位居前列。同样，有部分城市处在某种长期统治下，如仰光（缅甸）、地拉那（阿尔巴尼亚）；有些城市正面临着内战或恐怖主义的问题，如摩加迪沙（索马里）、蒙罗维亚（利比里亚）或者高加索（格罗兹尼、车臣）。但是，一些城市在武装冲突结束后获得了复兴，如哥伦比亚的麦德林或加利、黎巴嫩的贝鲁特、北爱尔兰的贝尔法斯特（2010 年的诺索弗）等（Gould and Skinner，2007）。

格特纳和科特勒（Gertner and Kotler，2004）提出了一个地区如何纠正其负面形象的步骤。在当时，麦德林正面临着如何改变该城市在世界上已经形成的固有负面形象的问题。这一形象对于麦德林来说十分不利，也十分脆弱，因此改善步骤需要长期执行，且要小心翼翼。关于这方面，约翰逊（Johnson，2014）已经通过牙买加的案例对这个问题进行了研究。牙买加的形象著名且鲜明，但却是一个被损害了的形象。在高加索，威尔斯和穆尔（Wills and Moore，2008）对车臣如何从政治暴力向区域品牌进行转变和发展进行了分析；对于国家来说则分析国家内的冲突和地区营销的关系——如以色列如何在长期的冲突时期内推广和管理国家品牌（Avraham，2009）；或者分析在某国家级区域品牌中更具体的问题——比如如何纠正泰国国家品牌中的性旅游业的负面形象（Krittinee，2007）。

在上述研究的背景下，旨在分析和讨论如何改善地区品牌的国际论坛在 2004 年召开。该论坛的倡导者和创始人建议所有参与组织应推动地区积极形象的塑造活动（在此之前，大多已经形成众所周知的负面形象）。同年，在阿根廷罗萨里奥举办了第三届西班牙语国际会议（el III Congreso Internacional de la Lengua Española）。随后，第四届的会议的东道主为哥伦比亚的印第安历史名城卡塔赫纳（Cartagena），这一会议因众多的国家首脑和著名作家的出席而具有较高的国际影响力。卡塔赫纳因其引人入胜的历史名胜以及被联合国教科文组织收入世界遗产名录而闻名于世。诺韦尔托（Norberto）建议举办这样一次会议对于麦德林来说是该城市创造积极传播的历史性机会。麦德林在 2007 年如愿举办了该国际会议，与会代表就如何统一西班牙语语法进行了会晤和讨论。在卡塔赫纳会议举办当年，会议向哥伦比亚著名作家加夫列尔·加西亚·马尔克斯（Gabriel García Márquez）致敬，因而吸引了全市的参与和世界的关注，最后会议圆满落幕。西班牙国王参观该城，在地势很高的圣多明哥贫民窟为西班牙图书馆揭牌。

麦德林前市长塞尔希奥·发哈多是一名资深的数学家和大学教授，他通过战略思维找出麦德林的问题，同时坚持“把最好的给最贫穷的人”的竞选口号，在“麦德林，一座最有教养的城市”这一最为合适的城市口号背景下，重点强调具有社会教育特色的政策和措施，在贫困街区建设文化基础设施。如图 19－5 所展示的西班牙图书馆就是通过与西班牙的国际合作共同出资建立的。美国也与麦德林进行合作，该合作被列入美国地理学会（American Geographical Society）鲍曼探险项目（Bowman Expedition program）中，旨在关注贫困社区的社会变化，特别是被称为“第十三公社”（Comuna 13）的贫民窟（Drummond，Dizgun，and Keeling，2012）。在哥伦比亚政府负责此项目后，项目的目标确立为提高该地区的安全度，推动经济发展和基础设施建设。

得益于城市重建成绩斐然，麦德林逐渐获得了国际社会的关注。《纽约时报》（McShane，2015）指出，该城市很多曾经贫穷的街区通过如西班牙图书馆等令人惊讶的建筑已经转变为在圣地亚哥低收入贫民窟中的现代公共图书馆和社区空间。麦德林的空中缆车系统和将近 400 米的室外自动扶梯将这一贫困山区与城市中心相联结，这些举措是全球智能公交系统发展的里程碑。麦德林的电力城铁是世界上较早拥有固定服务时间表并用于公共交通的系统。自 2004 年运营启动后，该城铁系统每日载客量为 3 万人次，其运营已融入麦德林包括地铁在内的整体大众交通系统中。新学校、新社区活动空间和新公园在城市各处建立。与此同时，宏伟的“麦德林现代艺术博物馆”项目在毗邻麦德林的后起之秀之城——里约城（Ciudad del Rio）的前钢铁厂上建成。

前市长塞尔希奥·发哈多决定在贫困地区建造最好的建筑来推动城市的改变，让教育和文化减少社会不公现象，促进人们在不受社会经济条件约束下进行交流和互动，同时也让便利的公共服务减少不平等现象。沿着公共交通系统建设的图书馆和其他文化活动空间在重建新城市中发挥着主要的作用。文化在城市转型中起着重要的作用，因为文化推动更多受教育人群之间的社会互动，让其共享同一个社会发展愿景和价值观。建设和运营这些公共空间的同时，贫困地区住宅还需要不断得到改善。改造贫民窟可以有效地改善该地区居民的住房条件（Makamura，2014）。这些文化教育基础设施和其他创新性公共工程展示了曾饱受冲突和暴力摧残的城市在社会复兴方面的创新性做法和形式。从这个意义上来说，格雷戈里（Gregory，2016）通过南非约翰内斯堡的罗格朗区（Maboneng）案例，研究创新性产业在城市重建中的作用（见图 19 - 5）。

图 19 - 5　麦德林贫困地区的公共空间

麦德林的城市更新同样被世界经济论坛（World Economic Forum）讨论和研究。波卡泰拉（Pocaterra，2016）指出，曾在 20 世纪最后 20 年里饱受犯罪、毒品交易和国内战争折磨的麦德林已经成功转型，成为城市创新排行榜前十名的城市之一。对于拉丁美洲来说，这是一个极具创意并具有启发性的城市创新故事。这一快速转型已经促成实际的经济增长，麦德林对蓬勃发展的哥伦比亚 GDP 的贡献率为 8%，并在 2008 年至 2013 年减少了 8.9% 的贫困（哥伦比亚国家统计部数据）。在哥伦比亚政府和在国内制造武装冲突超过 50 年的游击队组织——哥伦比亚革命武装力量（FARC）最近达成和平协议之后，这一增长态势将进一步持续。其他不可见因素（如城市氛围的温暖、友好的人民以及丰富多彩的拉丁文化）

对此也有相应的贡献，如世界知名的艺术家费尔南多·波特罗（Fernando Botero）和流行音乐作曲家兼歌手胡安内斯（Juanes）等。

麦德林重新规划了公园和公路。这项工程将把麦德林河沿岸长 392 米的高速公路填埋，并在此之上建造公园。与其相似的重建项目在世界其他各地也数不胜数，例如：首尔清溪川重建，马德里河岸更新景观工程，波士顿大隧道，哥伦比亚卡利市的哥伦比亚大道等；此外还有一些滨水重建工程：如为举办 1992 年奥运会的巴萨罗那的工程，举办 2016 年里约热内卢奥运会的波尔多·马拉维哈工程，布宜诺斯艾利斯的马德罗港；为了公共空间功能的发挥，这些城市重新考量建造高速公路和滨水地区（见图 19-6）。

麦德林河由公路带包围，可以防止人直接沿河行走。图中右侧建筑是麦德林的公共企业。

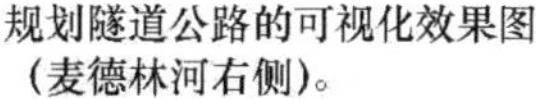

规划隧道公路的可视化效果图（麦德林河右侧）。

规划隧道公路和公园建设的可视化效果图（麦德林河右侧）。

图 19-6　麦德林规划隧道公路和公园建设可视化效果对比图

在实现该转型后，麦德林在 2016 年获得了两年一届的李光耀世界城市奖，这被认为是城市规划领域的诺贝尔奖，并由新加坡市区重建局（Urban Redevelopment Authority Singapore，简称为 URA）和宜居城市研发中心（Centre for Liveable Cities，简称为 CLC）授予，以对那些为推动城市创新和可持续发展的城市所做的贡献进行肯定。自 2010 年起，该奖项被冠以新加坡前总理李光耀（1923 年—2015 年）的名字，逐渐形成新加坡这一城市国家在世界中的新角色。在 2016 年，麦德林与 38 个来自世界的不同城市共同角逐这一奖项，其中包括城市规划成果受到广泛肯定的城市，如新西兰的奥克兰、澳大利亚的悉尼、加拿大的多伦多和奥地利的维也纳等。

为麦德林赢取该殊荣的城市规划项目有三个：环绕式公园（el Jardín Circunvalar），即通过花园式空间和人行道连接第八区域城市周边地区的都市绿化带；执行麦德林河的修复和整合功能并作为城市聚集点的河流公园；连接式生活单元（Unidades de Vida Articulada，简称 UVA），即在街区内促进体育和文化活动的社会文娱中心。李光耀世界城市奖的评审团在关于麦德林城市规划表现的陈述中强调："麦德林城市转型的关键在于政府敢为人先又独具慧眼的领导力和社会及城市的创新。当选的领导人展示了坚定强大的政治意愿、建立良好政府的承诺、较高的民众参与度和市民的机会平等。尽管拥有的资源有限，但麦德林采用创新的途径处理遇到的各方难题。麦德林重点攻克教育和文化领域难题以获得小规模但卓有成效的变化。通过影响重大的城市工程项目，麦德林在短期内已成功实现城市中各社区以及整个城市的转型。"

四　通过多元利益主体实现地区品牌建设：麦德林的"多对多"营销治理

区域管理、营销推广和品牌建设源于传统的单项区域营销规划，正向多元利益主体间的区域治理和品牌建设发展（Muñiz Martínez，2016）。实际上，将地区品牌从整体和综合的视角进行概念化是十分必要的（Ashworth，Karatzis and Warnaby，2016），应该结合那些与该城市相关的（Houghton and Stevens，2010）或参与到地区品牌建设过程中（Kavaratzis，2012）的参与主体。对此，斯塔布斯和瓦尔纳白（Stubbs and Warnaby，2015）提出关于谁"拥有"地区品牌的问题。与商业品牌不同的是，地区品牌是各参与主体间复杂互动作用下的结果。地区（可指城市或者国家）是一个复杂的社会系统。尽管在某个城市，当地政府负责引领城市营销战略，或者在某个国家，政府通过各部门和公共行政机构领导、执行这项任务，但某个地区的品牌实际上是由区域内不同的利益主体来共同创立的。因此，斯塔布斯和瓦尔纳白（Stubbs and Warnaby，2015）指出，为了实现地区品牌建设，各利益主体间需要共享能够吸引公众参与的统一愿景，这些利益主体可分为居民、政治家、市政府、宣传机构、文体组织、商业团体、学术团体、高校和宗教团体等。从每一个地区品牌动态和地区识别维度来看，每一地区都有其特有的利益主体（Kavaratzis and Hatch，2013）。

接下来我们将展示麦德林城市内多元利益主体间复杂的交流脉络（见图 19－7）。在这些交流中，有一部分利益主体是提供公共服务和基础设施的机构，企业则销售产品和服务，另外还有使用或者作为上述服务接受者的消费者利益主体。

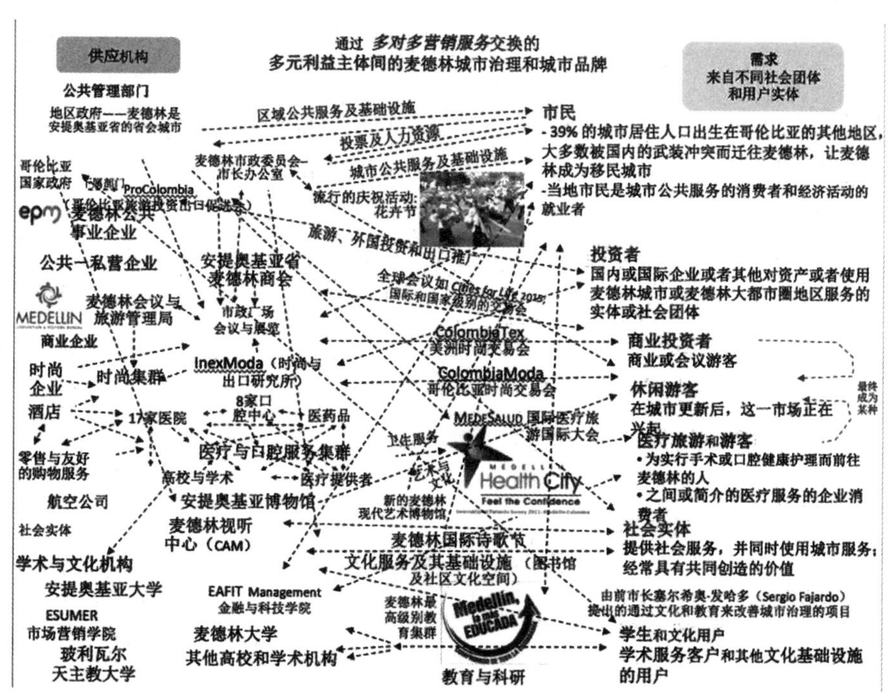

图 19－7　麦德林利益主体间多对多交流

如图 19－7 所观察到的，这是一个复杂的交流网络，并在现实中得到了证实。与简单的双方交流相比，这是一个“多对多”的营销（Gummesson，2004）。另外，由于交流是彼此相关联的，公司产品和公共服务被认为具有共同的横向逻辑，即服务导向逻辑（Vargo and Lusch，2014）。

这一新的研究范式已被运用到地区品牌领域中（Warnaby，2009；Warnaby and Medway，2015）。在图中可以看到时尚集群、健康医疗集群、文化创意产业集群和博物馆等，它们由公共事业组织和私营组织网络构成；在私营组织中，企业和其他实体机构彼此之间同时存在不言而喻的竞争与合作关系，并在各自领域中生产和提供特定的服务。时尚公司则相互竞争以争取发布最具魅力的设计，同时也为城市在时尚吸引力方面做出贡献。通过偶尔合作的机构建立的区域品牌网络将逐渐形成，并推动地方、区域或者国家品牌的发展，与此同时，各机构间也进行着激烈的竞争（Brandenburger and Nalebuff，1996）。

在此前，麦德林因巴勃罗·埃斯科瓦尔（Pablo Escobar）带领的麦德林贩毒集团与加利贩毒集团展开战争而闻名于世。但麦德林各利益主体并没有因城市落得声明狼藉的地步而宣告失败。相反，麦德林的城市重建如此成功，正是因为所有利益主体、公共事业单位、私营组织和社会民众团体理解和明白以伙伴关系共同合作的价值，努力追逐改善城市之梦。麦德林由此成为哥伦比亚城市更新进程中的先驱者。

文化交流同样构成多样交流的复杂生态系统的重要部分。因此，我们在图表中加入了大型文化事件，如被视为城市艺术生活和时尚产业活动的重要组成部分的各大时装展、在国际享有盛誉的麦德林诗歌节和当地备受欢迎且特色鲜明的麦德林花卉节等。与静态历史文化遗产相比，基于动态发展进程中的多维度文化被证实在旅游业和地区品牌传统视野中更常被推广。

五　结论

在世界上，每个城市都受其所处大洲的影响而具有自己鲜明的区域特色。城市和国家通常是在建有相对稳固的基础设施和服务的领土上发展而来的，并由此进行区域形象的传播和鲜明区域价值观的塑造。而新兴国家的大部分城市仍然重点关注基础设施的建设或者着力开始城市更新进程，以此提高居民生活质量，从而根据各有区别的效果制定一份营销方案。亚洲大都市可持续发展的管理，以及同时出现创新性解决方案与文化创新活动的拉丁美洲大部分城市的重建是当前颇具挑战的内容。

麦德林在哥伦比亚国内引领城市社会转型和区域品牌建设的进程，也对于作为全球次区域的南美地区来说具有参考价值。尽管麦德林因过去数十年遭受暴力冲突而在世界范围内形成了负面城市形象，并如同世界上其他城市一样仍然面临诸多问题（Gil，2013），但该城市已经意识到需要着手开创自己的发展道路，在文化和商业活力方面推动创新，通过文化、教育和交通基础设施寻求实现社会整合的路径。因此，麦德林在世界范围内被视为具有创新精神的大都市。

麦德林是一座蓬勃发展的非首都城市，是构成全球地缘政治中世界城市新兴网络的一部分，为新型地理连通提供灵感，即连接力地图（Khanna，2016）。国际认定的城市区域彼此之间展现了很高的相似度，均为所处区域和国家的小城镇。一个全球趋势表明，国际主要城市和乡村地区之间的生活方式差异较大，甚至在思维方式上也相差甚远。在民族国家不断受到侵蚀的背景下，城市地区比乡村地区和小城镇具有更多的共同之处。民族国家大概是过去几个世纪中产生的政治概念，与全球化世界联系较少。一个新的城市地理学概念（Kaplan，2009）在各个相互联系的枢纽、城市间和民族国家间相互连接的中间单元、社会经济后工业时代浪潮、信息技术与文化交流中应运而生，映射了新的全球影响。

通过观察麦德林多对多营销的图景，我们可以看到多个利益主体之间互动交流的复杂系统，这些利益主体包括政治机构、行政机构、公共—私营组织、企业以及社会机构等。麦德林应继续重点执行前市长塞尔希奥·发哈多推行的社会一体化治理政策，夯实公民教育与文化特征的工程，并深切意识到应通过在时尚圈内和热情友好的活动组织间形成良好的公私伙伴机制为导向协调上述社会维度。

麦德林在哥伦比亚历史区域中发挥着重要的作用。城市的文化活动由富有活力的民间社会发起而迸发着文化生机。这些文化活动与工商业资产阶级精英相联系，当中的一些活动甚至起源于少数派运动或者反文化运动，最终成为了整个城市营销最具代表性的文化事件，吸引着来自世界各地的游客前来感受。在这一积极的改革进程中，麦德林吸引了来自各国的游客的到来和国际重大活动的进驻，未来的发展前景一片光明。

麦德林努力为市民提供更好的生活条件、吸引投资、塑造定位更佳的城市品牌，并与哥伦比亚同级别城市展开竞争，如加利、巴兰基亚甚至是哥伦比亚首都等更高级别的城市。但在城市重建成绩的层面上，麦德林因在这一进程中所获的成功而被置于拉丁美洲伟大都市的名单上，与秘鲁的利马、智利的圣地亚哥甚至是组织过多次重大会议的大都市——如墨西哥城、布宜诺斯艾利斯或者巴西城市圣保罗、里约热内卢齐名。然而，麦德林区别于世界其他城市的鲜明城市品牌是以超越过往暴力冲突为目的的，通过社会融合、文化与教育、创造力和创新精神、和各利益主体间的合作的方式，开展并投射在世界范围内的一种积极进取的人文力量和体制力量。

参考文献

[1] Adair, A S, Berry, J N, McGreal, W S, Deddis, WG and Hirst, S M (1999), Evaluation of Investor Behaviour in Urban Regeneration, *Urban Studies*, Vol. 36, No. 12, pp. 2031 – 2045

[2] Ashworth, G. J. Kavaratzis, M. (2015), Rethinking the Roles of Culture in Place Branding, chapter 9, in Kavaratzis, M., Warnaby, G. and Ashworth, G. J. (Eds), *Rethinking Place Branding: Comprehensive Brand Development for Cities and Regions*, Springer, Heidelberg, pp. 119 – 134.

[3] Avraham, E. (2009), Marketing and managing nation branding during prolonged crisis: The case of Israel, *Place Branding and Public Diplomacy* 5. 3: 202 – 212.

[4] Ashworth, G. J. Kavaratzis, M. and Warnaby, G. (2015), The Need to Rethink Place Branding, chapter 1, in Kavaratzis, M., Warnaby, G. and Ashworth, G. J. (Eds), *Rethinking Place Branding: Comprehensive Brand Development for Cities and Regions*, Springer, Heidelberg, pp. 1 – 11.

[5] Brandenburger, A. M. Y. and Nalebuff, B. J. (1996), *Coopetition*, *Currency Doubleday*, New York, NY.

[6] Campelo, A. (2015), Rethinking Sense of Place: Sense of One and Sense of Many, chapter 4, in Kavaratzis, M., Warnaby, G. and Ashworth, G. J. (Eds), *Rethinking Place Branding: Comprehensive Brand Development for Cities and Regions*, Springer, Heidelberg, pp. 51 – 60.

[7] Czarniawska, B. (2002), *A tale of Three Cities; or the Glocalization of City Management*, Oxford University Press, Oxford.

[8] Drummond, H. Dizgun, J. and Keeling, D. J. (2012), Medellín: a City Reborn?, *Focus On Geography*, 55, 4, 146 - 154

[9] Gertner, D. and Kotler, P. (2004), How can a place correct a negative image?, *Place Branding* 1.1: 50 - 57.

[10] Gil Ramírez, M. Y (2013), *Medellín 1993 - 2013: Una ciudad que no logra encontrar el camino para salir definitivamente del laberinto*, Woodrow Wilson International Center for Scholars, Washington D. C.

[11] Gregory, J. J. (2016), Creative industries and urban regeneration—The Maboneng precinct, Johannesburg, *Local Economy*, February-March. Vol. 31, No. 1 - 2, 158 - 171.

[12] Gould, M. and Skinner, H. (2007), Branding on ambiguity? Place branding without a national identity: Marketing Northern Ireland as a post-conflict society in the USA, *Place Branding and Public Diplomacy*, 3.1: 100 - 113.

[13] Gummesson (2004), From one-to-one to many-to-many marketing, in Edvardsson, B. (Eds), *Proceedings from QUIS 9*, Karlstad University, Karlstad, Sweden.

[14] Florek, M. (2010), No place like home: Perspectives on place attachment and impacts on city management, *Journal of Town & City Management*, Vol. 1, 101 - 09.

[15] Houghton, J. P. and Stevens, A. (2010), City branding and stakeholder engagement, in Dinnie, K. (Ed.), *City Branding: Theory and Cases*, Palgrave-McMillan, Basingstoke, pp. 45 - 53.

[16] Huston, S. Reyhaneh, R. Parsa, A. (2015), "Smart" sustainable urban regeneration: Institutions, quality and financial innovation, *Cities*, Volume 48, November, pages 66 - 75.

[17] Jakob, D. (2013), The eventification of place: Urban development and experience consumption in Berlin and New York City, *European Urban and Regional Studies*, October 1, 20: 363 - 369.

[18] Johnson, H. N. (2014), Jamaica: a famous, strong but damaged brand; Place Branding and Public Diplomacy, supl, Special Issue: *Managing the Reputation of Places in Crisis*, 10.3: 199 - 217.

[19] Kanal, M. and Ortega-Alcaraz, L. (2009), The Prospects for Progressive Culture-Led Urban Regeneration in Latin America: Cases from Mexico City and Buenos Aires; *International Journal of Urban and Regional Research*, 33, 2, 483 -501.

[20] Kaplan, R. D. (2009), The revenge of geography, *Foreign Policy*, 172 (May/June): 96 -105.

[21] Kavaratzis, M. (2012), From necessary evil to necessity: stakeholders' involvement in place branding, *Journal of Place Management and Development*, Vol. 5 No. 1, pp. 7 -19.

[22] Kavaratzis, M. Warnaby G. and Ashworth, J. (2015), *Rethinking Place Branding: Comprehensive Brand Development for Cities and Regions* (eds.), Switzerland: Springer.

[23] Khanna, P. (2016), *Connectography: Mapping the Future of Global Civilization*, Random House, New York.

[24] Krittinee N. (2007), Branding Thailand: Correcting the negative image of sex tourism, *Place Branding and Public Diplomacy*, 3. 1: 21 -30.

[25] Lamour, C. (2014), Territorial reputation beyond state borders? Metropolitan images in European borderlands, *Place Branding and Public Diplomacy*, 10. 1 (Feb): 19 -31.

[26] Mercier, J. Duarte, F. Domínguez, J. and Carrier, M. (2015), Understanding continuity in sustainable transport planning in Curitiba, *Urban Studies*, 52. 8 (Jun): 14 -54.

[27] Muñiz-Martínez, N. (2016), Towards a network place branding through multiple stakeholders and based on cultural identities The case of "The Coffee Cultural Landscape, in Colombia, *Journal of Place Management and Development*, Vol. 9 No. 1, 2016, pp. 73 -90.

[28] Nakamura, S. (2014), Impact of slum formalization on self-help housing construction: A case of slum notification in India, *Urban Studies*, 51. 16 (Dec): 3420.

[29] Nobili, V. (2005), The role of European Capital of Culture events within Genoa's and Liverpool's branding and positioning efforts, *Place Branding*, 1. 3: 316 -328.

[30] Northover, J. (2010), A brand for Belfast: How can branding a city influence change?, Place Branding and Public Diplomacy, supl, Special Issue: *Places for People in a Turbulent World*, 6. 2: 104 - 111.

[31] McShane, N. (2015), Urban renewal with innovative architecture and design, The New York Times on-line, http://www.nytimes.com/interactive/2015/01/11/travel/52 - places-to-go-in - 2015. html? _ r = 2.

[32] Pasquinelli, C. (2015), Network brand and branding: a co-opetitive approach to local and regional development, in Zenker, S. and Jacobsen, B. (Eds), *Inter-regional Place Branding: Best Practices, Challenges and Solutions*, Springer International Publishing, Cham, Switzerland, pp. 49 - 59.

[33] Pocaterra, J. J. (2016), *6 powerful lessons from the transformation of Medellin*, World Economic Forum website, https://www.weforum.org/agenda/2016/02/6 - powerful-lessons-from-the-transformation-of-medellin/.

[34] Stubbs, J. and Warnaby, G. (2015), Rethinking place branding from a practice perspective: working with stakeholders, in Kavaratzis, M., Warnaby, G. and Ashworth, G. J. (Eds), *Rethinking Place Branding: Comprehensive Brand Development for Cities ad Regions*, Springer, Heidelberg, pp. 101 - 118

[35] Summers, A. A. Cheshire, P. C. and Senn, L. (Eds) (1999), (2nd edn), *Urban Change in the United States and Western Europe: Comparative Analysis and Policy*, Washington, DC: Urban Institute Press.

[36] Roberts, P. (2000), The evolution, definition and purpose of urban regeneration, chapter 2 in *Urban Regeneration: a Handbook (2000)*, pp. 9 - 36; by Roberts, P. and Svkes, H. - edit - (2012), SAGE Publications Ltd, London.

[37] Tana, K. M-P. Chai, Y. (2016), Urban form, car ownership and activity space in inner suburbs: A comparison between Beijing (China) and Chicago (United States), *Urban Studies*, 53. 9 (Jul): 1784.

[38] Vargo, S. and Lusch, R. (2004), Evolving to a New dominant logic for marketing, *Journal of Marketing*, 68, 1, pp. 1 - 17.

[39] Vargo, S. and Lusch, R. (2014), *Service Dominant Logic: Premises, Perspectives, Possibilities*, Cambridge University Press, Cambridge.

[40] Warnaby, G. (2009), Towards a service-dominant place marketing logic, *Marketing Theory*, 9, 4, pp. 403 -423.

[41] Warnaby, G. and Medway, D. (2015), rethinking the Place product from the Perspectives of the Service-dominant Logic of Marketing, in Kavaratzis, M., Warnaby, G. and Ashworth, G. J. (Eds), *Rethinking Place Branding: Comprehensive Brand Development for Cities and Regions*, Springer, Heidelberg, pp. 33 -50.

[42] Wills, D. and Moore, C. (2008), Securitising the Caucasus: From political violence to place branding in Chechnya, Place Branding and Public Diplomacy, supl. Special Issue: *Security Branding*, 4. 3: 252 -262.

[43] http: //www. theguardian. com/cities/2015/apr/30/bilbao-effect-gehry-guggenheim-history-cities -50 - buildings.

第20章　社群、共享与互动：杭州城市品牌的体验营销之路

何春晖　程二苹　赵沁憬*

城市是为了让人们生活得更美好而存在的，城市发展的起点和目标都在于增进人民的福祉。在突飞猛进的城市化进程中，如果我们的城市经营者、决策者能够更好地恪守这样的准则，“千城一面”便可以变成百城争艳；城市的粗放管理便可以变得精细入微；城市公共资源就不至于厚此薄彼——重本地人口、轻外来人口。城市管理者应该多一点“匠人精神”，守住“根”与“魂”，力求使人们的“乡愁”能有寄托。2015年12月召开的中央城市工作会议，终于把这些问题提到了国家发展的议事日程。事实上，中国也有一些城市早已开始了创新性的探索和卓有成效的实践。本文将以杭州近10年的城市营销实践为例，梳理杭州城市品牌中以人为本的营销之路。

一　基本背景：杭州城市品牌的确立与发展

（一）杭州城市品牌确立的背景

杭州历史悠久，是华夏文明的发祥地之一，有2200年的建城史，有5000年的良渚文明，有8000年的跨湖桥文化史，是中国著名的七大古都之一。杭州自古就有“人间天堂”的美誉，“上有天堂，下有苏杭”表达

---

* 何春晖，浙江大学传媒与国际文化学院副教授、策略传播系副主任、浙大经济与文化研究中心主任、杭州城市品牌促进会副会长。程二苹，杭州市社会治理研究与评价中心宣传推广室主任、杭州城市品牌促进会副秘书长。赵沁憬，浙江大学传媒与国际文化学院2015级硕士研究生。

了古往今来的人们对这座美丽城市的由衷赞美。习近平总书记在参加杭州G20峰会时，向全球推介说，杭州是“历史文化名城，创新活力之都”。

杭州山水可能不及桂林、黄山；经济可能不如上海、深圳；文化遗存不如北京、西安，但杭州的优势就是自然环境、经济、文化能够相互渗透融合。正如2004年中国中央电视台“城市中国评选活动”组委会给杭州的评语所言：“一个将自然优势与现代产业巧妙结合，引领休闲经济潮流的城市；一个生活就像在旅游，懂得将安宁幸福的感受转化为活力和财富的城市；一个以不温不火的速度走出了自己的节奏的城市。从西湖论剑到钱江弄潮，这座城市在水到渠成之后，正一步步海阔天空……”的确，如果论城市的高楼大厦和高架大桥，杭州可能永远比不上北京、上海，但如果论城市的背街小巷，杭州绝不逊色。杭州的老宅古巷，蕴涵着城市的文化底蕴，散发着城市的古朴遗风，承载着城市的繁荣兴旺，见证着城市的历史沧桑。杭州城市文化之“根”，渗透在小巷里，深埋在古院中。杭州的街坊里弄总能给你带来别样的愉悦和欣喜。G20峰会拥抱杭州，第22届亚运会落户杭州，自有其理。这座城市在跨入21世纪后，在城市化快速发展和城市产业的更新换代中，始终在追索城市发展之魂。杭州在由西湖时代迈向钱塘江时代的过程中，城市的自觉选择是难能可贵的。杭州需要寻求西湖文化的精致柔美与钱塘江文化的大气开放相融合的城市定位和城市品牌。

杭州城市形象建设起步较早，在历届政府的努力下，从最早的城市外立面美化、城市景观的整治，发展到城市背街小巷的内里建设，再到从人文精神高度去统领杭州城市形象建设，最终直至以城市品牌为帅、以人为本的城市营销。从20世纪90年代开始，杭州开始有了城市品牌的意识，杭州的各行各业为其勾勒了丰富多彩的形象口号和品牌定位。在城市定位和城市口号的不断磨合中，杭州不断寻觅能串联起城市过去、当下、未来的神灯，在伴随着城市发展定位的不断更替中，谋求城市品牌定位的不断浓缩和提炼（见表20－1）。

表20－1　**杭州城市定位及品牌口号梳理**

时间（年份）	城市定位	时间（年份）	城市品牌定位
1953	风景疗休养为主城市	1999	游在杭州、学在杭州、住在杭州、创业在杭州

续表

时间（年份）	城市定位	时间（年份）	城市品牌定位
1956	以重工业为主的综合性城市	2000	美食天堂
1960	中外闻名的风景城市	2001	爱情之都、女装之都
1979	全国重点风景旅游城市	2002	会展之都、天堂硅谷
1983	国家历史文化名城和全国重点风景旅游城市	2005	中国茶都、动漫之都
1993	国际风景旅游城市和国家级历史文化名城	2006	东方休闲之都
2001	国际性风景文化旅游城市和国家级历史文化名城	2007	生活品质之城
2007	国际风景旅游城市和全国历史文化名城，长三角重要中心城市	2012	东方品质之城

资料来源：作者整理。

（二）“生活品质之城”品牌口号的由来

城市定位是引领城市发展的核心，决定着一个城市的发展取向和发展模式。确定城市定位既要着眼于时代发展要求和未来发展趋势，也要立足于现实条件和自身优势。

在杭州的“十一五”规划中，杭州市委、市政府把“以提升人民群众生活品质为重点”作为“十一五”期间的指导思想。通过召开专家座谈会、行业座谈会、来杭人员座谈会，听取群众意见。在专家和市民的共同探讨中，“生活品质”的发展理念得到了广泛的认同，成为了日后杭州城市品牌的核心内涵。为获得更多的认同和传播共识，2006 年 10 月，杭州开始向全国征集城市品牌。经过历时半年的各界专家的评审和大众评议，2007 年 1 月，杭州第十次党代会召开[①]，杭州最终确立了“生活品质之城”的城市品牌。杭州市委和市政府发布了《关于“生活品质之城”城市品牌研究推广和管理工作的若干意见》和《关于推进城市品牌、行业品牌、企业品牌互动的实施意见》，市委办公厅和市政府办公厅印发了

① 《王国平书记在中国共产党杭州市第十次代表大会上的报告》，http：//www. hz2hs. com. cn/news/201308/20130828100620141. htm。

《杭州打造“生活品质之城”城市品牌2008行动计划》的通知。

2007年5月，杭州开始向全球征集城市品牌标识。2008年3月，公布的最终方案为一个“杭”字的篆书变体。杭州市委、市政府召开了杭州城市标志发布会，正式公布了城标设计征集的最终结果。城市标志设计产生后，市委办公厅和市政府办公厅制定发布了《杭州市城市标志使用管理办法》，并发布了《关于杭州市城市标志使用、推广和管理的实施意见》，该标志广泛应用于重要活动、公共建筑、公务系统、特色行业中。

杭州市委第十届四次全会，对杭州的“世界坐标”做了更完善的表述：中国特色、时代特点、杭州特征，覆盖城乡、全民共享，与世界名城相媲美的“生活品质之城”。

杭州还提出了“生活品质之城”的五大内涵——即“经济生活品质、社会生活品质、文化生活品质、环境生活品质、政治生活品质”。要用“生活品质之城”的城市品牌贯穿政治、经济、文化、社会和环境等各个领域的建设，实现城市品牌、行业品牌、企业品牌以及各项事业的良性互动、互促、共进，提升城市综合竞争力；要用“生活品质之城”这一城市品牌统领工作品牌，把“以人为本、以民为先”的理念融贯到城市建设和管理的工作中去，使生活品质成为各项工作的出发点和落脚点；要用“生活品质之城”这一城市品牌来彰显城市个性，展示亲和力与创造力相统一的城市魅力，使杭州“人间天堂”的美誉得到新的充实和发展。2012年2月，在杭州第十一次党代会上，市委、市政府为推进杭州城市国际化进程，对“生活品质之城”又进行了优化，将其表述为“东方品质之城”，进一步扩展和提升了“生活品质之城”的文化内涵。

近十年，从杭州发展所获得的荣誉可见，杭州当初确立的“生活品质之城”的定位是恰逢其时的。这些城市荣誉有：中国最具安全感的城市（第一）、联合国人居奖、国际花园城市、中国十大最具经济活力城市、中国最具幸福感城市、中国（大陆）国际形象最佳城市、全球十大休闲范例城市、中国十大智慧城市等。同时更彰显了杭州“休闲文化创业”三位一体的生活品质。

杭州的城市品牌建设从无意识的“人间天堂”到定位清晰的“生活品质之城”，经历了从自发到自主，由分散到整体，从宣传到整合品牌营销的过程。“生活品质之城”的提出，理清了杭州的历史、现状和未来，体现了杭州城市整体特色和综合优势，高度提炼了杭州的城市特质和价值内涵，“生活品质之城”是城市发展的总体目标和总体品牌，也是杭州“人间天堂”美誉在新时期的延伸、充实和发展。为杭州的城市品牌建设和城市营销活动指明了方向，树立了杭州城市的共同价值和共同目标。

（三）杭州城市品牌传播规划的主要内容

按照科学发展观和构建社会主义和谐社会的要求，杭州“生活品质之城”城市品牌的传播规划，关注全市人民特别是低收入阶层和困难群众，围绕“让我们生活得更好”的主题，突出促进城市品牌、行业品牌、企业品牌互动的重点，丰富和提升品牌的文化内涵，构建平台、完善机制、强化保障，开展多维度、多形式的研究讨论，实施多途径、多方式的传播推广，加强全方位、宽领域的使用管理，使生活品质成为城市的共同追求和自觉行动，不断提升城市的知名度、美誉度和综合竞争力（见表20－2）。

表20－2　**杭州城市品牌传播规划主要内容**

类别	规划内容	内容描述
加强“生活品质之城”城市品牌的研究与评价	深化“生活品质之城”城市品牌的研究	委托国内外研究机构、专家学者，探讨城市品牌提升的具体路径
	开展生活品质评价	构建杭州生活品质评价体系，发布《杭州生活品质评价年度报告》
	开展“杭州生活品质点评”	每年开展“杭州生活品质总点评”活动，进行年度人物、区块、活动和现象点评
	形成城市品牌表述系统	构建城市品牌、行业品牌、工作品牌等组合品牌表述系统
	举办生活品质系列论坛	围绕生活品质与城市发展主题开展研讨对话，形成生活品质论坛
	促进生活文化对话交流	在特色行业组织开展“中西、南北、传统与时尚生活文化对话交流活动”，提升城市的国际化程度
	开设生活品质教研和培训课程	把生活品质列入全市干部培训的重要内容，在市委党校开设以生活品质为主题的教研课程

续表

类别	规划内容	内容描述
加强“生活品质之城”城市品牌的展示与标识	培育“生活品质之城”特色标志区块	提升特色街区的品位；推进创意产业园区以及“和谐杭州示范区”建设；开展“寻找杭州最美的村庄”活动；积极培育新型开放社区
	建立“生活品质之城”展示体验基地	建设“杭州品牌展示中心”“杭州生活品质展示点”，推出展示城市品牌特色旅游线路
	构建城市标识体系	实施杭州城市 CI 工程，进一步从形象、色彩、质感等维度完善城市识别系统
	推进城市标志建设	在城市景观、文化设施、建筑等领域建设和评定一批体现“生活品质之城”城市品牌的标志性建筑和设施
	打造生活品质序列会展	以生活品质主题串联的方式整合现有和新引进的会展、节庆活动，形成生活品质序列会展
	推动特色行业（企业）品牌展示	重点组织具有杭州特色的行业，开展以国际、国内市场为目标的品牌宣传推广活动
加强“生活品质之城”城市品牌的宣传与推广	加强城市品牌的新闻报道和宣传推介	利用境内外有效的宣传媒介和推广渠道进行立体宣传，加大城市品牌的对内、对外宣传推广的力度
	推动“生活品质之城”主题文学艺术创作	以反映杭州城市生活状态为主题，在文学界、艺术界组织开展主题创作
	加强城市品牌宣传载体建设	推出城市品牌宣传专栏、专题节目；设计体现城市特色和形象的宣传品；建设信息亭，加快公众服务信息终端建设
	加强市民素质和公德建设	推进行风建设，深化文明礼仪创建、公德行为倡导，提升市民的素质和追求生活品质的能力
	大力提升低收入阶层和困难群众的生活品质	关注和解决民生问题，提高人民群众特别是低收入阶层困难群众的生活品质
	积极开展对外交流	整合政府、行业、企业资源，开展“生活品质之城”城市品牌对外宣传交流活动
加强“生活品质之城”城市品牌的管理和保护	加强“生活品质之城”的商标管理和知识产权保护	做好城市品牌的商标注册工作；建立城市公共品牌的准入、淘汰机制；开展城市品牌使用年度审查和评选活动；做好相关商标的域名登记工作。
	建设品牌资料库	建立城市、行业、企业、产品品牌档案，对杭州的品牌资源进行采集和整理，实现分级分类动态管理
	打造展示城市品牌的行业品牌、企业品牌	积极推动行业、企业以城市品牌为背景和支撑，以优质产品和服务为中心，形成知名品牌
	完善品牌信誉提升机制	建设政府、媒体和消费者联动的品牌信誉社会化评价机制

续表

类别	规划内容	内容描述
强化研究、推广和管理工作的领导和保障	建立领导协调机构	建立市级城市品牌研究推广与管理工作指导委员会，加强对城市品牌相关工作的指导、规划、协调
	成立城市品牌研究与推广促进会	成立城市品牌研究与推广促进会，以党政界、学术界、新闻界和企业界联动的形式，推进城市品牌相关工作
	加大政策支持	设立专项资金用于城市品牌相关工作；加大对有利于城市品牌推广的行业品牌、企业品牌的政策扶持

资料来源：作者整理。

（四）杭州城市品牌和行业品牌互动设计

1. 关于杭州"城市品牌表述系统"的有关概念

城市品牌，是城市特色的集中体现，是城市特色的象征，是城市综合竞争实力的重要标志。杭州城市品牌具有三个特点：一是综合性，能概括城市的整体特色和优势，具有观念上的引领性；二是通俗性，直白简洁，易懂、易记、易上口；三是唯一性，能体现城市的独特性和差异性（见表 20－3）。

表 20－3　**杭州城市品牌及其品牌变体**

城市品牌	"生活品质之城"
城市品牌"变体"	"生活品质之都""品质生活之城""品质生活之都""生活品质""品质生活"
城市品牌分列"变体"	"生活天堂，品质杭州""生活之都，品质之城""生活之城，品质之都"
城市形象口号案例	"人间天堂，品质杭州""品质生活，品位杭州""创造生活品质，享受品质生活""住在杭州，游在杭州，学在杭州，创业在杭州""经济强市，文化名城，旅游胜地，天堂硅谷"

资料来源：作者整理。

2. 杭州"生活品质之城"在相关行业领域的品牌及其口号

自从确立了"生活品质之城"的城市品牌后，杭州的城市品牌建设开始进入了新的阶段。其中最重要的一个举措是号召全行业呼应城市品牌的建设，在“生活品质之城”的城市品牌总框架下形成了众多行业品牌以及宣传口号。两者相互借力，共同发展，产生了良好的“叠加效应”。

杭州的行业品牌、工作品牌形成于城市发展的不同时期，常常能从某个领域、某个方面体现杭州的一些城市优势、特色和风采，不少杭州品牌在国内外已具有较高的知名度。依据城市品牌营销“一个声音、一个形象”的原则，杭州努力将城市品牌与原有的行业品牌、企业品牌进行组合，形成城市品牌与行业品牌、企业品牌的良性互动，共同推进城市品牌和行业品牌的提升，进而提升杭州城市整体形象。在杭州后续的城市营销实践中，城市品牌和行业品牌共建、共享是最为突出的（见表20－4）。

表20－4　**杭州组合式行业品牌口号整理**

行业/领域	行业主口号	行业副口号
旅游	“东方休闲之都，品质生活之城”	“五水共导之地，生活品质之城” “五水共导，品质生活” “风雅钱塘，梦想天堂” “秀丽西子，风雅钱塘” “生活品质之城，休憩购物天堂”
餐饮	“天堂美食，生活品质”	“天堂美食，品味生活”
居住	“和谐人居，品质杭州”	“和谐人居，品质生活” “住在杭州，品质生活” “打造和谐人居，享受品质生活”
茶	“品质生活，中国茶都”	“茶为国饮，杭为茶都；品味生活，品质杭州”
服装	“中国丝绸之府，生活品质之城” “中国女装之都，生活品质之城”	“弘扬丝绸之府，打造女装之都 弘扬丝绸之府，建设品质之城 打造女装之都，建设品质之城”
动漫	“中国动漫之都，生活品质之城”	“创意天堂，活力杭州 创意杭州，活力天城”
会展	“西湖博览会，品质生活城”	“和谐生活，和谐创业 西湖博览，品质生活” “西湖品休闲，博览知世界”
电子商务	“电子商务之都，生活品质之城”	“打造电子商务之都，建设生活品质之城”
高新技术	“天堂硅谷，品质生活”	“打造天堂硅谷，提升品质生活”
文化	“文化名城，品质杭州”	“历史文化名城，品质生活之都 创建文化名城，提升生活品质”

续表

行业/领域	行业主口号	行业副口号
经济	“和谐创业，品质生活”	“求学创业高地，生活品质之城 推进五大战略，提升生活品质”
社会	“和谐杭州，幸福天堂”	“生活之都，和谐之城” “共建和谐杭州，共享品质生活 打造平安杭州，提升生活品质 破解七大问题，提升生活品质 推进春风行动，提升生活品质 生活品质之城，城乡和谐之都”

资料来源：作者整理。

2007 年，时任杭州市委书记的王国平在杭州城市品牌发布会上，发表了题为《推进城市、行业、企业品牌互动着力打造“生活品质之城”》的讲话，提出了城市品牌与行业品牌互动的策略。具体措施包括：第一，以城市品牌为龙头，统领行业品牌和企业品牌。第二，以行业品牌为平台，联结城市品牌和企业品牌。第三，以企业品牌为基础，打响城市品牌和行业品牌。

在城市品牌工作中，杭州也时刻践行这一策略，重视与行业品牌的互动，将“主题贯穿、互动发展”作为城市品牌研究、推广和管理工作的基本原则之一。坚持用“生活品质之城”这一城市品牌统领行业品牌、工作品牌、企业品牌，促进城市品牌在各行业、各领域的主题贯穿，以互动促进共同发展。同时促进和扶持成立行业协会和行业品牌协会，通过产业联盟，组织行业品牌活动——如成立“丝绸、女装行业联盟”“茶行业联盟”“动漫行业联盟”，举办“国际动漫节”“中国国际茶席展”等。政府同时对这些特色潜力行业给予了有力的政策和资金支持，培育了一大批行业和企业产品品牌。

杭州将城市品牌和行业品牌联合打造的模式是一种城市品牌建设的有益创举。一方面，行业品牌发展可以借助城市品牌的效应；另一方面，通过打造行业品牌，使城市品牌在各个领域、各个行业得到具体化地呈现。两者相互借力、协同发展，既能保持城市内外形象的一致性，同时也能够有效地整合城市的产业资源，丰富城市品牌的内涵。

3. 打造杭州城市品牌营销的子品牌支撑

从 2004 年开始，杭州启动“生活品质点评”系列活动。由市“品牌办”牵头，经过几年的持续推进，已开展了诸多城市品牌活动——生活品质市民体验日、生活品质国际体验日、生活品质行业点评、生活品质视觉点评（摄影大赛）、生活品质全民饮茶日、生活品质总点评发布等等。一个城市制定一个品牌传播规划并不难，推出一个城市品牌的口号和LOGO更不难，难的是一旦制定了城市品牌的传播规划能持之以恒的坚守，而且在围绕传播核心内涵的同时还能与时俱进，不断创新传播营销的路径和方式，通过多角度、多途径、多领域、全方位的交流、点评、发布、体验等形式，向市民、游客和国际人士，全面展示杭州建设“东方品质之城”的丰硕成果和城市风采。通过几年的努力，杭州城市品牌营销已经培植了若干标志性的城市活动品牌。本文将重点介绍三大标志性品牌活动并进行评析——杭州市民体验日、杭州国际体验日和杭州生活品质总点评。

二　杭州市民体验日：社群互动的城市体验营销之旅

杭州市民体验日是一年一度杭州城市生活文化的集中展示，也是市民切身体验杭州城市品牌建设的节庆。

杭州市民体验日正式启源于2008年，是杭州城市品牌促进会同有关部门、行业协会、社会团体等共同举办的城市文化活动。每年的主题围绕“品味生活，品质杭州”展开，一般每年2月启动，4月开幕，在“九大生活”行业点评组和各相关行业推荐的基础上，由市民投票以及杭州生活品质研讨组群推荐，产生生活品质体验点名单。杭州在全市及都市圈范围内征集了80个体验点，将体验点连接成链形体验线路，以集中开放、优惠活动和丰富多彩的互动形式，组织和吸引广大市民参与体验活动。

体验者可以从多角度、多途径、多领域，全方位地体验杭州在经济、政治、文化、社会、生态文明建设等方面取得的成就，大力推动了城市文化理念从专家层面走向社会大众、从理论研究走向生活实践，使体验活动逐渐成为方便杭州旅游休闲的导游图、引导杭州特色产业的示范点、传播杭州城市文化的新载体和展示杭州生活品质的金橱窗。

从2008年到2015年，杭州市民体验日共推出了520个“最具品质”

体验点和 60 个"金城标"体验点，有 805 万人次市民参与了这场城市品牌体验活动，并且逐步实现了生活品质体验活动的常态化，成为了长三角最具影响力的城市文化体验活动。这项运动不仅展现了杭州城市的发展新貌，而且成为社会各阶层深入了解、体验杭州城市生活与文化的一个重要平台。

1. 活动组织与特色

（1）立足全局，形成长效发展的体验模式

经过 8 年的探索和实践，杭州市民体验日在组织评选、组织活动、项目运作和传播推广方面均形成了独特的长效发展模式。在总体组织上，围绕构建"一个总平台，多个运作主体，多个体验圈层，不同体验时段"的立体体验目标，推动活动集中化和常态化的有机结合，实现由单个社团自主操作与项目平台运作及其事业链构建的转型。其中典型有：由富阳市城市品牌促进会牵头形成美丽乡村、运动休闲主题体验，由浙大网新牵头形成智慧生活创意园区主题体验等。目前，杭州已形成七大板块 15 条主题体验线路（见表 20－5）。为长效体验发展奠定了基础。

表 20－5　**主题体验线路**

序	体验主题	线路安排
1	生态	美丽杭州之绿色环保之旅
2		美丽杭州之城市氧吧之旅
3		美丽杭州之美丽乡村之旅
4	服务	平安杭州之安防体验
5		城市治理、民主民生
6		文化养老、爱心扶弱
7	趣学	寓教于乐、少儿趣学
8		传统手作、私定之美
9	文化	历史探寻之旅
10		社区景巷探美
11		非遗之美探寻
12	活力	吃得美味和安心
13		养生休闲展活力

续表

序	体验主题	线路安排
14	时尚	青春不散、美丽常在
15	创意	数字创意体验之旅

资料来源：作者整理。

(2) 多维联动，实现社会共同参与的目的

为了更好地组织活动，增加活动的丰富性、影响力，该活动努力联合社会各组织，以求共同完成。在体验点的征集和活动的策划以及体验人群的组织上，杭州不断探索、不断创新，形成了主题工作小组，围绕主题内容，联动对应社群，共同策划、设计，培养消费群体，建构了有分有合、各方参与的良性互动的社会化运作的体验方式（见表 20 -6）。

表 20 -6　**联动社群主题体验**

主题	体验内容	联动社群/主体	消费群体
时间的印记	以历史遗产、文化生活等为主的体验线路	文联、古都研究会等	国际人群（浙江工商大学法语联盟、中德协会、中意协会、中文俱乐部、海归中心等）
栖居的诗意	以生态环保、美丽乡村等为主的体验线路	绿色浙江	摄影群体 自驾游群体
服务的细节	以公共服务、法治安全等为主的体验线路	安防协会、总工会等	青少年群体（青少年活动中心、杭州少年通信社小记者队伍、青少年宫等）
创意的灵感	以数字科技、智慧城市为主的体验线路	文化创意产业协会	大学生群体、培训市场
悦学的乐趣	以特色学习、第二课堂等为主的体验线路	学习促进会、“茶促会”、西湖影像促进会等	家庭亲子群体
食养的活力	以运动美食、健康休闲等为主的体验线路	美食品牌促进会、健康促进会、市疗休养协会等	年轻群体（大学生群体、25—35 岁年龄层群体）
行走的时尚	以艺术风尚、消费潮流等为主的体验线路	杭州丝绸文化与品牌研究中心、美容美发行业协会等	女性群体等

资料来源：作者整理。

（3）集中组织，真正实现社群化参与模式

组织具有卓越传播力、影响力和组织力的体验人群是杭州市民体验日实现整体提升的重要抓手。为进一步拓展城市主流人群的参与面，杭州市民体验日从 2013 年开始，着力于征集体验社群，更加注重社群在相应社交领域的传播和话语权，提升体验社群在体验过程中的对外传播和体验引导，使体验活动逐步向专业化领域转型。同时，从现有资源出发，在体验形式上设置文化体验、交流、策划、研讨、创作等内容，发动社群通过各种媒介和载体对体验内涵进行点评、建议、创作等，逐步推动体验活动从集中到常态，从泛泛推广到精准传播的模式转变。杭州积累了诸多体验社群资源，真正实现了社群化参与模式（见表 20－7）。

表 20－7　**社群体验团**

分类	征集渠道
行业企业体验团	依托社会复合主体、相关行业协会展开。如：市文化创意产业协会、婴童行业协会、成长型企业品牌促进会、美食品牌促进会、传媒品牌促进会、杭商研究会、安防协会、美容美发行业协会、大众传媒品牌促进会、浙大青年协会、创意园区体验团（西溪创意产业园、山南创意产业园、凤凰国际创意产业园）等
教育培训体验团	结合杭州各高校进行组织。如：亚太休闲教育中心、浙江大学清源学社、浙江工商大学法语联盟、西湖青年领袖学院、浙江大学“市长培训班”等
趣缘群体体验团	杭州文联、杭州杂志社书友会、海归中心、中文俱乐部、《钱江晚报》好摄之友、大学生创业联盟、杭州古都文化研究会、大运河集邮文化研究会、“寻找美丽”体验团（“美丽行者”体验团）等
志愿服务队伍体验团	征集在杭州服务 3 年以上的优质志愿者服务队伍，依托：团市委、志愿者协会、杭网义工、滴水公益、绿色浙江、“天子岭”绿色义工、“湖滨晴雨”民情观察团等
青少年活动体验团	青少年活动中心、杭州少年通信社（小记者队伍）、青少年宫等
媒体微信（微博）体验团	《钱江晚报》《都市快报》、交通 91.8、杭州之声、相亲才会赢、乐活杭州、杭州文艺第一平台等

资料来源：作者整理。

（4）交叉体验，形成交错互动的体验网模式。

2010 年，杭州首次开展杭州都市圈节点县市与杭州交互体验活动，把杭州市民“带出去”，同时也把周边县市居民“引进来”。经过5年的对话、沟通，体验形式已从最初的风景旅游式单一性体验转变到推动城乡统筹发展的深度体验与对话合作，逐步由你、我，形成了“我们”的共识。在“规划共绘、交通共联、市场共构、产业共兴、品牌共推、环境共建、社会共享”总体目标下，在与杭州的互动基础上初步形成了县市间的体验交流，形成了交错互动的体验网模式。如德清参加了富阳的乡村经济转型，海宁市民赴德清交流美丽乡村建设。进一步形成了区域之间的交流互动，使杭州市民体验日活动在都市圈范围更具影响力（见表20－8）。

表20－8　**都市圈体验网**

年份	都市圈数量（个）	都市圈名称
2010	5	海宁、诸暨、桐乡、德清、安吉
2011	5	海宁、桐乡、德清、安吉
2012	5	海宁、诸暨、桐乡、德清、安吉
2013	6	海宁、诸暨、桐乡、柯桥、德清、安吉
2014	4	海宁、桐乡、德清、安吉

资料来源：作者整理。

（5）8年积淀，实现品牌效应逐年递增

8年来，杭州市民体验日深入挖掘优质体验点资源，深度推广城市品牌文化内涵，通过不断的活动创新，联动杭州、杭州都市圈有关节点县（市）和长三角有关城市，共推出了520个“最具品质”体验点和60个“金城标”体验点，共有约300万人次参与到这场盛事之中。经过8年的培育，平台辐射效应日益扩大，逐步成为集聚社会各界资源进行展示、推介、发布、体验、传播、交流、合作的大平台。从社会参与度看，体验点总体征集人数量逐年递增，累计有40万人次参与体验点社会投票评选环节。杭州市民体验日已成为杭州市民每年盼望的文化节日（表20－9和图20－1）。

表 20－9　**历届杭州市民体验日新点参与情况对比表（2010—2015 年）**

年度	入围数量（个）	新点数量（个）	80 强新点数量（个）	比例（%）
2015	335	206	52	65%
2014	326	163	37	46%
2013	325	209	48	60%
2012	300	106	25	31.2%
2011	325	135	34	42.5%
2010	350	184	42	52.3%

资料来源：作者整理。

图 20－1　杭州市民参加杭州市民体验日活动

2. 活动传播与效应

(1) 策划先行：内容新颖叠加形式创新

传播内容的新颖性和传播方式的创新是保证传播效果的关键。要让年复一年的体验日在市民心目中有新鲜感，必须策划先行，每年体验的主题和形式是重中之重。

启动仪式是杭州市民体验日的传播焦点，是展示体验活动理念的重要载体。启动仪式在组织上已经变得更加灵活、广泛，内容也更加多样、丰富。比如 2015 年，杭州市民体验日首次打造一“会”一“集”，即“杭州体验年度发布会”＋“杭州体验·集装箱体验活动”，探索以集中化、体验式的展示、展览活动推动启动仪式的社会化运作。将生活化、趣味性、科技性的体验内容和相关活动集中在启动仪式现场，形成了一个大型公共文化体验区块，为杭州市民体验日的转型升级进行了有益的创新和探索。

传播形式的创新是保证传播效果的另一驾马车。每一届的杭州市民体验日的传播方式都是独特的。比如 2014 年杭州市民体验日以“我们的大运河，世界的大运河”为主题，展开“舌尖、足尖、指尖上的运河”主题体验活动，使杭州市民体验日、运河文化、运河申遗三者完好结合，形成传播热点。宣传片轻松活泼，使主题体验、运河文化、杭州市民体验日等关键字得到了更好地演绎（见图 20 – 2）。

图 20 – 2　杭州市民体验日宣传海报

（2）传播方式：从大众传播走向社群传播的创新

从总的传播趋势上看，杭州市民体验日的传播方式已经从广泛的社会传播逐步向以社群为单位、更为精准的分众传播方式转型。活动以“体验师”和自媒体建设为突破口，使杭州市民体验日有了更为有效的传播。

一是以“体验师”形式构建具有影响力和运作力的社群体系和传播窗口。为了更好地提升体验活动的文化内涵和品牌特色，形成自身的核心竞争力和传播力，从 2015 年开始，体验活动以“体验师”为龙头，根据不同体验人群的不同需求，形成了“体验导师”“体验师”“体验义工”三位一体的体验场域（见表 20－10）。

表 20－10　**“体验导师”“体验师”“体验义工”三位一体**

	体验导师	体验师	“杭州体验”义工
组织方向	院校、媒体、行业、党政专家资源	体验点负责人及接待人员	兴趣市民
组织方式	定向邀请	定向组织	社会报名
面向人群	东西方国际交流活动、主流人群（如干部培训等）	日常体验人群	日常体验人群
运作方向	现场教学、体验课程	公共体验活动及体验产品线	公共体验活动及体验产品线
前期准备	课程设置	统一培训	统一培训

二是以自媒体建设推动社群圈媒体传播。主要是通过微信平台形成一个个社群圈的传播。自 2014 年开始，“杭州城市体验”公众号和“杭州体验”服务号微信平台，融入了体验报名、体验互动、体验评价等功能。发布内容融入了杭州的地方特色和文化特点，打造出了一个具有杭州气质、具有地域黏性的公共文化生活服务空间。目前，两个微信号共有粉丝约 3 万余人，并与“杭州发布”“二更”“西湖之声”“杭州出发”“意杭州”等众多微信公众平台联动，进一步提升了杭州市民体验日的传播力和影响力。

（3）传播效果：传统与时尚并驾齐驱

电视、报纸、广播、网络等大众传播媒体依旧是杭州市民体验日传播的主阵地。网络基本实现全覆盖。临安、富阳、淳安等都市圈县市媒体全线参与。社群资源带动了大量微信、微博用户，起到了圈层传播效应（见表 20－11）。

表 20－11 **杭州市民体验日媒体传播列表**

传播内容	端口设置	内容表现	传播效应
宣传主平台	我们杭州网	综合、交互、即时、灵活	主流人群、体验点及市民
活动宣传片	地铁电视	突出特色，打造氛围	市民
	华数数字电视		市民
	电信大屏幕		写字楼
宣传卡带	93 广播		中层年龄受众及上班族
宣传海报	主城区社区	突出主题，标识鲜明	社区居民
	高校区		青年学生 覆盖浙江大学、工业大学、工商大学等
体验图册 体验卡		主题精炼，语言生动活泼	主要以体验社群为主，大约有 50000 册
新媒体	微博	交互、即时、灵活	人际传播
	浙江手机报	节点传播	大众
	微信公众号	交互、即时、灵活	人际传播
	官方微视	方式多样化，即时传播	人际传播
报纸媒体	《杭州日报》	突出时政性	市民
	《都市快报》	偏重体验评选过程	市民
	《每日商报》	偏重经济信息	市民
	《钱江晚报》	偏重体验内容	市民
电视媒体	浙江卫视、杭州电视台综合频道、明珠频道、杭州生活频道、富阳电视台、临安电视台	先锋体验、启动仪式	市民
广播媒体	FM104.5	现场连线	车主
网络媒体	腾讯网、新华网、人民网、中国杭州网、杭州网、浙江在线、新浪网、凤凰网、网易、央视网、新民网、和讯网等	活动阶段报道	媒体传播 转载原创 400 余次
内部媒体	杂志、视厅、微信	活动全程参与	市民

3. 项目经营与发展

杭州市民体验日已成功举办了 8 届，在“让我们生活得更好”的理念下，形成了“美丽杭州，品质体验”的品牌效应，让体验理念渗透于人们的日常生活中，形成了可积累、可比较、可转换的营销价值。

（1）成立体验组织中心，打造体验经济事业链

在杭州城市品牌促进会的牵头下，相关部门和社会团体共同建立了一个以社会需求和市场为导向，以“服务、研究和平台建设”为主要功能的体验组织中心。中心重点集结现有可体验资源，根据品牌建设需求和社会服务需求，引进市场运作机制，为体验活动的常态化及长效发展，搭建了具有共享经济特质的事业平台，形成了独具杭州特色的体验经济事业链。

（2）开展主题体验，从项目至平台成功转型

经过 8 年的探索与实践，已逐步实现了“体验活动的主题化，操作团队的合作化，体验队伍的分类化”的目标。搭建了一个以“城市品牌促进会”→“体验分会”→“若干个 1 + x 主题体验组织”为基本构架的体验组织体系。

（3）立足“杭州体验”，引领城市营销创新升级

塑造“杭州体验”强势品牌，是杭州城市品牌营销转型升级的重头戏。近年来，杭州相关单位尝试与杭州国际体验日、杭州城市生活文化联展等活动整合联动，推出“杭州体验”事业品牌。围绕“三化一中心”推动项目事业的转型升级——即通过活动组织的社群化、项目运作的品牌化、体验产品的社会化来进一步提升“杭州体验”的组织模式和传播效应。以“杭州体验组织中心”为载体，推动联盟构建，整合杭州“最具品质”体验点、社会资源访问点、品牌企业和社会组织等资源，梳理和集聚具有社会影响力、凝聚力的体验人群，从单一的资金合作向综合性的品牌合作转变，推进项目的资源转化和社会运作，实现长效发展。构建起了一个具有造血功能的事业共同体，推动了社会效应和经济效益的良性互动。

三　杭州国际体验日：国际联动的文化体验营销努力

为了实施杭州城市国际化战略，促进东西方生活文化的交流、对话与合作，让世界了解美丽杭州，在杭州体验东方品质，2008 年，杭州国

际体验日活动正式启动。杭州国际体验日以“让我们生活得更好”为理念，以东西方生活文化对话为主题，整合杭州特色产业资源以及城区、景区、街区、社区资源，共推出上百个国际体验点和体验项目。活动面向五大洲 30 多个国家，8 年来已约有近 2000 位驻沪领事、文化参赞、商会代表、外籍教授、外企高管、国际艺术家、外国媒体人士等国际嘉宾参与对话、交流和体验，并对接了中法、中德、中英等约 25 个涉外社团，推出了一系列的东西方生活文化体验活动——主要包括：东西方生活文化主题体验活动、东西方城市对话活动、艺术家驻站计划、Home-stay 居家体验以及费城“杭州日”等。生活化的城市体验搭建起了杭州与世界的桥梁，让国际友人感受到了杭州独特的生活气息、文化品味和风土人情。体验活动既具有杭州东方品质，又具有时尚国际气息，在体验中贯穿对话、在对话中促进合作、在合作中共同提升，有效地推动杭州成为东西方生活文化、传统与现代生活文化高度融合的国际生活文化交流体验中心，是杭州推进城市国际化、扩大城市知名度、提升城市美誉度的标志性项目（见图 20－3）。

图 20－3　2014 年杭州国际体验日启动仪式

1. 塑造东西方生活文化相融合的启动仪式

塑造一个既有东方色彩又具有国际格调的标志性活动，是杭州国际体验日近年来不断探索和追求的目标。自 2011 年起，杭州国际体验日以启动仪式为核心，结合杭州特色文化，尝试将启动仪式打造成为东西方生活文化碰撞交流、融合贯通的大舞台。

2015 年，杭州国际体验日启动仪式，融合了上城区“南宋文化”特色，与南宋斗茶会相结合，以整个五柳巷历史文化街区为载体，通过传统文化艺术演绎、民居生活体验等方式将东方的生活文化以世界语言呈现出来，集中展示了杭州的人文特色、地域文化以及当下的生活方式、优势产业等，为国际了解杭州提供了一个快速、直观、感性的“导读”。

2. 策划杭州生活文化特色的主题体验

近年来，外国友人已不满足于走马观花地欣赏杭州的表面风情，他们渴望更深入地感受这座城市的传统与现代、文化与经济高度融合的神韵。经过多年精心策划，杭州现已形成了主题式的东西方生活文化体验的精彩路线——包括南宋茶文化体验、运河文化体验、传统工艺体验、社区生活体验、街巷风情体验、城市设计艺术体验、湘湖文化体验和杭州乡村体验。活动以东西方文化差异为关注点，展示了杭州的生活方式、文化习俗以及邻里关系等东方特色文化。文化源于生活，又体现在生活，通过这些主题式的体验对话，可以进一步提升国际友人对“东方品质之城、幸福和谐杭州”的认同感（见图 20－4）。

图 20－4　外籍人士参与活动

3. 推动国际性交流项目的社会参与

随着杭州城市国际化的进一步推进，东西方生活文化得到了进一步的交流与融合。民间机构、行业、企业积极搭建各种平台、寻找各种途径，以项目和活动为纽带，推动杭州与国际城市之间的交流与合作。为了更好的整合国际性活动资源，杭州国际体验日在坚持政府引导的基础上，进一步推动与国际社群的互动，发挥了企业和社会团体的主体作用。

一是联动国际社群开展常态体验。主要联系了法语联盟、德中协会、意大利 Eblu Communication 摄影工作社、意大利西北联合会、Hangzhou Expact 等民间机构，陆续开展了法国文化周、意大利摄影周、杭州教育专题体验交流、摄影家 Homestay 体验等，既丰富了国际体验日的活动内容，又增强了国际人群的参与度。

二是拓展国际渠道开展国际交流。主要联动中国摄影家协会、意大利摄影家协会、欧洲塞浦路斯摄影协会、杭州摄影艺术家协会、杭州市摄影艺术学会等开展了“他视野，我的城”摄影师拍杭州活动，通过活动推动了杭州国际体验日“走出去”——2015 年 4 月在意大利米兰小星星爵宫开展了“我爱杭州”杭州生活文化周；2015 年 5 月联动米兰“世博会”在万科馆举办了“杭州日”“世博会”城市日活动。

三是建立国际体验点对外展示。主要联合旅游形象推广中心，在“社会资源旅游国际访问点”和“体验点”之间进一步挑选了一批国际体验点，在内容互动、接待交流等方面引领，为杭州 G20 峰会接待服务试演。

4. 构建具有国际传播力的营销网络

为进一步拓展国际城市间的传播和交流，杭州国际体验日的传播除了延续国内外主流媒体的宣传报道外，还拓展了微信公众号的传播。

一是注重事件营销。2015 年，结合 G20 峰会落户杭州这一“超级事件”，启动了“国际体验点评选”的预热活动，邀请“最具品质”体验点及“金城标”体验点参与活动，各参与单位的微信公众号一起发力，粉丝关注量得到了较大的提升。“他视野，我的城”的摄影师招募计划更是得到了诸多国际机构的集体关注和转发，实现了传播倍增效应。

二是精心策划与外媒的传播合作。与《That’s 杭州》《Hangzhou Weekly》《上海 Daily》等海外华文媒体对接、合作，开通报名通道，使杭州国际体验日活动在杭、沪两地的外国人交流圈中有了更广泛的传播。

此外，积极对接国家媒体驻杭记者站，发布活动信息。活动盛况得到了约 50 余家国家级主流媒体的报道和转载。

三是加强自身传播的国际化运营。除开设了专题网站、微信公众号等，还实现了日文和英文同步上线，让外国嘉宾可以即时互动。活动标识设计也更加国际化，在所有传播中都使用了微信公众号二维码。国际化传播理念和与时俱进的新媒体传播手段，进一步增强了国际友人对杭州城市的认知和好感，大大提升了这座“有爱、有温度”的城市的国际影响力和城市美誉度。

四　杭州生活品质总点评发布

围绕着“让我们生活得更好”理念，杭州以“品质生活，品位杭州”为主题，以生活品质行业点评活动为主线，以组织有关特色行业对话交流活动为载体，按“休闲”“舒适”“平安”“健康”“便利”“文娱”“美丽”“数字”“学习”九大生活序列，分别开展生活理念、生活方式、生活文化以及相关生活产品的对话，通过九大生活行业点评组和行业推荐，加上市民参与投票，产生了代表杭州生活品质的年度代表人物、现象、区块、活动等。在每年的 6 月，将杭州生活品质总点评结果公开发布。

由杭州生活品质研讨组群、城市品牌促进会、市委宣传部、杭州发展研究中心、杭报集团、杭州文广集团等共同举办的杭州生活品质总点评活动，已成为杭州传播“东方品质之城”城市品牌的标志性项目，每年均有来自党政界、知识界、企业界、媒体界的 300 多位嘉宾出席。通过电视展播、专家点评、互动交流等形式，对代表杭州过去 1 年生活品质的现象、人物、区块、活动进行展示和发布，使在场嘉宾见证了杭州在经济、政治、文化、社会、生态等方面的发展成就，亲身感受体现品质生活、幸福和谐的美丽杭州的魅力。该活动已成为杭州生活品质的方向标和城市品牌营销的嘉年华。

1. 活动主题特色

（1）主题一以贯之，发布持之以恒

杭州生活品质总点评活动自 2005 年至今已有 11 个年头，活动始终坚持以“让我们生得更好”为主题，立足杭州的特色和优势，着眼于城市的发展和未来，通过学术界、党政界、媒体界和企业界专家等推荐、评选，产生年度十大生活现象、人物、区块、活动，向世人全面展示这杭州这座“生活品质之城”的美丽画卷。每年的总点评活动是杭州城市品牌网群最有特色和最具标志性的活动，既是对一年来杭州城市建设和社会发展成果的总结和提炼，也是对杭州城市品牌和生活品质理念的高度传播，更是“四界联动”的社会复合主体城市网群的一个盛大嘉年华。

图 20－5　杭州生活品质总点评发布会现场

（2）入选对象更贴近生活，内容更具时代性国际范

随着 G20 峰会在杭州的召开，2016 年的杭州生产品质总点评活动围绕把杭州建设成为世界名城的目标，从杭州特色和国际视野相融合的视角，产生了 2016 年度十大生活现象、人物、区块、活动，凸显了杭州在创新创业、生态环境建设、社会治理、遗产活化、社会文明建设等方面的优势，展示杭州历史与现实交汇的独特韵味。

（3）推荐上更具参与性，表达上更具故事性

在推荐环节突出“互动”特点，强化“线上、线下”元素，前期邀请“四界”代表融入推荐环节，通过邮件、微信、讨论群等多种形式，在线上、线下进行讨论和推荐。微信公众号连续 3 个月持续不断地采用音、视频等手段，对点评的现象、区块、活动、人物进行推广，形成传播的圈层效应、涟漪效应。最终通过市民投票、专家评审等环节，甄选出十

大现象、人物、区块、活动。

在内容表达上更具故事性，避免单纯的信息罗列和平铺直叙，运用故事化的手法娓娓道来。让公众从一个个生动的故事里读到杭州这一座以"美"为魂的城市精神。这种故事性的简介 + 哲理性的点评表达，正契合了点评活动源于生活和引领生活相结合的标准。

2. 传播方式与传播效果

着力搭建立体传播网络，形成传统媒体与新媒体等的融合互动。在加强主流媒体传播的基础上，进一步突出现场嘉宾、观众的即时互动、现场交流，将活动在更大的范围内进行直播。

（1）以主流媒体为主体进行全面传播

电视、报纸、广播等大众传播媒体是传播的主阵地。目前，在市级层面已形成了包括杭州电视台、明珠电视台等电视媒体，《杭州日报》《都市快报》《钱江晚报》《每日商报》等报纸媒体，104.5 品质生活广播等组成的"三角架构"。还有中央、省、市各级媒体，它们都发挥了辐射作用，加大了目标受众的传播力度，并实现了良性互动。

（2）以网群媒体为基础进行创新传播

网群媒体是网群开展研讨、交流、体验、评选、点评等活动的重要宣传平台，目前包括有网络平台"我们杭州网"、期刊《杭州》杂志、电视媒体"品质时空""品味杭州""品质行动""我们圆桌会"等四档栏目，以及微博、手机报、微电影、微信公众号等新媒体应用（见表 20 - 12）。

表 20 - 12　**网群内部媒体资源梳理**

内部媒体	表现载体	资源
我们杭州网	网络	"我们"板块（16 频道）
		"生活"版块（14 频道）
		"更好"板块（13 频道）
《杭州》杂志	期刊	党政刊
		生活品质刊
		生活品质增刊
		"我们"刊
		杭州商刊

续表

内部媒体	表现载体	资源
杭州生活品质视厅	电视	品味杭州
		品质行动
		品质时空
		我们圆桌会
微博	新媒体	我们杭州（新浪/腾讯）
		网群活动专题微博
微信	新媒体	WE 我们 我们点评 我们体验

2016 年，在杭州生活品质总点评发布会上，“we 我们”“我们点评”“我们体验”三个微信公众号，在活动前两天分别进行活动预告，营造了发布前的期待。在活动现场，“we 我们”“我们点评”两个微信公众号实时视频直播，并与杭州网进行联动，现场嘉宾和场外市民都可以通过微信实时收看。真正实现了活动前期及后期的无缝对接。直播当天点击率达到 78000 次，后续几天持续有网民关注点击，截止到 2016 年 6 月 22 日，点击量达 157000 次。

（3）以新媒体传播为突破推进融合传播

在活动中，运用了多种新媒体手段进行传播和发布，呈现出交互融合、创新和谐的特点。为了使入选现象、区块、人物、活动传播范围更广、传播效果更好，针对不同传播载体的语言要求和特质，组织方撰写了杂志版、报纸版、微信版 3 个版本的简介 + 点评。活动结束后还收集了一些专家的微信和微博，引起了朋友圈内的关注和评论，将“让我们生活得更好”的理念影响到了更多人。

五　杭州城市品牌体验营销的经验及其启示

随着体验经济时代的到来，体验营销成为营销领域值得关注的焦点。体验营销的理念为城市营销提供了全新的视角，以消费者体验为导向的城市营销模式能更好地契合现代城市发展的需求。运用体验营销的理念，助力城市品牌的传播，应当成为新常态下城市管理的新观念和新思维。杭州尽管在城市品牌的体验营销上有了丰富的实践，但在有些关键问题上尚需要进一步的探索和努力，更希望有更多的同类城市加入这样的城市营销实践，共同打造中国城市营销的范本，在世界城市营销体系中“讲好中国故事”，这或许也是对城市品牌营销理论的“杭州体验”的贡献。

（一）创新了以人为本的城市营销价值导向

伯德·施密特在《体验式营销》一书中将体验分为 5 种维度——分别是感官体验、情感体验、思维体验、行动体验和关联体验。感官指顾客在视觉、听觉、触觉、味觉和嗅觉等方面的体验；情感指顾客内心的感触和情感的体验；思考指顾客认识问题、解决问题的体验；行动指顾客的身体体验、生活方式体验以及与企业互动的体验；关联指顾客与理想自我、他人或是文化产生联想的体验。刘彦平（2005）[①] 认为，城市营销是指“城市根据其目标市场如市民、旅游者、投资者、企业等的需求及竞争进行甄别、发掘和创造城市的价值，通过设计、生产和提供比竞争城市更能满足城市顾客特定需求的城市产品或服务，来提升城市竞争力的一系列研究、计划、执行和控制的过程”。杭州的城市营销从城市品牌的定位，到城市品牌传播的战略规划的制定以及城市营销的 360 度的城市活动的策划和设计，无不闪耀着以人为本的价值光芒。“杭州体验”贡献的不仅仅是 5 种维度的“体验营销”，它的营销传播超越了一般感性的信息的表达，更是城市经营者价值理念的传达，还是建构全城价值共识的传播营销的过程。

体验营销的终极指向就是人。杭州的城市品牌营销从城市品牌的定位出发——即从关心城市人的“生活品质”开始，尤其强调关注弱势群体和边缘群体的利益共享，再发展到“杭州市民体验日”和“杭州国际体验日”的宏大营销参与，全方位地实践了城市营销的真正回归。以人为本的“顾客导向”不仅回归了古人对“围廓而造城，造城以守民”的城市终极理想，也纠正了在城市化进程中一味的 GDP 导向。城市营销最大的意义在于价值的重建和价值的共享，从礼让行人到自行车绿色出行，杭州市民在参与体验中不仅分享了价值认同，同时也成为了城市最自觉的

① 刘彦平：《城市营销战略》，中国人民大学出版社 2005 年版，第 256 页。

“城市形象大使”。外来的创业者、投资者和务工者，因为“共建共享”成为了“新杭州人”，他们因为价值的认同而成为了城市最有力的传播者，国际公众因为体验而拥有了对城市的认同和品牌黏性。由于对城市品牌的好感和理解，公众的城市满意度、忠诚度和向心力自然提升，这或许也是杭州屡占中国最具幸福感城市榜首的原因。

（二）构建了“四界联动”的营销传播机制

城市在国际化、“互联网 +”、全媒体的胁迫下，经常无所适从，城市营销作为城市治理，尤其是作为城市形象规划和传播管理的组织平台，经常因为机制合法性和保障的缺失，最终处于不尴不尬的境地。即便一度轰轰烈烈，但终究没有可持续的机制保障，所有的规划也只能是墙上挂挂，而不能一张蓝图绘到底。

杭州在城市品牌落地时，建立了由一把手掌舵的城市品牌工作指导委员会，创新性的组建了由知识界、媒体界、企业界、党政界“四界联动”的“多层复合”新型社会主体——杭州市城市品牌促进会。杭州市城市品牌促进会成立 9 年来，多元统一、优势互补、功能融合、机制灵活地开展了围绕杭州城市品牌传播和推广的一系列工作，主要有杭州生活品质总点评、杭州品质行业点评、杭州市民体验日、杭州国际体验日、“生活与发展”研讨会、杭商品牌评选、杭州成长型品牌评选等等，这些活动有力地推动了城市品牌、区域品牌、行业品牌、企业品牌和产品品牌的互动共赢，产生了显著的社会效益和广泛的社会影响。

在具体的组织机构方面，杭州城市品牌网群也是杭州城市营销机制的一大创新。网群由杭州市城市品牌工作指导委员会办公室、杭州市发展研究中心、杭州生活品质与评价中心、杭州市城市品牌促进会、杭州市发展研究会、杭州创业交流研究中心等构成。这是一个比较典型的异质化群体，它以知识界、媒体界、企业界、党政界“四界联动”的社会复合体为基础，不仅在组织架构上多元复合，在专业领域上分门别类，还在于网群的各组团成员完全来自不同领域的人员。这样的社会群体已经从根本上有别于传统和一般意义上的社会群体，可以归属于现代意义上的新型社群。如何更好地发挥它在城市品牌传播营销中的作用，尚需要进一步的关注和探讨。

（三）建立了社群营销为路径的城市营销新格局

随着互联网的发展尤其是社交媒体的日新月异，人际交往的方式和生活方式也发生了变化，带来了新的社群聚合和新的经济形态。腾讯副总裁汤道生把中国的社群形态划分成三个迭代：从社群 1.0 模式的 QQ 群聊形态，到社群 2.0 阶段的“基于兴趣的陌生人社群”，再到社群 3.0 时代的以连接一切为目标的时代，即当下的社群不仅是人的聚合，更是连接一切的信息、服务、内容和商品载体。社群经济就是利用社群产生生产力，社群向经济的延伸，就是以个人兴趣和社会价值为纽带的社群通过引进市场机制和利益机制，形成社群经济的平台与机制。杭州城市品牌网群通过城市理念和城市价值的研究与传播，形成了以城市特色文化、城市特色发展为内容的，以共建、共享为机制的社群，通过市场机制的引入，构建了研究、体验、点评、展示等品牌活动和品牌项目的运行机制。通过近几年的探索和实践，杭州城市品牌网群的社群类型已经开始多元化，涵盖了社会生活的各个层面，这正是城市传播最需要到达的终端。

社群营销就是以了解社群需求和满足社群公众特定需求为目标的一系列研究、计划、执行和控制的过程，社群营销传播就是满足和引领社群公众特定信息需求的过程。城市的社群营销传播不仅是简单意义上的信息满足，还需要有价值的引领。3.0 时代的新型社群和社群经济的参与者，对他们而言，最有价值的不是赚钱，而是社会的责任，是如何改变世界和提升人民的生活品质。正因为杭州有了这种前瞻的“生活品质”的情怀，便有了一群富有情怀的“网群”精英十年如一日的推进，恰逢社群经济、共享经济当道的今日，社群营销理当迎来更美好的未来。

杭州市民体验日和杭州国际体验日已经建构了非常好的社群营销平台——比如关注城市主流人群社交话语权的体验社群的建立、关于“体验导师”“体验师”“体验义工”三位一体的社群网络建构，还有以联络各种中外民间协会为纽带的、以民间外交为传播载体的国际社群的营销网络等等，这样的探索实践不仅是有意义的，对“讲好中国故事”之“杭州故事”更是一个值得研究的范本。

参考文献

［1］［美］唐·舒尔茨：《整合行销传播》，中国物价出版社 2002 年版。

[2]［美］汤姆·邓肯：《品牌至尊》，华夏出版社 2000 年版。
[3]［美］凯文·莱恩·凯勒：《战略品牌管理》，中国人民大学出版社 2006 年版。
[4]［英］查尔斯·兰德利：《创意城市》，清华大学出版社 2009 年版。
[5]［美］芒福德：《城市发展史》，中国建筑工业出版社 1989 年版。
[6] 张鸿雁：《城市形象与城市文化资本论》，东南大学出版社 2003 年版。
[7] 刘彦平：《城市营销战略》，中国人民大学出版社 2005 年版。
[8] 卫军英：《整合营销传播》，浙江大学出版社 2005 年版。
[9] 周文辉：《城市营销》，北京清华大学出版社 2004 年版。
[10] 顾桥、梁东、刘泉宏：《体验营销的理论与实践》，中国地质大学出版社 2012 年版。
[11] 李怀亮：《城市传媒形象与营销策略》，中国传媒大学出版社 2009 年版。
[12] 王国平：《生活品质之城》，浙江人民出版社 2007 年版。
[13] 城市学研究编委会：《城市学研究》（第 1 辑—第 4 辑），中国社会科学出版社 2011 年到 2013 年版。
[14] 刘彦平：《中国城市营销发展报告（2014—2015）》，中国社会科学出版社 2015 年版。

第 21 章　基于多平台全球社交媒体的北京城市旅游营销

王　恒　王　睿*

目前，以 Facebook（国内简称脸书）、Twitter（国内译为推特）为代表的全球性社交媒体已经成为旅游营销、特别是城市旅游营销的重要信息传播和营销推介平台。仅以 Facebook 为例，2012 年 10 月的数据显示：全球 44% 的网民是其用户，移动用户超过 6 亿，建立了 1043 亿的好友链接，照片上传量为 2190 亿。Facebook 网站支持 70 多种语言，70% 的用户来自海外市场。[①] 而截止 2014 年底，Facebook 总的月活跃用户数为 13.9 亿，日活跃用户数为 8.9 亿。移动用户数达 11.9 亿，同比增长 26%，日活跃用户数为 7.45 亿，同比增长 34%。[②]

据统计，全球已经有近 800 个国家（地区）和城市开通了 Facebook 账号，有超过 200 个国家（地区）和城市开通了 Twitter 账户，同时，还有超过 50 个国家（地区）和城市开通了 YouTube、Instagram 以及 Pinterest 账户。利用多种平台的配合，结合文字、图片、视频等多媒体多方式、多角度向目标受众展示城市风貌、树立城市品牌形象、推介旅游产品资源，既是目前主流社交媒体传播推介核心优势及能力的突出表现，也是城市旅游营销模式升级的必然趋势。在“互联网 +”的宏观经济和产业转型发展背景下，对于以世界一流旅游城市为发展目标的中国首都北京而

* 王恒，北京联合大学旅游学院副教授。研究方向为旅游经济、旅游管理、城市营销。王睿，北京市旅游发展委员会城市形象与市场推介处工作人员。

① 伍刚、张亚然、张春梅：《全球网络前沿报告》，清华大学出版社 2014 年版。

② 中文互联网数据资讯中心。2014 年 Q4 Facebook 纯移动端用户占 40% 移动广告收入占比达 69%。http：//www. 199it. com/archives/325507. html. 2015 年 1 月 29 日。

言，唯有顺应这一旅游产业以及城市旅游营销发展的需要，针对全球用户，及时把握网络推广趋势，在自媒体时代搭建北京旅游自己的境外宣传平台。这对直接推广北京优质的旅游资源，树立积极的北京旅游城市形象具有无可替代的重要作用。

一　北京旅游社交媒体平台运营现状

2013 年 5 月，北京旅游委顺势而为，在国外知名社交媒体 Facebook 开通了 “Visit Beijing” 官方账号。2014 年 7 月，又进一步建立起了多平台立体式的全球推广数字营销和社交媒体系统：除 Facebook 外，开始运营全球最受欢迎的新闻分享聚集地 Twitter、快速图片分享平台 Instagram 以及 Pinterest、全球最大的视频分享平台 YouTube，在这些平台上分享城市的风貌，全面提升北京旅游国际化城市形象。

以 Facebook 北京专页为例，自 2013 年 5 月开通来，粉丝量增幅迅猛，与国内外一些知名的国家或城市的账户受众数变化对比可知：虽然北京旅游专页入驻时间较晚，但自 2014 年 6 月至 2016 年 5 月的两年时间里，粉丝数从 2 万上升到突破 29 万，增长近 15 倍（见表 21－1）。

表 21－1　　**国家或地区 Facebook 专页粉丝数变化情况**

国家或城市	入驻时间	2014 年 6 月粉丝数（人）	2015 年 4 月粉丝数（人）	2015 年 11 月粉丝数（人）	2016 年 5 月粉丝数（人）
日本	2009 年 8 月	238000	260428	264929	292312
多伦多	2009 年 6 月	82929	99158	107532	110925
巴塞罗那	2010 年 6 月	25251	62542	69156	85001
首尔	2010 年 8 月	151597	234863	300348	333556
伦敦	2009 年 6 月	294000	561958	762893	914350
加州福尼亚州	2009 年 1 月	755000	816549	1213026	1270996
陕西	2013 年 12 月	3369	32798	94418	93457
北京	2013 年 5 月	20000	123963	208785	295711

资料来源：根据 Facebook 各国家及城市专页数据整理。

2014 年 7 月以来，北京旅游在各境外社交媒体平台网络宣传和营销推介实施运营过程中，全面推进、多点开花，取得了较佳的营销效果，极大地提升了境外社交媒体的城市旅游营销影响力（见表 21 -2）。

表 21 -2　**北京旅游其他主要境外社交媒体平台运营情况概览**

社交媒体平台	运营内容及效果
Twitter	截至 2015 年 1 月底，共发布 275 条推文，订阅了 1990 个账号，获得 759 位订阅者。在重要关注者中，新增了 Sandi Krakowski（美国知名市场推广专家，也是福布斯全球排名前 20 位的社交媒体意见领袖）。另外，目前头 10 位最有价值关注者当中，除了包括 *Frommer's*——美国知名旅游指南书外，还有 8 位拥有认证账户的意见领袖，如《人民日报》、*People's Daily*、*China*、*adventure-girl*、Barbara Delollis 及 Rick Bates（知名旅游博客）、Annemarie Dooling（美国 Yahoo! 用户拓展部负责人）及 Lennar 等均有关注北京旅游的推特
Instagram	截至 2015 年 1 月底，保持了较为稳定的增长节奏。截至 2015 年 1 月底，共发布 152 个帖图，订阅了 259 个账号，获得 441 位订阅者。截至 2015 年 12 月，赞好数目累计达到 986 次，帖文的留言数目从刚营运的 10 个上升到 12 月的 69 个，上升百分比为 59%，成绩卓越
Pinterest	截至 2015 年 11 月底，共建立 29 个主题壁报，发布 454 个帖图，获得赞好 128 个，订阅 295 个活跃账户，吸引 266 位订阅者，平均月曝光用户达 1658 位，最高平均曝光次数达到 1828 次
You Tube	截止 2015 年 11 月底，共发布 40 条视频，建立了官方宣传片、北京体育旅游、Hyperlapse 专题、粉丝视频、WeHeartBeijing 活动等 9 个播放清单，累计观看次数 12357 次，累计观看时长达 35376 分钟

二　北京旅游社交媒体平台运营成功经验

（一）精准营销：聚焦重点目标市场受众，营销战略

“多渠道优势集中，多市场精准覆盖”是北京旅游专页境外推广的核心策略，通过整合各个渠道的数据和各自市场推广的优势，瞄准北京旅游入境游的重点目标市场——美国、英国、澳大利亚、日本等国家和地区进行重点推介。

在传播策略上，针对去过北京和住在北京的受众，以及去过北京的人的身边朋友、没去过北京但对北京和中国有兴趣的全球受众这两类不同的目标受众，采取了差异化互动策略，针对前者的互动主要是分享北京的主题图片和视频，而针对后者的互动则采用赞好、评论及分享前者的图片与视频，与他们对话交友、参与创意活动等形式。

在营运策略上，北京专页针对不同的细化推广目标，进行了创意主题

策划、互动应用制作、专题贴文撰写、多媒体资料综合运用、社交媒体广告投放、线上线下活动结合等项目，将北京的旅游资源和历史文化传播给全球的受众，在国际社交媒体环境中建立北京的旅游城市品牌形象。

在营销战略上，细分出唤醒城市品牌、提升城市品牌知名度、深化城市品牌要素和建立城市品牌忠诚度四个战略阶段和子目标，据此制定和实施营销推广策略及方案。

（二）主题营销：突出北京特色主题贴文，有效提升粉丝互动效果

北京旅游专页根据北京旅游资源的类型和目标受众的特点设计了20多类主题贴文。通过对北京旅游Facebook专页2014年下半年最受欢迎帖文的深入挖掘，发现互动、赞好与分享主要来源于紫禁城、万里长城、图说北京和皇城记忆四类特色主题贴文。

图21－1　北京旅游主题贴文

以万里长城主题帖文为例。透过在万里长城上看月亮的精彩一刻，带出了旅游的意义——制造回忆。除了画面获得了粉丝的喜爱，其内容也因道出了大家心中对旅行的向往而引起巨大反应。这也是发布的多图帖文当中表现不俗的一个，有机互动已高达600多次，在投放广告以后更是获得了4万多次互动，十分值得借鉴。粉丝除了表达自己对长城的喜欢，在留言中也显露出对北京的喜爱以及旅游的意愿。这些受粉丝关注的帖文有一个共同点：帖文中并没有介绍景点的内容，反以极简短却充满张力的文字，加上图片表现出的视觉效果，成功牵动粉丝的情绪，引起了广大的共鸣。

另外，年度创意主题活动“We Heart Beijing”，在美国、欧洲、亚太地

区共获得了 590 家媒体的发布或转载，覆盖了 4 亿左右的潜在受众，活动第一阶段和第二阶段参与人数超过 5000 人次，收到来自全球约 60 个国家和地区的粉丝在 Facebook 和 Instagram 两大参与平台分享的美图上千张。此外，与美国纽约著名设计师 Sadi Tekin 的跨界合作以及来自中央美术学院、北京服装学院的青年艺术家参与活动的艺术创作环节，也为活动增添了传播亮点（见图 21 - 1）。

（三）视觉营销：运用色彩变幻制作美图，动态延时呈现视觉盛宴

2015 年，北京旅游专页以二十四节气和中国画十二色为线索，打造“中国风”图文专栏，以视觉吸引粉丝注意力，进而向受众渗透中国文化和北京文化。结合节气变化的特点，北京旅游专页从创意的角度包装相关知识，用美图强化节气变换和各自的特点，从而使得相关贴文受到粉丝的广泛好评，粉丝有机互动数量常常高达 500 甚至 1000 个，访问人数更是超过了 10000 名独立用户（见图 21 - 2）。

图 21 - 2　二十四节气和中国画十二色风格图文专栏

北京旅游专页还利用 Hyperlapse（动态延时动画）技术视频，以“15秒在北京”为主题，生动地向受众呈现了紫禁城、前门大街、老北京胡同等北京特色旅游资源。

（四）互动营销：创设用户内容生成平台，借势新闻推介旅游资源

北京旅游专页将五大社交媒体平台进行了串联，开发了“抽奖转盘”“我们爱北京”“我们爱长城”等互动应用程式，深受粉丝喜爱。

一方面，为了激发粉丝的互动和用户内容生成，北京旅游专页打造了特色互动专栏，最受欢迎的是“你眼中的北京/In your eyes we see Beijing”，利用收集粉丝拍摄的北京图片来激发更多的粉丝参与互动，从而实现病毒营销式的扩散效应。

另一方面，北京旅游专页进行实时新闻互动，灵活转化国际时政新闻和娱乐新闻，借势推介北京特色旅游资源。如 2015 年 10 月 19 日至 23 日，国家主席习近平访英，北京旅游专页利用习主席访英新闻推介“北京礼物”等特色商品。适逢威廉王子与王妃刚刚喜得夏洛特小公主，习主席以具有老北京特色的“老虎鞋”作为礼物来表达对小公主的美好祝福。这则贴文受到了海外粉丝的高度关注，纷纷赞好、留言评论或转发，取得了成功的借势营销效果。

（五）城区营销：发挥社交媒体辐射作用，提升重点城区品牌形象

北京东城区、西城区和朝阳区作为北京特色旅游资源最为集中的城区，自然也是北京旅游专页向海外和中国台湾、香港、澳门地区重点客源推介的主要区域。为此，北京旅游专页开设了专栏。如 2013 年，北京东城区为了更好地开展“铁马遛皇城”赴台湾旅游专场推介会的宣传工作，在北京旅游专页设立了“铁马遛皇城”专题，于 2013 年 10 月 11 日至 11 月 11 日进行了为期一个月的投放宣传，包括“皇城低碳骑行游线路”“铁马遛皇城专场活动概览”“到东城享优惠”、“活动奖品预告”和“合作品牌”等板块。据活动后统计，在广告投放周期内，曝光次数近 400 万人次，点击次数 7394 次，中国台湾共有人口 2300 万，此活动点击率为 0.18%，这一数字远远超过 Facebook 点击率平均数（0.02%—0.04%）；同时，使得新开建不久的北京旅游专页，来自中国台湾的粉丝从 20 多人

增长至 3121 人。①

（六）协同营销：寻求全球知名合作伙伴，协同开发国际旅游市场

在开展多渠道、多元化营销推广的同时，北京旅游专页也非常注重与国际知名的媒体、旅游公司等机构开展协同营销，实现双赢。其中包括与全球最大旅游电商 Expedia. com、旅游点评网站 Trip Advisor、全球分销系统 Sabre 和 Travelport 所进行的合作，共同推广北京 72 小时免签和离境退税等旅游政策以及机票、酒店等旅游产品，直接带动粉丝对北京旅游产品的关注以及线上购买行为。

三　北京旅游社交媒体平台营销影响力提升建议

（一）把握网络口碑营销属性，提高社交媒体推介效率

在网络环境下，社交媒体营销的整体环境、营销对象及营销信息的传播方式都产生了重大的变化，口碑营销在网络环境下更彰显出巨大的影响力。在网络环境下，目标受众（粉丝）的行为决策过程也发生了根本的变化。基于网络营销的 AISAS 法则（注意—兴趣—搜寻—行动—分享）已经成为目前主流模式。

北京旅游专页并不缺乏信息源，而是缺乏有效的信息推介方式和渠道，这也是制约粉丝互动和推介效率的重要因素。为此，我们应在以下几个方面着力：

第一，实施精准化营销策略。比如，针对不同年龄段的粉丝群体对每次活动帖文设定目标，并将结果与目标进行比较，以便对未来的营销策略进行改进。

第二，在整合地区旅游产品资源的基础上，尝试进行跨界营销。

第三，开设基于用户（粉丝）兴趣的宣传板块，增强社交媒体专页的互动性，如摄影、传统服装、京剧等，努力将其图文并茂、声影结合地立体呈现给受众。

第四，建立长期的消费者洞察研究机制，通过对实际入境游客的消费

① 北京市旅游发展委员会：《东城旅游台湾推介“铁马遛皇城”，Facebook 宣传成效显著》，http：//www. bjta. gov. cn/xwzx/qxlyxw/365593. htm. 2013 年 11 月 25 日。

行为分析来提升社交媒体的营销能力。

（二）加强过程控制绩效管理，完善营销效果评估体系

第一，应与相关研究机构或第三方评估机构合作，建立社交媒体营销效果评估大数据库，一方面搜集时间序列数据，另一方面搜集国内外城市或地区的社交媒体表现数据，以便于进行纵向和横向的比较。

第二，应引入对每条社交媒体贴文的成本收益分析，根据社交媒体类型、贴文类型、互动方式综合比较各自的营销绩效，为后续营销方案和贴文发布提供依据。

第三，应改进项目绩效评估和监测指标体系，将过程控制和结果控制有机地结合起来。根据社交媒体专页运营情况，灵活地调整考核指标。

（三）立足城市旅游品牌形象，提升城市营销治理水平

第一，应增加与其他国家或城市的知名媒体、政府机构、景区等的联合营销，以增加知名度和旅游资源推介力度，特别是还应积极推进国际联合营销。

第二，应积极对北京旅游企业和北京市民的宣传北京旅游的社交媒体互动，通过市场调查、座谈会、考察等形式，集思广益，提高境外社交媒体平台的利用效率。

第三，应根据入境游目标市场的变化趋势和特征，进一步凝练北京旅游品牌形象系统，与承担城市营销职能的其他相关政府部门和企事业营销机构有效沟通，形成和谐的整合传播机制。而这也与 2016 年全国旅游工作会议提出的 15 项重点工作中的“积极主动做好旅游外交”与“积极传递舆论正能量”相契合。

后　记

呈现在读者面前的这部报告，是本课题组全体同仁通力合作所编撰的第三部《中国城市营销发展报告》。我们在本课题城市营销发展指数（CMI）的基础上，首次提出中国城市品牌发展指数（CBDI）的概念，并对中国内地200个城市展开城市品牌测评。我们认为城市营销与品牌化是城市治理的重要战略性领域，并将CBDI的指数评估视为是对中国城市治理能力和治理绩效的一个重要测度。本报告围绕“国家战略视野下的城市营销”主题所进行的理论与案例研究，旨在推进中国城市营销及品牌化研究与地方实务的沟通与互动。

本书的付梓出版，得到许多领导、前辈及同仁的大力支持。感谢中国社会科学院财经战略研究院高培勇院长、中国人民大学郭国庆教授、中国社会科学院城市与竞争力研究中心倪鹏飞主任对课题的指导、关心与支持！特别是倪鹏飞老师，他不仅对研究思路给以指导，还在数据收集方面给予大力支持和帮助。感谢中国社会科学院新闻与传播研究所传媒调查中心主任、舆情调查实验室首席专家刘志明研究员，中青华云新媒体科技有限公司CEO张英伟先生、中青舆情的脱侯君先生、北京字节跳动科技有限公司（今日头条）政务新媒体运维总监孟海波先生、人民网舆情监测室毛亚美小姐等为本研究提供宝贵的数据支持。感谢中青旅联科公关顾问公司方涛博士和北京育灵童集团董事长李家宝先生，他们对课题研究提供了许多的宝贵的建议和研究支持。

感谢本课题组全体同仁一如既往的鼎力协作和辛苦付出！尽管城市营销和品牌化已经是世界范围内的城市治理热点，也已成为国内城市竞争的战略性制高点之一，但城市营销和品牌化研究在学科建设和城市管理体系设计中，迄今尚未受到足够的重视。本课题组同仁许峰、艾玛（Emma）、赵峥、庄德林、钱明辉、何春晖、周凯、郝胜宇、刘新鑫、黄江松、谭昆智、马聪玲、易炜、王恒、徐振强、王京红等同仁都是长期坚持城市相关领域研究的优秀学者，他们每次都投入巨大精力和热情来支持本课题的研究，完全是出于理念的认同和研究兴趣的驱使，令人由衷感佩！

感谢 Per Olof Berg 教授、Emma Björner 女士对课题的支持。特别是艾玛女士在报告指数设计、国际案例选取和作者沟通等方面做了大量的研究、联络和编辑工作。本报告也是本课题组自 2014 年以来与瑞典斯德哥尔摩大学商学院就城市营销与品牌化研究合作的延续。感谢张巍巍、胡纯、李泽锋、王明康、程泓、朱伟、石俊等同仁，虽然报告在数据分析、处理和点评撰写过程中几经周折，但他们不辞劳苦、精益求精，付出了极大的艰辛和努力。

衷心感谢中国社会科学出版社的各位领导和老师，他们一如既往地支持课题研究，并为本书出版付出了大量辛劳。

由于著者的学识和能力有限，书中可能存在许多不足乃至错误，诚望各位前辈、同行及广大读者不吝批评赐教！

刘彦平

2016 年 8 月 28 日